BEDROHTE
VÖLKER

MANFRED SCHEUCH

BEDROHTE VÖLKER

DER STANDARD BIBLIOTHEK

VERLAG CHRISTIAN BRANDSTÄTTER · WIEN

Die Deutsche Bibliothek – CIP-Einheitsaufnahme:

Scheuch Manfred:
Atlas zur Zeitgeschichte / Manfred Scheuch. – Wien :
Brandstätter. (Der Standard : Bibliothek)
Bedrohte Völker. – 1995
ISBN 3-85447-558-6

1. Auflage

Der Entwurf des Schutzumschlages – Copyright des Photos auf der Buchvorderseite © Austrian Archives, Wien;
auf der Buchrückseite © S. Padalko, Irkutsk – stammt von Christian Brandstätter,
die graphische Gestaltung des Werkes von Franz Hanns.
Bildredaktion: Manfred Scheuch und Gabriela Hamböck.
Das Lektorat besorgte Gabriela Hamböck, die technische Herstellung Franz Hanns.
Gestaltung und Ausführung der Karten: Peter Stefan Frey und Renate Färber, Wien.
Druck und Bindung erfolgten bei der Druckerei Gutenberg in Wiener Neustadt,
gesetzt wurde aus der Helvetica schmal, 9 auf 11,5 Punkt,
bei Exakta in Wien.

Bis auf 16 Karten und Beiträge sind alle bereits im Zeitraum Februar 1994 – Februar 1995
in der österreichischen Tageszeitung *Der Standard* erschienen.

Der Verlag dankt allen Copyright-Inhabern für die freundliche Genehmigung zum Abdruck der Bilder.

ISBN 3-85447-558-6

Christian Brandstätter Verlagsgesellschaft m.b.H.
A-1080 Wien, Wickenburggasse 26, Telephon (0222) 408 38 14-15

Inhalt

Die Welt ist um den Artenschutz bei Tieren und Pflanzen bemüht. Den rund 5.000 „bedrohten Völkern" auf dieser Erde, zumeist Stammesgesellschaften, wird ein solcher Schutz nicht zuteil. Dieses Buch ist „Indigenen" in allen fünf Erdteilen gewidmet. Trotz der großen Verschiedenheit dieser Völker sind deren Probleme einander überall sehr ähnlich.

Das Jahr 1993 wurde von den Vereinten Nationen zum „Jahr der indigenen Völker" ausgerufen. An der Situation der Indigenen, die mit dem deutschen Wort „Eingeborene" zu nennen wir uns mit gutem Grund scheuen, weil dieses Wort in unserer Sprache einen kolonialistischen Beigeschmack hat, hat sich dadurch nichts geändert. Symptomatisch dafür war die UNO-Menschenrechtskonferenz im Sommer des Jahres 1993, bei der die Vertreter der Indigenen in die Kellergeschoße des Wiener Austria-Centers verbannt wurden und in ihren Papieren die Länder und Regionen, um die es ihnen ging, nicht beim Namen nennen durften. Ebenso bezeichnend war der Ausgang des Streits um die Forderung, ob die Indigenen sich in ihrem Kampf um ein schlichtes, aber bedeutungsvolles „s" in den sie betreffenden offiziellen Dokumenten durchsetzen würden. Es ging um die Frage, ob von „indigenous people" oder „peoples" die Rede sein sollte. Jene Länder, die bezüglich der Situation ihrer Urbevölkerung ein besonders schlechtes Gewissen haben müssen, verstanden es, zu verhindern, daß „eingeborene Leute" zu „Völkern" wurden, weil sie befürchten, daß daraus Rechtsansprüche entstehen könnten, die zu gewähren sie nicht bereit sind.

Immerhin wurde auch in Kreisen der Vereinten Nationen die Einsicht über die Unzulänglichkeit der bisherigen Behandlung der Indigenen-Frage insofern größer, als beschlossen wurde, ab dem Jahresende 1994 eine „Dekade der indigenen Bevölkerungen" durchzuführen. In diesen zehn Jahren sollen die Staaten, die es angeht, „aktionsorientierte Programme" erstellen. Der Wermutstropfen dabei ist, daß den Staaten nicht zugemutet wird, den Indigenen dabei ein echtes Mitspracherecht zu gewähren. Verlangt wird von ihnen lediglich ein wohlwollender Paternalismus, aus dem sich – von der UNO unterstützenswert befundene – „unmittelbare Vorteile für die indigenen Bevölkerungen" ergeben.

Das geht am Kern des Problems vorbei. Denn indigene Völker sind heute in aller Regel bedrohte Völker. Bedroht in ihrer Identität als eigenständige ethnische, sprachliche, kulturelle Gemeinschaften; daß diese Bedrohung zumeist verbunden ist mit schweren sozialen Benachteiligungen gegenüber den anderen Angehörigen der größeren Gesellschaft, in der die Indigenen leben, ist eine den einzelnen Menschen bedrückende Situation, die aber auch durch Assimilation behoben werden könnte. Genau das aber ist nicht mehr der Wunsch vieler zu neuem Selbstbewußtsein erwachter indigener Völker.

Die von der UNO eingesetzte „Arbeitsgruppe für indigene Bevölkerungen" hat diese 1989 so definiert: „Indigene Gemeinschaften, Völker und Nationen sind solche, die eine kontinuierliche historische Entwicklung vor der Zeit von Invasionen in präkolonialen Gesellschaftsformen haben und die sich unterschiedlich von anderen Teilen einer in diesen Territorien jetzt vorherrschenden Gesellschaft (oder von Teilen derselben) betrachten. Sie bilden zum jetzigen Zeitpunkt nicht beherrschende Teile der Gesellschaft und sind entschlossen, ihre von alters her überlieferten Territorien und ihre ethnische Identität als Grundlage ihrer weiteren Existenz als Volk in Übereinstimmung mit ihren eigenen kulturellen Strukturen und Verhaltensweisen, mit ihren eigenen gesellschaftlichen Institutionen an zukünftige Generationen weiterzugeben."

Mindestens 5.000 indigene Gruppen können nach ihren linguistischen und kulturellen Merkmalen sowie ihren Wohngebieten unterschieden werden. Die Skala reicht von Jägern und Sammlern bis zu Gruppen, die in Städten leben und voll an der Kultur ihrer nationalstaatlichen Gemeinschaft teilnehmen. Doch ist bezeichnend für alle, daß sie sich einen

Prärie-Indianer im traditionellen Federschmuck …

starken Sinn für ihre von der Mehrheit des Landes unterschiedliche Kultur bewahrt haben; das hervorragendste Merkmal dafür ist eine besondere Beziehung zu „ihrer" Erde. Insgesamt schätzt man, daß mehr als 300 Millionen Menschen, also etwa 6 Prozent der Weltbevölkerung, in mehr als 70 Staaten der Erde als Indigene zu betrachten sind. Zu ihnen gehören relativ große Völker, wie etwa die Kurden oder die Tibeter, bis zu ganz kleinen, nur einige Hundert zählende Gruppen, beispielsweise die Indianerstämme in Amazonien. Lateinamerika gibt überhaupt ein sehr differenziertes Bild bezüglich der Indigenen ab: In Staaten wie Bolivien, Peru oder Guatemala bilden sie die (dennoch unterdrückte) Bevölkerungsmehrheit, in anderen sind die Ureinwohner zu sehr kleinen Minoritäten zusammengeschmolzen. Zahlenmäßig sind die bevölkerungsreichsten Staaten der Erde, Indien und China, mit zusammen 150 Millionen von Ureinwohnern und Stammesgruppen, auch die Heimat der größten Zahl von Indigenen.
Trotz ihrer unterschiedlichen Lebensformen sehen sich die Indigenen häufig vor die gleichen Probleme gestellt. Durch die Kolonialherrschaft, die Ausbreitung fremder Religionen und das unbarmherzige Tempo von Entwicklung, Modernisierung und den daraus entstehenden ökonomischen Zwängen sahen sich viele „Autochthone" ihrer traditionellen Kultur und der Verfügung über ihre Muttererde beraubt. Sie wurden einer ihnen fremden, auf wirtschaftliche Ausbeutung von Menschen und Ressourcen ausgerichteten Entwicklung, oft mit Zwang und Gewalt, unterworfen, ohne zugleich Nutznießer dieser neuen Bedingungen zu werden. Daher gehören die meisten indigenen Völker heute zu den benachteiligten Bevölkerungsgruppen ihrer Länder. Das UNO-Material nennt Beispiele dafür:

- Die meisten Angehörigen der indischen Stammesbevölkerung leben unter der Armutsgrenze;
- Die Lebenserwartung der Urbevölkerung im nördlichen Sibirien liegt 18 Jahre unter dem russischen Mittelwert;
- Die Arbeitslosigkeit unter Australiens Aborigines ist fünfmal höher als der nationale Durchschnitt.

Für Indigene, die in eine nationale Gesellschaft integriert wurden, gilt ganz allgemein, daß sie bezüglich Wohnen, Erziehung und Angelegenheiten ihrer Sprache und Religion diskriminiert sind. Die anderen, die noch in ihren traditionellen Gebieten wohnen, sehen sich der Zerstörung ihrer Kultur und Zwangsumsiedlungen gegenüber, sobald ihr Boden für die „nationale Entwicklung" beansprucht wird. Unter diesen Umständen stehen etliche indigene Völker vor ihrer Auslöschung; der Genozid, der noch im vorigen Jahrhundert an den nordamerikanischen Indianern und den Tasmaniern verübt und in unserem Jahrhundert beispielsweise mit dem Aussterben der Feuerländer fortgesetzt wurde, ist noch keineswegs gestoppt, wie etwa Berichte aus dem Amazonasgebiet immer wieder in Erinnerung rufen.
Die Vereinten Nationen als Organisation, in der nur Staaten als Mitglieder Sitz und Stimme haben, tun sich mit den indigenen Völkern, wie mit nationalen Minderheiten überhaupt, schwer. Deren Behandlung wird prinzipiell als innere Angelegenheit der Staaten betrachtet. Lediglich die Bedachtnahme auf die 1948 beschlossene Allgemeine Erklärung der Menschenrechte (die aber nur ein Programm und keineswegs international geltendes Recht ist) erlaubt einen gewissen moralischen Druck zumal gegenüber Staaten, die die diesbezüglichen Konventionen anerkannt haben.
Einzig die Unterorganisation ILO (International Labour Organisation) hat bisher versucht, die Rechte der Indigenen zu formulieren. In der ILO-Konvention Nr. 169 über Indigene und Stammesvölker wird ausgesprochen, daß kein Staat und keine Gesellschaftsgruppe das Recht habe, die Identität, zu der sich ein indigenes Volk bekennt, zu bestreiten, und daß die Staaten Verantwortung für die Sicherung der Rechte (inklusive auch von Landrechten!) und der Integrität der indigenen Völker mit deren Beteiligung tragen. Aber auch das ist eben bloß eine Erklärung, die zu befolgen im Belieben der einzelnen Staaten liegt – und die meisten von ihnen sind weit entfernt davon: Bis 1993 hatten nur sechs Staaten, unter ihnen Österreich, diese Konvention unterzeichnet!
Dennoch haben sich in den letzten Jahren Bewegungen und Organisationen indigener Völker gebildet, und bis 1993 wurde zwölf von ihnen der Konsultativstatus im Ökonomischen und Sozialen Beirat der UNO (ECOSOC) zuerkannt, darunter dem Weltrat Indigener Völker sowie Organisationen von Indianern, der Inuit (Eskimo), der Sami (Lappen) und anderer Gruppen. Bei der Menschenrechtskonferenz in Wien waren sie im größeren Rahmen der Nichtregierungsorganisationen (NGO) vertreten.

Auftrieb hat dem Verständnis für die Anliegen der Indigenen in den westlichen Industriestaaten das dort wachsende Umweltbewußtsein gegeben. Zunächst einmal war es naheliegend, daß mit der zunehmenden Sensibilität für die Gefährdung der Vielfalt in der Natur, mit der Sorge um vom Aussterben bedrohte Arten unter den Tieren und Pflanzen, auch die Verschiedenheit der großen menschlichen Familie als erhaltenswert erachtet wurde. Das bedeutet aber im Grund ein Umdenken, wie es im europäischen Bewußtsein bisher noch nicht sehr verbreitet ist: Damit werden nicht nur die großen Universalismen in Frage gestellt, die vom europäischen Denken ausgingen – Katholische Kirche, Französische Revolution, Kommunismus – sondern auch die nivellierende Kraft des kapitalistischen Wirtschaftssystems und der ihm entspringenden zivilisatorischen Moderne, der Fernseh-, Pop- und Coca Cola-Kultur, die sich ja keineswegs auf die Industriestaaten beschränkt, sondern in den postkolonialen Ländern weithin Nachahmung findet. Auch der am Staat orientierte Nationalismus jakobinischer Prägung ist ein Feind ethnischer Minderheiten und mehr noch der Indigenen, die als Hemmschuh für das, was unter zivilisatorischem Fortschritt verstanden wird, betrachtet werden.
Denn der durch tausendjährige Traditionen geprägte Lebensstil vieler indigener Völker widerspricht vehement der Zielrichtung der Beherrschung der Natur, wie sie für die westliche Zivilisation typisch ist – Indigene betrachten sich viel eher als Teil der Natur. Und daraus entspringt auch ein ganz anderer Umgang mit den natürlichen Ressourcen, als der Raubbau es ist, der die Industrienationen an der Jahrtausendwende vor die Frage stellt, ob es für eine Kehrtwendung, die das durch die Umweltzerstörung drohende Unheil für die ganze Menschheit noch abwenden kann, nicht überhaupt schon zu spät ist. Als früher Mahner hat Robert Jungk schon vor zwei Jahrzehnten erkannt: „Wir sollten endlich die Erhaltung bedrohter Völker nicht nur als einen Akt des Mitleids, sondern vor allem als einen Akt der Selbsterhaltung erkennen", weil sie noch bewahrten, was den Menschen in den industrialisierten Ländern im Umgang mit der Natur längst verlorengegangen ist.
Die Zeit, das scheint offenkundig, arbeitet dennoch nicht für die bedrohten Völker. Ungeachtet der Renaissance, die sie sich organisieren läßt, die sie ihr eigenes Kollektivgedächtnis wiedererwecken, mit ihren Mythen neues Selbstbewußtsein gewinnen läßt, erscheinen sie in eine Zwickmühle geraten. Auf der einen Seite stehen die offene Unterdrückung, die Diskriminierung und Verdrängung ins soziale Abseits, mit der ihre Auslöschung betrieben wird, die aber auch einen – allerdings zumeist hoffnungslosen – Widerstand der Verzweiflung erzeugen. Auf der anderen Seite wird die Einbindung in eine Gesellschaft Gleichberechtigter im Rahmen der Nation nur um den Preis der völligen Assimilation, der Gehirnwäsche, zu haben sein, die von den Eltern getrennte Indianerkinder in den Internaten zu US-Amerikanern macht, Tahitianer die Marseillaise an die Stelle ihrer traditionellen Lieder setzen oder Tschuktschen das freie Streifen durch die Tundra gegen Wodka eintauschen läßt. Von der UNESCO wird dies als Ethnozid, Verlust der kulturellen Identität, bei Überleben des einzelnen, definiert.
Dennoch bleibt es ein Anliegen des Humanismus, der ja auch zum Erbe des Westens gehört, auf der Seite der Schwachen, ja sei es der Hoffnungslosen zu stehen und für ihre berechtigten Anliegen, auch wenn sie nur in kleinen Schritten, nur da und dort, nur ganz langsam erreicht werden können, einzutreten. Denn es ist keineswegs nur ein Anliegen der indigenen Völker, um das es geht. Die Vertre-

... und in Lumpen im Indianer-Reservat

terin der neuseeländischen Maori, Pauline Tangiora, drückte das vor dem Plenum der Menschenrechtskonferenz so aus: „Als die indigenen Völker der Welt haben wir uns entschlossen, das zu sein, was wir sind: Die Wächter von Mutter Erde und aller Dinge, die wesentlich für die Werte sind, um die wir uns sorgen – für die kommenden Generationen."

Literatur: Land ist Leben – bedrohte Völker im Kampf gegen die Zerstörung der Umwelt. GfbV, Jugend und Volk, Wien 1993.

AFRIKA

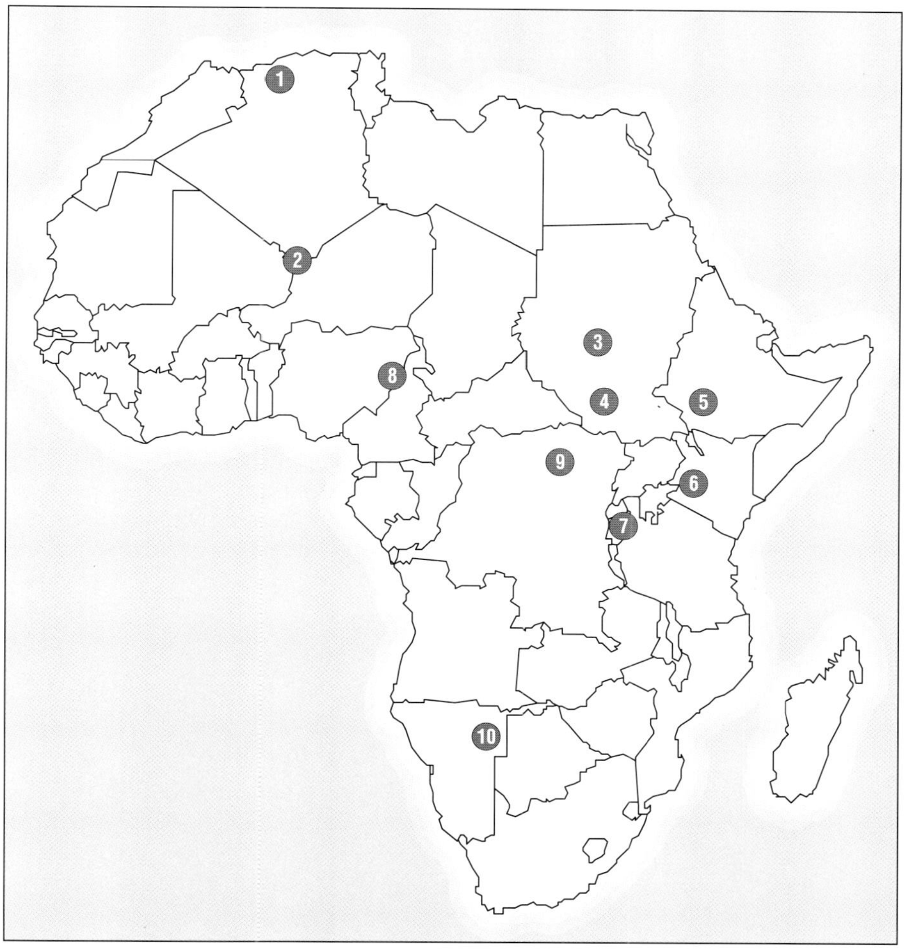

1 Berber – 2 Tuareg – 3 Nuba – 4 Südsudanesen – 5 Oromo – 6 Massai
7 Tutsi – 8 Kirdi – 9 Pygmäen – 10 San

Ein Viertel der Einwohner Algeriens haben nicht Arabisch, sondern Berberisch zur Muttersprache. In dem nun drohenden Fundamentalismus sehen sie die größte Gefahr für ihre Identität.

Im Frühjahr 1994 erhielt die algerische Regierung, die sich in ihrem Versuch, die islamischen Fundamentalisten niederzuhalten, immer größeren Schwierigkeiten gegenübersieht, Unterstützung von einer Seite, die schon seit Erlangung der algerischen Unabhängigkeit vor allem mit Forderungen an Algier aufgetreten ist. In Tizi Ouzou, dem Hauptort der Großen Kabylei, einer gebirgigen Küstenlandschaft östlich von Algier, demonstrierten rund Hunderttausend gegen die Absicht der Regierung, die verbotene „islamische Heilsfront" (FIS) durch einen Dialog mit dem Ziel einer Koalition mit deren gemäßigten Führern an der Macht im Staat zu beteiligen. Die Demonstranten waren Kabylen, Angehörige eines der berbersprachigen Stämme, die heute mehr als ein Viertel der 26-Millionen-Bevölkerung des Landes ausmachen. Die Berber, obwohl Moslems wie die übrigen, arabischsprechenden Algerier, sind gegen eine Islamisierung, weil sowohl das Recht der Scharia ihr altes Gewohnheitsrecht und ihre Sitten beeinträchtigen als auch der Druck des Arabischen sich noch verstärken würde.

Die Berber sind die Nachkommen der Urbevölkerung des Maghreb, Nordwestafrikas; erst zwischen 650 und 700 wurden die Gebiete, die sie bewohnten, von arabischen Heeren erobert und ihre Bewohner für die Lehre Mohammeds gewonnen. Allerdings war die Küste Nordwestafrikas auch schon seit fast zweitausend Jahren von Eroberern regiert worden: Um 1200 v. Chr. hatten sich hier die Phönizier festgesetzt und ihre Stadt Karthago zur großen punischen Seemacht entwickelt. Ihnen folgten die Römer, die den Stämmen im unzugänglichen Inneren des Landes den Namen gaben, den dann die Araber übernahmen: Aus dem abfälligen „barbari" wurde das (für die Araber bereits wertneutrale) „berbri", Plural „braber", als Name für eine Sprachgruppe, die ihre Wohnsitze zwischen der Oase Siwa in Ägypten im Osten, den Bergen Marokkos im Westen und dem Zentrum der Sahara weit im Süden hatte. Daneben kam auch, vom römischen Provinznamen abgeleitet, die Bezeichnung „Mauren" auf, die insbesondere im Kampf um das von ihnen eroberte Spanien dem mittelalterlichen Europa geläufig war. Sie selbst nannten sich stolz „amazigh", Mehrzahl „imazighen", was „freie Männer" bedeutet, und den Römern machte deren Freiheitsdrang in den Kriegen gegen Massinissa und Jugurtha lange schwer zu schaffen. Die Einverleibung ins Römische Reich brachte aber auch einen Berber, den Soldatenkaiser Septimius Severus, auf den Thron; die Christianisierung fand in dem Berber Augustinus einen der bedeutendsten der Kirchenväter.

Die Stämme im Inneren des Landes blieben von diesen Vorgängen an der zivilisierten Küste wenig berührt. Und auch die Eroberungen, die islamische Heere das Westgotenreich zerstören, bis Tours und Poitiers vorstoßen und Spanien ebenso wie Sizilien unterwerfen ließen, waren zwar von den berberischen Kriegerscharen und zumTeil auch von einheimischen Dynastien getragen, änderten aber kaum etwas an der Stammesgliederung der Berberbevölkerung. So gibt es denn auch bis heute keineswegs, was die Betrachtung von Sprachkarten vielleicht vermuten ließe: ein einheitliches berberisches Identitätsbewußtsein. Es gibt, trotz der nahen Verwandtschaft der berberischen Dialekte, keine einheitliche Hochsprache, keine Schrift (ausgenommen die Tuareg, über die als heute besonders „bedrohtes Volk" im nächsten Kapitel berichtet wird) und kaum eine niedergeschriebene Literatur. Und das, obwohl in Marokko für an die 40 Prozent der Bevölkerung Berberisch die Umgangssprache ist, in Algerien, wie erwähnt, für mindestens 25 Prozent und in Mauretanien, Tunesien, Libyen noch kleine berberische Minderheiten existieren. Zudem nehmen die Ethnologen an, daß auch die Arabischsprachigen in den Maghreb-Staaten zum überwiegenden Teil arabisierte Berber sind und die Nachkommen der arabischen Eroberer, sieht man von einigen Beduinenstämmen ab, in der Bevölkerung, der sie ihre Sprache gaben, aufgegangen sind.

In Algerien sind heute die rund zwei Millionen Kabylen die stärkste und aktivste berberische Bevölkerungsgruppe. Ihre Bildungsschicht ist neuerdings bemüht, berberische Identität, wie sie vor allem in der eigenen Sprache – von den Kabylen „Taqbailit" genannt – zum Ausdruck kommt, zu wahren. Das zweite größere berberische Siedlungsgebiet liegt in den Aurès-Bergen, der Dialekt dort ist das dem Kabylischen nahverwandte Schawia (Zououah).

Mittagsrast bei der Feldarbeit in der Kabylei

Eine ganz eigenartige Entwicklung nahmen die Bewohner des Mzab, eines dürren Landstrichs 700 Kilometer südlich von Algier. Diese Oasenregion ist ein Rückzugsgebiet der alten, sittenstrengen Sekte der berberischen Mozabiten, die hier fünf Städte gegründet haben. Ähnlich den Puritanern, lehnten sie weltliche Vergnügungen ab und wurden wahrscheinlich gerade dadurch zu außergewöhnlich tüchtigen Geschäftsleuten, die in allen großen Städten des Landes anzutreffen sind, aber die Verbindung mit der Heimat, gleichbedeutend mit der Sippe, aufrechtzuerhalten suchen (was übrigens auch für die vielen berberischen Gastarbeiter in Frankreich zutrifft). Die Entdeckung großer Erdöllager im Mzab hat allerdings auch die Strukturen dieses Berbergebiets verändert.

Die gesellschaftliche Gliederung im Berberdorf ist urtümlich geblieben. Eine Beschreibung aus der Kabylei gibt darüber beispielhaft Auskunft: „Die Anlage des Dorfes ist ein getreues Abbild der Sozialstruktur. Die kleinste soziale Einheit, die erweiterte Familie (Großfamilie), im wesentlichen zusammengesetzt aus dem Vater und seinen verheirateten Söhnen oder aus mehreren verheirateten Brüdern, lebt zusammen in zwei oder mehr Häusern, die sich, in rechtem Winkel zueinander stehend, um einen Innenhof gruppieren, der im übrigen noch durch eine Mauer nach außen abgegrenzt ist. Mehrere dieser Gehöfte bilden das Wohngebiet einer Verwandtschaftsgruppe verschiedener Großfamilien; das nächstgrößere Wohngebiet ist das des Clans, zu dem sich entsprechend eine gewisse Zahl von Verwandtschaftsgruppen (Linéages) zusammenschließen" (Wolfgang Neumann). In dieser „fechda" hat die Versammlung der Familienoberhäupter, „djema", das Sagen. Schon der Stamm, „qhila", ist demgegenüber nur noch eine lose Vereinigung, deren Zusammengehörigkeit seit alters darunter litt, daß sie in der Regel in zwei Gruppen („kaff") gespalten war, die einander nicht immer freundlich gesinnt waren. Daß in solchen Verhältnissen politische Autoritäten von außen kaum auf große Anerkennung zählen können, liegt auf der Hand.
Das mußten auch die Franzosen erfahren, als sie 1830 Algerien besetzt hatten. Es waren vor allem Kabylen, die sich schon zwei Jahre danach unter Abd el-Kader in einem zunächst erfolgreichen Aufstand gegen die Kolonisatoren zur Wehr setzten; eine Zeitlang mußte Paris sogar Abd el-Kaders Berberstaat anerkennen, doch 1847 erlag er der Übermacht. 1871 rebellierten die Kabylen unter Mohammed el-Mokrani erneut – vergeblich – gegen die Kolonialmacht, die mit ihrer Siedlerpolitik das fruchtbarste Land den Neuankömmlingen aus dem Mutterland in die Hände gab. In den Jahren nach dem Ersten Weltkrieg brachten die Stämme des Rif (im nördlichen Marokko) unter ihrem Führer Abd el-Krim Spaniern und Franzosen schwere Niederlagen bei. Auch wenn die Träger dieser Kämpfe vor allem Berber waren – es wäre ein Mißverständnis, dahinter ein berberisch-nationales Anliegen zu sehen. Die Aufstände waren Ausdruck der Ablehnung der Kolonialherrschaft durch eine islamische Bevölkerung, die sich, insbesondere in Algerien (wo nur französischen Siedlern und Juden die vollen französischen Bürgerrechte zuerkannt wurden), ökonomisch und gesellschaftlich schwer benachteiligt sah.

Silberschmuck ist der Stolz der Haratin-Berberfrauen

Nach der Niederschlagung Abd el-Krims versuchte die Kolonialmacht eine neue Berberpolitik, für die das alte Prinzip „Teile und herrsche" im Hintergrund stand. Man behauptete, insbesondere angesichts des wach-

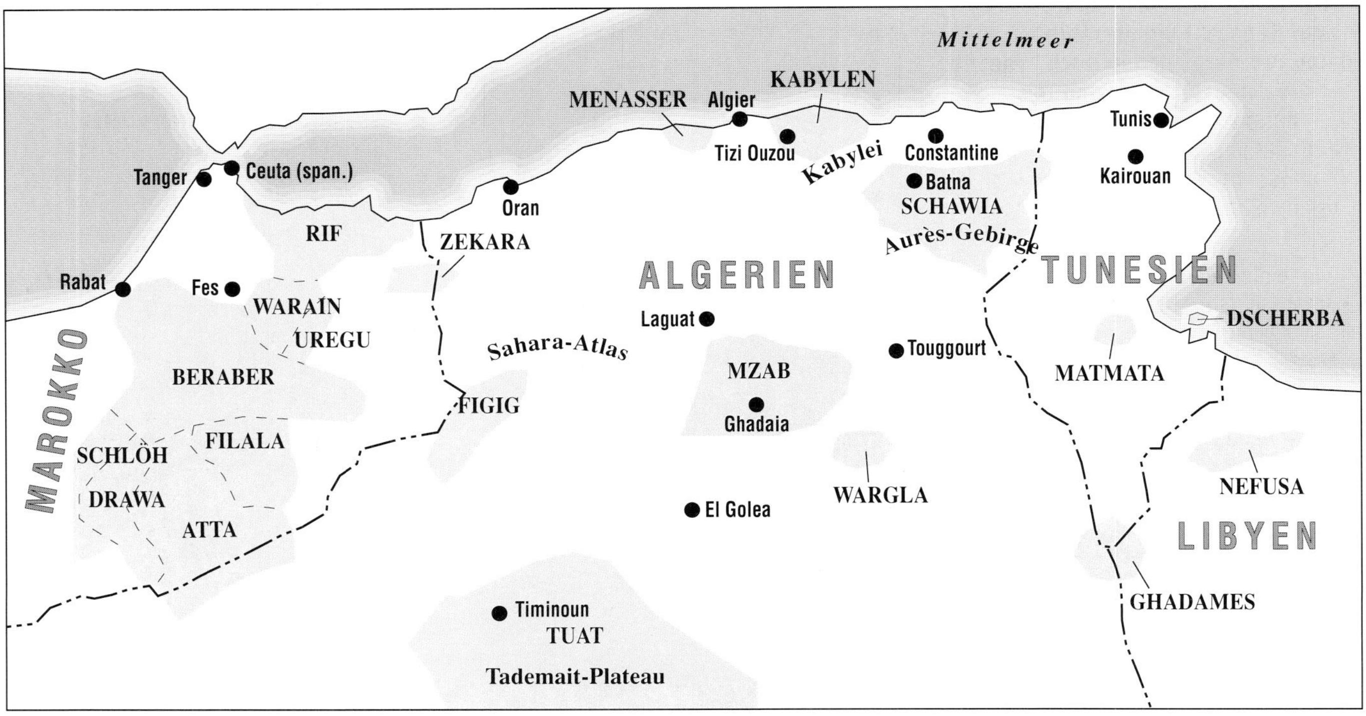

senden arabischen Nationalismus, daß gerade den Berbern, in deren dörflichen Versammlungen nun eine ursprüngliche Demokratie entdeckt wurde, die französische Kultur „angemessener" sei als der Islam, versuchte, jene Elemente der berberischen Identität hervorzuheben, die sie von islamischen Sitten unterschied, etwa die Ablehnung der Verschleierung der Frauen. Aber die Berber ließen sich dadurch wenig beeindrucken. Der Widerstand im algerischen Unabhängigkeitskampf der FNL formierte sich zu allererst in den schwer zugänglichen Berggebieten des Aurès und der Kabylei, und die Berberdörfer hatten unter der Grausamkeit der Fremdenlegionäre im Partisanenkrieg besonders zu leiden.

Die Unabhängigkeit brachte die Konstituierung der neuen „algerischen Nation" als einer arabischen und islamischen. Da in der FLN zudem linke Ideologie Fuß gefaßt hatte, überwog bei ihren Führern und in ihrer Staatsauffassung das Streben nach Einheit; berberische Sonderinteressen wurden beiseite geschoben, zumal sie ja von der Kolonialmacht, wenn auch aus durchsichtigen Gründen, nicht völlig ignoriert worden waren. Das gab den neuen Machthabern die Handhabe, alle berberische Opposition als vom französischen Neoimperialismus gelenkt zu verteufeln. Berberische Folkloregruppen bekamen Schwierigkeiten, wenn sie im Ausland auftreten wollten, und 1973 wurde sogar die Lehrkanzel für Berberisch an der Universität Algier ersatzlos gestrichen. Zwar gab es in den Volksschulen neben der Schulsprache Arabisch noch ersten Unterricht im angestammten Dialekt, doch wenn ein Berber sich in das Studium seiner Muttersprache vertiefen wollte, mußte er nach Paris, Aix-en-Provence oder Moskau gehen.

Im März 1980 kam es zu einem überraschenden Ausbruch gegen diese offizielle Politik. An der Universität von Tizi Ouzou war ein Vortrag des Dichters und Wissenschaftlers Mouloud Mammeri über alte kabylische Volksdichtung angesagt; die Behörden verboten ihn als „Bedrohung der öffentlichen Ordnung". Daraufhin gingen die Studenten auf die Straße, es kam zu Unruhen, und schließlich wurde die ganze Kabylei durch einen eintägigen Generalstreik lahmgelegt. Die Regierung griff hart durch, es gab Verletzte und vielleicht sogar Tote. Aber obwohl die Anhänger Mammeris gegen die Unterdrückung der Berbersprache in ganz Algerien protestierten und sich gegen die Einführung des Hocharabischen (das auch den Sprechern der lokalen arabischen Dialekte fremd ist) als Amtssprache wandten, blieb ihre Rebellion in den anderen berberischen Gebieten ohne Echo.

Anfang 1994 haben sich nun die Kabylen, noch immer angeführt von Mammeri, dem es um eine berberische Renaissance geht, erneut mit ihren Ansprüchen gemeldet. Auch wenn sie gegen die autoritäre Staatsführung noch immer ihre Vorbehalte haben, ist ihnen bewußt, daß ein Sieg der Fundamentalisten für jede Regung berberischen Selbstbewußtseins tödlich sein würde. Die ohnedies nicht aufzuhaltende Übermacht der Weltsprache Arabisch müßte unter einer Regierung, die sich darauf beruft, daß Gott sich im Koran in arabischer Sprache offenbart hat, erdrückend werden.

Literatur: Wolfgang Neumann, Die Berber. DuMont, Köln 1983. – Gerhard Schweizer, Die Berber. Salzburg 1984.

Die romantikumwobenen „Ritter der Sahara“, die verschleierten Tuareg-Krieger, sind nur noch Legende. Brutale Verfolgung und Dürre ließen sie in die Slums der Städte Niger und Mali ziehen – oder sie haben wieder zur Waffe gegriffen, um ihr Lebensrecht zu erkämpfen.

Kaum ein anderes Volk in Afrika haben die absurden Grenzziehungen der Kolonialzeit, die keine Rücksicht auf Lebensraum und Lebensart der Stammesgesellschaften nahmen, so schwer getroffen wie die Tuareg. Dadurch, daß diese Kolonialgrenzen nach 1960 automatisch zu Staatsgrenzen geworden waren, wurde der große Raum der westlichen Sahara und der Sahelzone, in dem sie sich frei bewegten, in eifersüchtig gehütete Zonen neuer „Nationen“ geteilt, die begannen, den „Rittern der Wüste“ eine völlig neue Lebensweise aufzuzwingen. Daß daraus langanhaltender Widerstand erwuchs, ist nicht verwunderlich.

Der Sprache nach sind die Tuareg Berber. Sie sind, als der Maghreb im Mittelalter von den Arabern überflutet wurde, nach Süden ausgewichen. Als feudale Herrenschicht, die sich selbst Imuschagh, „die Freien“ nannte (während Tuareg wohl aus dem Arabischen kommt und „die von Gott Verstoßenen“ bedeuten könnte), setzten sie sich über die ebenfalls berberischen Vorbewohner der Gebiete im Herzen der Sahara, die sie zu ihren Imrad, Vasallen, machten. In der feudalen Hierarchie der Tuareg-Gesellschaft bildeten die Imrad die große Masse des Volkes, über sich den Adel und die ihm fast gleichgestellten Schriftgelehrten, unter sich die zumeist schwarzen Sklaven und die fast wie Unberührbare behandelte Kaste der Schmiede.

Diese Gesellschaftsgliederung ist längst in Auflösung begriffen. Wenn man die Tuareg heute als die ethnische Einheit aller das Tamaschek, die Tuareg-Sprache sprechenden Menschen betrachtet, so dürfte ihre Zahl maximal eine Million betragen. Ungefähr die Hälfte von ihnen lebt im Staat Niger, in Mali sind es rund 300.000, in Algerien 50.000, der Rest verteilt sich auf Libyen und Burkina Faso.

Die Araber konnten die räuberischen und freiheitsliebenden „Ritter der Wüste“ nicht unter ihre Botmäßigkeit zwingen. Das Ende der Freiheit der Tuareg kündigte sich an, als die Franzosen gegen Ende des vorigen Jahrhunderts daran gingen, den wissenschaftlichen Erkundungsfahrten militärische Eroberer nachzuschicken. Im Wettstreit vor allem mit Großbritannien darauf aus, einen möglichst großen Anteil des afrikanischen Westens zu erobern und darüber hinaus womöglich bis zum oberen Nil vorzustoßen, begann von Senegal aus die Unterwerfung der Sahelzone. Von Algier her rückte man ins Gebiet der Sahara-Tuareg vor. Bei den Tuareg stießen die Franzosen auf Widerstand, denn jene wollten keine Herren über sich. Zunächst kam es 1862 zur Unterzeichnung des „Vertrages von Ghadames“. Er schien ein ausgeglichenes Zusammenleben zu sichern, vorausgesetzt, die Unterzeichner hielten sich an ihn. Die Tuareg versprachen darin, Handels- und Forschungsreisende nicht zu gefährden, dafür wurde ihnen zugesichert, daß von militärischer Besitzergreifung abgesehen würde. Der Vertrag erlitt das Schicksal fast aller Verträge, die Europäer damals mit Nichteuropäern schlossen: Er wurde nicht eingehalten. Rivalitäten zwischen einzelnen Tuareg-Stämmen lieferten den Vorwand für die Entsendung einer von Militär unterstützten Expedition in das Tuareg-Gebiet. Die meisten Angehörigen der Truppe wurden bei einem Überfall massakriert. Jetzt dauerte es nicht mehr lange, bis Frankreich seine ganze Stärke demonstrierte. Die Kel Ahaggar, die den Überfall durchgeführt hatten, wurden dank den überlegenen europäischen Waffen nach schweren Kämpfen unterworfen – eine Katastrophe für die Tuareg, die sich bis dahin für unbesiegbar gehalten hatten. Ihre östlichen Nachbarn, die Kel Ajjer, setzten noch auf die Türkei, die damals Libyen regierte. Doch 1911 nahmen die Italiener den Osmanen diesen letzten afrikanischen Besitz. Nun hatte auch für die noch freien Tuareg die Stunde geschlagen. Nicht nur die Kel Ajjer, sondern auch die Ullimiden im Umkreis von Timbuktu (das längst schon seinen Glanz, den die Araber im späten Mittelalter rühmten, eingebüßt hatte) mußten sich beugen. Die Kolonialmacht hatte in arabischen Beduinenstämmen, seit alters mit den Tuareg verfeindet, eifrige Helfer gefunden.

„Kein Ereignis in den Jahrhunderten davor hat die Tuareg-Gesellschaft so stark verändert wie diese Jahre der imperialistischen Inbesitznahme durch Frankreich. Das gesellschaftliche System wurde grundlegend beeinträchtigt durch das Verbot des Sklavenhandels und durch die Befreiung der Sklaven. Die Herren der Tuareg waren fortan nicht mehr ihre eigenen Stammesfürsten, sondern die Ungläubigen aus dem fernen Europa.“ (Gerhard Göttler) Mindestens ebenso traf die adeligen Tuareg, daß ihnen von der Kolonialmacht oft ganze Kamelherden weggenommen wurden, zumal ihnen ja nun auch der Weg, sich durch Überfälle neue zu beschaffen, versperrt war.

Im Ersten Weltkrieg glaubten die Tuareg eine Chance zu haben, die alte Freiheit wiederzugewinnen. Angeheizt vom Aufstand der Senussi-Sekte in Libyen, griffen sie die geschwächten

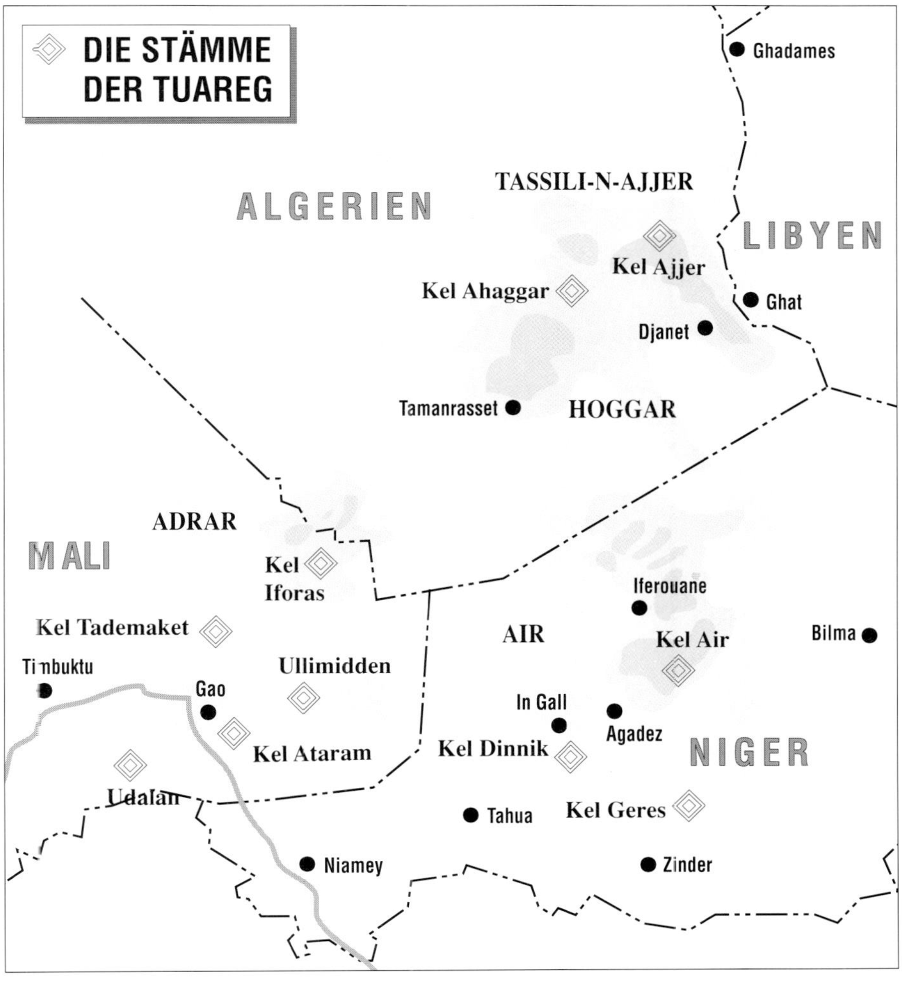

DIE STÄMME DER TUAREG

Klein-Lkw ersetzen die Kamele: Tuareg-Rebellen auf Erkundung

französischen Garnisonen an. Aber die Erfolge waren nur vorübergehend. Schließlich mußten sie sich nach langwierigen Kämpfen geschlagen geben. Die Franzosen behandelten die Unterlegenen nun mit größerem Feingefühl. Junge Tuareg-Krieger wurden in die Kamelreitertruppen der Kolonialarmee aufgenommen. Und auch die Kolonialbeamten gaben oft den Tuareg, die sich als verläßlich und von rascher Auffassungsgabe erwiesen, den Vorzug vor anderen Gruppen. Die Tuareg hielten sich an eines ihrer alten Sprichwörter: „Küsse die Hand, die du nicht abhacken kannst!" Sie standen denn auch als Verbündete der Kolonialmacht gegen die Befreiungsbewegungen und Selbständigkeitsbestrebungen in Algerien und den Kolonien südlich der Sahara.

Fast schien es, als würde eine autonome Tuareg-Region entstehen, als die Franzosen erwogen, die algerische Sahara von den Departements am Mittelmeer abzutrennen und mit südlicheren Gebieten zu Régions Sahariennes zusammenzufassen, was natürlich nicht aus Liebe zu den Tuareg, sondern wegen der Ölvorkommen in diesen Gebieten geplant war. Aber daraus wurde nichts. Auch Frankreich konnte sich dem im ganzen Entkolonialisierungsprozeß gehandhabten Prinzip, wonach die alten Kolonialgrenzen die Grenzen der neuen Nationalstaaten sein sollten, hier nicht entziehen. Über Nacht wurden die Tuareg zu Bürgern verschiedener Staaten – ein mindestens ebenso großer Einschnitt in ihr Dasein wie die Kolonialisierung sieben Jahrzehnte zuvor. Die künstlich gezogenen Grenzen durchschneiden die traditionellen Wohn- und Weidegebiete der Tuareg. Um von einem Staat zum andern zu kommen, mußten sie nun plötzlich Zölle und Abgaben zahlen. Von feindlichen Militärregierungen eingekeilt, verloren sie ihre traditionelle Freiheit, über Land zu ziehen.

In Algerien waren die Tuareg, nun noch mit dem Odium behaftet, gegen den Unabhängigkeitskampf eingestellt gewesen zu sein, nur eine kleine Minderheit. Von den reichen Bodenschätzen, die in ihrem Gebiet liegen, hatten sie nichts – sie waren ja Staatseigentum. Für die Regierung in Algier sollte es keine Berber und keine Tuareg geben, sondern nur Algerier, und die möglichst mit arabischer Sprache. Man sprach von Integrierung und Seßhaftmachung der Tuareg und meinte Assimilation. Das effektivste Mittel dafür war die Schulpflicht; der Unterricht erfolgte in arabischer Sprache, und viele Nomadenkinder wurden in Internaten in den Oasenstädten erzogen und so ihrem traditionellen Leben entfremdet. Die neuen Herren betrachteten die Tuareg als kulturlose Analphabeten, obwohl dieses Volk über die zumeist von den in dieser Gesellschaft, obwohl muslimisch, große Freiheit genießenden Frauen weitergegebene, zweitausend Jahre alte Tifinar-Schrift verfügt, die sich von einer altlibyischen Schrift herleitet. Auch die Förderung der Tuareg-Literatur, wie sie von der Kolonialmacht noch betrieben wurde, verschwand. Erst in jüngster Zeit zeigt das von den Fundamentalisten bedrängte Regime in Algier für die Berber und wohl auch für die Tuareg als mögliche Bundesgenossen gegen die religiösen Fanatiker mehr Verständnis.

Am schlimmsten traf die Tuareg die Einverleibung in den Staat Mali. Hier verband sich wohl der junge Nationalismus einer Militär- und Politikerkaste mit dem Vergeltungsdrang, den Hochmut der hellhäutigen einstigen Sklavenbesitzer zu bestrafen. Als Mali 1962 die Viehsteuer über Nacht um 300 Prozent erhöhte, kam es zum offenen Konflikt. Nach einem Ultimatum des Präsidenten Keita, ihre Waffen abzuliefern, erklärten sich die Tuareg für unabhängig. Nun folgte ein auf brutalste Weise geführter Unterwerfungskrieg. Über die Jahre nach der Unabhängigkeit sagte ein Tuareg dem amerikanischen Journalisten Art Davidson: „Wir erlebten täglich Schnellverfahren und öffentliche Hinrichtungen, unsere Lager wurden zerstört, unsere Wasserlöcher vermint und vergiftet, und unsere Herden mit Maschinengewehren beschossen." In den achtziger Jahren traf die Tuareg der Sahel-Zone die große Dürrekatastrophe aufs schwerste. Viele flüchteten als Lohnarbeiter nach Algerien und Libyen. Als sie 1990 zurückkehrten und unveränderte Zustände vorfanden, bildete sich die Tuareg-Volksbefreiungsfront Azawad/FPLA, die den Guerillakampf aufnahm. Erneut kam es zu Massakern durch die Regierungstruppen. Erst nach dem Sturz des Militärdiktators Moussa Traore wurde ein Waffenstillstand geschlossen.

Auch in Niger, wo die Tuareg beachtliche 10 Prozent der Bevölkerung bilden, kam es wegen der ständigen Schikanen Anfang 1990 zur Rebellion. Wegen des Tuaregproblems trafen im Herbst 1990 die Staatschefs von Mali, Niger, Algerien und Libyen zu einem Sahara-Gipfel zusammen, auf dem verstärkte Grenzkontrollen gegen die Wanderungen der Tuareg beschlossen wurden; dabei würden diese genau das Gegenteil, nämlich möglichst große Freizügigkeit beim Überschreiten der Grenzen, brauchen. Gaddafi dürfte aber auch ein Doppelspiel getrieben haben; denn bald darauf erklärte er Libyen zur wahren Heimat der Tuareg – eine bloße Geste, da dort die

Der Zeltbau gehört zu den Aufgaben der Tuareg-Frauen

Nur noch traditionelle Feste zeigen die „Ritter der Wüste" im alten Habit

Weidegründe nicht vorhanden sind. Doch soll er auch die Tuareg-Organisationen mit Waffen beliefert haben.
Auch in Niger begannen in den letzten Jahren Verhandlungen mit den Aufständischen. Im März 1994 lag der Lösungsvorschlag der Tuareg vor: Autonomie für die Nordgebiete, Verstärkung der staatlichen Investitionen dort, Beteiligung an den Erlösen aus den Bodenschätzen auf ihrem Gebiet, politische Mitbestimmung. Die Regierung behauptete, dies wäre eine „Teilung der Nation". Die Verhandlungen, die in Paris fortgesetzt werden sollten, wurden vorerst abgesagt. Es ist zu befürchten, daß die Kämpfe wieder aufflammen. Längst geht es freilich nicht mehr nur um Viehtriebe und Weideplätze. In den Hungerjahren der Dürre flüchteten Tausende Tuareg in die Städte. Abhängig von Spenden internationaler Organisationen (die nicht selten von korrupten Beamten unterschlagen werden) fristen sie ihr Leben als Gelegenheitsarbeiter und Bettler in Slums und Flüchtlingslagern. Die Träger der Rebellionen kommen jetzt von dort, und nicht mehr nur aus der alten adeligen Herrenkaste. Mano Dayak, Sprecher der nigrischen Tuareg-Rebellen, sieht das neue Bewußtsein seines Volkes heute so: „Was wollen wir, ewig mit Füßen getreten werden oder nach einigen leidvollen Jahren wenigstens unser Existenzminimum sichern können? Wir haben nicht aus Spaß zu den Waffen gegriffen, sondern man hat uns dazu gezwungen. Anstatt eine solche Erniedrigung zu akzeptieren und mich ganz einfach töten zu lassen, bin ich lieber in die Berge gegangen und habe zu den Waffen gegriffen. Unser Staat ist dafür verantwortlich, daß wir uns gegen ihn bewaffnen müssen."

Literatur: Gerhard Göttler, Die Tuareg. Köln 1989. – Zeitschrift „pogrom" Nr. 177/1994.

Nuba

Die Nuba sind als nördlichste Gruppe der schwarzen Bevölkerung des Süd-Sudan am stärksten dem Druck der islamischen Regierung ausgesetzt. Für diese ist „zivilisiert“ gleich „bekleidet“ – der Hebel, mit dem die Nuba-Kultur aus den Angeln gehoben wird.

Die Truppen der Militärregierung der Islamischen Republik Sudan marschierten 1994 wieder südwärts. Der Krieg zwischen dem arabischen Norden und dem schwarzen Süden, der schon mehr als drei Jahrzehnte andauerte, schien wieder einmal in eine heiße Phase getreten zu sein. Daß sich die Zentralregierung noch vor Jahresfrist bei Verhandlungen mit den südlichen Rebellen überraschend bereit erklärt hatte, auf die Islamisierung des gesamten Landes zu verzichten, erschien nun nur als Atempause der Armee für die Vorbereitung eines neuen Schlags. Die seit der Unabhängigkeit des Sudan verfolgte Devise „Ein Land, eine Sprache, eine Religion“ (womit natürlich Arabisch und der Islam gemeint waren) stand permanent auf der Tagesordnung Khartums.

Der Oberlauf des Nils ist eines der ethnisch gemischtesten Gebiete der Erde. Unglückliche koloniale Grenzziehungen haben die dort lebenden Völker, deren fragwürdige Berührung mit den Arabern in der vorkolonialen Zeit vor allem darin bestand, daß sie das „Menschenmaterial“ für die Sklavenhändler bildeten, mit dem islamischen Sudan in einem Staatsgebilde vereint. Permanenter Bürgerkrieg, der Tod von an die zwei Millionen Menschen, Hungersnöte und Massenflucht sind die Folgen, und kein Ende ist abzusehen.

Die Sudanaraber, die sich als Staatsvolk betrachten, bilden nur etwa 40 Prozent der Bevölkerung des Landes. Die Hauptgruppe im schwarzen Süden sind die Niloten, zu denen Dinka, Nuer und Schilluk als größte Völker zählen. Ethnisch ebenso heterogen wie die nilotischen Völker sind die Azande (Niam-Niam)

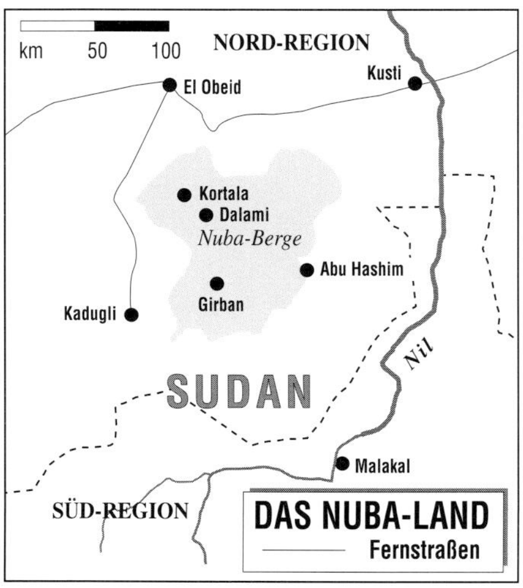

Wohnung einer Nuba-Familie im Dorf Fungor

an der Südgrenze. Eine andere Gruppe bilden die Nuba, ein Sammelname für etwa 50 Ethnien, die vor den Bürgerkriegswirren zusammen auf etwa eine halbe Million Menschen geschätzt wurden.

Die Heimat der Nuba – ihr Name bedeutet auf arabisch „Sklave“ – sind die Nuba-Berge in der ehemaligen Provinz Kordofan. Vermutlich handelt es sich um ein Rückzugsgebiet, in das diese negriden Menschen aus den umgebenden Savannen, in denen heute vor allem die arabisch sprechenden Stämme der Baqqarah leben, flüchteten. Wie stark die Nuba vermischt sind, läßt sich an dem Faktum ermessen, daß sie fünfzig verschiedenen ethnischen Gruppen angehören. Trotz dieser Unterschiedlichkeit in Sprache und Herkunft existierte so etwas wie eine „Nuba-Kultur“, die auf Gemeinsamkeiten wie der Struktur der Clans und der Regelung von Konflikten innerhalb der Stämme beruhte. Auch die Bauweise – eine Art von Wohntürmen – wies Ähnlichkeiten auf und deutete die Verteidigungsposition an, in der sich die Nuba häufig befanden.

Das Land der Nuba lag nicht im Brennpunkt, sondern eher am nördlichen Rand des Bürgerkriegsgebiets und jedenfalls außerhalb der Autonomiegrenzen, die den Südsudanesen von 1972 bis 1983 gewährt wurden (mit Einführung des islamischen Scharia-Rechts hat Präsident Numeiri die Autonomie aufgehoben). In unmittelbarer Nachbarschaft der arabischen Bevölkerung waren die Nuba viel stärker der Arabisierung ausgesetzt, und die Mehrheit der Nuba-Stämme nahm mit der Zeit islamische Lebensgewohnheiten an, Arabisch wurde zur lingua franca. Nur einem kleinen Teil der Nuba gelang es, das von den Vorvätern übernommene traditionelle Leben fortzuführen. Von diesen südöstlichen Berg-Nuba soll im folgenden die Rede sein. Sie zählen nur noch einige Tausend, und die Verhältnisse im Sudan machen sie zu einem „bedrohten Volk“.

Bekannt wurden diese Nuba durch ein Buch, in dem Hitlers einstige Leibfilmerin Leni Riefenstahl Anfang der siebziger Jahre der Schönheit der nackten Leiber dieser hochgewachsenen, schlanken Menschen in einer wahren Photo-Orgie einen Tribut zollte, der von manchen Kritikern als Fortsetzung des Körperkults faschistischer Ästhetik bezeichnet wurde. Hier wurde Frau Riefenstahl zweifellos mißverstanden (deren Protektor sich angesichts der Tatsache, daß deren Verherrlichungsgegenstand Schwarze waren, denen er bei der Berliner Olympiade nicht einmal die Hand reichen wollte, sich wohl im Grab umdrehen mußte). Die unverkrampfte Haltung gegenüber der Nacktheit ihres Körpers kommt bei den Nuba insbesondere darin zum Ausdruck, daß sie ihre Körper – bei den Männern durch kunstvolle Bemalung, bei den Frauen durch Schmucknarben – zu wandelnden Bildern machen und auch ohne Scheu zur Schau stellen. Doch muß diese hochentwickelte Kunst der Körperbemalung in ihrer Einbettung in die Gesellschaftsordnung dieser dörflichen Gemeinschaften gesehen werden. Die Körperbemalung steht auch nur den heranwachsenden, unverheirateten Jünglingen zu. Die Nacktheit der Nuba ist freilich nicht das einzige, was die islamischen Regierenden stört. Ebenso fremd ist ihnen das Nichtvorhandensein von Hierarchien, die ganz andere Haltung zum Eigentum, das liberale Sexualverhalten – sie sind für Eiferer immer wieder ein Grund, die „Zivilisierung“ der Nuba zu verlangen.

Der Schweizer Ethnologe Oswald Iten schildert ein Gespräch mit einem sudanesischen Provinzgouverneur, das Aufschluß über die Denkweise und die Vorhaben der nationalistisch-fundamentalistischen Regierung gibt: „Wir haben vom Ministerium für religiöse Angelegenheiten (!) die Führung für die Entwicklung der südöstlichen Nuba übernommen.“ Er öffnete eine Schublade und legte ein Buch auf das Pult: Leni Riefenstahls „Die Nuba von Kao“. An einer Stelle schlug er es auf und hielt es vor mich hin: „Diese Leute sind nackt und primitiv, haben keine Religion. Schauen Sie sich doch dieses Buch selbst an und sagen Sie mir, ob solche Personen die Bezeichnung „Sudanesen“ verdienen!“ Und der Beamte kündigte an, daß das Religionsministerium einen Traktor ins Nuba-Gebiet bringen (die Nuba hatten bisher mit Hackstock und anderen einfachen Geräten hervorragend für ihre Ernährung und sogar für den Markt gesorgt), eine Moschee mit Koranschule errichten und eine Polizeistation eröffnen werde, die Touristen daran hindern soll, nackte Nuba zu photographieren.

Der Ethnologe bemerkt dazu: Für all die vorgesehenen Maßnahmen gab es keine Notwendigkeit. Was den südöstlichen Nuba wirklich fehlt, ist Wasser in ausreichender Menge das ganze Jahr über. Da hätte man durch den Bau von Tiefbrunnen und Zisternen wirklich helfen können. Bei einer Bemerkung seines Gastgebers aber blieb ihm der Bissen im Hals stecken: „Den Rückstand der Leute von Kao-Niaro können wir am ehesten wettmachen, wenn wir dafür sorgen, daß möglichst viele Araber mit Nuba-Frauen Kinder zeugen, um die Rasse zu verbessern ..."

Berichten der Gesellschaft für bedrohte Völker ist zu entnehmen, daß sich der Kulturkampf, der die Nuba zu „Sudanesen" im Sinne der Regierung machen soll, in letzter Zeit intensiviert wurde. In die Nuba-Dörfer kommen fanatische Derwische mit dem Auftrag, die Nuba zu missionieren. Der Zuar, das einmalige Kampfspiel der nackten Ringer, soll verboten worden sein. Die Mädchen werden behördlich angewiesen, beim traditionellen Nyertun, dem Liebestanz, zumindest Shorts zu tragen, sehr zum Leidwesen der Touristen, die zumindest in friedlicheren Zeiten bis in die Nubadörfer vordrangen. Leni Riefenstahl hat zwar den ersten Touristenbesuch, den sie dort erlebte, im Kalender mit einem schwarzen Kreuz angezeichnet – aber es waren nicht zuletzt ihre (zuerst englisch erschienenen) Veröffentlichungen, die die Schaulust der Kamerareisenden anlockten. Nackte Menschen aber weisen – hier trifft sich die Denkweise koranläubiger Araber und puritanischer Missionare mit der sogenannter fortschrittlicher Regime – ein Land als „unzivilisiert" aus.

Die Verteufelung der ungezwungenen, natürlichen Nacktheit ist nur der erste Schritt der Entwurzelung und Assimilierung. Ihm folgen sogenannte Entwicklungsprojekte, die dazu führen, daß die egalitären Bodenbesitzverhältnisse aufgelöst und die Nuba aus Herren ihres Bodens zu Landarbeitern werden. In den Koranschulen werden die Kinder ihrer Herkunft und traditionellen Lebensweise entfremdet. Und indem die Behörden einzelne Nuba mit besonderen Machtmitteln ausstatten, wird das System der Selbstverwaltung untergraben und eine Hierarchie an seine Stelle gesetzt.

Iten ist pessimistisch für „sein" durch Monate beobachtetes Nuba-Dorf Fungor; vielleicht haben die Derwische diesen „fernen Planeten" schon dem Erdboden gleichgemacht. „Die Welt würde dadurch nichts gewinnen. Vielleicht wird eines Tages nur noch die Erinnerung an die Nuba bleiben. ... Doch ihre Werte hätten es verdient, in respektvoller Erinnerung gehalten zu werden – als Beispiel dafür, wie anders Menschen den Lauf der Welt betrachten können."

Nuba-Ringkampf wie im alten Olympia, in Hosen die beiden Schiedsrichter

Literatur: Oswald Iten, Fungor – Ein Nuba-Dorf wird ruiniert. Ullstein, Frankfurt/M. 1983. – Leni Riefenstahl, Die Nuba – Menschen von einem anderen Stern. München 1973.

Ende Mai 1994 traf der Präsident Ugandas, Museveni, in Wien den Staatschef des Sudan, al Beshir. Mit Versprechungen, im Südsudan eine Friedenslösung zu suchen, versuchte al Beshir das Image seines fundamentalistischen Regimes aufzupolieren.

Es klang fast wie eine Verhöhnung der Berichte, die jahraus, jahrein von Menschenrechts- und Hilfsorganisationen aus dem Südsudan kommen, als General Omar Hassan al Beshir in Wien bei einer Pressekonferenz behauptete: „Im Sudan herrscht Toleranz“. In Wahrheit sind dem jahrelangen Bürgerkrieg und den aus ihm entspringenden Folgewirkungen, vor allem dem Hunger, seit Bestehen der unabhängigen Republik Sudan schätzungsweise zwei Millionen Menschen zum Opfer gefallen, und ein Ende der Kämpfe ist nicht abzusehen. Denn das Regime in Khartum ist von seiner Haltung, die Einheit des Staates durch Islamisierung und Arabisierung seiner südsanesischen Bürger – nicht einmal die Hälfte der 26 Millionen Einwohner des Sudan sind Araber – 1992 höchstens verbal abgekommen.

Die Rebellenbewegung, die der sudanesischen Armee nun mit Unterbrechungen schon seit fast vier Jahrzehnten Widerstand leistet, hat sich allerdings selbst vor drei Jahren durch Spaltung geschwächt. Die getrennten Brüder der „Sudanese People's Liberation Army“ (SPLA) und der SPLA-United kämpfen zur Zeit nicht nur gegen die Armee al Beshirs, sondern auch gegeneinander, nachdem sich Rick Machar aus dem Volk der Nuer vom langjährigen SPLA-Präsidenten John Garang getrennt hat. Während Garang bereit ist, sich mit der Erneuerung der von 1972 bis 1983 bestehenden Autonomie des Südsudan zu begnügen, verlangen die abtrünnigen SPLA-Rebellen die volle Unabhängigkeit. Hinter diesen unterschiedlichen Zielen aber stehen neben Kritik an Garangs autoritärem Stil wieder aufgebrochene Differenzen zwischen den zwei größten Völkern des Südens, den Dinka und den Nuer.

Der Südsudan wird vorwiegend von schwarzen Völkern aus der Sprachgruppe der Niloten bewohnt. Als die Engländer im vorigen Jahrhundert nach dem Mahdi-Aufstand den Sudan eroberten und zu einem britisch-ägyptischen Kondominium machten (in dem freilich London das Sagen hatte), verleibten sie dem Territorium ohne Rücksicht auf Sprach- und Religionsgrenzen das von damals noch animistischen, in der Zwischenzeit großteils zum Christentum bekehrten Schwarzen bewohnte Gebiet ein. Obwohl vorherzusehen war, daß in den Unterschieden zweier Gruppen von Völkern, die Lebensweise, Zivilisationsgrad, Kultur, Moralvorstellungen und Religion wie Feuer und Wasser voneinander trennten, ein Sprengsatz lag, blieben die Kolonialgrenzen beim Übergang des Sudan in die Unabhängigkeit unangetastet; die Südvölker hatten die Briten nicht einmal durch eine Autonomie und entsprechende Vorkehrungen, ihr Land selbst verwalten zu können, vorbereitet.

Die Völker des Südens haben, obwohl sie unter ähnlichen Umweltbedingungen in den vom Weißen Nil entwässerten, oft sumpfartigen Gebieten leben, die Ackerbau schwierig und Viehzucht zur Lebensgrundlage machen, unterschiedliche Traditionen. Die Viehzucht macht sie in der Regel zu Halbnomaden. Für das größte Volk, die Dinka, sind die Rinder die Grundlage ihres gesellschaftlichen Lebens. Da sich ihre Stammesgruppen zumindest bis in die jüngste Gegenwart nicht gern von einem einzelnen Mann leiten ließen, sondern eine Art urtümliche Demokratie aufrechterhielten, wurde das Zusammenleben auch in Streitfällen nicht durch Richter, sondern durch ein ausge-

Seit Jahren kämpfen die Rebellen des Südsudan gegen die islamische Regierung

klügeltes, von der allgemeinen Moral getragenes System von in Rindern zu zahlenden Bußen geregelt. Die Dinka, die sich selbst Monyjang, „Menschen", nennen, sind der Überzeugung, daß erst die Viehzucht die „Zivilisierten" von den „Barbaren" unterscheidet, und das gibt ihnen Selbstbewußtsein.
Dieses Selbstbewußtsein trug auch dazu bei, daß die Dinka früher als andere Südvölker die Bedeutung der Annahme moderner Bildung erkannten und daher, als dem Süden 1972 endlich Autonomie gewährt wurde, bereits über eine kleine Intelligenzschicht verfügten, die den Großteil der Verwaltungsstellen übernehmen konnten. Das hatte freilich auch zur Folge, daß diese Menschen sich von den Traditionen ihres Volkes entfernten, daß sie Initiationsriten und die Stirntätowierung, aber auch den Brautkauf mit Rindern oder die Nacktheit ihrer Stammesbrüder in Frage stellten. Francis Deng, einst Außenminister der Republik Sudan, hat in einer von ihm herausgegebenen Sammlung von Dinkaliedern aus der modernen Volkspoesie auch Verse veröffentlicht, die diesen Zwiespalt bezeugen: „Alier zog ins Parlament im letzten Jahr, / Um die guten Dinge in der Stadt zu essen. / Mein Stier Malith besteigt die Kühe. / Unsere Gebildeten verderben das Land. / Lasst den Sitz unbesetzt, / Es ist der Sitz der Unwissenden."

Vertriebene Südsudanesen auf der Flucht

Die Nuer sind in Kultur und Sprache den Dinka sehr ähnlich, dennoch besteht zwischen den beiden Völkern eine alte Feindschaft, die durch die südsudanesische Volksbefreiungsbewegung nur mühsam, und, wie die jüngsten Ereignisse zeigen, nicht auf Dauer überbrückt werden konnte. Die Nuer galten schon in der Kolonialzeit als große Unruhestifter, weil sie ihre eigenen Viehherden durch den fast wie einen Sport geübten Rinderraub bei den Nachbarn zu vermehren trachteten; das hatte wiederholt Strafexpeditionen der Briten zur Folge. Bei ihren Überfällen begnügten sich die Nuer aber nicht nur mit geraubtem Vieh, sondern sie holten sich oft auch Frauen und Kinder, allerdings nicht – wie das bei den arabischen Menschenjagden üblich war (und sogar noch bis heute gepflogen werden soll) – um sie zu versklaven, sondern um sie als Mitglieder ihres Stammes aufzunehmen. Die Opfer waren zumeist Dinka, denn die Nuer waren im vorigen Jahrhundert aus unbekannten Gründen von ihren alten Siedlungsgebieten westlich des Weißen Nils aufgebrochen und in das Land der Dinka eingedrungen, wodurch deren Siedlungsgebiet gespalten wurde.
Heute bereitet den Nuer und anderen Bewohnern der Region der nun schon seit Jahren im Gang befindliche Bau des Jonglei-Kanals Sorge. Demonstrationen in der friedlichen Periode nach Ausrufung der Autonomie haben das Großprojekt nicht verhindern können. Es soll die für die Lebensweise der Bewohner ebenso wie aus ökologischen Gründen wertvollen Sumpfgebiete trockenlegen und das Wasser in den Norden befördern. Dadurch würden die Fläche des Weidelandes verringert (mit neuerlichen Auseinandersetzungen zwischen den Stämmen als Folge) und die Wanderung der Viehherden erschwert. Im Hintergrund steht der Plan der Regierung, aus den Viehzüchtern Ackerbauern zu machen – ein Vorhaben, das bisher überall in der Welt zu wirtschaftlichen Fehlschlägen und kulturellem Identitätsverlust geführt hat.

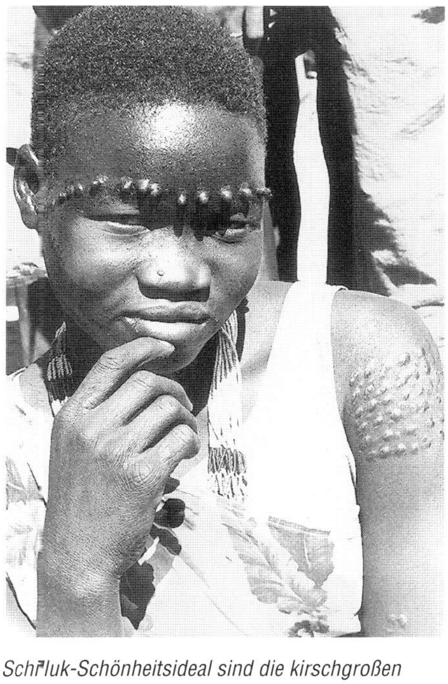

Schilluk-Schönheitsideal sind die kirschgroßen Stirnnarben

Das dritte größere Volk im Südsudan sind die Schilluk, die durch ihre eigenartiges Herrschaftssystem nicht nur Ethnologen interessieren, sondern auch Religionsforscher zu phantasievollen Theorien über eine viel weitere Verbreitung dieses Systems, auch in Europa, veranlaßt haben. Sie wohnen am Westufer des Weißen Nils und sind als Ackerbauern seßhaft. Sie wanderten hier vor einem halben Jahrtausend unter der Führung ihres legendären Stammvaters Nyakang ein und bildeten seit damals eine politische Einheit, die durch die Institution eines sakralen Königtums selbst noch bis in die Gegenwart gewahrt werden konnte.
Es gehörte zur Tradition dieses absoluten Königtums, daß keiner der Herrscher, Reth genannt, eines natürlichen Todes sterben durfte. Der König, der über eine Vielzahl von Frauen verfügte, wurde, wenn seine Zeit vorüber war (was sich unter anderem in seiner nachlassenden Potenz zeigte), nach einem Ritual getötet. In frühen Zeiten wurde er zusammen mit zwei Jungfrauen eingemauert, später begnügten sich die Schilluk damit, den Königsmord durch Erdrosseln zu vollziehen. Damit nicht Söhne des Reth in Versuchung des Vatermordes kamen, hatten sie keine Chance, Nachfolger zu werden, sondern es wurde jeweils der Nachkomme eines Vorgängers des Reth auserwählt.
Die Kolonialherren und auch die Regierung des modernen Sudan haben an dieser Form des Machtwechsels wenig Gefallen gefunden, und König Kur Papiti wurde in der Zeit der Autonomie sogar von den Behörden eine Leibwache zum besonderen Schutz zur Verfügung gestellt. Er starb denn auch im Krankenhaus von Khartum, woraus traditionsbewußte Schilluk

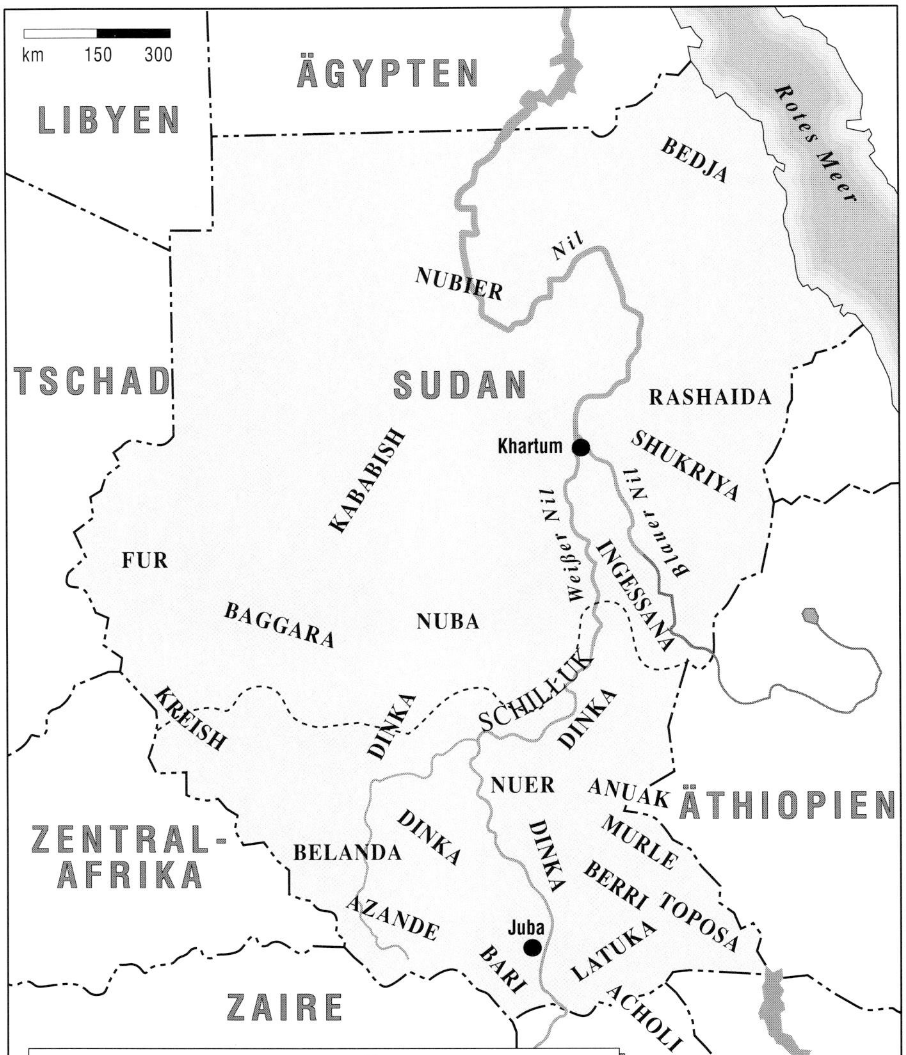

DIE NICHTARABISCHEN VÖLKER DES SUDAN
------------ Grenze des früheren autonomen Gebiets Südsudan

ablasen, daß nun schwere Katastrophen über ihr Volk kommen würden (womit sie freilich mit dem neu aufflammenden Bürgerkrieg auch recht hatten). Auch heute noch haben die Schilluk in Kur Nyadok, der seinen Stammbaum bis zum sagenumwobenen Nyakang zurückführt, einen für ihre internen Angelegenheiten zuständigen König.

Ganz im Süden des heutigen Sudan hatten die Azande durch Unterwerfung anderer Stämme ein Reich errichtet, das sich, wie später die britische Kolonialverwaltung, auf ein friedvolles System der „indirect rule" bei den eingegliederten Stämmen stützte. Die Engländer brauchten diese Struktur, nachdem sie den letzten Azande-König 1905 erschossen hatten, nur zu übernehmen. Während des Bürgerkrieges flohen viele Azande ins benachbarte Zaire oder nach Zentralafrika. Unter dem Druck der Armee traten einige ihrer Chiefs zum Islam über. In der Zeit der Autonomie bemühte sich insbesondere die Swiss Interchurch Aid um Brunnenbauprojekte, und ihr segensreiches Wirken trug auch dazu bei, daß die Missionserfolge nicht zur Gänze zunichte gemacht werden konnten. Die dann neuerlich aufgeflammten Kämpfe brachten auch den Azande wieder Not und Vertreibung.

Der neue Aufstand im Süden brach aus, als Staatschef Numeiri die dem Südsudan gewährte Autonomie im Juni 1983 unter dem Druck radikaler Moslems aufhob und bald darauf im ganzen Land das islamische Recht, die Scharia, einführte. (Al Beshir stellte übrigens in Wien in Abrede, daß die Scharia noch für die nichtislamische Bevölkerung in Geltung sei.) Dadurch erwachten auch die Kräfte, die zwischen 1956 und 1972 den Kampf um „Anya Nya", einen unabhängigen Südsudan, geführt hatten, neu. Die SPLA konnte dabei auf Unterstützung aus dem damals kommunistischen Äthiopien zählen, während Numeiri seine kriegerischen, von Terror begleiteten Aktionen ohne große Proteste des Westens durchführen konnte, weil dieser in ihm einen Widerpart gegen die sowjetischen Positionen in Addis Abeba sah. Numeiri konnte sich jedoch trotz seiner Annäherung an die Fundamentalisten nicht retten; ein Militärputsch beseitigte 1985 seine Regierung. Doch nun wurde der Kurs Numeiris im Südsudan womöglich noch verschärft fortgesetzt. Die Scharia wurde speziell in den Städten des Südens, die von der Armee besetzt wurden, während die Landgebiete weitgehend unter der Kontrolle der Rebellen blieben, mit besonderer Härte angewendet. 1987 und 1988 häuften sich Berichte über Massaker vor allem unter den Dinka, und es kam zu einer gewaltigen Hungersnot, die Hunderttausende Flüchtlinge ins benachbarte Äthiopien trieb. Die Pattstellung im Bürgerkrieg veranlaßte die Regierung 1988 zu einem Friedensabkomnmen, doch unter dem Druck der fundamentalistischen Nationalen Islamischen Front wurde es wieder verworfen. Die Armee putschte erneut, und Präsident el Mahdi wurde durch al Beshir ersetzt. Auch er verfolgte den harten Kurs gegen die Rebellen weiter. Der Hunger wurde als Waffe gegen die Aufständischen eingesetzt, es traf aber weniger die Rebellenarmee als die Bevölkerung, als die Regierung internationale Hilfsaktionen 1991 stoppte. Der Sudan intensivierte die Zusammenarbeit mit dem Iran, aus dem auch verstärkt Waffenhilfe kam und der sogar Soldaten im Kampf gegen die Rebellen zur Verfügung gestellt haben soll. Daß der Papst im Februar 1993 einige Städte des Sudan besuchte, diente eher der Imagepolitur der Regierung als der christlichen Bevölkerung; der Sudanesische Rat der Kirchen richtete an Johannes Paul II. einen Brief, in dem es hieß: „Sie werden Hände schütteln, von denen das Blut der sudanesischen Christen tropft."

Der Sturz des Diktators Mengistu und die Spaltung der SPLA sowie eine umfassende Offensive der Armee gegen die Rebellen veranlaßten deren Führer, mit der Regierung auf neutralem Boden, in Nigerias Hauptstadt Abuja, in Verhandlungen zu treten. Zwar gestand Khartum der Bevölkerung des Südsudan in einem Dokument zu, ein Unabhängigkeitsreferendum abzuhalten, doch die Kämpfe gingen weiter, das Hauptquartier Garangs, Torit, wurde eingenommen, und erneut brachen schreckliche Hungersnöte aus.

Dennoch dürfte der Krieg für keine der beiden Seiten zu gewinnen sein. Obwohl sich Ugandas Präsident Museveni bereit zeigte, an einer Friedenslösung mitzuwirken, sah auch er als letzte Alternative die Selbstbestimmung der Südsudanesen. Ob dies zuzugestehen eine sudanesische Regierung je bereit sein wird, ist fraglich. Das Leiden der nilotischen Völker scheint noch lange nicht beendet.

Literatur: Oswald Iten, Sudan. Zürich 1983. – Klemens Ludwig, Bedrohte Völker. Beck, München 1994.

Es wird wieder gekämpft in Äthiopien: Die Sieger von gestern haben sich entzweit, die Oromo verlangen für ihr Volk die Unabhängigkeit.

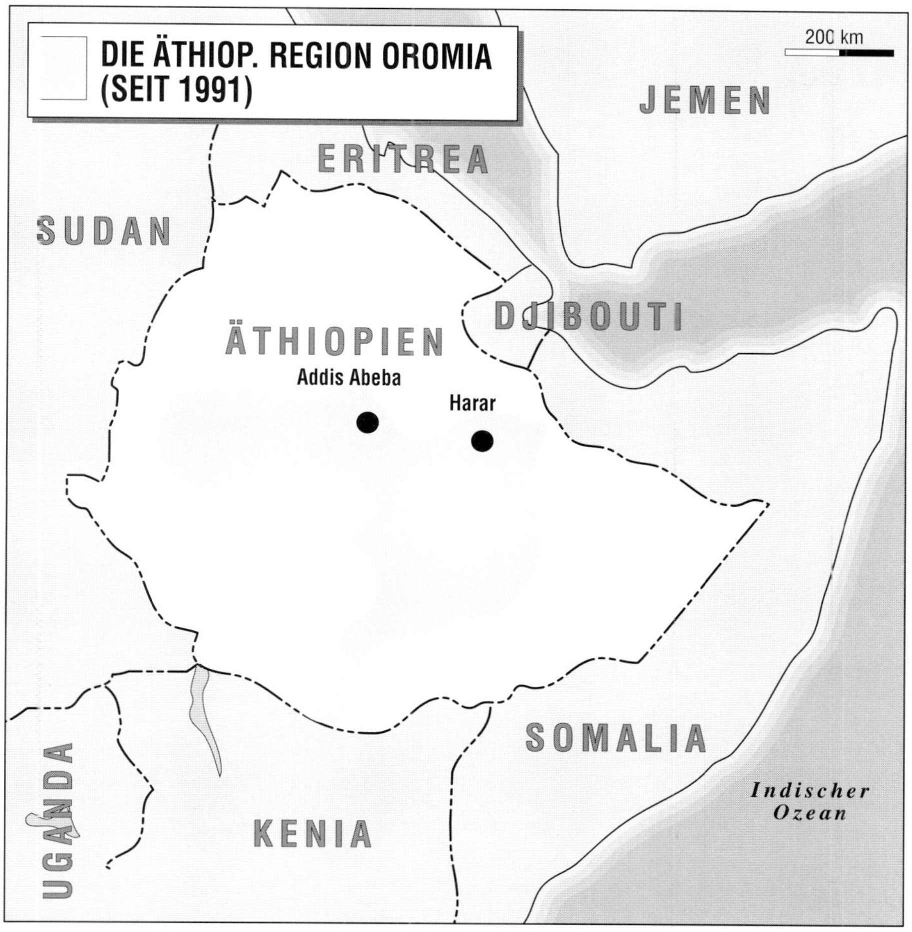

Im Jahr 1994 wurde eine Gruppe von Entwicklungshelfern aus dem Team von Karlheinz Böhm, der seit Jahren in Äthiopien Katastrophenhilfe leistet, getötet, als ihr Fahrzeug auf eine Mine auffuhr. Böhm vermutete, daß der tödliche Sprengkörper gezielt gegen seine Mannschaft gelegt worden war, weil er die Abzweigung von Hilfslieferungen an die Rebellenarmee der Oromo Liberation Front (OLF) verweigert hatte. Er stellte daraufhin in diesem Gebiet seine Hilfsmaßnahmen ein.
Die Meldung aus Äthiopien zeigt schlaglichtartig, daß dieses Land trotz des erfolgreichen Aufstandes, mit dem das kommunistische Regime Mengistus vertrieben worden ist, nicht zur Ruhe kommt. Die gemeinsamen Sieger von gestern sind zu Feinden von heute geworden. Ursache ist wieder einmal, wie so oft, die Tatsache, daß Äthiopien ein Vielvölkerstaat ist, in dem historische, ethnische und religiöse Differenzen und der Anspruch des früheren Herrenvolks der noch immer im Staatsapparat überrepräsentierten Amharen nicht auf den gleichen Nenner gebracht werden können. Das Ausscheiden Eritreas mit Zustimmung der neuen Regierung hat bei vielen auf nationale Machterhaltung bedachten Bürgern Unmut hervorgerufen, wird aber auf der anderen Seite von der Intelligenz verschiedener Ethnien als ermutigendes und nachahmenswertes Beispiel betrachet.
In erster Linie von den Oromo, die bei den Völkerkundlern früher als Galla bekannt waren, was nicht ihre Eigenbezeichnung ist, sondern bei den semitischen Nachbarn soviel wie „Barbaren", aber auch „Sklaven" bedeutete. Die Oromo sind insofern kein „bedrohtes Volk", als sie mit mehr als 40 Prozent die größte Bevölkerungsgruppe Äthiopiens bilden; bedroht mögen sie sich dennoch fühlen, weil sie ein Jahrhundert lang nicht nur permanenter wirtschaftlicher Benachteiligung, sondern auch dem kombinierten Druck von Amharisierung und Christianisierung ausgesetzt waren.
Die ethnische und religiöse Zusammensetzung der äthiopischen Bevölkerung sieht nämlich so aus: Die Amharen und die Tigray, zusammen etwa 30 Prozent der 53 Millionen Einwohner Äthiopiens, wanderten lange vor Christi Geburt aus Südarabien in Afrika ein. Sie haben sich ihre semitischen Sprachen und ihr in früher nachchristlicher Zeit erworbenes koptisches Christentum durch die Jahrhunderte erhalten. Sie trafen in Äthiopien auf kuschitische Völker (früher sprach man von Hamiten), von denen die verschiedenen Stämme der Oromo, der Somal und der Bedja die bedeutendsten sind. Bei einem Großteil von ihnen hat sich der Islam durchgesetzt, nur im Süden gibt es neben Christen auch noch animistische Oromo. Die Amharen waren wohl das früheste staatenbildende Element in diesem Raum, und die Dynastie ihrer Herrscher wollte ihre Herkunft bis auf Salomon und die Königin von Saba zurückführen. Die Oromo dagegen hielten trotz einer gewissen Einheitlichkeit als Sprachgruppe durch die Jahrhunderte an der Gliederung in Stämme und Clans fest, und Staatsbildungen wie das Anfang des vorigen Jahrhunderts gebildete Königreich Dschemma blieben auf Einzelstämme beschränkt. Ein Oromo-Nationalbewußtsein hat sich erst allmählich, nach Einsetzen der Unterdrückung durch die amharischen Eroberer, herausgebildet.

Frau aus dem Oromo-Stamm der Arussi

Als in der zweiten Hälfte des 19. Jahrhunderts der Wettstreit der europäischen Staaten um Kolonien in Afrika einsetzte, war das amharische Herrschaftsgebiet auf das abessinische Hochland beschränkt. Von Engländern und Franzosen mit Feuerwaffen ausgestattet, konnten die Kaiser Johannes und Menelik II. zwischen 1883 und 1900 an die Eroberung des Galla-Landes und jener anderen Gebiete gehen, die heute das Staatsterritorium Äthiopiens bilden. Menelik spielte mit dieser kolonialen Expansion ungefähr die gleiche Rolle wie die europäischen Mächte, denen ein noch dazu christlicher Pufferstaat unter ihrer Kontrolle gar nicht so unlieb war. Eine der ersten eroberten Oromo-Städte war Fine-Fine, das die Sieger in Addis Abeba umbenannten und zu ihrer Hauptstadt machten.

Die Uneinigkeit der Galla-Stämme machte es den Amharen leicht, die einzelnen Gebiete zu unterwerfen. Menelik ging dabei mit großer Brutalität vor. Im Priesterkönigreich Kaffa (das dem Kaffee den Namen gab), ohnehin schon ein abessinischer Tributärstaat, wurde die Bevölkerung bei der Eroberung 1897 durch Massaker und Verkauf in die Sklaverei auf ein Drittel des Bestandes herabgesetzt. Die Monarchie im kleinen Dschemma hatte hingegen noch, unter der Oberhoheit Äthiopiens, bis 1932 Bestand.

Die äthiopische Regierung forcierte nach der Eroberung die Amharisierung des gewonnenen Territoriums. Zwei Drittel des Landes der Oromo, das im Kollektivbesitz der Clans war, wurde konfisziert und an amharische Siedler, Großgrundbesitzer und die koptische Kirche mitsamt den Bewohnern übergeben; diese wurden zu Leibeigenen. Wer gegen die einmarschierenden Abessinier Widerstand geleistet hatte, wurde überhaupt jeden Landbesitzes beraubt; die restlichen Böden wurden mit hohen Abgaben belegt. Gleichzeitig begann die systematische Amharisierung: Die Oromo-Namen mußten durch amharische ersetzt werden, im Unterricht durfte ebensowenig wie in der Kirche, der die Missionierung der Bevölkerung übertragen wurde, oromisch gesprochen werden. Als im letzten Jahrzehnt des vorigen Jahrhunderts im nördlichen Hochland schwere Hungersnöte ausbrachen, wurde der Ansturm der Siedler besonders stark; Bevorzugte unter ihnen wurden rasch zu Landherren, die im Feudalstil nach Addis Abeba übersiedelten und von den Einkünften ihrer Latifundien im Oromo-Land lebten.

Durch den Sieg Meneliks über die Italiener bei Adua (1896) festigte sich die Stellung Äthiopiens; international wurde es zum Vorzeigeobjekt des einzigen selbständig gebliebenen afrikanischen Staates, ein Nimbus, den es sich noch in der Zeit der Entkolonialisierung nach dem Zweiten Weltkrieg eine Weile erhalten konnte und der bis zu afroamerikanischen Sekten reichte. Die Unterdrückung der unterworfenen Völker wurde dabei ignoriert. Doch die Bevorzugung der Amharen, denen der Großteil der Positionen in Regierung, Verwaltung und Armee vorbehalten war, konnte nicht verhindern, daß auch Angehörige anderer Völkerschaften, aus denen ja Soldaten und Polizisten rekrutiert werden mußten, und sei es zunächst als „Kollaborateure", in höhere Stellungen aufstiegen. Damit begann sich auch unter den Oromo ein neues Selbstbewußtsein zu entwickeln, das zugleich über die Stammesgrenzen hinausging. Bezeichnenderweise ließ Haile Selassie die Niederschrift der Oromo-Sprache in Lateinbuchstaben, die sich besser für deren Wiedergabe eignete als die amharische Schrift, und dann überhaupt die Herausgabe von Büchern und Zeitschriften in Oromo verbieten. Das war freilich vor allem eine Angelegenheit der Elite, die zum Teil auch durch „politische Heiraten" in das System eingebaut wurde. Im Oromo-Land selbst kam es immer wieder zu örtlichen Bauernaufständen gegen die unmenschlichen Lebensbedingungen.

Als die Italiener Äthiopien 1936 eroberten, hatten sie mit den Gegensätzen zwischen den islamischen Galla und Somal und der Regierung in Addis Abeba spekuliert. Zwar wurde die Leibeigenschaft aufgehoben, aber die Oromo mußten bald erkennen, daß unter den faschistischen Kolonialherren die Ausbeutung womöglich noch härtere Züge annahm. Der Widerstand gegen sie formierte sich, und schon 1936 bildete sich eine West-Oromo-Konföderation, die die britische Regierung ersuchte, das Gebiet unter ihr Mandat zu stellen; London als Verbündeter Haile Selassies lehnte solche Forderungen freilich ab. Mit der Rückkehr des Negus wurde zwar die Leibeigenschaft nicht wieder eingeführt, aber die Großgrundbesitzer bekamen ihre Güter zurück. Auch in den bis dahin noch unberührten Süden drang die Plantagenwirtschaft zum Nachteil der Bauern- und Hirtenbevölkerung vor. Das hatte aber auch soziale Veränderungen zur Folge, die dem Widerstand einen neuen Charakter gaben.

Bei den meisten Oromo-Stämmen hatte durch Jahrhunderte die sogenannte Gada-Ordnung bestanden, ein merkwürdiges und durch die Berechnung nach Mondjahren noch zusätzlich kompliziertes System der Organisation aller Männer in Generationsklassen, zu denen die Zugehörigkeit nicht nach dem biologischen Alter, sondern nach der Generation der jeweiligen Ahnenreihe des einzelnen entschieden wurde. Zudem war auch jeder Stamm in zwei Hälften geteilt. Von den Amharen wurde dieses System, das möglicherweise ursprünglich der Entschärfung der Generationenkonflikte gedient hat und dann ritualisiert wurde, als primitiv angefeindet. Heutige Oromo-Nationalisten preisen es als Ausdruck einer urtümlichen Demokratie, die im schroffen Gegensatz zur amharischen Autokratie gestanden sei.

Unter Offizieren, Intellektuellen und Studenten in Addis Abeba entstand Anfang der sechziger Jahre die erste Pan-Oromo-Bewegung „Matcha-Tulama" (benannt nach zwei Stämmen). Als sich ihr der Galla-General Tadesse Biru anschloß und sie sich in den Provinzen auszubreiten begann, wurde sie unterdrückt, ihre Führer wurden verhaftet. Der General wurde zum Tod verurteilt, vom Kaiser zu lebenslanger Haft begnadigt, in der Revolution 1974 befreit und ein Jahr später von den neuen Machthabern erschossen.

Schon einige Jahre vor dem Umsturz hatten in der Provinz Bale Oromo-Rebellen einen Guerillakrieg begonnen. Sie wurden dabei von Somalia unterstützt und hatten enge Kontakte

Die Oromo fühlen sich um den Erfolg ihres Befreiungskampfes geprellt

zur Westsomalischen Befreiungsfront im Ogaden. Schließlich wurde 1973 die Oromo Liberation Front (OLF) gegründet; als ihr Zeichen wählte sie den ihrem Volk heiligen Oda-Baum (die Sykomore). Die Revolution von 1974 wurde anfänglich begrüßt, die hohen Erwartungen in bezug auf eine Landreform und auf mehr Freiheit aber rasch enttäuscht. Als sich herausstellte, daß auch das marxistische Nachfolgeregime auf Haile Selassie eine amharische Angelegenheit blieb und der Landreform die Zwangskollektivierungen folgten, nahm die OLF ihren Widerstand erneut auf. Als das Mengistu-Regime in den Jahren der großen äthiopischen Hungersnot ein Umsiedlungsprogramm begann und massenweise Menschen aus den von der Dürre heimgesuchten Gebieten in das klimatisch günstigere Oromo-Land gebracht wurden (was auch dort zu schweren Versorgungsmißständen führte), wurde das vor allem als Maßnahme verstanden, den wachsenden Widerstand der Eritreer und Tigray im Norden zu brechen. Die Gewalttätigkeiten der von den Sowjets unterstützten Militärs taten ein übriges, wegen der Guerilla wurden nun auch die Oromo-Bauern in strategische Dörfer zwangsumgesiedelt. „Man kann sagen, daß unter den Kolonialregimen, unter denen die Oromo in den letzten neunzig Jahren standen, das des DERG das blutigste und bestialischste ist", schrieb ein Oromo-Nationalist; „es entvölkert Oromia von den Oromo."

So intensivierte die OLF ihren Kampf, richtete in „befreiten Gebieten" eine eigene Verwaltung ein und war somit am Sieg der „Revolutionären Front der äthiopischen Völker" (EPRDF), die das Mengistu-Regime 1991 verjagte, beteiligt. Die danach sehr bald vollzogene Föderalisierung des Staatsgebietes nach Ethnien schien Ansatz für die Befriedung der Nationalitätenkonflikte. Die neugeschaffene Region „Oromia" nimmt flächenmäßig den größten Teil des Landes ein und wurde mit Kultur- und Verwaltungsautonomie ausgestattet. Erstmals gab es offiziell Unterricht und Schulbücher in der Oromo-Sprache. Dennoch fühlte sich die OLF benachteiligt, und als die (von den Tigray dominierte) EPRDF eine in Oromia nur über eine geringe Anhängerschaft verfügende „Volksdemokratische Organisation der Oromo" (OPDO) bevorzugte, bezichtigte die OLF sie des Wahlschwindels und nahm ihre Minister aus der Regierung. Der Guerillakrieg im Süden lebte wieder auf, und die OLF verlangt heute nach dem Vorbild Eritreas eine Volksabstimmung über die Unabhängigkeit Oromias. Das wäre das Ende des Staates Äthiopien und wird von der Regierung abgelehnt.

Der greise Häuptling erinnert an die kriegerischen Galla-Traditionen

Literatur: Bitunia Tamene/Jürgen Steuber, Die ungelöste nationale Frage in Äthiopien. Frankfurt/M. 1983. – Gabriele Anderl, Nationale Bewegungen der Oromo in Äthiopien. Phil. Diss. Wien 1986.

Massai

Was die Kolonialherren begonnen haben, setzen die nationalen Regierungen fort: Die stolzen Massai in Ostafrika, deren Kultur und Identität untrennbar mit ihrem Hirtennomadentum verknüpft ist, sollen seßhaft gemacht werden.

Die Massai ähneln dem Löwen und dem Leoparden – wunderschöne Raubtiere, die den ästhetischen Sinn erfreuen, ansonsten aber nutzlos und gefährlich sind." Diese Ansicht eines britischen Offiziers zu Beginn des 20. Jahrhunderts drückt aus, was dieses Volk von den englischen und deutschen Kolonisatoren, die sich in den Jahrzehnten zuvor Ostafrikas bemächtigt und das Massailand ohne Rücksicht auf die ethnischen Grenzen geteilt hatten, zu erwarten hatte.

Die Massai, ein nilotisches Viehzüchtervolk, wanderten, von den Nilquellen kommend, nach 1400 in ihre heutigen Wohngebiete ein. Als herrische Hirtennomaden verdrängten sie die vor ihnen in diesem Territorium siedelnden, ackerbauenden Bantustämme, vor allem die Kikuyu. Um 1800 waren die Massai Herren über die großen Ebenen im heutigen Kenia und Tansania, ihr Einfluß erstreckte sich vom Victoriasee bis zur Küste. Briten und Deutsche wären wohl, nachdem sie sich Ostafrika um 1885 geteilt hatten, auf stärkeren Widerstand der Massai gestoßen, wenn damals nicht eine verheerende Rinderpest deren Lebensgrundlage, die riesigen Herden, dezimiert hätte. Zudem schwächte eine Pockenepidemie, der viele Tausende zum Opfer fielen, die Abwehrkräfte des Volkes. Die „nutzlosen" Massai, die sich, anders als die Kikuyu, als Verächter des Ackerbaus nicht für die Kuliarbeit auf den Plantagen eigneten, wurden nun aus ihren fruchtbarsten Gebieten verdrängt, um weißen Siedlern Platz zu machen. Schließlich stand ihnen nur noch ein Bruchteil des einst beherrschten Landes zur Verfügung, was dazu führte, daß die Wiederaufzucht der Rinderherden nur langsam vor sich ging und so einige Massai-Gruppen zwang, sich einen anderen Lebensunterhalt zu suchen.

Massai-Frauen bringen Bananen und gebündelte Palmblätter ins Dorf

Schon die Kolonialbehörden begannen mit dem Versuch, die Massai „umzuerziehen", selbstverständlich nicht als Selbstzweck, sondern zur Erreichung handfester politischer und ökonomischer Ziele. In Kenia wurden sie 1904 dazu gebracht, ein Abkommen zu unterzeichnen, ihr qualitativ bestes Land gegen ein Reservat zu tauschen, das, wie die Briten versprachen, so lange bestehen würde, „wie die Massai als Volk existierten". Doch erging es ihnen da nicht viel besser als den amerikanischen Indianern: Schon nach sieben Jahren wurden sie gezwungen wegzuziehen; und was von der „Garantie der Landrechte", die den Stämmen zugesichert worden war, zu halten war, zeigte ein Gesetz aus dem Jahr 1915: Es ermächtigte den Gouverneur, jeden Teil eines Reservats von dieser Garantie auszunehmen, „wenn die Eingeborenen ihn nicht brauchten". Die Massai waren gewissermaßen zu Pächtern ihres eigenen Heimatlandes geworden.

Es zeugt für die Autarkie der Viehzüchterstämme und die Stärke ihrer gesellschaftlichen Strukturen, daß diese während der Kolonialzeit im wesentlichen intakt blieben, auch

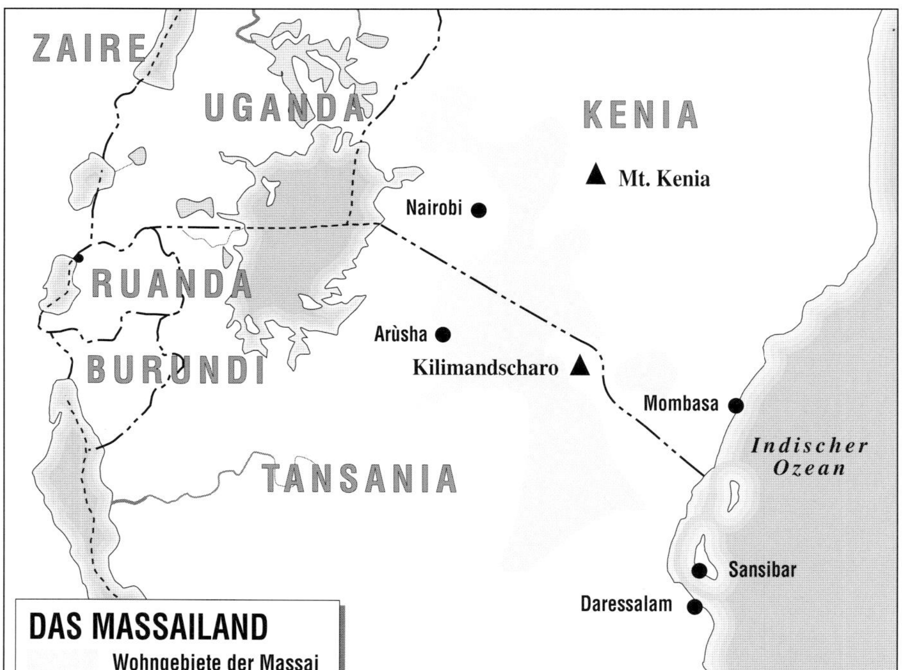

DAS MASSAILAND
Wohngebiete der Massai

wenn es gelegentliche Strafexpeditionen gab, sobald die Hirtennomaden sich gegen Steuereintreiber oder gegen Verbote, ihre Herden auf altgewohnte Weideplätze zu führen, wehrten. Das ganze Denken und Handeln dieses Volkes war ja auf den Besitz von Vieh ausgerichtet, die Herden garantierten seine Subsistenz, sie wurden keineswegs für einen Markt gezüchten. Schon die Jungmänner waren dazu angehalten, sich ausschließlich von mit Rinderblut gemischter Milch, von Frischkäse und – seltener – von Fleisch zu ernähren. Zur Schonung der Herden wurde da aber lieber auf jagdbare Tiere oder auf Ziegen und Lämmer zurückgegriffen; für die Gewinnung von Rinderblut war eine eigene Technik entwickelt worden, die das Tier nicht schädigte. Die patriarchalische Ordnung teilte die männlichen Angehörigen des Volkes in Altersgruppen ein: vom Jungmann, für den sich nach der Beschneidung ein Leben in großer Freiheit bei gleichzeitigem Erlernen der Fähigkeiten, die von einem Mann erwartet wurden, eröffnete, über den Krieger, der die Hauptaufgaben des Viehhütens und des Rinderraubs übernahm bis zum Stammesältesten. Den Frauen blieb das Melken der Kühe, das Kochen und die Sorge um die Kleinkinder überlassen.

Als Tansania und Kenia unabhängige Staaten wurden, setzten die Regierungen mehr oder weniger offen den Kampf der Kolonialherren gegen die traditionelle Lebensweise der Massai auf ihre Weise fort. Dazu trug wohl bei, daß sich die Rinder kräftig vermehrt hatten und durch die Millionen Stück zählenden Viehherden das ohnedies begrenzte Stammesgebiet der Massaisteppe überweidet wurde. Ebenso mag jedoch eine Rolle gespielt haben, daß die neuen politischen Führer jenen Bantuvölkern angehörten, auf die die aristokratischen Massai-Krieger durch Jahrhunderte verächtlich herabgeblickt hatten. Außerdem waren sie europäisch erzogen, und ihr Anliegen war es, ihre aus so vielen Stämmen zusammengewürfelte Nation zu den Höhen zivilisatorischen Fortschritts zu führen, egal, ob dieser in Kenia eher in der westlichen Marktwirtschaft oder in Tansania zunächst eher in einem Staatssozialismus gesehen wurde.
Für die Politiker der beiden Staaten, in denen die Massai-Territorien liegen, waren die Hirtennomaden also in zweifacher Hinsicht eine peinliche historische Erinnerung: einesteils, weil sich ihre Vorfahren diesen unterworfen hatten, andernteils, weil sie sich die Aufgabe stellten, die Massai, die viel weniger anpassungswillig an den modernen Staat schienen als andere Stämme, aus der Steinzeit in die Gegenwart zu treiben.
In Tansania begann Präsident Nyerere sehr bald nach der Unabhängigkeitserklärung der ehemals deutschen, dann den Briten als Mandat überlassenen Kolonie mit einer Kampagne, die sich zunächst auf den Geldscheinen des jungen Staates niederschlug. Der Massai-Krieger verschwand vom 100-Shilling-Schein und mußte einem wogenden Kornfeld Platz machen. Sodann bemühte sich die Regierung, den Massai gesittete Kleidung anzupassen. Bis dahin hatten sich die stolzen Hirten in der Regel mit einem Fellumhang begnügt, die Frauen bevorzugten es, ihren Oberkörper über dem Schurz mit Eisenspiralen zu schmücken. Die Regierungen machten nun den Horror der britischen Kolonialbeamten und Missionare vor nackten Brüsten und Gesäßen zur hochoffiziellen Kleiderordnung: In der tansanischen Region Arusha, der Heimat der Massai, drohte jedem von ihnen fortan eine zweimonatige Gefängnisstrafe, wenn er in der Bannmeile der Hauptstadt in der traditionellen Mini-Bekleidung erwischt wurde. Angesichts der Touristen, für deren Photosafaris die Abbildung „nackter Neger" nicht immer dem lauteren Motiv der Verehrung menschlicher Schönheit entspringen mochte, vielleicht eine verständliche Regelung – doch haftet ihr, denkt man gleichzeitig an die verbreitete touristische Prostitution, ein gerüttelt Maß an Heuchelei an.
Schwerer wiegend als diese äußerliche Anpassung an westliche Anstandsregeln aber war das Bemühen der Regierungen, die Nomaden in Dörfern anzusiedeln. Aus Hirten sollten Bauern werden. Auf diese Weise sollte einerseits das Überweidungsproblem gelöst werden, andererseits war die insgesamt halbe Million Massai offenbar doch ein beunruhigender Faktor geblieben, den die neuen Staaten unter bessere Kontrolle bringen wollten.
In Kenia hatten noch die Kolonialbehörden mit dem sogenannten Konza-Plan damit begonnen, aus den nomadischen Massai seßhafte Viehzüchter zu machen. Die kenianische Regierung setzte diese Bemühungen fort, scheiterte aber letztlich an den traditionellen Werten der Hirtengesellschaft. Heute sind die Massai unter Ausnutzung der rechtlichen Möglichkeiten sogar dazu übergegangen, Land zurückzufordern, das ihnen ungerech-

Kriegstänze der Massai – heute Touristenattraktion

terweise von den Kolonialbehörden weggenommen wurde. Da die weißen Siedler, die es bewirtschafteten, von Kikuyu-Bauern abgelöst wurden, drohen dadurch beträchtliche Konflikte.
In einer Gesellschaft im Übergang ist freilich auch so mancher schon geneigt, sich den neuen Entwicklungen anzupassen. Das muß nicht immer unter der Aufgabe der eigenen Identität vor sich gehen. Die geschicktesten Vertreter des Massai-Volkes agieren heute bereits als Viehhändler und Fleischlieferanten. Und sie schicken ihre Kinder zur Schule, wodurch die Integration in die im Entstehen begriffenen neuen Nationen vorangetrieben wird.
In Tansania, dessen Präsident Nyerere sich zum Ziel setzte, Sozialismus und afrikanische Kultur zu verschmelzen, ging man gezielt vor. In der Erkenntnis, daß es kaum gelingt, den Lebensstil von Hirten zu ändern, wenn man ihnen ihr Vieh beläßt, wurden viele Nomaden gezwungen, die Herden aufzugeben und Gartenbau zu betreiben. Das Ziel war ganz offensichtlich, die traditionelle Lebensweise und die kulturelle Eigenständigkeit der Massai zu zerstören, sie einer imaginären „tansanischen Nation" zu assimilieren. „Unglückseligerweise beinhaltet eine solche Politik der Veränderung in ihren Folgen mehr als den bloßen Verlust kultureller Eigenständigkeit. Sie bringt auch soziale, wirtschaftliche und ökologische Katastrophen mit sich." (John H. Bodley)
All das ist, wie man aus den Ereignissen in vielen Staaten Schwarz-Afrikas immer wieder zur Kenntnis nehmen muß, eine mühevolle und widersprüchliche Entwicklung. Ihre Wurzel ist in der Willkür zu suchen, mit der die Kolonialmächte vor einem Jahrhundert die Grenzen ihrer Einflußsphären ohne jede Berücksichtigung der dort bestehenden politischen, gesellschaftlichen und ethnischen Strukturen gezogen haben. Da die antikolonialen Unabhängigkeitsbewegungen vor allem von den Verwaltungszentren und den dort von den Kolonialbehörden herangezogenen Beamten, Militärs und Studenten ausgingen, klammerten sich die neuen Staatsgebilde krampfhaft an die von den Europäern gezogenen Grenzen. „Tribalismus" wurde zum Schimpfwort für alle Bemühungen jener, die um die Erhaltung der Traditionen der eigenen Stammeskultur bemüht waren, obwohl auf der anderen Seite bei den Militärputschen und Bürgerkriegen nur zu oft unter dem Mantel der Erhaltung des Staates alte Stammesfehden ausgetragen wurden.

Erst nach der Beschneidung dürfen die Massai-Mädchen Schmuck tragen

Unter den Massai sind heute schon Gebildete, die literarisch Zeugnis über ihre Vergangenheit und Gegenwart ablegen können. „Ich wuchs hier auf, inmitten einer überbordenden Tierwelt, ohne die Schönheit der Landschaft richtig zu begreifen", berichtet der Schriftsteller Tepilit Ole Saitoti. „Als Kind bin ich mit meinen Freunden den Zebras hinterhergerannt, bis wir vor lauter Staub nichts mehr sehen konnten; dann mußten wir uns mit lautem Rufen davor schützen, von den verschreckten Tieren niedergetrampelt zu werden." Heute gibt es in Kenia Naturschutzgebiete, um die Tierwelt Ostafrikas zu bewahren. Absurderweise müssen die Massai nun auch mit den Behörden wegen dieser Savannengebiete, in denen ihre Weiden lagen, streiten. Denn Menschenschutzgebiete, in denen jene, die nicht von ihrer alten Lebensweise lassen wollen, diese weiterführen können, gibt es nicht.

Literatur: John H. Bodley, Der Weg der Zerstörung. München 1983. – Art Davidson, Verlorene Völker? Köln 1993.

„Mein Land ist mir entzogen, und alles was mir blieb, ist dieser Sehnenbogen, der oft mein Leid vertrieb", heißt es in der Klage eines Buschmannes: Die älteste Kultur Südafrikas, die der San, ist im Verschwinden.

Im zweiteiligen Film „Die Götter müssen verrückt sein", waren Angehörige des Volkes der San, das von den Europäern mit dem Namen „Buschmänner" belegt wurde, die eigentlichen Hauptdarsteller. Einige Eigenarten dieser Menschen – von ihrer Weltsicht bis hin zu den Schnalzlauten ihrer Sprache – waren dabei recht gut und jedenfalls ohne jede kolonialistische Verächtlichmachung wiedergegeben. Wohl nur wenigen Zusehern war allerdings bewußt, daß ihnen in diesen eher gelbhäutigen Menschen auf der Leinwand die historisch frühesten Bewohner Südafrikas begegneten (während Schwarz und Weiß lange versuchten, einander das Recht der Besiedlungs-Erstgeburt streitig zu machen). Die Vorfahren jener Ur-Afrikaner sind wahrscheinlich 7000 Jahre vor Christus nach Süden gewandert, als die Sahara auszutrocknen begann. Einige Forscher nehmen auch an, daß sie zuvor sogar jene berühmten Höhlenzeichnungen in der spanischen Levante hinterlassen haben, die eine überraschende Ähnlichkeit mit den südafrikanischen Felsbildern aufweisen.

Zumindest bis ins 16. Jahrhundert waren die San und die ihnen verwandten Khoi-Khoi (Hottentotten), aus deren Sprache das Wort San („Wildbeuter") stammt, die einzigen menschlichen Wesen, die die Weiten Südafrikas durchstreiften. Erst dann begannen die schwarzen Bantuvölker, den Sambesi zu überschreiten und nach Süden vorzudringen. Fast zur gleichen Zeit (1652) legten die Holländer ihre Kolonie am Kap der guten Hoffnung an. Die unterschiedlichen Rechtsauffassungen zwischen den Ureinwohnern und den Eindringlingen aus Nord und Süd führten zu den ersten Konflikten: Die San betrachteten es als ihr überkommenes Recht, Tiere, die sich auf dem Gebiet, das sie durchstreiften, befanden, im Bedarfsfall zu jagen; für die schwarzen Viehzüchter und die weißen Bauernkolonisten war dies, wenn es ihre Herden betraf, unverschämter Diebstahl. Die Buschmänner gerieten zunehmend in Bedrängnis durch die an Waffen und Zahl überlegenen Gegner. Die Eroberer verdrängten sie aus den fruchtbarsten Gebieten, bis sie sich schließlich in die unwirtliche Kalahari und andere schwer zugängliche Gegenden zurückziehen mußten. Mit systematischer Brutalität gingen dabei die Niederländer vor, für die Buschmänner und Hottentotten keine Menschen waren. Bis zu Beginn des 19. Jahrhunderts schickte der Gouverneur von Kapstadt regelmäßig Truppen aus, die auf die San Jagd machten. In der Kap-Kolonie gab es schließlich keine Menschen dieser Volksgruppe mehr. Auch in Deutsch-Südwestafrika traf die San nach dem Herero-Aufstand das Los gnadenloser Verfolgung; gefangene Buschmänner wurden in die Diamantenminen gesteckt, wo die meisten von ihnen elend zugrunde gingen. Lediglich im britischen Protektorat Betschuanaland blieben die San, die für ihr Jagen und Sammeln ohnedies nur Gebiete nutzten, an denen andere kaum interessiert waren, geduldet.

Die große Anpassungsfähigkeit, die die San im Laufe ihrer Geschichte entwickelt hatten, ermöglichte ihnen auch das Überleben in den kargen Rückzugsgebieten. Offenbar waren sie stets Wildbeuter, also Jäger und Sammlerinnen, geblieben, die in kleinen Familienhorden die Savannen und Wüstensteppen durchstreiften. Auch hatten sich die Clans nie zu einer Stammesorganisation zusammengeschlossen – ein Umstand, der dazu beitrug, daß ihre mit Giftpfeilen ausgetragene Gegenwehr gegen die Eroberer günstigstenfalls auf Einzelaktionen beschränkt blieb. Innerhalb ihres Schweifgebiets, das keiner Umzäunung bedurfte, um als Revier gegen Nachbargruppen abgegrenzt zu sein – Fehden zwischen den Clans gab es kaum – hatten die nomadischen Sippen auch keine festen Wohnsitze. Die einfachen Grashütten, von den Völkerkundlern als Windschirme bezeichnet, waren rasch errichtet und wurden vor dem Weiterwandern wieder zerstört. Die Flexibilität in der Anpassung an eine äußerst karge Umwelt ist nur aus einem ganz anderen Verhältnis zur Natur, als wir es haben, zu verstehen. Der österreichische Forscher Fritz Zerbst sieht darin auch die Bedeutung, die die San-Kultur gerade für unsere Welt haben sollte: „Was aber das Leben der Buschmänner zum Beispiel bis heute bewahrt hat und möglicherweise den Sinn ihres Rückzuges in schwer zugängliche Gebiete für den nicht-technisierten Menschen ausmacht, liegt in ihrem Verhalten zur Umwelt. Ihre Zurückhaltung im Verbrauch der ihnen zur Verfügung stehenden Mittel und ihr sorgfältiger Umgang mit allen Gebrauchsgütern ist uns immer wieder aufgefallen. Das Wild wird nicht hemmungslos abgeschossen, Wurzeln, Knollen oder wilder Honig werden nur soweit mitgenommen oder verzehrt, daß auch für Nachkommende oder Verirrte Notwendigstes übrigbleibt. Im Verbrauch oder der Aufarbeitung der wenigen Güter wird alles, auch das geringste, verwertet. Hier liegt eines jener Kulturgüter, die uns die ‚Primitiven' auch heute weiterzugeben haben." Uns – einer Gesellschaft, die im Verbrauch keine Grenzen mehr kennt und die zur Verfügung stehende außermenschliche Schöpfung bis zur Zerstörung ge-, ver- und mißbraucht …

Der Stolz des San-Mädchens ist der bunte Perl-Kopfschmuck

Felsbilder im südlichen Afrika bezeugen uralte Buschmann-Kultur

Auch in der Kalahari blieben die Buschmänner nicht auf Dauer ungestört. Auf der Suche nach Bodenschätzen und Siedlerboden verkleinerten schwarze und weiße Eindringlinge das Rückzugsgebiet der San im Lauf des 20. Jahrhunderts immer mehr. In Südwestafrika nahm die südafrikanische Mandatsregierung im Zuge der Gründung von „Hereroland", einer Art Homeland für die den San an Bevölkerungszahl weit überlegenen Herero, einen beträchtlichen Teil des großen Streifgebiets, das die traditionelle Lebensart der Buschmänner verlangt, in Anspruch; das nördlich davon gegründete „Buschmannland" war ein für ein Jäger- und Sammlervolk viel zu begrenztes Territorium. In Botswana, vor allem im Nordwesten dieses Landes, leben heute noch schätzungsweise 40.000, in Namibia 30.000 und in Angola höchstens einige Tausend Menschen des San-Volkes; doch nur ein kleiner Bruchteil von ihnen folgt noch der alten Lebensweise. Wie in Australien, ist auch hier das Ende der unabhängigen Jäger- und Sammlergemeinschaften, also der ältesten Wirtschaftsweise der Menschheit, abzusehen.

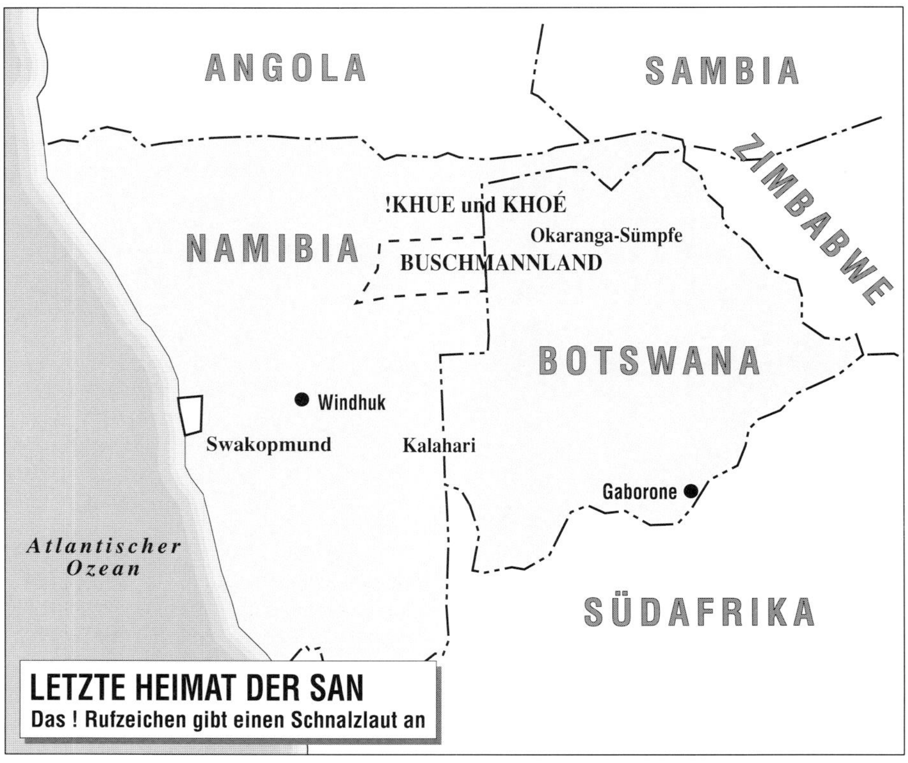

Von physischem Aussterben scheinen die San allerdings nicht bedroht, im Gegenteil, ihre Zahl nahm nach einem Tiefstand um die Jahrhundertwende wieder zu. Doch leben die meisten von ihnen als Hilfskräfte auf den Farmen von Weißen oder Bantu. Nicht immer kamen sie freiwillig dorthin, sondern wurden mit Versprechungen oder auch gewaltsam von ihrem Clan weggeholt. Kein Wunder, daß sie als unzuverlässig gelten und ihren Arbeitsplatz häufig überraschend verlassen.

Sowohl die südafrikanische Armee als auch die portugiesischen Kolonialherren mißbrauchten Buschmänner als Fährtenleser in ihrem Kampf gegen die Befreiungsbewegungen in Namibia und Angola. Das hat sie in den Augen der Schwarzen zu Kollaborateuren gemacht und hatte Racheakte zur Folge; die meisten San in Angola flüchteten nach dessen Unabhängigkeitserklärung nach Namibia. Dort hatten schon die südafrikanischen Behörden versucht, die Buschmänner, die in ihren von allen Seiten eingeengten Rückzugsgebieten kaum mehr ihre Existenz in alter Weise fristen konnten, in Dörfern anzusiedeln und ihnen den Ackerbau beizubringen. Aber für die ihrer kulturellen Identität beraubten Steinzeitmenschen wurden diese Experimente häufig zum Desaster. „Heute sind diese Dörfer Ansammlungen verarmter und verwahrloster Menschen. Krankheiten und Alkoholismus sind weitverbreitet, überall sieht man Zeichen der kulturellen und physischen Selbstaufgabe. Die Aggression richtet sich oft sogar gegen die engsten Familienmitglieder – das hatte es früher bei den San nicht gegeben." (Gesellschaft für bedrohte Völker)

In Botswana, dem ehemaligen britischen Protektorat, das seit 1966 unabhängige Republik ist, scheint für die Buschmänner größeres Verständnis zu herrschen. Sie werden dort Basarwa genannt, und seit 1974 werden sie von einem eigenen staatlichen Entwicklungsbüro betreut. Es versucht, die Integration der San unter Berücksichtigung ihrer kulturellen Eigenarten zu erreichen. So wurden den botswanischen Basarwa, denen als frei herumschweifenden Nomaden vordem von den Eroberern niemals Landbesitz zugestanden worden war, erstmals Land- und Wasserrechte zuerkannt. Durch behutsame Förderung von Landwirtschaftsprojekten und Handwerksgenossenschaften soll ihr Lebensunterhalt neue Grundlagen bekommen. Auch die Ermöglichung des Schulbesuchs für die San-Kinder soll diesen eine neue Zukunft sichern, deren Preis freilich die Aufgabe der alten Lebensweise und über die (zunächst meist auf der untersten sozialen Stufe erfolgende) Anpassung an den jungen botswanischen Staat jene an die moderne Industriegesellschaft ist.

Literatur: Fritz Zerbst, Steinzeit heute. Graz 1983. – Klemens Ludwig, Bedrohte Völker. Beck, München 1994. – Kalender „Bedrohte Völker". Wien 1994.

Durch Jahrtausende haben die afrikanischen Pygmäen im äquatorialen Urwald ihre Eigenart bewahrt. Jetzt aber stirbt der Wald – und mit ihm die Zukunft seiner kleinwüchsigen Bewohner.

Wilhelm Schmidt, katholischer Ethnologe vom Mödlinger Missionsinstitut St. Gabriel, hat vor Jahren religiöse Gesänge der afrikanischen Pygmäen überliefert. In einem davon heißt es: „Das Licht wird dunkel, die Nacht noch mehr Nacht. Am morgigen Tage der Hunger. Gott ist erzürnt auf uns. Die Alten sind dahingegangen. Ihre Gebeine sind weit weg. Ihre Seelen irren umher. Wo sind ihre Seelen? Der Wind, der vorübergeht, weiß es vielleicht ...“
Dieser Gesang bezeugt, daß das Leben der kleinwüchsigen Menschen, abgedrängt in den Regenwald, auch in früheren Zeiten keineswegs ein unbeschwert paradiesisches war, sondern daß sie ein von körperlichen Nöten ebenso wie von seelischen Ängsten bedrängtes Dasein führten. Doch bezogen auf die Gegenwart, bekommt dieser alte Text eine neue Dimension: Heute ist der Fortbestand der Pygmäen unmittelbar bedroht, weil ihnen durch die systematische Zerstörung des Urwalds ihr Lebensraum genommen wird.

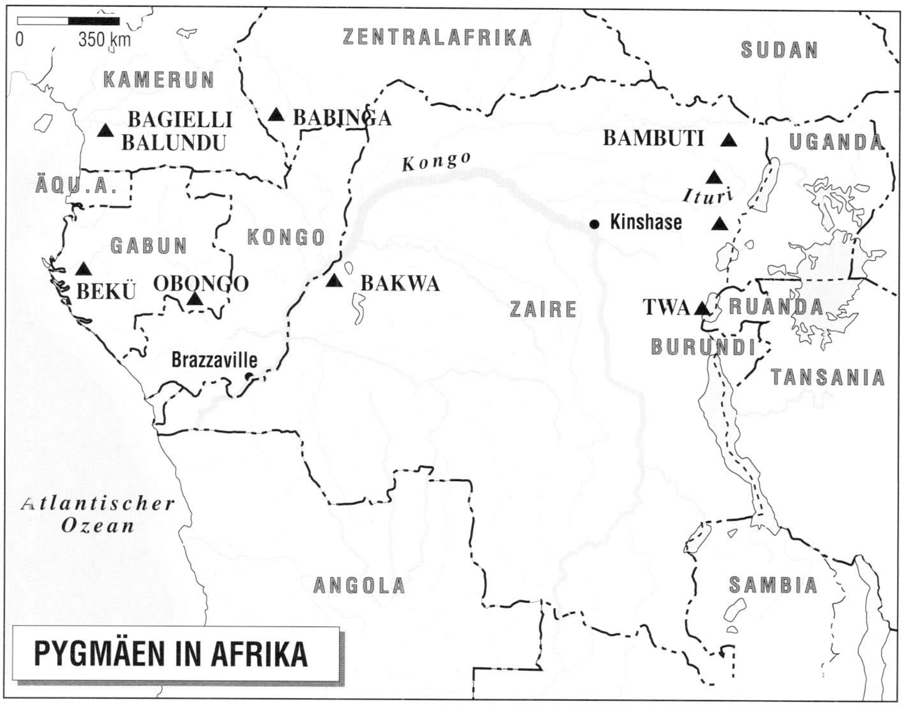

Die Pygmäen gehören – neben den San (Buschmännern) – zu der ältesten Bevölkerungsschicht Afrikas. Sie waren schon den Pharaonen bekannt, die einzelne „Fäustlinge“ (das ist die Bedeutung der griechischen Benennung, wir würden „Däumlinge“ sagen) als kuriose Spaßmacher an ihren Hof bringen ließen. Die Körpergröße – Männer werden durchschnittlich 143, Frauen 136 Zentimeter groß – ist aber keineswegs das einzige Merkmal, das sie von ihren afrikanischen Nachbarn unterscheidet, auch wenn sie deren Sprache übernommen, aber in ihren „Lagerdialekten“ zu den Bantu kaum verständlichen Idiomen umgeformt haben. Sowohl in ihrer Lebensweise und ihren Gesellschaftsformen wie in ihrem Weltbild haben sie trotz der langen Kontakte mit den „Großwüchsigen“ bis in unser Jahrhundert ihre Eigenart bewahrt.
Die Pygmäen haben früher wohl weite Teile des äquatorialen Afrika bewohnt. Heute sind sie zahlenmäßig noch am stärksten in Zaire vertreten: die drei Gruppen der Aká, Efé und Basúa werden als Bambuti zusammengefaßt; sie wohnen in den Regenwäldern um den Ituri-Fluß im Osten Zaires, schätzungsweise 25.000 Menschen. Im benachbarten Ruanda ist das Twa-Volk pygmäisch, in Gabun leben die Bekü, in Zentralafrika die Binga und in Kamerun die Bagielli.

Die Wissenschaft ist sich in der Beurteilung der Ursachen der Kleinwüchsigkeit dieser Völker nicht einig. Neigte man früher zu der Ansicht, daß die Pygmäen als Nachkommen einer älteren afrikanischen Bevölkerungsschicht ihren Zwergwuchs aus Urzeiten in die Gegenwart getragen haben, so sieht man darin heute eher das Ergebnis einer Mutation infolge des Jahrtausende währenden Lebens im Regenwald. Verworfen wird jedenfalls die Theorie, die in der Kleinwüchsigkeit eine Degenerationserscheinung sehen wollte; dagegen spricht die geistige und körperliche Leistungsfähigkeit der Pygmäen, die ihnen eine hochgradige Anpassung an ihren Lebensraum erlaubte.
Sowohl die Deckung ihrer Lebensbedürfnisse als auch ihre gesellschaftliche Gliederung lasser vermuten, daß die Pygmäen schon vor

Jagdausrüstung der Pygmäen: Netz, Pfeil und Bogen

sehr langer Zeit von den Bantuvölkern in die Regenwälder abgedrängt wurden. Sie befanden sich beim Eintreffen der Weißen auf der Kulturstufe der Jäger und Sammlerinnen – mit wenig ausgeprägter geschlechtlicher Arbeitsteilung, so daß man grundsätzlich von Gleichstellung von Mann und Frau sprechen konnte. Sie kannten weder soziale Schichtungen noch Häuptlinge und lebten in kleinen Sippenverbänden zusammen. Das entsprach den Ressourcen, die der Urwald bieten konnte, der ja im jeweiligen Streifgebiet nur einer kleinen Jagd- und Sammelgemeinschaft den Lebensunterhalt sicherte. Inzucht wurde durch die freie Gattenwahl aus einer anderen Gruppe vermieden; für den entsprechenden Ausgleich wurde dabei häufig durch „Tauschehen“ gesorgt. Die bei den Nachbarn übliche Vielweiberei insbesondere der höheren Schichten lehnten die Pygmäen ab, was ja ihrer herrscherlosen Sozialstruktur entsprach. Die katholischen Ethnologen, die als erste die äquatorialen Zwergvölker eingehend erforschten, leiteten daraus freilich ab, daß bei diesem „Urvolk“ die Urmonogamie herrschte und daß ihre religiösen Vorstellungen einen Urmonotheismus bezeugten, wobei zweifellos der Wunsch mitspielte, das biblische Modell gegenüber fortschrittsgläubigen Theorien vom Aufstieg der Menschheit aus der Promiskuität zur Einehe bestätigt zu sehen.

In der vorkolonialen Zeit hatte sich zwischen den in die Rückzugsgebiete des Dschungels verdrängten Pygmäen und den großwüchsigen benachbarten schwarzen Völkern allmählich ein symbiotisches Verhältnis entwickelt. Für die Bantu, die dem Regenwald eher mißtrauisch und ängstlich gegenüberstanden,

Die Tragödie seines Volkes steht diesem Häuptling ins Gesicht geschrieben

wurden die kleinwüchsigen Jäger zu Lieferanten von Fleisch und anderen Waldprodukten; letztere tauschten ihrerseits dafür Ackerfrüchte und in späterer Zeit auch Gebrauchsgegenstände aus Metall ein. Ihr Bedarf dafür war allerdings ziemlich gering, denn jede Art von Vorratswirtschaft war ihnen fremd. Daraus entstand ein Klientelverhältnis, in der Regel zum gegenseitigen Nutzen: Die Bantu-Bauern betrachteten sich als Patrone, als Besitzer der Bambuti-Zwerge, wohlhabendere holten sich auch Pygmäinnen in ihren Harem, um ihre Nachkommenschaft durch Blutauffrischung zu vermehren; andererseits konnten die Pygmäen unbehindert ihr Nomadenleben beibehalten.

Die Kolonialbehörden hatten für dieses nicht viel Sinn. Sie versuchten, die Urwaldzwerge seßhaft zu machen – ein vergebliches Bemühen. Für den amerikanischen Ethnologen Colin Turnbull, der noch in den fünfziger Jahren unter den Pygmäen von Belgisch-Kongo, dem heutigen Zaire, weilte, stellten sie geradezu einen klassischen Fall entschlossenen Widerstandes gegen das Eindringen der Zivilisation dar. Er war von der Tatsache beeindruckt, daß sie trotz des langen Kontakts mit anderen Völkern fremde Kulturelemente kaum angenommen hatten. Versuche der Belgier, sie auf Plantagen anzusiedeln, endeten in einem Fiasko, hauptsächlich deswegen, weil die Pygmäen nicht bereit waren, ihre Lebensweise für eine andere, von Außenstehenden gestaltete aufzugeben, deren Wertbegriffe für ihre Kultur und Umwelt bedeutungslos waren. Ihre Entscheidung, entsprechend ihrer Sozialstruktur „basisdemokratisch" beraten, war eindeutig: Laßt uns in Ruhe, wir bleiben auf unserem Territorium und führen unsere überkommene Lebensweise weiter.

Turnbull konnte damals freilich noch optimistisch die Erhaltung der bambutischen kulturellen Identität in Aussicht stellen: „So gibt es für die Pygmäen in einem gewissen Sinn keine Probleme. Sie haben von der Außenwelt genug gesehen, um sich imstande zu fühlen, ihre Wahl zu treffen, und sie haben sich dazu entschlossen, ihre Welt solange wie möglich unangetastet zu lassen. So wie sie sind, werden sie ohne Zweifel ein meisterhaftes Versteckspiel treiben, aber ihre Integrität nicht so leicht opfern."

Diese Zeilen waren 1963, als sie veröffentlicht wurden, schon Geschichte. Der Umbruch, der auch das Schicksal der Pygmäen bestimmen sollte, hatte sich schon in den blutigen Kongowirren nach der Unabhängigkeitserklärung 1960 angekündigt. Die afrikanische Bevölkerungsexplosion führte dazu, daß der Lebensraum der Pygmäen durch den Andrang neuer Siedler, deren Brandrodungsfeldbau immer weiter in den Regenwald vordrang, zunehmend eingeengt wurde. Im Unterschied zu den lange ansässigen Waldbauern, die zu den Bambuti in einem patriarchalischen Verhältnis standen, entwickelten die Neusiedler gegenüber den Zwergen einen Rassismus, der zudem im Unverständnis der an westlichem Fortschrittsdenken orientierten Regierungsbehörden seine Stütze fand. Hinzu kam, daß der Fleischbedarf der großen Siedlungen wuchs und die Jagd mit Gewehren den Wildbestand dezimierte. Es mutet wie ein Vorgang aus den Tagen des Wilden Westens an: Die zu bloßen Fleischlieferanten degradierten Pygmäenjäger wurden immer häufiger mit korrumpierendem Alkohol entlohnt.

Dr. Woodams, Missionar und Arzt aus USA, macht die Bambuti mit der Bibel bekannt

Der schwerste Schlag für die Zwergvölker aber kam mit der rücksichtslosen Beseitigung großer Teile des Regenwaldes, teils, um das wertvolle Holz im Raubbau zu gewinnen, teils, weil der Urwaldboden reiche Bodenschätze barg. Die äquatorialen Staaten öffneten ausländischen Konzernen den Urwald, weite Gebiete wurden zur Abholzung freigegeben. In Kamerun und Gabun gibt es kaum noch freilebende, als Jäger und Sammler umherschweifende Pygmäen, und auch die Tage, in denen die Bambuti in Zaire ihrer traditionellen Lebensweise nachgehen können, scheinen gezählt.

Schon heute vegetieren viele Pygmäen am Rande von Bantugemeinden dahin; ihre alten Existenzgrundlagen haben sie verloren, zu neuen können sie nicht finden, die Experimente zu ihrer Umorientierung sind gescheitert. Alkoholismus, Infektions- und Zivilisationskrankheiten, vor allem aber der Verlust der Urwaldheimat, in der ihre seelischen Grundlagen wurzelten, haben sie teilnahmslos gemacht, die Kindersterblichkeitsrate liegt bei ihnen noch weit über dem Durchschnitt der schwarzen Bevölkerung. Der Gott der Pygmäen war die Verkörperung des Waldes schlechthin, die Quelle alles Guten und Bösen, der Spender der Lebenskraft jedes einzelnen. Mit ihm waren sie durch ihre Gesänge verbunden, ihn riefen sie an, um ihn nicht in Schlaf fallen zu lassen, denn dann konnten Dinge passieren, die nicht geschehen wären, wenn er wachte. Diesen Gott, der verschiedene Namen trug – Muema, Tore, Mbali –, der für sie der Träger alles Lebens war, ihn hielten sie für unsterblich. Nun aber müssen sie erfahren, wie verwundbar er ist. Was in den Industrieländern nur ein grüner Slogan sein mag – für die Pygmäen ist es bittere Wirklichkeit geworden: „Erst stirbt der Wald, dann stirbt der Mensch."

Literatur: Colin M. Turnbull, Das Volk ohne Liebe. Rowohlt, Reinbek 1973. – Walter Raunig, Schwarzafrikaner. Pinguin, Innsbruck 1980. – Klemens Ludwig, Bedrohte Völker. Beck, München 1994.

Die Massaker an den Tutsi im Jahr 1994 in Ruanda waren nur der bisher letzte und schrecklichste Ausbruch des uralten Hasses einer lange unterdrückten Mehrheit gegen die Minderheit, die sie durch Jahrhunderte beherrschte. Gegenüber den Hutu, die in Ruanda 90 und in Burundi 86 Prozent der Bevölkerung bilden, dürften die Tutsi auf lange Sicht keine Chance haben.

Der Konflikt zwischen Hutu und Tutsi, der sich blutig durch die Geschichte der Staaten Ruanda und Burundi seit deren Unabhängigkeitserklärung im Jahr 1962 zieht, ist zugleich ein Kampf zwischen herkunftsmäßig – längst nicht mehr in der Sprache – unterschiedlichen Ethnien und antagonistischen Gesellschaftsschichten.
Im späten Mittelalter drangen nilohamitische Viehnomaden aus dem Norden in das große afrikanische Seengebiet ein; sie werden als Hima-Völker zusammengefaßt. Zu den Staatsgründungen eines ihrer Stämme, der Tutsi (oder Watussi), gehörten die Königreiche Ruanda und Burundi. Durch ihre Bewaffnung, ihren kämpferischen Geist und die Beweglichkeit des Viehnomadentums konnten sie die in diesen Gebieten vorgefundene, ihnen zahlenmäßig weit überlegene ackerbautreibende Bevölkerung der Hutu unterwerfen. Sie nahmen zwar, oft über die Hutu-Frauen in ihren Harems, die Bantusprache der Unterworfenen an, doch die soziale Trennung zwischen den hochgewachsenen, schlanken Tutsi-Herren und den negroiden Bauern wurde streng gewahrt. Letzteren blieb der Besitz von Vieh untersagt, und sie wurden in ein System feudaler Abhängigkeit gezwungen.

An der Spitze der Tutsi-Staaten stand der Mwami, ein Gottkönig, dessen Herrschaft sich in eigenartigen, oft an die Jahreszeiten gebundenen Ritualen manifestierte und in den Vorrechten der Mutter und der Schwester des Königs an altes Mutterrecht erinnerte. Die Tutsi bildeten den Adel in den Königreichen. Ihnen allein gehörten die oft riesigen Rinderherden. Als Hirten verabscheuten sie den Ackerbau und erhielten dessen Produkte über die Tribute der Hutu-Bauern. Sie waren die Kriegerkaste, die das Land gegen äußere Feinde zu schützen hatte und einem strengen Ehrenkodex unterlag. Während die Hutu ihr Leben lang hart arbeiten und oft auch Frondienste leisten mußten, widmeten sich die Tutsi, wenn sie gerade nicht auf Kriegszügen waren, der Redekunst, der Poesie und ihren Met-Gelagen.

Diese Verhältnisse fanden die deutschen Kolonisatoren in den achtziger Jahren des 19. Jahrhunderts vor, als sie mit den Mwamis von Burundi und Ruanda Verträge abschlossen, durch welche die Königreiche Deutsch-Ostafrika einverleibt wurden. Im Unterschied zu den anderen Gebieten dieser Kolonie ließen die Deutschen hier die feudalistischen Strukturen unangetastet. Mit der „indirekten Verwaltung" konnte die Oberherrschaft der Kolonialherren ohne größere Komplikationen ausgeübt werden. Als Ruanda-Urundi, wie es damals genannt wurde, 1919 vom ehemaligen Deutsch-Ostafrika abgetrennt und den Belgiern als Völkerbundsmandat übergeben wurde, blieben die traditionellen Strukturen vorerst weiter bestehen. Der belgische Gouverneur und sein Beirat koordinierten lediglich die Herrschaft der zwei Mwamis und ihrer Häuptlinge aus der Tutsi-Kaste. Die nunmehr geschaffenen Ansätze für eine moderne Infrastruktur – Straßen, Krankenversorgung, tech-

Das Flüchtlingselend trifft Tutsi wie Hutu

Tutsi-Kinder in einem Flüchtlingslager in Byssero

nische Fachschulen – brachten indes eine gewisse Lockerung in das Kastensystem, weil dafür auch Menschen aus der Hutu-Mehrheit herangezogen werden mußten.

1946 wurden Ruanda und Burundi in UNO-Treuhandgebiet umgewandelt, und Belgien bekam den Auftrag, die Bevölkerung auf Unabhängigkeit und Demokratie vorzubereiten. Zehn Jahre später wurden Wahlen für konsultative Räte organisiert. Die Einführung demokratischer Prinzipien mußte die Grundfesten einer bis dahin mittelalterlichen Gesellschaft erschüttern. Die bevorrechteten Tutsi versuchten, diese Entwicklung zu behindern, die Hutu sahen die Gelegenheit gekommen, die Privilegien der Herrscherkaste zu beseitigen.

Zu einer grundlegenden Umkehr der Machtverhältnisse zwischen Mehrheit und Minderheit kam es nur in Ruanda; in Burundi konnten die Tutsi ihre Vorherrschaft mit brutalen Unterdrückungsmaßnahmen behaupten, wobei freilich das sakrale Königtum durch die Macht des Militärs ersetzt wurde. In Ruanda bildete sich die Hutu-Partei „Parti du Mouvement de l'Emancipation Hutu" (PARMEHUTU). Ihr kam zustatten, daß 1959 mit Kigeri V. ein Mwami auf den Thron gekommen war, der im Volk nicht mehr den Rückhalt seiner Vorgänger hatte. Denn eine wachsende Mehrheit der Hutu wollte im Mwami nicht mehr den über den Kasten stehenden König sehen. Bei den ersten Wahlen errang die Hutu-Partei einen überwältigenden Sieg. Ein Referendum machte Ruanda 1961 zur Republik, Kigeri wurde verjagt, und Zehntausende Tutsi flohen vor den ausbrechenden Verfolgungen nach Uganda oder Burundi. Die entmachtete Tutsi-Oligarchie gab jedoch nicht auf. Bewaffnete Gruppen drangen aus den Nachbarländern in Ruanda ein und versuchten, die alten Verhältnisse wieder herzustellen. Nachdem sie abgewehrt worden waren, begann eine blutige Verfolgung der im Land verbliebenen Tutsi. Den Massakern folgte eine Massenflucht, an deren Ende die Tutsi-Bevölkerung, die vor der Unabhängigkeit 18 Prozent ausgemacht hatte, auf die Hälfte geschrumpft war.

Nach diesem Aderlaß glaubte General Juvenal Habyarimana, der 1973 durch einen Staatsstreich an die Macht gekommen war, die Zeit reif für eine Versöhnung mit den im Lande verbliebenen Tutsi. Er löste die rassistische PARMEHUTU auf und suchte das Volk in einer Einheitspartei zu vereinen. Doch in den Flüchtlingslagern in Uganda gründeten Tutsi-Offiziere die „Patriotische Front Ruandas" (FPR). Ihre Invasionsarmee überschritt 1990 die Grenze und setzte den regulären Truppen hart zu. Wahrscheinlich wäre die Hauptstadt Kigali, auf die sie vorstießen, gefallen, wenn nicht französische und belgische Fallschirmjäger das Regime gerettet hätten. Der über Vermittlung anderer afrikanischer Staaten zustandegekommene Friede zwischen den FPR-Rebellen und der Regierung wurde immer wieder gebrochen.

Zum Ausbruch einer grauenhaften Massenverfolgung der ruandischen Tutsi kam es, nachdem am 6. April 1994 das Flugzeug, in dem Präsident Habyarimana und sein burundischer Amtskollege Cyprien Ntaryamira sich auf der Rückreise von einem Gipfeltreffen in Daressalam befanden, beim Anflug auf Kigali mit zwei Raketen abgeschossen worden war. Obwohl nie geklärt wurde, wer für das Attentat verantwortlich war, wurden sofort die Tutsi-Rebellen zu dessen Urhebern erklärt. Soldaten drangen in das Haus der Ministerpräsidentin Agathe Uwilingiyimana ein und ermordeten sie. Eine Hutu-Übergangsregierung mußte sich wenige Tage später aus Kigali absetzen, weil FPR-Rebellen Teile der Stadt, zunächst vorübergehend, besetzten. Über die von der Regierung noch beherrschten Radiosender wurde eine maßlose Hetze gegen die Tutsi entfacht. Während den Regierungstruppen militärische Erfolge gegen die FPR versagt blieben, begannen sie und marodierende Banden in den Landgebieten eine mörderische Jagd auf alle Tutsi. Bei den Massakern kam es zu unvorstellbaren Greueln. Mindestens 200.000 Menschen – doch andere Schätzungen rechnen mit einer weit höheren Zahl – wurden umgebracht, und zunächst begann eine Massenflucht der Tutsi, vor allem in Richtung Tansania. Angesichts der Bürgerkriegsgreuel beschloß der UN-Sicherheitsrat

Hilfe für eine Tutsi-Frau mit Neugeborenem im Flüchtlingslager

die Aufstellung einer aus Soldaten afrikanischer Staaten bestehenden Friedenstruppe. Doch Frankreich, dem nicht nur von der FPR die Ausbildung der ruandischen Armee und deren Schulung für einen sich gegen die Zivilbevölkerung richtenden Guerillakrieg vorgeworfen wurde, entschloß sich zu einer Militärintervention zum Schutz der Zivilbevölkerung und wohl auch der Angehörigen der bisherigen verbündeten Regierung. Die Hutu-Bevölkerung fürchtete die Rache der vorrückender FPR-Rebellen; mehr als zwei Millionen Menschen flüchteten vor allem nach Zaire oder in die von den Franzosen im UN-Auftrag abgesteckte Sicherheitszone im Südwesten Ruandas. Schließlich eroberten die Tutsi-Rebellen nach dreimonatigen Kämpfen die Hauptstadt endgültig, erklärten den Bürgerkrieg am 18. Juli 1994 für beendet und setzten eine neue Regierung ein; sowohl der neue Staatspräsident als auch der Regierungschef waren Angehörige des Hutu-Volkes, das Sagen aber hatten der Tutsi-Verteidigungsminister Paul Kagame und der FPR-Chef Fred Rwigyema. Nur zögernd kehrten die Menschen aus den Flüchtlingslagern in ihre Heimat zurück, weil sie Vergeltungsaktionen der Tutsi fürchteten; solche aber blieben in großem Maßstab aus. Allerdings wurden viele Hutu-Soldaten, die der Beteiligung an den Massakern verdächtig waren, inhaftiert. Und in Zaire gab es Anzeichen dafür, daß die vertriebenen Hutu-Politiker eine neue Streitmacht für ihre Rückkehr rekrutierten. Das Schicksal der Tutsi in Ruanda, deren Volksgruppe durch die Massenmorde einen gewaltigen Aderlaß erleiden mußte, so daß ihr Prozentsatz in der 7-Millionen-Bevölkerung Ruandas weiter geschrumpft ist, ruht in dem Geschick ihrer Politiker, einen echten Ausgleich mit der Bevölkerungsmehrheit zu finden. Ob dies reichen kann, den alten Haß zu beseitigen, wird die Zukunft zeigen.

RUANDA UND BURUNDI

Tutsi-Frau im Flüchtlingslager

Literatur: Frank R. Pfetsch (Hg.), Konflikte seit 1945: Schwarzafrika. Freiburg/Würzburg 1991. – Der Fischer-Weltalmanach '95. Frankfurt 1994.

Kirdi

Nicht in ihrer physischen Existenz, aber in ihrer überlieferten Kultur dem Untergang geweiht sind die Kirdi-Völker im Norden Kameruns: Traditionsfremde Gesetze und der Tourismus üben ihr Zerstörungswerk.

Es bedarf nicht der Verfolgung, nicht der Unterdrückung, nicht der Vernichtung der in einer natürlichen Umwelt bestehenden Ressourcen, um Völker, die ihre Kultur durch Jahrhunderte entwickeln und erhalten konnten, ihrer Eigenart zu berauben. Auch der Fortschrittswahn einer auf westliche Zivilisation ausgerichteten nachkolonialen Elite, religiös-politisches Eiferertum und dazu ein Massentourismus, der freie Menschen zu Trinkgeldempfängern und geheiligte Bräuche zur Show macht, wirkt zerstörerisch auf bis vor kurzem noch intakte Stammesgemeinschaften. Nicht physisch, nicht vom Aussterben bedroht, werden solche Völker dennoch, oft binnen weniger Jahre, ihrer eigenen Kultur total entfremdet.

Ein Beispiel für diesen Wandel sind die Kirdi-Völker im Norden von Kamerun. Noch Ende der fünfziger Jahren konnten Forschungsreisende wie René Gardi von den Mandara-Bergen als einem von den kolonialeuropäischen Einflüssen fast unberührten, paradiesischen Land berichten, das von kleinen, in Familienverbänden lebenden, keinen ausgeprägten Herrschaftsstrukturen unterworfenen schwarzen Stämmen bewohnt war. Dem Fremden eröffnete sich eine afrikanische Kulturlandschaft von großartiger Vielfalt. Jedes dieser Völker, als größtes die Mafa (die von den islamisierten Haussa als Matakam, „die zu arm sind, sich etwas anzuziehen", verspottet wurden) mit mehr als 100.000 Angehörigen, weiter die Mundang, Tipuri, Fali, Mofu, Kapsiki und etliche andere, hatte seine eigene Architektur: An der Bauweise der dörflichen Behausungen dieser zähen, fleißigen Ackerbauern war schon ihre Besonderheit zu erkennen, und sie spiegelte sich auch in Körperschmuck, Bekleidung – soweit eine solche verwendet wurde – Religion, Tänzen und Brauchtum wider. Sie hatten, aus fruchtbareren Gegenden hierher abgedrängt, das karge Land kunstvoll terrassiert, um so Hirse, Yam, Maniok und Reis anzubauen. Ein Kapitel für sich waren die kunstvollen, urtümlichen kleinen Hochöfen, architektonisch ebenfalls höchst unterschiedlich, aus denen die gesellschaftlich gemiedenen Schmiede das Erz gewannen, aus dem Gerät und Waffen hergestellt wurden.

Jedes Kirdi-Volk hat seine eigene Bauweise: Dorf der Matakam

Diese Völker hatten jedoch eines gemeinsam: Sie hatten sich von den im 18. Jahrhundert aus dem Westen vordringenden Fulbe nicht zum Islam bekehren lassen, sondern sich vor diesen viehzüchtenden Herrenmenschen in unwegsames Berg- oder Sumpfland zurückgezogen. Verächtlich nannten diese sie daher Kirdi, was soviel wie Ungläubige, Gottlose bedeutet (Europäer haben dem mit der Bezeichnung „Bergheiden" entsprochen) und in unserer Zeit immer mehr auch den Beigeschmack des Hinterwäldlers, des Zurückgebliebenen bekam. Die Fulbe, denen jedweder Ackerbau zutiefst zuwider war, machten die Autochthonen, soweit sich diese ihnen nicht entziehen konnten, zu Sklaven; und auf ihren Sklavenjagden suchten sie auch die Kirdi in deren Bergdörfern heim, um sich frisches Blut für ihre Felder, Hausdienste und Harems zu holen. Die Kirdi schützten sich, so gut es ging, wobei ihnen die Unwegsamkeit und die Engpässe ihrer Bergheimat Sicherheit gegen die Fulbe-Reiterei boten. Vermutlich sind die Sitten einzelner Stämme, ihre Frauen mit Lippenpflöcken oder Scheiben, die den Mund entenschnabelähnlich machten, darauf zurückzuführen, daß sie so die Begehrlichkeit der Räuber eindämmten; aus Not geboren, wurde die Sitte kurioserweise zum Schönheitsideal hochstilisiert. Für die fulbischen Feudalherren war das Kirdi-Reservoir für Sklavennachschub offenbar wenig ergiebig oder zu beschwerlich; zunehmend ließen sie sich von Haussa-Händlern Sklaven aus dem Süden Kameruns zuführen. Die deutsche Kolonialverwaltung unterband zunächst die Sklavenjagden, die französische Mandatsregierung erließ nach 1919 ein Gesetz der Sklavenbefreiung, das es jedem Befreiten erlaubte, zu seinem Stamm zurückzukehren. Davon machten eher die Kirdi, aber kaum die aus dem Süden Verschleppten Gebrauch – sie wurden nun quasi freie Lohnarbeiter auf den Feldern der Fulbe, ohne daß sich grundsätzlich an ihrer sozialen und ökonomischen Situation etwas änderte.

Das seit 1884 deutsche Kamerun, ähnlich wie andere Kolonien ohne Rücksicht auf ethnische und historische Grenzen zusammengerafft, wurde 1919 zum größten Teil französisches Mandatsgebiet, ein Landstreifen im Westen wurde britisch. Obwohl vom Völkerbund zur Wahrung der Traditionen der Bewohner verpflichtet, berief sich die Mandatsmacht auf „Prinzipien der Zivilisation", die es demgegenüber einzuhalten gelte; Frankreich erklärte zudem die Eingeborenensprachen offiziell für „minderwertig" und trimmte das einheimische Verwaltungspersonal auf das Französische. Nach der Unabhängigkeitserklärung von 1960 schloß sich der Süden des bis dahin britischen Gebiets an die junge Republik an. Die ethnische Vielfalt des Staates ließ es den neuen politischen Eliten zweckmäßig erscheinen, die Sprachen der Kolonialherren, Französisch und Englisch, als „Langues officielles" beizubehalten. Weil aber nur ein Bruchteil der Bevölkerung sich in den Amtssprachen ausdrücken kann – „exoglossisch" nennen es die Linguisten, wenn die offizielle Sprache Import ist – werden auch die seit langem üblichen Verkehrssprachen, dazu gehört im Norden das Fulfulde, als „nationale Sprachen" geduldet. Dazu kommen die einzelnen Stammessprachen als Haussprachen, so daß viele Kameruner drei-, wenn nicht viersprachig sind.

Die beständige Furcht nicht nur der Eliten Kameruns, sondern vieler afrikanischer Staaten, ist die vor dem „Tribalismus". Die Einheit der „Nation", worunter hier einzig der Staat verstanden wird, darf nicht dadurch gefährdet werden, daß sich einzelne Ethnien als selbständige Völker verstehen; die Amtssprache wird so zu einem Vehikel der Machtausübung „von oben". Gleichzeitig aber wächst das Bewußtsein, daß auf diese Weise auf erhaltenswerte eigenständige afrikanische Werte und Traditionen verzichtet wird. Deshalb treten linguistisch gebildete Intellektuelle wie Maurice Tadadjeu von der Universität Jaunde für die Weiterentwicklung der bodenständigen Sprachen ein, und der seit 1982 im Amt befindliche Präsident Paul Biya proklamierte den „libéralisme communautaire", der den gewachsenen Einheiten die Möglichkeit erhalten soll, zu einer Symbiose zwischen Tradition und Moderne zu finden.

Für die Kirdi-Völker scheint freilich, wenn man jüngsten Berichten glauben darf, eine eher gegenteilige Entwicklung eingetreten zu sein. Sie hatten sich in den letzten Jahrhunderten zwar dem Einfluß ihrer Fulbe-Oberherrn nicht ganz verschließen können, bewahrten aber in ihrer Zurückgezogenheit – abgesehen von Ausnahmen wie der der Mandara, die Moslems wurden – ihre Lebensart und ihren Glauben. Auch die europäischen Kolonisatoren ließen sie, da ihr karges Bergland wirtschaftlich uninteressant war, ungeschoren. Mit der Machtübernahme durch die einheimischen Eliten – der erste Präsident und Vorgänger Biyas war der Ful Ahmadou Ahidjo – und der Öffnung ihres Territoriums für den Tourismus änderten sich die Verhältnisse grundlegend. „Am Beispiel der Kirdi läßt sich drastisch die Geschichte eines jähen kulturellen Verfalls veranschaulichen, der unter dem Eindringen touristischer, aber auch religiös-politischer Bewegungen stattgefunden hat", konstatierte Gert Chesi nach einem dokumentierenden Lokalaugenschein in der „schönsten Landschaft der Welt", wie André Gide einst die Mandara-Berge genannt hatte. „Staatliche Übersiedlungsprojekte sollten die Bergbewohner ins Flachland bringen, wo man infrastrukturelle Aufgaben für sie sah. Auf Epidemien folgten Impfkampagnen ... Und als es den ersten Reisegesellschaften gelang, Massenarrangements in den Mandarabergen anzubieten, war das Ende einer der letzten intakten afrikanischen Kulturen gekommen. Mohammedanische Politiker stellten die Nacktheit unter Strafe, und Touristenscharen mißbrauchten hemmungslos die letzten Freiheiten und verprostituierten ganze Stämme. Als Folge des Kleidungszwanges verwarf man die traditionellen Lederröcke, den Cache-Sex und den Schmuck, und man tauschte die herrlichen Perlengehänge mit jämmerlichen Lumpen, die stets zerrissen, schmutzig und voll Ungeziefer sind ..."

So unbefangen besuchten Kirdi-Frauen früher die Fulbe-Märkte

Höchstangesehen war bei den Bergvölkern der „Krabbenzauberer". Er war bewandert in naturkundlichen, für Heilzwecke bewährten Kenntnissen und gab mit Hilfe eines im Keramiktopf verwahrten Flußkrebses nach vom Vater zum Sohn überlieferten Riten Orakelsprüche ab. Heute ist diese Institution zum exotischen Kuriosum der Reiseprospekte verkommen. Der Gang zum Zauberer ist ein Muß im Touristenprogramm: „Die Dorfbesichtigung endet meist beim Krabbenzauberer. Er beantwortet Ihre Fragen mit Hilfe eines Flußkrebses. Es macht ihm nichts aus, wenn Sie ihn – wie viele Europäer es tun – nicht ernst nehmen, ihn sogar manchmal offen belächeln ... Zum Ende jeder Audienz besprüht er die Füße der Gäste mit Wasser aus dem Krabbentopf, was etwa als begleitender Segen zu verstehen ist", berichtet der Reiseführer aus dem Land der Kapsiki. Ähnlich wie dem Krabbenzauberer ist es auch

Kirdi-Schmiede vor ihrem urtümlichen Hochofen

die wenigen, kunstvoll erbauten Lehm-Hochöfen erhalten sind, üben die Schmiede ihr Gewerbe kaum mehr für ihre Landsleute, die sich mit Allerwelts-Industriewaren eindecken, aus, sondern für schaulustige Touristen, die nun ohne die vordem geübten, für sie ohnedies unverständlichen rituellen Handlungen beim Gießen aus der „verlorenen Form" zusehen können.

Ratschläge für deutsche Reisende aus den späten sechziger Jahren, als der „Kamera-Run" auf Kamerun plötzlich Mode wurde, lesen sich wie eine Anleitung zu diesem von außen hereingetragenen Kulturverfall: „Es ist ein guter und selbstverständlicher Brauch, die Gastfreundschaft der Kirdi durch Gastgeschenke zu beantworten. Auf jeden Fall ist es klug, geeignete Kleinigkeiten von vornherein auf die Reise sozusagen auf Verdacht mitzunehmen: kleine Fläschchen Kölnisch Wasser, Ansteckblumen oder kleine Serien gestempelter Briefmarken, kleines Spielzeug und Wachsmalstifte ..." Kein Wunder, daß der Kamerun-Reiseführer von 1992 über das oberflächlich christianisierte Kirdi-Volk der Podoko betrübt feststellt: „Leider sind die Podoko ein Beispiel dafür, daß der Tourismus Schaden bringen kann: bettelnde Kinder und Frauen auf dem ganzen Wege, Unlust beim Vorzeigen des Saré (des architektonisch interessanten Gehöfts) und hohe Geldforderungen lassen immer wieder die Frage aufkommen, inwieweit es sinnvoll ist, sie zu besuchen."
Noch erinnert wenigstens die Architektur der Kirdi-Dörfer an den Formenreichtum, die Phantasie und Vielfalt, aber auch die ökologische Zweckmäßigkeit, die ihre Erbauer beflügelten. Aber wahrscheinlich ist die Zeit nicht mehr fern, in der die spitzen Dächer der Strohhütten, die bienenstockartig angelegten Lehmhäuser mit den danebenstehenden mannsgroßen Hirsebehältern eintönigen Wellblechbaracken gewichen sein werden. Dann werden auch die Touristen nicht mehr die Strapazen auf sich nehmen, die ein Besuch des Kirdi-Landes noch immer erfordert, sondern sich nach neuen Reisezielen umsehen, in denen ihre nach exotischen Videofilmen dürstende unersättliche Neugier das zerstören muß, was von der Vielfalt der menschlichen Kulturen im nivellierenden Industriezeitalter noch übriggeblieben ist.

Literatur: Gert Chesi, Die letzten Afrikaner. Perlinger, Wörgl 1977. – Gottfried Polykrates, Menschen von gestern. Braumüller, Wien 1984. – Claudia Klaffke, Reisehandbuch Kamerun. Reisebuchverlag, Dormagen 1993.

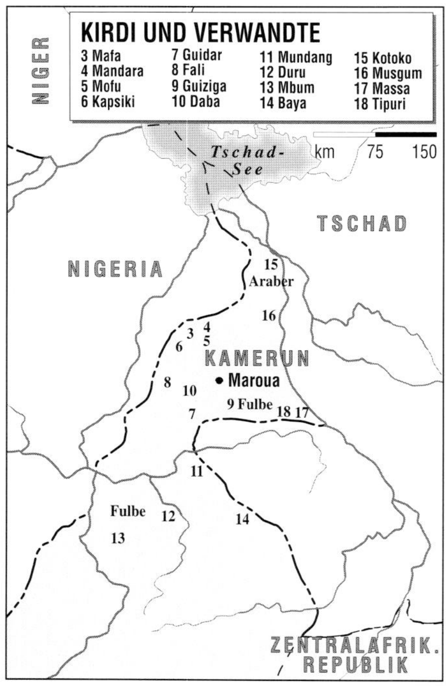

NORDAMERIKA

11 Inuit – 12 Cree – 13 Navajo – 14 Apachen – 15 Sioux
16 Irokesen – 17 Crow – 18 Blackfeet

Der „Kulturschock" der Begegnung mit den Europäern hat die traditionelle Lebensweise der Inuit schwer getroffen; aber nun regt sich neuer Wille zu einer selbständigen Existenz.

Es war die Robbe, die den Menschen das Leben unter den extremen Bedingungen der Arktis ermöglichte. Die Robbe war die Lebensgrundlage jener Jägersippen, die, aus der Mongolei nach Norden wandernd, etwa 4.000 vor Christus von der äußersten Spitze Asiens aus als letzte voreuropäische Einwanderer den amerikanischen Kontinent erreichten und dann dessen gesamte Nordküste, bis zu den Rändern Grönlands, der größten Insel der Welt, besiedelten. Sie nannten sich Inuit, „Menschen"; von den indianischen Nachbarn, die sie an einem weiteren Vordringen nach Süden hinderten, übernahmen die Europäer die Bezeichnung Eskimo. Lange wurde dieses Wort als „Rohfleischesser" gedeutet, doch die neueste Forschung hält diese Interpretation für falsch; es ist vielmehr wahrscheinlich, daß der Name von „ayaskimew" aus der Sprache der Montagnais-Indianer im nordöstlichen Kanada kommt, und dieses Wort bedeutet keineswegs diskriminierend, sondern auf eine besondere Fertigkeit hinweisend, „Schneeschuhflechter".

Die Inuit folgten den Robben, denn wo es diese Meeressäuger gab, dort konnten auch sie leben. Die Robbe, und der schwerer zu erlegende Wal, versorgten den Inuk (Sg. v. Inuit) mit allem, was für das Leben notwendig war – mit fettem Fleisch als Nahrung, mit Speck als Brennmaterial, mit Fellen für Kleider und Stiefel, mit Häuten für die Bespannung der Boote und für das Zelt, mit Riemen und Garn aus den Sehnen, mit Knochen für Werkzeug und Waffen. Auf der Grundlage der Jagd auf Robben und andere Meeressäuger, die die Inuit mit den von ihnen erfundenen, raffinierten Harpunen erlegten, entwickelte die Eskimo-Kultur ihre unverkennbaren Besonderheiten. Ihre Sprache, obwohl nur von etwa 120.000 Menschen gesprochen, hat sogar die Sprachen der Europäer bereichert: Wir tragen heute Anoraks nach dem Vorbild der geschlossenen, mit schützender Kapuze versehenen Fell-Überhemden der Inuit; unsere Wassersportler benützen die Kajaks, ursprünglich mit Leder überzogene, nur den Raum für den Bootsfahrer freigebende Einmannboote, die dem geschickten Paddler die „Eskimorolle" erlauben, mit der er sein gekentertes Boot wieder aufrichten kann; den Iglu, das Haus aus Schneeblöcken, das der Inuk mit seinen dafür geeigneten Werkzeugen binnen einer Stunde errichten konnte und das ausreichenden Schutz vor dem Unbill einer harten Natur bildete. Das heißt aber nicht, daß die Inuit ausschließlich in Iglus lebten; je nach den Möglichkeiten, die ihnen ihre Umwelt bot, errichteten sie auch Häuser aus Treibholz (ihr Lebensraum lag ja nördlich der Baumgrenze) oder aus Stein. Bis ins 20. Jahrhundert hinein hat die Begegnung mit der europäischen Zivilisation die traditionelle Lebensweise der Eskimo nicht grundlegend verändert. Sie hatten mit den Europäern auf verschiedenste Weise Bekanntschaft gemacht. Die ersten, die Grönland erreichten, waren die Wikinger; sie nannten die Ureinwohner „Skrälinger". Ihre von Erik dem Roten 985 gegründete Siedlung auf der Insel kam unter norwegische Oberhoheit und ging, von Eingeborenen und englischen Seeräubern verwüstet, um 1420 unter. Erst 1721 kam Europa in Gestalt des Missionars Hans Egede, dessen Frau Gertrude Rask und 46 Begleitern wieder auf die Insel. Der „Apostel Grönlands" hatte einigen Erfolg, die Inuit von ihrem Schamanenglauben zu protestantischen Christen zu bekehren. Die Insel kam nun unter dänische Oberhoheit (der König von Dänemark trug auch die Krone Norwegens), und nach der Trennung der beiden Länder behielten die Dänen Grönland als ihre Kolonie; noch 1933 versuchte Norwegen, vor dem Internationalen Gerichtshof seine älteren Rechte durchzusetzen, doch ohne Erfolg.

Auf dem amerikanischen Festland machten die Inuit zunächst Bekannntschaft mit französischen Trappern und Pelzhändlern aus Kanada, sowie mit den Matrosen des verwegenen englischen Seefahrers Henry Hudson, der mehrmals eine Passage durch das Nordmeer nach China suchte und nach dem der große Meerbusen der Hudson-Bai benannt ist. In Alaska schließlich trafen mit dessen Entdeckung durch Vitus Bering zunächst die rus-

An ihrem ersten Schultag tragen die Inuit-Kinder Festtagstracht und grönländische Fahnen

sischen Eroberer Sibiriens ein, und nachdem der Zar das Land 1867 um den Spottpreis von sieben Millionen Dollar an die USA verkauft hatte, kamen die Amerikaner.

Der Kontakt mit den Europäern hatte für die Eskimos häufig nachteilige Folgen, wenn es auch in ihrem zunächst wirtschaftlich für die Kolonialmächte nicht sehr interessanten und für Siedler ungeeigneten Lebensraum nicht zu den Ausrottungskriegen kam, die die übrigen Ureinwohner des amerikanischen Kontinents dezimierten. Die Begegnung mit den Europäern brachte Krankheiten, die die Eskimo zuvor nicht kannten und gegen deren Erreger sie in keiner Weise immun waren; so forderten Grippeepidemien viele Opfer. Ein Teufelsgeschenk war der Alkohol, und ist es heute noch, seine bereitwillige Akzeptanz im arktischen Klima hat verheerende Folgen. Die Feuerwaffen schließlich richteten durch die nicht mehr nur für den Eigenbedarf betriebene Jagd auf Robben, und in Labrador auch auf Karibus, unter den Tierbeständen große Schäden an.

Die Intensivierung des Kontakts mit der Welt der Weißen, die Einbeziehung in deren Wirtschaftsleben hat im 20. Jahrhundert die traditionelle Kultur der Inuit weitgehend zum Verschwinden gebracht. Das vordem einzige Haustier der Eskimo, der Hund, mußte an vielen Orten dem Motorschlitten weichen, Kajak und Umiak (das für den Walfang und Transporte genutzte größere Boot) wurden durch Motorboote ersetzt, die Iglus und selbstgebauten Häuser sind Container-Behausungen gewichen.

Wenn heute auch Antibiotika und Impfungen die Anfälligkeit der Eskimos für Infektionskrankheiten eingedämmt haben und eine Änderung der Robbenzüge nicht mehr zu Hungersnöten führt, so hat die Begegnung mit der Zivilisation der Weißen andererseits zu einem Kulturschock geführt, der erst allmählich durch die Verbindung der Rückbesinnung auf die eigenen Werte mit der Anpassung an eine geänderte, technisierte Welt überwunden werden konnte.

Der Gründer der Organisation Nunam Kitlusti („Schützer des Landes") der Yupik-Inuit in Alaska, Harold Napoleon, hat die Verzweiflung, die viele Eskimo ergriffen hat, so ausgedrückt: „Wir alle tragen das Trauma des Großen Todes in uns. Unsere Kinder erben das Trauma – der ungelöste Schmerz und Kummer wird von Generation zu Generation weitergegeben. Dies ist die Quelle unserer Verzweiflung, nicht allein die Verachtung unserer Traditionen, sondern diese tiefe Wunde des Verlustes. Um den Schmerz zu dämpfen, betäuben wir uns mit Alkohol. Wir müssen diesen Teufelskreis in unserem Leben beenden und nüchtern werden. Und wir müssen diese Wunden heilen, die unserem Alkoholmißbrauch zugrunde liegen. Viele Ureinwohner leiden an einer Krankheit, die ihren Geist infiziert. Es ist, als ob wir unsere Seele verloren hätten."

Jäger zerteilen Rentierfleisch am Markt „Kalaaliaraq" („Der kleine Grönländer") in Nuuk

Auch aus Grönland wird das Wachstum des Alkoholismus, und das häufig damit verbundene Ansteigen der Kriminalität, als gefährlichste Volkskrankheit bestätigt. Für die 45 000 Grönland-Inuit (sie stellen rund 80 Prozent der Bevölkerung der Insel) haben Statistiker einen jährlichen Verbrauch von 20 Litern reinem Alkohol je Person über 15 Jahre errechnet – dreimal so viel wie für die trinkfreudigen Finnen. 96 Prozent der sich häufenden Gewaltdelikte sind von Alkohol beeinflußt; Mord und Totschlag liegen mit 3,3 auf 10.000 Einwohner 36mal so hoch wie in Dänemark, das noch immer die Oberhoheit über die Insel ausübt.

Ein weiteres Symptom dafür, wie schwer es den Inuit von Alaska bis Grönland fällt, die Umwandlung ihrer archaischen Gesellschaft frei umherschweifender Fischer- und Jägergemeinschaften in einen Teil der modernen Industriegesellschaft mit der Zusammenballung in größeren Siedlungen – in Grönlands Hauptstadt Nuuk (Godthåb) leben heute schon 30 Prozent der Gesamtbevölkerung! – zu verkraften, sind die Weltspitzen bei den Selbstmordraten. Besonders tragisch dabei ist, daß der Freitod vor allem unter der Jugend grassiert – nicht mehr unter den Alten, die ihn in der traditionellen Eskimo-Gesellschaft wählten, wenn eine Hungersnot die Gemeinschaft bedrohte. Die bessere Sicherung der materiellen Versorgung allein kann die Sinngebung eines selbstbewußten Lebens, einer eigenen ethnischen Identität nicht ersetzen; wer in der Fischkonservenfabrik am Fließband steht und weiß, daß sein Vater noch das freie und gefährliche Leben eines Robbenjägers geführt hat, findet offenbar nicht so schnell den Weg zu einem

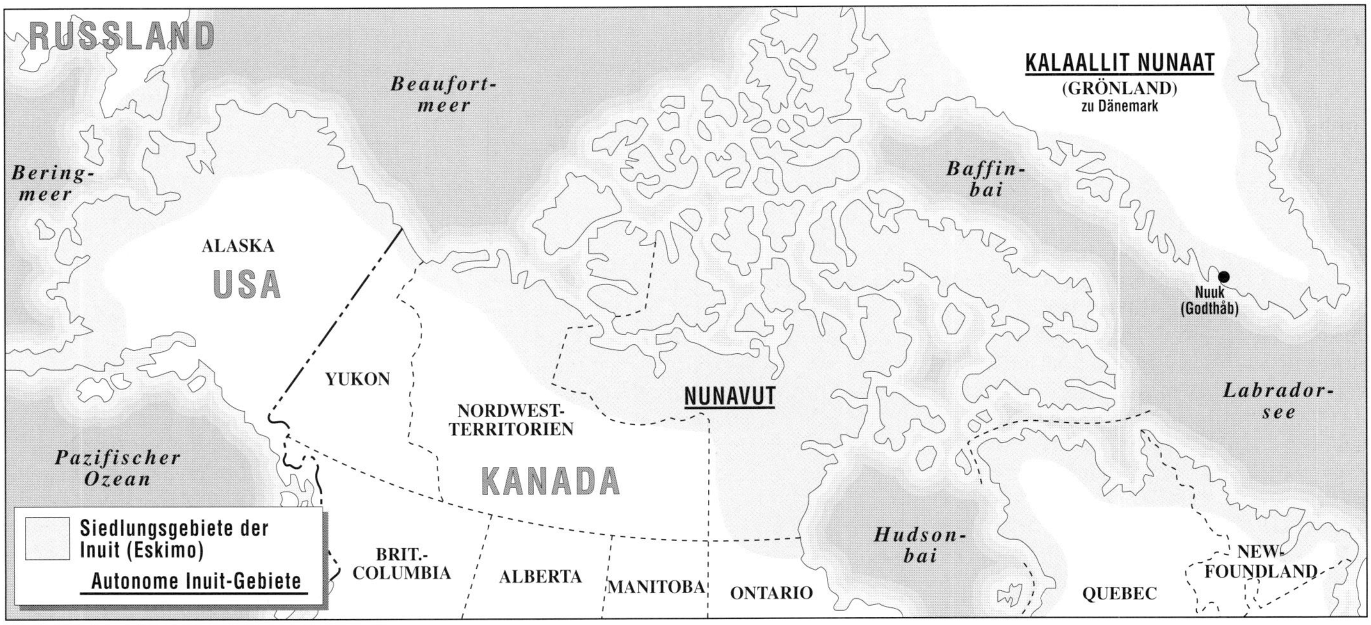

andersgearteten Lebensglück. „Unsere heutige Lebensweise ist abnormal, es ist das Leben eines eingesperrten Tieres", klagt Harold Napoleon. „Von Geburt an bis zum Tod werden die Ureinwohner Alaskas von der Regierung betreut. Wir werden ernährt, untergebracht, betreut, aber wir sind nicht frei. Der anhaltende Versuch, eingeborene Menschen zu assimilieren, sie zu allem anderen zu machen als das, was sie sind, bedeutet, sie langsam zu töten ... Wir müssen wieder ein Gefühl von Souveränität herstellen" (Art Davidson).

Die Eskimo in Alaska betrachten es zunehmend als Fehler, daß sie den ohne ihre Mitwirkung vom US-Kongreß erlassenen Alaska Native Claims Settlement ohne Protest zur Kenntnis genommen haben. Das Gesetz sollte die Ansprüche der Ureinwohner Alaskas auf den Boden, die insbesondere nicht in die Vorstellungen der petroleumsuchenden Ölkonzerne paßten, mit Geld begleichen. In der Alaska Native Foundation sind die Eingeborenen des nördlichsten US-Staates heute bemüht, Formen der Selbstregierung durchzusetzen.

Anderswo haben diese Wünsche bereits Früchte getragen. Grönland, das noch 1953 zu einem „integralen Bestandteil Dänemarks" erklärt worden war, ist seit 1979 eine autonome Region, die ihre Angelegenheiten, ausgenommen Verteidigung und Außenpolitik, selbst regelt. Die Selbständigkeit Grönlands – in der Inuitsprache Kalaallit Nunaat – geht so weit, daß es 1985 aus der EG austrat, womit man aber keineswegs auf den Anschluß an den Wirtschaftsstandard Europas verzichten will. Hier tun sich übrigens Meinungsverschiedenheiten zwischen Inuit-Traditionalisten und modernen Politikern auf. „Wir zahlen zwar einen sehr hohen Preis für die schnelle Entwicklung," sagte Grönlands vormaliger erster Premier Jonathan Motzfeldt, „aber sie läßt sich nicht aufhalten – wir wollen doch nicht ewig in einer Art lebendigem Freilichtmuseum wohnen." 1991 brachten Neuwahlen übrigens einen Erfolg der sozialdemokratischen Siumut-Partei und Lars Emil Johansen auf den Sessel des Ministerpräsidenten. Neben Siumut bilden die konservative Atassut und die nationale Inuit Ataqatigiit die politischen Hauptkräfte. Für den grönländischen Eskimo-Staat wird die Robbenjäger-Vergangenheit des Inuit-Volkes bald nur noch Geschichte sein. Das übrigens auch deshalb, weil Europas Tierschützer den Markt für Robbenfelle – obwohl die Robben keineswegs vom Aussterben bedroht sind – lahmlegten und viele Inuit zwangen, in die Ballungssiedlungen zu ziehen und sich eine andere, von ihnen als unfrei empfundene Tätigkeit zu suchen.

Eskimo-Frau aus Alaska

Auch die Eskimo des östlichen Kanada konnten 1992 nach jahrelangen Verhandlungen einen Erfolg in ihrem Streben nach Selbstverwaltung verbuchen. Ihre Vertreter schlossen mit der kanadischen Regierung ein Abkommen, das die Bildung des selbständigen Territoriums Nunavut („Unser Land") vorsieht. Es umfaßt ein weiträumiges Gebiet, den gesamten Osten des bisherigen Nordwest-Territoriums, von den kanadischen Inseln des Eismeers bis zum Nordwestufer der Hudson-Bai. In einer Volksabstimmung sprach sich die Mehrheit der Inuit für den Vertrag aus. Bis zum Jahr 2008 soll die Autonomie des zu 85 Prozent von Eskimo bewohnten, dünnbesiedelten Landes abgeschlossen sein. Auch dem Schutz der arktischen Umwelt, den die Inuit Kanadas schon in den siebziger Jahren in ihr Programm schrieben, soll damit Rechnung getragen werden.

Zur neuen Identitätsfindung der Inuit gehört auch, daß sie sich, vordem in zahlreiche voneinander getrennt lebende Stämme geteilt, ihrer – durch die Sprache belegten – Einheit bewußt geworden sind; auch die wenige Tausend zählenden Yuit der russischen Tschuktschenhalbinsel können heute an den paneskimoischen Aktivitäten der „Inuit Circumpolar Conference" teilnehmen. So ist Hoffnung gegeben, daß die Inuit in einer Zivilisation, die ihre frühere Existenz in bedrohlicher Weise zerstört hat, dennoch überleben werden.

Literatur: Art Davidson, Verlorene Völker. Köln 1993. – Inga Rogg/Eckard Schuster (Hg.), Die Völker der Erde. Gütersloh 1992.

Von der Öffentlichkeit kaum beachtet, hat der österreichische Nationalrat 1994 eine Resolution beschlossen, mit der die Bundesregierung aufgefordert wurde, bei der kanadischen Regierung zugunsten der Cree-Indianer vorstellig zu werden.

Es war einmal ein Land, in dem alles in Überfluß vorhanden war. Dieses Land mit seinen Binnenmeeren, seinen tausend Seen, seinen Feuchtgebieten und Sümpfen, seinen langen und schnellen Flüssen, hat seine Bewohner über Jahrtausende ernährt. Dort befinden sich die Nistplätze der Gänse, dorthin kommen die Wale am Ende ihrer Wanderschaft, dort kalben die größten noch bestehenden Karibu-Herden. Es ist das Land, in dessen Seen und Flüssen die großen Störe, Forellen und Weißfische zahlreich vorhanden sind. Es ist das Land des mächtigen Elchs. Es versorgt unser Volk mit allen Dingen, die sie brauchen. Der Biber gibt Nahrung und Kleidung, die Fische werden von unseren Kindern gegessen, der Bär, der Elch und das Karibu geben uns Stärke und Wärme."

So schildert Matthew Coon Come (coon = Waschbär), Großhäuptling der kanadischen Cree (Kri), seine Heimat (die übrigens Weißen lange als kaum bewohnbar galt). Aber er tut dies mit einem bitteren Nachsatz: So war das Land, wie er es in seiner Kindheit kennenlernte. Heute hat sich vieles zum Schlechteren verändert. Die Cree sind ein Volk aus der großen indianischen Sprachgruppe der Algonkin, die einst weite Teile des östlichen Nordamerika bewohnte. Wahrscheinlich wurden die Cree noch vor Ankunft der Weißen durch den mächtigen Irokesenbund nach Norden abgedrängt. Mit Hilfe der Feuerwaffen dehnten sie dann im Kampf mit den Sioux ihre Wohngebiete von der Hudson-Bai weit nach Westen, bis ins nördliche Alberta, aus.

Französische Pelztierjäger und Waldläufer waren die ersten, die in das weite Land nördlich des St. Lorenz-Stroms vordrangen. Doch 1670 erhielt, gegen den Widerstand Frankreichs, ein englisches Unternehmen die königliche Charter für den Pelzhandel und die Verwaltung über „alles Land, dessen Ströme in die Hudson-Bai fließen" (Henry Hudson war ein Seefahrer, der die arktischen Meere erforschte). Als Frankreich 1763, am Ende des Siebenjährigen Krieges, seine kanadischen Besitzungen an England abtreten mußte, erlangte die „Hudson Bay Company" eine Monopolstellung. Der rege Pelzhandel, den sie im Austausch gegen (häufig minderwertige) europäische Güter mit den Indianern trieb, ließ die indianischen Kulturen mit den von ihnen in Jahrtausenden entwickelten alten Techniken verarmen. Die von den Europäern eingeschleppten Krankheiten, Masern und Pocken, lösten unter den Cree ein Massensterben aus; das „Feuerwasser" tat ein übriges.

1870 mußte die Company ihr Land dem drei Jahre zuvor gegründeten Dominion of Canada verkaufen, das dadurch um die Provinzen Manitoba, Alberta und Saskatchewan erweitert wurde. Danach traten auch die geschwächten Cree große Teile ihrer Stammesgebiete gegen eine kleine Entschädigung und die Zusicherung jährlicher Lebensmittellieferungen an Kanada ab. Allerdings war damit – was für die gegenwärtige Argumentation der Cree wichtig werden sollte – zunächst keineswegs der Anschluß an die Provinz Quebec verbunden.

Die Einwanderung, die Entwicklung des Weizenanbaus und die zunehmende Nutzung der Bodenschätze machten die Siedlungsgebiete der Cree zu kleinen Inseln im weißen Meer, die voneinander durch riesige Entfernungen getrennt sind. Die ein Dutzend Cree-„bands" (wie Kanada die Stammesgruppen offiziell nennt) in den nördlichen Landstrichen von Quebec bis Alberta zählen zusammen rund 70.000 Menschen. Die östlichste von ihnen, an der James-Bai, und die westlichste, am Lubicon-See, haben in den letzten Jahren von sich reden gemacht.

Schicksalhaft für die östlichen Cree wurde der 1973 gefaßte Beschluß der Provinzregierung von Quebec, von ihrem Elektrizitätsunternehmen Hydro-Quebec das größte Kraftwerk der Welt an den Zuflüssen zur James-Bai (der südlichen Ausbuchtung der Hudson-Bai) errichten zu lassen. Die Cree, deren bis dahin noch relativ unberührte Siedlungs- und Jagdgebiete und damit ihre Lebensweise durch den Straßenbau, die Überflutungen weiter Ländereien und das Kraftwerk selbst aufs schwerste beeinträchtigt wurden, waren nicht einmal gefragt worden. Ebensowenig wurden Umweltsverträglichkeitsprüfungen vorgenommen. Die Indianer versuchten sich auf dem Rechtsweg zu wehren. Schließlich war ja ihr Land erst 1912 der Provinz Quebec von der Bundesregierung unter der Auflage übertragen worden, die Ansprüche der eingeborenen Bevölkerung zu beachten. Während die Cree ihre Anliegen in einem monatelangen Prozeß dem Gericht vortrugen, wurde am Kraftwerk schon eifrig gebaut. Dann geschah zunächst ein kleines Wunder: Der Richter bestätigte, daß Rechte der Cree verletzt worden seien. Aber sehr bald kam vom Berufungsgericht die kalte Dusche: Es wischte die 500 Seiten der Urteilsbegründung des Erstgerichts mit dem knappen Argument weg, daß die Interessen von 6.000 Cree-Indianern nicht jenen von

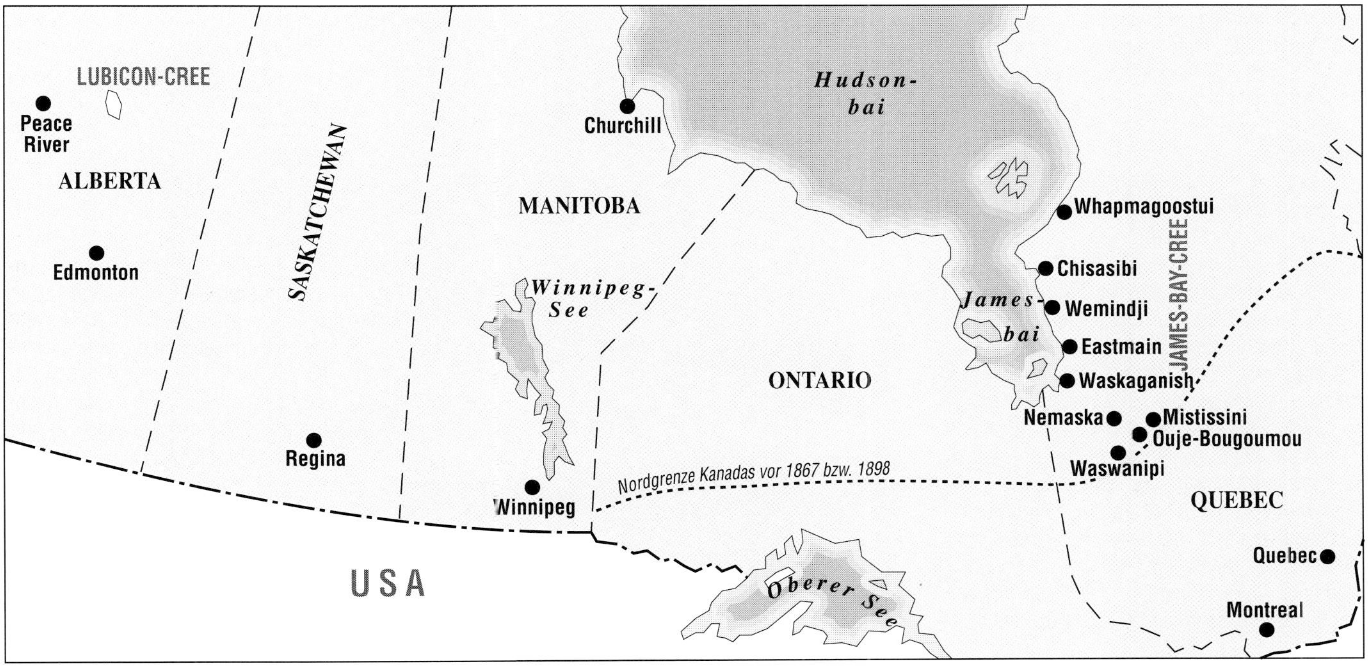

Cree-Häuptling Bernard Ominayak beim Einschießen eines Gewehres

6 Millionen Quebecern im Wege stehen dürfen. Der Weg zum Obersten Bundesgericht schien angesichts der hohen Prozeßkosten und des ohnehin weit fortgeschrittenen Kraftwerkbaus vergeblich; deshalb versuchten es die Cree mit Verhandlungen. Schließlich kam es in der Tat zu einem Vertrag, dem „James Bay and Northern Quebec Agreement“. Darin wurde zugesagt, daß künftig alle Projekte auf ihre Sozial- und Umweltverträglichkeit geprüft werden mußten. Inzwischen zeigte sich, daß das Ökosystem durch den Kraftwerksbau schwer gelitten hatte; die Flüsse waren mit Quecksilber vergiftet. Man riet den James-Bai-Cree, keine Fische mehr zu essen – obwohl Fisch ein Hauptnahrungsmittel der Indianer ist. Und schon begann die Planung eines weiteren Mega-Projekts. Gegen dieses „James Bai II“ haben die Indianer die Unterstützung der Umweltorganisationen gewonnen. Aber noch eher könnte Hydro-Quebec dadurch gestoppt werden, daß die Rentabilität des ersten Kraftwerks in Frage gestellt ist und die Geldgeber in den USA zurückhaltend geworden sind. Zudem könnte sich für die Cree – und für alle Indigenen Kanadas – positiv auswirken, daß aus den Wahlen im Herbst 1993 die Liberalen als Sieger hervorgegangen sind. Sie würden, so hoffen die Indianer, bessere Beziehungen zu den „Ersten Nationen“ herstellen. Wenn der Quebec-Block als zweitstärkste Partei in der Tat zur Abspaltung Quebecs schreiten sollte, so werden die Indianer darauf bestehen (und fänden dabei von der Provinz Neufundland, und wohl auch seitens der Bundesregierung, Unterstützung), daß sich Quebec auf die Grenzen zurückziehen müßte, die 1867, bei der Gründung der Konföderation, bestanden – denn die Ausweitungen von 1897 und 1912 auf das nördliche Indianerland erfolgten nur unter der Voraussetzung, daß Quebec ein Teil Kanadas ist.

Die Lubicon-Cree, der kleine, am weitesten im Westen siedelnde Cree-Stamm, erregten 1988 weltweites Aufsehen, als sie zum Boykott der Olympischen Spiele in Calgary aufriefen. Dem war freilich ein jahrzehntelanges Ringen um ihre Landrechte vorausgegangen, und der Boykottappell war ein (wie sich bald zeigte, gelungener) Versuch, internationale Aufmerksamkeit zu erlangen. Als gegen Ende des vorigen Jahrhunderts die kanadische Regierung Verträge mit den Indianern abschloß, durch die deren Landansprüche abgegolten und ihnen Reservationen zugesichert wurden, war der kleine Cree-Stamm „übersehen“ worden. Dies hatte zur Folge, daß die Lubicons keine „Status-Indianer“ waren, das heißt, nach kanadischem Recht nicht als Indianer anerkannt waren (eine Einteilung, die die Angaben über die Gesamtzahl der kanadischen Indigenen zwischen einer halben und einer Million schwanken läßt). Erst 1940 wurden die Lubicon-Cree als eigenständige „band“ anerkannt, und es wurde ihnen ein Reservat versprochen. Doch hat man dessen Abgrenzung durch Jahrzehnte verschleppt.

Ende der siebziger Jahre begannen im traditionellen Siedlungs- und Jagdgebiet der Lubicons großräumige Bohrungen nach Erdöl und Erdgas. Das nahm den Indianern die wirtschaftliche Grundlage, die auf Jagd und Fallenstellen beruhte. Die Cree verlangten nun mit Vehemenz die Absteckung ihres Landes, doch die Provinzregierung von Alberta verweigerte dies. Die Bundesregierung entsandte 1984 den früheren Justizminister Davie Fulton als Sonderbeauftragten, und seine Untersuchung gab den Indianern recht, doch bei nun eingeleiteten Verhandlungen versuchte man die Cree in ihren Ansprüchen dadurch zu beschneiden, daß ihre Zahl von 457 auf 196 „Status-Indianer“ reduziert wurde. Häuptling Bernard Ominayak rief daraufhin zum Olympia-Boykott auf. Zudem erreichte er, daß etliche Völkerkunde-Museen den Kanadiern Leihgaben verweigerten, die für eine Ausstellung im Olympia-Rahmenprogramm mit der (zerstörten) Eingeborenen-Kultur gedacht waren. Als die Cree die Zufahrten zu ihrem Gebiet blockierten, räumte die Polizei die Sperren. Verhandlungen blieben ohne Erfolg, ja, nun tauchte eine weitere Bedrohung der Stammesheimat auf: Die Regierung von Alberta vergab die Holznutzungsrechte für 40.000

Noch besteht der Zusammenhalt der Großfamilien

Quadratkilometer des Gebiets (eine Fläche wie halb Österreich!) an einen japanischen Zellstoffkonzern.

In Österreich nahm sich namens der „Gesellschaft für bedrohte Völker“ insbesondere der Bodenkultur-Universitätsdozent Dr. Peter Schwarzbauer der Cree an. Er fand Verständnis zunächst bei den Grünen, dann aber auch bei anderen Parlamentsparteien, und am 20. Jänner 1994 beschloß der Nationalrat eine Resolution, in der die Bundesregierung ersucht wurde, ihren Einfluß bei den kanadischen Behörden als denen eines befreundeten Landes geltend zu machen, daß die Verhandlungen zwischen den Lubicon-Cree und der kanadischen Regierung schnell zu einem befriedigenden Abschluß unter Berücksichtigung des Landanspruchs der Indianer, der Sicherung ihrer Ressourcen und ihrer Entschädigungszahlungen gebracht würden. Immerhin hatte im April 1993 der Vize-Indianerminister Dan Goodleaf (ein Mohawk-Indianer, der aber bei vielen Indigenen als „Apfel“ – außen rot, innen weiß – gilt) auf einer Goodwilltour durch Europa in einem sehr kritischen Interview mit Schwarzbauer versichert, daß die wirtschaftliche Nutzung auf dem Reservatsboden ausgesetzt bleiben würde, solange keine Regelung mit den Lubicons getroffen sei. Auch hier könnte die neue liberale Regierung Taten an die Stelle der vielen Versprechungen setzen.

Literatur: Gesellschaft für bedrohte Völker (Hg.), Unser Amerika – 500 Jahre indianischer Widerstand. Jugend und Volk, Wien 1992. – Peter Schwarzbauer, Indianer Nordamerikas. Gesellschaft für bedrohte Völker, Wien 1992.

Äußerlich angepaßt, innerlich auf Distanz: Cree zwischen zwei Welten

Navajo

Kein anderes Indianervolk Nordamerikas hat solchen Lebenswillen bewiesen wie die Navajo. Dennoch ist das größte Indianervolk Nordamerikas durch Umweltzerstörung, Armut und einen Rechtsstreit bedroht.

Vor 130 Jahren, als die Navajo von der US-Army in die Wüste New Mexicos getrieben wurden, zählten sie 8.500 Seelen. Heute verfügen sie über die mit 64.000 Quadratkilometern weiträumigste Reservation der Vereinigten Staaten und stehen dort vor dem Problem, daß ihr Land die Navajo-Nation nicht mehr ernähren kann, denn sie ist auf fast 200.000 Menschen angewachsen.

Sie selbst nennen sich Dine'é, „Volk“, wie ihre Brüder im subarktischen Nordwesten Kanadas, aus dem sie, zusammen mit den Apachen, vermutlich im 10. Jahrhundert nach Süden aufbrachen. Die neue Heimat südlich des Colorado-Flusses, die sie sich eroberten, erforderte eine völlige Umstellung ihrer Kultur. Sie lernten von den Pueblo-Indianern, auf die sie dort trafen, den Feldbau, und von den Spaniern, die vom Süden her vordrangen, die Viehzucht. Aus Jägern und Sammlern wurden, nachdem sie von den Europäern das Pferd, das Schaf und die Ziege übernommen hatten, Hirten, die daneben auch, wie die Pueblos, etwas Ackerbau betrieben. In keiner anderen indianischen Bevölkerung Nordamerikas spielte die Haltung und Züchtung europäischer Haustiere fortan eine so beherrschende wirtschaftliche Rolle wie bei den Navajo. Aber auch in der Übernahme der Woll- und Silberverarbeitung erwiesen sie sich als ein dem Neuen überraschend aufgeschlossenes Volk.

Nachdem Mexiko seinen weiträumigen Norden 1845/48 an die USA hatte abtreten müssen, wurden die Navajo mit einer ganz anderen Art von Kolonialherren konfrontiert, die die Urbevölkerung zugunsten der westwärts strömenden Siedlerwellen immer mehr einengte. Während des Sezessionskrieges hatten die Navajo die Abwesenheit der Army zu Raubzügen gegen weiße Viehhalter benutzt, und die Strafe folgte nun auf den Fuß. Die Yankee-Truppen unter General Carleton und dessen Scout Kit Carson rückten ins Land der Navajo ein und zerstörten deren Lebensgrundlagen, Vieh, Felder, Hogans – die aus Stein und Erde errichteten, maulwurfhügelartigen Gehöfte –, wo sie sie vorfanden. Vergeblich leistete Häuptling Manuelito verzweifelten Widerstand. 1864 mußten sich die ausgehungerten Indianer den Amerikanern ergeben. Die Army zwang sie zu einem Todesmarsch zum 400 Kilometer entfernten Fort Sumner in New Mexico. Seuchen, Streitigkeiten mit den Mescalero-Apachen, mit denen sie das dürftige Lager Bosque Rodendo teilen mußten, und Überfälle der Komanchen machten ihnen schwer zu schaffen. Eine Behörde in Washington hatte schließlich ein Einsehen und erlaubte den Navajo nicht nur die Rückkehr zu den Weiden ihres Hochlandes (an dem die Siedler kein besonderes Interesse zeigten), sondern stattete sie auch mit neuen Schafherden aus.

1882 wurden die Reservatsgrenzen festgelegt. Das Gebiet der Navajos nahm den Nordosten des Staates Arizona ein und überschritt dessen Grenzen nach Osten zu New Mexico und nach Norden zu Utah. In seinem Innern aber lagen die Pueblo-Dörfer der Hopi. So wurde ein Rechteck mit dem Lineal herausgeschnitten und diesem Volk zugeteilt. Allerdings wurden jene Gebiete außerhalb der Dörfer, die die ackerbauenden Hopi kaum betraten und die von den Schafherden der Navajo durchstreift wurden, für die gemeinsame Nutzung vorgesehen. Fast ein Jahrhundert lang gab es dabei auch keine Probleme.

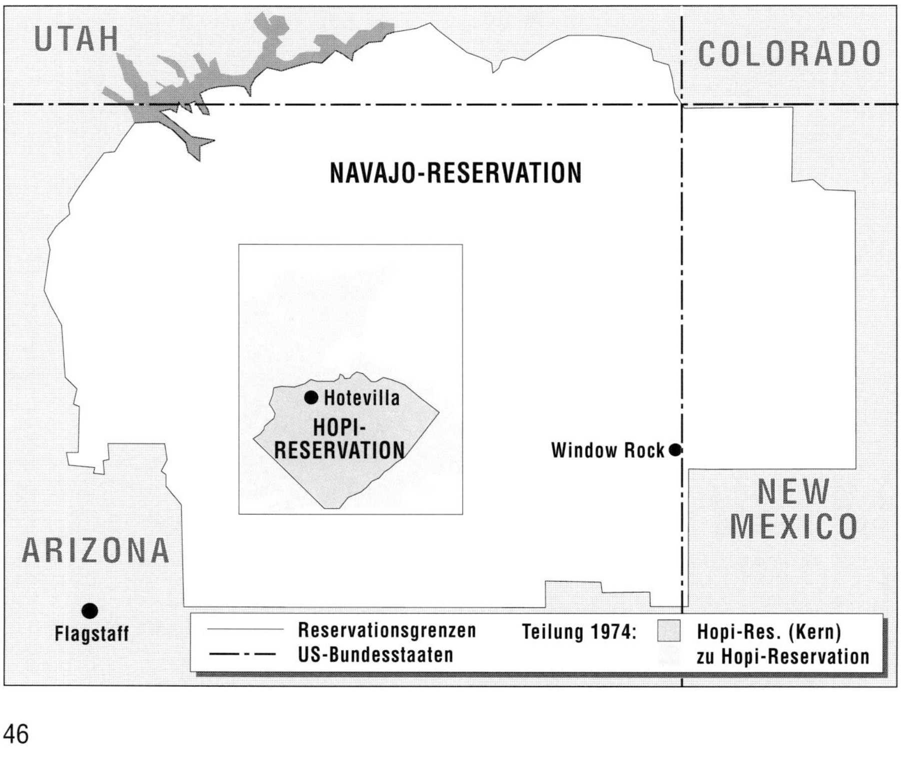

Die Navajo erholten sich unglaublich schnell von der Dezimierung, der sie durch die Deportation ausgesetzt gewesen waren. Obwohl die Säuglingssterblichkeit bei ihnen beträchtlich über dem amerikanischen Durchschnitt lag (und liegt), wuchs die Navajo-Nation binnen einem Jahrhundert zum größten Indianervolk der USA heran. Die Weitläufigkeit ihres Gebiets gab ihnen mehr Freiheit als anderen Stämmen, die Schafzucht machte sie relativ unabhängig. Die Clans wuchsen zu einem Stamm zusammen, die Navajo bildeten Verwaltungskörper, die die Gesamtheit des Volkes gegenüber den Weißen vertraten. Als in den ersten Jahrzehnten des 20. Jahrhunderts der Viehbestand so groß geworden war, daß die Grasnarbe des Weidelands zerstört zu werden drohte, zwangen die US-Behörden die Navajo, einen Teil ihrer Herden zu schlachten. Diese mußten sich nach zusätzlichen Unterhaltsquellen umsehen. Öl- und Gasvorkommen brachten durch Verpachtungen neue Einnahmen. Freilich wurden die Navajo dadurch nicht reich, im Gegenteil, die Beschränkung auf ein zwar weitläufiges, aber doch wirtschaftlich wenig ergiebiges Territorium und das starke Bevölkerungswachstum brachten Rückschläge, Hoffnungslosigkeit verbreitete sich, viele ergaben sich dem Alkohol, die Selbstmordrate stieg an. Ein Pachtvertrag für den Uranabbau brachte zusätzliches Unheil: Der Landstrich am San Juan-River war radioaktiv verseucht, als der Konzern den Uranabbau 1970 wieder einstellte.

Wirtschaftliche Interessen großer Gesellschaften standen auch dahinter, als Anwälte der Mormonen, die sich der Missionierung der Hopi angenommen hatten, einen Streit um Land mit den Navajo vom Zaun brachen. Der Hopi-Stammesrat verlangte die Teilung jenes Gebiets, das ursprünglich beiden Völkern zur Nutzung überlassen worden war. Als bei Gericht kein Urteil gefällt wurde, übernahm der US-Kongreß die Entscheidung. Er verfügte 1974 die Teilung des Gebiets in zwei gleichgroße Teile. Was als Verhinderung eines Stammeskrieges ausgegeben wurde, war offensichtlich von ganz anderen Interessen getragen. Im Hopi-Teil des Territoriums gibt es nämlich riesige Kohle-Abbaugebiete. Die Hopi, ein Volk mit etwa 8.000 Angehörigen, die in ihren Dörfern Ackerbau betreiben und dort seßhaft sind, hatten kaum die Absicht, neues Siedlungsland zu gewinnen; vielmehr lebten dort, weit verstreut, etwa 10.000 Navajo. Für sie wurde die Grenzänderung zur existentiellen Bedrohung.

Das Gesetz, das eine Umsiedlung jener Stammesangehörigen anordnete, die nach der Teilung auf dem Gebiet des jeweils anderen Stammes wohnten, traf fast nur Navajo. Sie sollten ihre Gehöfte, ihre Felder und Weiden verlassen. Wieder, wie einst in den Jahren des Indianerkriegs, wurden Hogans zerstört und Pfirsichplantagen niedergewalzt. Die Navajo wollten sich nicht mit dem Verlust ihrer Weiden und ihrer heiligen Plätze abfinden. Der Zaun zwischen den beiden Gebieten wurde immer wieder aufgebrochen. Das war um so verständlicher, als die Behörden ihr Versprechen, Land für die Ausgesiedelten in Colorado zu kaufen, auf dem sie in gewohnter Weise hätten weiterleben sollen, an der Weigerung der Weißen, die dort ihre Jagdreviere hatten, scheiterte. Die Sozialwohnungen, die man abgesiedelten Navajo am Rande der Stadt Flagstaff zur Verfügung stellte, konnten kein Ersatz sein. Kein Wunder, daß dort Selbstmorde und Alkoholismus besonders hoch wurden, und es sogar zu Morden rassistischer Weißer an Indianern kam. Die aus einer völlig anderen, ländlichen Umwelt kommenden Navajo fanden keine geeigneten Jobs, machten Schulden und wurden oft von gerissenen Maklern um ihre Wohnungen gebracht. So mancher flüchtete zurück in die alte Heimat. Unter dem Eindruck von Protesten aus Europa kam man von der gewaltsamen Deportation der Navajo offenbar ab, aber das Gesetz wurde nicht zurückgenommen, und der Druck auf jene, die sich nicht vertreiben ließen, wurde und wird in anderer Weise ausgeübt.

Auch in der eigentlichen Navajo-Reservation sind die Probleme insbesondere in der Zeit der Reagan-Administration, gewachsen. Damals wurden die meisten öffentlichen Arbeiten eingestellt, was zur Folge hatte, daß mindestens ein Drittel der Navajo-Männer arbeitslos wurde. Da gleichzeitig soziale Hilfen eingeschränkt wurden, stürzten viele Navajo-Familien in bittere Armut.

Auch ihr ureigenstes Land sehen die Navajo durch bedrohliche Umweltschäden gefährdet. Dabei mußten sie wiederholt die bittere Erfahrung machen, daß ihnen Verträge zum Verhängnis werden können. Nicht nur, daß die Kohle in dem Gebiet, das an Bergbaukonzerne verpachtet wurde, im Tagbau geschürft wird und die Betreiber sich in keiner Weise verpflichtet sehen, die malträtierte Landschaft einigermaßen wiederherzustellen, wurde in einem Kontrakt auch die Zustimmung gegeben, zum Abtransport der Kohle Wasser aus dem Boden zu pumpen. Dadurch ist der Grundwasserspiegel in dem betroffenen Gebiet gefährlich abgesunken. Ein Gesetz aus dem Jahre 1908 hatte den Indianern zugesichert, daß ihnen immer genügend Wasser für ihre Land- und Viehwirtschaft zur Verfügung stehen würde. Nun stellten sich die Behörden auf den Standpunkt, die Navajo hätten durch den Kontrakt auf die verpflichtende Durchführung dieses Vertrags verzichtet.

Trotz dieser Rückschläge haben die Navajo in den letzten Jahrzehnten ein neues Selbstbewußtsein entwickelt, das ein Nationalbewußtsein genannt werden könnte. Als politische

Navaho-Mädchen beim großen Tanzfest

Einheit innerhalb der amerikanischen Gesellschaft seit 1960 anerkannt, haben sie, oft gegen das Büro für indianische Angelegenheiten, das auf Integration durch englischsprachige Internatsschulen setzte, das Schulwesen in der Reservation in eigene Hände genommen. In diesen sogenannten Kontraktschulen, die auf Initiativen einzelner Gemeinden entstanden, werden die Kinder zuerst in der Navajosprache unterrichtet, dann erst lernen sie Englisch als Zweitsprache. Auch existiert seit etlichen Jahren schon ein College unter Navajo-Kontrolle, das Navajo Community College. Dort wird auch die Geschichte des Volkes neu, und nicht mehr aus der Sicht der weißen Eroberer, geschrieben. Aus so mancher angeblichen „Schlacht" der US-Armee wird, was es war: ein Massaker; und ein Ort wie Bosque Rodendo, wohin der Stamm 1864 getrieben wurde, wird als Konzentrationslager charakterisiert.

Die Gewinnerin eines Miß-Indian-Contests in Window's Rock, bei dem es – anders als bei uns – auch um traditionelle Fertigkeiten und Sprachbeherrschung geht

Die „grüne Welle", die in den siebziger Jahren begann, ging auch an den jungen Navajo-Intellektuellen nicht vorüber. Sie sehen die gewaltigen Schäden, die in vergangenen Jahrzehnten durch die Verträge mit einem unwissenden und möglicherweise auch gekauften Stammesrat an der Umwelt verbrochen worden sind, und sie beginnen ihren alten Glauben, dem sie von den Missionaren abspenstig gemacht wurden, neu zu interpretieren: Das Universum als organisches Ganzes zu sehen, dessen Störung Krankheit und Unglück heraufbeschwört. Sie meinen, daß es auch eine umweltschonende Entwicklung geben muß, daß moderne Technologie mit der Unantastbarkeit der Natur in Einklang gebracht werden kann.

Die „binnenkoloniale" Abhängigkeit von den USA, die etwa dazu geführt hat, daß die Kohle des Navajo-Landes billig verschleudert und der daraus erzeugte Strom teuer eingeführt wurde, steht freilich der vollständigen Emanzipation der werdenden Navajo-Nation im Wege. Das Lied, das ein junger Navajo einem deutschen Forscher im Navajo-Verwaltungszentrum Window Rock vorgesungen hat, ist natürlich nicht Wunschtraum, sondern bittere Mahnung: „Wir eröffnen Reservationen. / Dort sperren wir alle Weißen ein. / Dort fahren wir als Touristen hin / und starren sie bei ihren Tänzen an."

Literatur: Peter Schwarzbauer (Hg.), Indianer Nordamerikas. Gesellschaft für bedrohte Völker, Wien 1992. – Geoffrey Turner, Indians of North America. Poole-Dorset 1979. – Wolfgang Lindig/Mark Münzel, Die Indianer. Wilhelm Fink, München 1976.

Sie füllten Abenteuerbücher und Wildwestfilme: die Apachen. Heute leben sie, zu recht unterschiedlichen Bedingungen, vor allem in Reservationen Neu-Mexikos und Arizonas und suchen ein neues Selbstbewußtsein zwischen Tradition und Fortschritt.

Wer wüßte es nicht – Karl May ließ seinen Winnetou als Sohn aus dem Stamm der Mescalero-Apachen zur Welt kommen. Aus der Geschichte der Mescalero ist zwar keine winnetouähnliche Gestalt bekannt, aber der kleine Stamm verfügt heute über eine Reservation, die relativ wohlhabend ist; sehr zum Unterschied von den anderen Apachenreservaten auf dem Gebiet der Staaten New Mexico und Arizona, und überhaupt den meisten Indianerreservaten der USA. Das 18.000 Quadratkilometer große Mescaleroland nahe des Rio Pecos bewohnen etwa 3.000 Mitglieder dieses Apachenstammes. Übrigens: in dem Rinnsal, das der Rio Pecos heute darstellt, läßt sich kaum jener Fluß erkennen, in dem Old Shatterhand seinen Tauchkampf mit Winnetous Vater austrug. Das liegt nicht nur an der blühenden Phantasie des Autors, sondern auch daran, daß der Pecos stromaufwärts für ein Kraftwerk gestaut wurde.

Die Mescalero sind einer der Stämme der Apachen (Apatschen), die, zusammen mit Nordamerikas heute größtem Indianervolk, den Navajo, als jüngste Ankömmlinge – vor den Europäern – in diesem Gebiet anzusehen sind. Sie kamen um die Jahrtausendwende aus dem hohen Norden – sie gehören der athapaskischen Sprachgruppe an, deren Vertreter auch heute noch die weiten arktischen Gebiete Nordwestkanadas bevölkern. Den im Südwesten schon längst heimischen Völkern, den ackerbautreibenden Bewohnern der Pueblos, den Zuni und Hopi, waren diese Zuwanderer, die in Horden als Jäger und Sammler lebten (und für die merkwürdigerweise Fisch tabu war), höchst unwillkommen. „Apache" ist denn auch ein Zuni-Wort und bedeutet „Feind"; während sich die Apachen selbst, wie auch manche ihrer Verwandten im hohen Norden, Diné, „Menschenvolk", nennen. Ihr Einfall in eine ihnen notwendigerweise feindlich gesinnte Umwelt ließ sie vermutlich jene Eigenschaften herausbilden, die später den Weißen besonders zu schaffen machten. Etwa die Genügsamkeit der Bewohner unwirtlicher Gebiete, denen oft eine Mescal genannte Agave oder auch ein ebenso benannter Kaktus (Peyotl) Nahrung, Faser und auch rituell benutztes Rauschgetränk bot – von der Pflanze haben nicht nur die Mescalero, sondern, in unserem Jahrhundert, auch die halluzinogene Droge Mescalin den Namen. Ihre neue Umwelt mußte ihnen wohl auch als eine des Wohlstands erscheinen, an dem sie sich durch Raubüberfälle zu beteiligen suchten. Gegenattacken wurden mit Guerillataktik abgewehrt. Die pathetische Sucht nach Ruhm und Ehre, die viele Präriestämme auszeichnete und deren junge Männer nach wagemutigen Kampfestaten gieren ließ, blieb ihnen ebenso fremd wie der Brauch der Kriegsbemalung oder des Federschmucks. Auch eine zentralisierte Stammesorganisation entwickelten sie nicht, und trotz der gemeinsamen Sprache haben Mescalero, Jicarilla, Lipan, Chiricahua (östliche Apachen) und Coyotero, Mimbrenjos, White Mountain (westliche Apachen) erst unter dem Druck der Weißen, ja oft erst in den Reservationen, begonnen, sich als Einheit zu begreifen.

Die ersten Europäer kamen von Süden in das Land. Die Begegnung war von Anfang an nicht friedlich, weil die Apachen die spanischen Kolonisten als neue Opfer ihrer Beutezüge betrachteten; wie die Prärievölker, bedienten sie sich dabei bald des Pferdes, das ihnen nun ermöglichte, weite Strecken zurückzulegen. Der große Pueblo-Aufstand gegen die Spanier im Jahr 1680 dürfte zu nicht geringem Teil von den Apachen getragen worden sein. Die „Apacheria" blieb danach von den Kolonialherren relativ unbehelligt. Doch schon ehe die Gebiete nördlich des Rio Grande von Mexiko an die USA abgetreten wurden, machten die Apachen ihre traurigen Erfahrungen mit den Yankees. Als mexikanische Gouverneure wegen der apachischen Überfälle die Skalpprämien hinaufsetzten, machte James Kirker, der mit einer Bande von Indianern aus dem Osten ins Land kam, daraus ein Riesengeschäft. Er erschlich sich die Freundschaft eines Mimbrenjo-Häuptlings, lud dessen Stamm zu einem Fest und ließ mit einer Kanone in die ahnungslosen Apachen feuern; das Einsammeln der Skalpe von den Toten und Verletzten war dann nur noch gefahrloses Bluthandwerk.

Der Wunsch nach Rache bei den Mimbrenjos war verständlich: Der neue Häuptling Mangas Colorado führte jahrelang einen für die Amerikaner verlustreichen Kleinkrieg. Er scheint auch der einzige Apachenführer gewesen zu sein, der die Bedeutung der Einigkeit unter seinen Stammesbrüdern erkannt hat. Er versuchte, die Mescaleros, Navajos und Coyoteros durch Verheiratung seiner Töchter an deren Häuptlinge zu gewinnen. Schließlich griff auch der Chiricahua-Häuptling Cochise in die Kämpfe ein. Die Apachenüberfälle gefährdeten nun die erste transkontinentale Postroute von St. Louis nach San Francisco, so daß verstärkt US-Militär eingesetzt wurde. Die Apachenkriege, die blutigsten in der Eroberung des Westens, waren voll entbrannt. Des Mimbrenjo-Häuptlings Mangas Colorado entledigten sich die Amerikaner dadurch, daß sie ihn zu Verhandlungen lockten, gefangensetzten und „auf der Flucht erschossen"; doch erwuchs ihnen in Häuptling Victorio ein neuer gefährlicher Feind, der das US-Militär jahrelang in Atem hielt, bis seine kleine Truppe 1880 in eine Falle ging und vernichtet wurde.

Als Scouts dienten Apachen der US-Army im Kampf gegen indianische Brüder

Auch der Mescalero-Chef Manuelito wurde auf dem Weg zu Friedensverhandlungen getötet. Sein Stamm ergab sich bereits 1868 und wurde zunächst zusammen mit den Navajo, mit denen er häufig auf Kriegsfuß gestanden war, in ein Reservat gesteckt. Erst später erhielten die Mescalero ein kleines Stück ihrer Heimat zurück.

Am schwersten zu schaffen machte den amerikanischen Truppen die Chiricahua. Deren Häuptling Cochise führte bis zu seinem Tod, von 1861 bis 1872, einen erbitterten, opferreichen Guerillakrieg gegen sie, obwohl die US-Generäle dazu übergingen, apachische Scouts aus anderen Stämmen gegen ihre Brüder einzusetzen. Den Endkampf der Apachen führte schließlich Geronimo, ursprünglich ein Medizinmann, der die Weißen unerbittlich haßte, seitdem eine Bande Mexikaner seine Frau und seine Kinder umgebracht hatten. Er war mit seinem Stamm nach Cochises Tod in das Reservat San Carlos gebracht worden. Doch die trostlosen Zustände dort veranlaßten sie, 1881 auszubrechen und in der Sierra Madre ihr freies, von Überfällen und permanenter Verfolgung gekennzeichnetes Leben wieder aufzunehmen. Erst als Mexiko dem General Crook erlaubte, auch jenseits der US-Grenze zu operieren, konnte Geronimos Felsennest 1884 ausgehoben werden. Wieder waren alle aufrührerischen Apachen im Reservat, doch der Unverstand der Offiziere, die es leiteten, veranlaßte Geronimo noch einmal, den Weg in die Freiheit zu suchen. Ein Jahr lang hielt er sich mit 42 Kriegern gegen eine Übermacht von 3.000 US-Soldaten und mindestens ebenso vielen mexikanischen Truppen. 600 Menschen kostete der Aufruhr das Leben, ehe Geronimo gegen die Zusicherung, zu seinen Angehörigen gebracht zu werden, kapitulierte.

Diese waren freilich, mit vielen anderen Chiricahua- und Mimbrenjo-Apachen, in die Mangrove-Sümpfe Floridas verbracht worden. Acht Jahre lang führten sie dort ein Gefangenendasein, ihre Kinder siechten an Tuberkulose und Sumpffieber dahin. Dann ging es ein Stück zurück nach Westen, nach Oklahoma. Dort starb Geronimo, und vor seinem Tod sagte der Achtzigjährige, wenn er gewußt hätte, daß er sein Land nie mehr sehen würde, dann hätte er in der Sierra Madre bis zum letzten Mann gekämpft. Erst nach 28 Jahren Gefangenschaft durften die Überlebenden und Nachkommen dieser Apachen in die Reservate von Arizona und Neu-Mexiko heimkehren.
Die von den US-Behörden den Indianern zugestandenen Reservationen drängten diese freilich zunächst in völlige Abhängigkeit von der Armee, die diese Gebiete verwaltete. Von den Apachen besonders gefürchtet war die San Carlos Reservation im Bundesstaat Arizona. Sie bot kaum Nahrungsquellen, die die Apachen auf die ihnen gemäße Art – Jagen und Sammeln – hätten nutzen können. So erhielten sie von der Armee täglich Lebensmittelrationen, oft zu wenig oder von schlechter Qualität, weil sich die Lieferanten häufig zu bereichern suchten.

Erst 1904 wurde die Armeekontrolle durch das „Bureau of Indian Affairs" ersetzt. Dieses wollte die Apachen zu seßhaften Ackerbauern umerziehen – einzelne Gruppen hatten ja schon vordem von den Pueblo-Nachbarn das Mais- und Kürbispflanzen übernommen. Gleichzeitig wurde den Apachen die Ausübung ihrer religiösen Kulte verboten, ihre Sprache war verpönt, ihre Kinder nahm man den Eltern weg und steckte sie in Missionsschulen. Die Ungeduld und das diktatorische Auftreten des Indianeramtes ließen so den Versuch fehlschlagen. Nun verpachtete das Amt, ohne die Indianer zu fragen, weite Teile des Apachenlandes an weiße Viehzüchter, ein gutes Geschäft für diese und für korrupte Beamte. 1922 waren die Apachen praktisch Entrechtete auf ihrem vertraglich zugesicherten Land. Wenn sie Glück hatten, nahmen weiße Ranchers sie als Cowboys in Dienst. Viele Indianer verließen das Land und suchten Arbeit in den Städten, auf der untersten Stufe der sozialen Leiter. Beschwerden der Apachen in Washington führten schließlich dazu, daß die Pachtverträge nicht mehr erneuert werden durften und die Indianer selbst zu Viehhaltern ausgebildet wurden. Aber die alte Apachengesellschaft war infolge Überwachung und Planung zerstört, nach Ansicht von Ethnologen mit eine Ursache, daß San Carlos, wie viele andere Reservationen, ein Elendsgebiet geblieben ist. Unmittelbar an San Carlos angrenzend, liegt die Reservation Fort Apache. Durch ihre Lage an den Quellflüssen des Salt River kontrollieren die hier ansässigen rund 10.000 White Mountain Apachen theoretisch den Wasserbedarf der 170 Kilometer westlich liegenden Großstadt Phoenix. Die Apachen führen nun einen Prozeß gegen den Staat Arizona und die Stadt Phoenix, weil ihnen nur ein Bruchteil der Wassermenge zugestanden wurde, auf die sie ihrer Ansicht nach ein Recht hätten. Sie können deshalb ihre eigenen Bewässerungsprojekte, die Ackerland erweitern und Weideland wieder nutzbar machen sollen, nicht durchführen. Noch komplexer wird der Konflikt dadurch, daß die Stadt Phoenix nun auch eine Bedrohung ihrer Wasserreserven darin sieht, daß die Economic Development Administration einen Staudamm errichten will, durch den die Reservatsbewohner mit Strom versorgt und mit dessen See ein touristischer Anziehungspunkt geschaffen werden könnten. Das neuerwachte Selbstbewußtsein der Indianer erlaubt ihnen jedenfalls, entschiedener als in früheren Jahrzehnten für ihre Rechte einzutreten. Etwa neuerdings auch gegen den Plan der Errichtung eines großen Observatoriums auf dem 3.500 Meter hohen Mount Graham, der den Apachen als heiliger Berg und Wohnstätte der Ahnen gilt.

Nur noch selten zu sehen: Apachenfrauen mit traditioneller Kindertrage

Die Mescalero – um auf „Winnetous Volk“ zurückzukommen – haben Selbstbewußtsein auf einem anderen Weg, durch ihre ökonomischen Erfolge, schon erlangt. Sie waren als Viehzüchter erfolgreich und sind noch wohlhabender geworden durch den Fremdenverkehr. Im Sommer locken sie die Touristen durch große Folklorefeste und mit Angellizenzen an, im Winter ist ihre Reservation ein beliebtes Skigebiet für die Texaner. Eine eigene Charter hat sie zu einer Körperschaft des Bundes gemacht, mit einem Stammeskomittee für die Selbstregierung, an dessen Spitze ein Präsident steht. Mitte der siebziger Jahre war das Wendell Chico, einer der meistrespektierten Indianerführer, der für seinen „Staat“ sogar ein eigenes Flugzeug ankaufte.

An den Mescalero läßt sich auch der Preis ablesen, der für solche Anpassung an den „American way of life“ zu zahlen ist. Ihre Siedlungen unterscheiden sich in nichts von der ländlichen „weißen“ Umgebung. In ihrer Reservation stehen die Kirchen von fünf christlichen Konfessionen. Noch wird alljährlich die Mädchenweihe vollzogen und der „Tanz der Berggeister“ vorgeführt, und es ist schwer zu beurteilen, inwieweit sich darin traditionelles Denken mit Touristenwerbung verbindet. Läßt sich in dem Selbstbewußtsein, mit dem Wendell Chico anderen Gebieten Neu-Mexikos „Entwicklungshilfe“ anbot, ein gangbarer Weg aus der Bedrohung und für die Erneuerung des Indianertums erkennen?

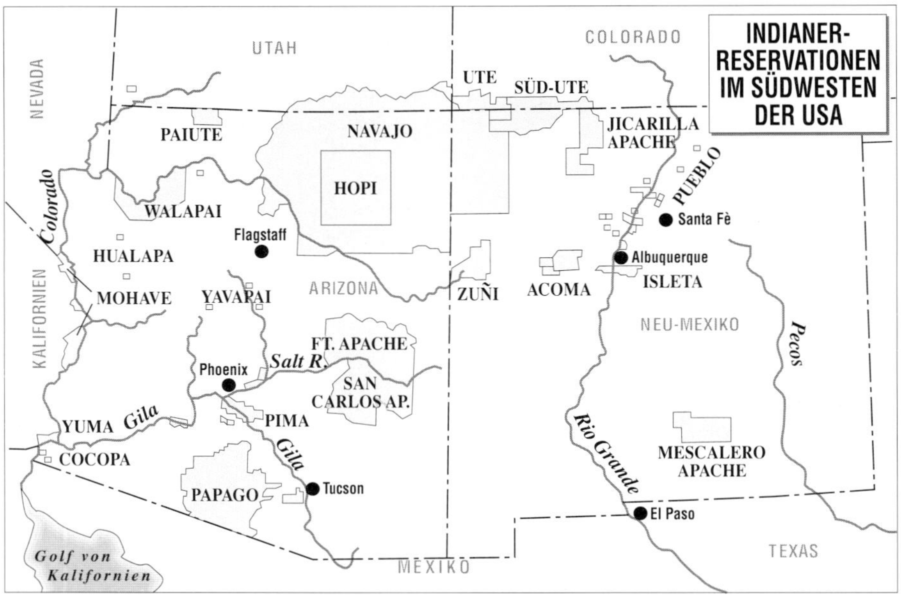

Der Geistertanz der Jicarilla-Apachen

Literatur: Donald E. Worcester, Die Apachen – Adler des Südwestens. Düsseldorf 1982. – Wolfgang Lindig / Mark Münzel, Die Indianer. München 1976.

Die Sioux-Lakota verlangen die Rückgabe der ihnen heiligen Black Hills; eine finanzielle Entschädigung lehnen sie ab. Sie berufen sich auf Verträge, die die USA mit ihnen als „souveräne Nation“ geschlossen haben.

Am 27. Februar 1973 wurde der amerikanischen Öffentlichkeit auf drastische Weise ins Bewußtsein gerufen, daß es nicht nur weiterhin ein Indianerproblem gibt, sondern daß sich unter den Nachkommen der Ureinwohner Amerikas auch ein neues Selbstbewußtsein herauszubilden beginnt: Vertreter des American Indian Movement (AIM), einer einige Jahre zuvor gegründeten Selbsthilfeorganisation städtischer Indianer, besetzten die Ortschaft Wounded Knee. Das war ein Symbol und ein Programm: Bei Wounded Knee hatte die Armee 1890 wehrlose Indianer auf dem Weg in das Sioux-Reservat Pine-Ridge massakriert.

Es waren 1973 die alten Frauen der Oglala gewesen, die sich an AIM um Hilfe gewandt hatten. Die Zustände in der Reservation – wie in vielen anderen Heimstätten der Indianer in den USA – waren unerträglich geworden. 70 Prozent der Familien lebten in Slum-Behausungen: Buswracks, Wellblechhütten, Armeezelten. Die Säuglingssterblichkeit lag (und liegt) weit über dem amerikanischen Durchschnitt, im konkreten Fall ist sie viermal so hoch wie im Bundesstaat Süd-Dakota. 80 Prozent der Oglala-Männer waren, zumindest im Winter, arbeitslos. Mehr als die Hälfte des Reservatsbodens ist von Nichtindianern besetzt. Die Grundwasservorkommen sind radioaktiv verseucht, seitdem in den nahen Black Hills, um deren Rückgabe die Sioux seit Jahrzehnten bei den Gerichten kämpfen, nach Uran gebohrt wird.

Das Auftreten der AIM-Leute in Wounded Knee war als symbolischer Protest gedacht: Die Besetzer betrachteten sich als Repräsentanten der souveränen Sioux-Nation. Der konservative Stammesrat der Reservation war mit der Besetzung nicht einverstanden. Er versuchte, mit seiner eigenen Polizeitruppe die friedliche Besetzung, die als „kommunistischer Terror“ verunglimpft wurde, zu verhindern. Als dies nicht gelang, griff Washington mit Militär ein. Man tötete wieder in Wounded Knee: Zwei Oglala trafen tödliche Schüsse aus Armee-Gewehren. Die Härte, mit der die US-Behörden vorgegangen waren, hatte freilich eine Wirkung, die bei tolerantem Gewährenlassen wohl nie erzielt worden wäre. Sie brachte den Protestierenden weite Publizität innerhalb der Vereinigten Staaten und in der ganzen Welt. Die internationale Solidarität mit den Indianern begann sich kräftig zu regen. Schon 1977 fand in Genf die „Internationale Konferenz der nicht-regierungsgebundenen Organisationen über die Diskriminierung der eingeborenen Völker auf dem amerikanischen Kontinent“ im Rahmen der UNO statt, an der Vertreter von mehr als 60 indianischen Völkern teilnahmen. Filmschauspieler wie Robert Redford oder Marlon Brando ergriffen für die Indianer Partei, und vielen in der US-Öffentlichkeit wurde, anhand zahlreicher Einzeldarstellungen, bewußt, daß auch auf diesem Gebiet noch ein Rassismus-Problem zu bewältigen ist.

Im „längsten unerklärten Krieg der Geschichte“ (Dennis Bank vom AIM) haben die Indianer im Jahr 1974 auch eine Deklaration beschlossen, die ausdrücklich die Souveränität der Sioux-Nation festhält. In verschiedenen Urteilen schlossen sich die Gerichte allerdings nicht der Argumentation der Sioux-Anwälte an, die auf die Verträge zwischen den USA und den Sioux als Beweis für die Selbständigkeit der Indianernation hinwiesen. Deren Anerkennung sei keine juristische, sondern eine politische Entscheidung, meinten die Richter, wohl zu Recht.

Da nun schon wiederholt die Bezeichnungen Sioux, Dakota und Oglala verwendet wurden, bedarf es einer kurzen definierenden Erklärung:

– Sioux im weitesten Sinn ist die Zusammenfassung einer indianischen Sprachgruppe, zu der neben den Dakota auch die Assiniboin, Ponca, Osagen, Krähen (Crows) gehören. Das Wort selbst haben die Sioux nicht so gebraucht, es ist die französische Verstümmelung der Bezeichnung „Nadowessiu“; so nannten sie ihre östlichen Nachbarn, es bedeutet, wenig schmeichelhaft, „die kleineren Nattern“. Schiller kannte es noch und schrieb eine „Nadowessische Totenklage“.

– Als Sioux im engeren (oder Dakota im weiteren) Sinn sind die in der Stammesüberlieferung als „Sieben Ratsfeuer“ zusammengeschlossenen Gruppen bekannt, die nach ihren Dialektunterschieden in Lakota, Dakota und Nakota unterschieden wurden.

– Als Sioux im engsten Sinn dessen, was der Amerikaner darunter versteht – und was das Gros der rund 80.000 Sioux, des zweitgrößten Indianervolks in den USA nach den Navajos ausmacht –, sind die Lakota zu betrachten. Sie haben die Tradition der „Sieben Ratsfeuer“ aus der Vorgeschichte in die Gegenwart übernommen und teilen sich wieder in sieben Stämme, von denen die Oglala der größte sind, und zu denen auch die Hunkpapa gehören, deren berühmtester Vertreter der Häuptling Sitting Bull war.

Die Geschichte des Kolonialkriegs, den die USA fast ein Jahrhundert lang gegen die Sioux führten, ist auch eine Geschichte der gebrochenen Verträge. Am 23. September 1805 wurde in der Nähe des heutigen Minneapolis der erste Vertrag zwischen den Sioux und den Vereinigten Staaten, die damals noch Krieg gegen die Engländer führten, geschlossen. Darin wurde den Amerikanern Land für ein Fort abgetreten, und der „Friedens- und Freundschaftsvertrag“ sollte die Sioux vor allem daran hindern, die Briten zu unterstützen. Um die Mitte des vorigen Jahrhunderts brach das Goldfieber über das Siouxland herein,

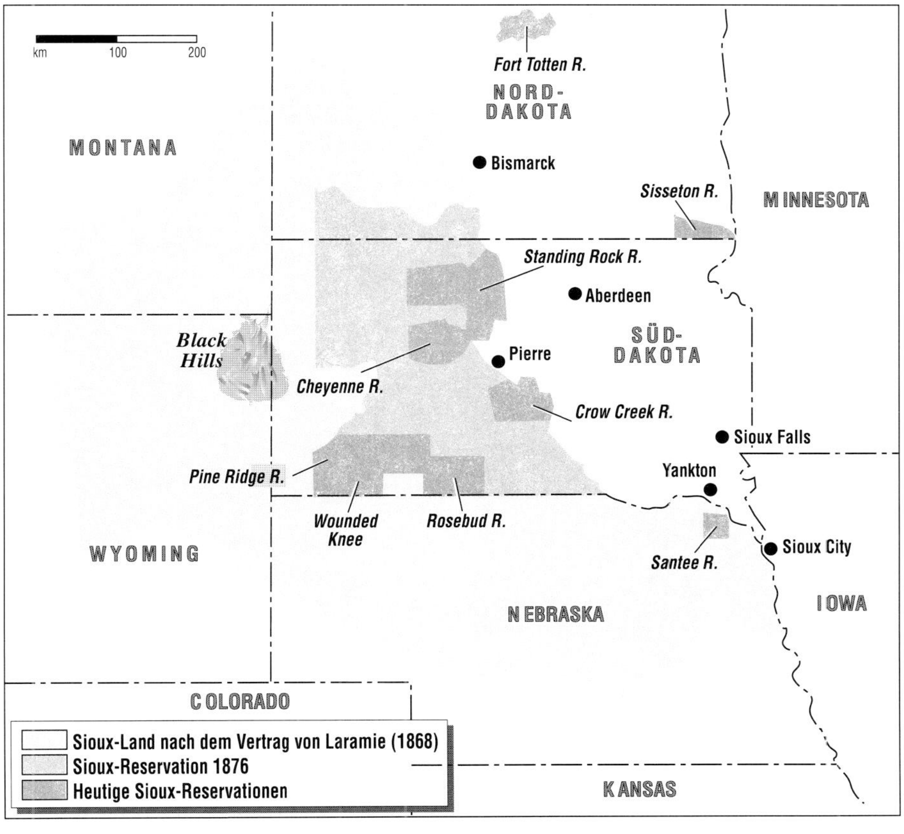

Tradition hochgehalten: Pow-Wow-Tänzer der Oglala-Lakota

nachdem in Montana das begehrte Edelmetall entdeckt worden war. Die Prärieindianer wollten die Welle der Gewalt, die über sie hinwegschwappte und die ihnen ihre wichtigste Lebensgrundlage, die Büffel, durch sinnlose Ausrottung stahl, nicht hinnehmen. Die Oglala begannen einen Guerillakrieg, und ihr Häuptling Red Cloud setzte den Amerikanern so zu, daß sie sich zu Friedensverhandlungen bequemten. In Fort Laramie wurde 1868 ein Vertrag abgeschlossen, auf den sich die Sioux noch heute berufen. „Von diesem Tag an endet jeglicher Krieg zwischen den vertragschließenden Parteien für immer" beginnt der erste Artikel des Vertrages. „Die Regierung der Vereinigten Staaten wünscht den Frieden und verpflichtet sich hiermit bei ihrer Ehre, ihn zu halten." Die Ehre der Vereinigten Staaten war freilich nicht allzuviel wert. Das mußten die Indianer in den folgenden Jahren erfahren, in denen nahezu alle konkreten Punkte des Vertrags von den USA gebrochen wurden.

In den Prozessen, den die Lakota heute führen, spielt der Vertrag eine wichtige Rolle. Unter anderem deshalb, weil darin das Territorium definiert wird, das ihnen zum ungestörten Besitz bleiben soll. Das Gebiet nördlich des North Plate River und östlich der Big Horn Mountains gelte als „unceded Indian territory", also als nicht abgetretenes Indianerland. Aber schon 1870 gaben die US-Behörden, die Red Cloud nach Washington eingeladen hatten, um ihm vor allem die Stärke der US-Army und die Bevölkerungsmassen der Weißen zu demonstrieren, diesem Text eine andere Interpretation: das Land gehöre nun nicht mehr den Sioux.

Eine weitere Bestimmung des Vertrags von Laramie, die heute noch eine Rolle spielt, legt fest, daß jede Abtretung oder Teilung des den Indianern zugestandenen (damals noch sehr weiträumigen) Sioux-Landes nur durchgeführt werden dürfe, wenn mindestens drei Viertel der erwachsenen männlichen Indianerbevölkerung ihre Zustimmung gäben. Als Gerüchte über Goldfunde in den Black Hills, die die Sioux als ihre heiligen Berge betrachten, Massen von Goldsuchern und Siedlern anlockten und die Indianer sich über die Eindringlinge beschwerten, gab die Armee sehr rasch ihre Vertragstreue auf. Das Oberkommando wurde angewiesen, die weißen Neuankömmlinge nicht mehr aus dem Vertragsgebiet zu entfernen.

General Custer drang mit tausend Soldaten in die Black Hills ein, um den Goldgräbern den Weg zu ebnen. Den Sioux wurde ein Ultimatum gestellt: Innerhalb von zwei Monaten mußten sie sich innerhalb der Reservatsgrenzen in Süddakota einfinden (obwohl ihnen im Vertrag von Laramie das unbegrenzte Jagdrecht zugestanden worden war). Da die Indianer, auf die Nahrungsbeschaffung durch Jagd angewiesen, dies verweigerten, schickten die USA Kavallerie ins Sioux-Land. Bei einem Angriff General Crooks auf ein Dorf wurden vor allem Frauen und Kinder massakriert; doch Häuptling Crazy Horse konnte die Angreifer zurückschlagen.

Das war erst der Anfang des heldenhaften Endkampfes der Sioux. Ende Juni 1876 schlug Crazy Horse die Amerikaner am Rosebud-Fluß. Crook mußte sich zurückziehen, nun übernahm General Custer das Kommando. Am Little Big Horn griff er das Indianerlager an. Ungeachtet der Überlegenheit der US-Truppen erlitten sie eine totale Niederlage.

Der Sieg am Little Big Horn löste bei den Amerikanern einen Rachefeldzug aus, der einem Genozid gleichkam. Durch Aushungern sollten die gnadenlos verfolgten Indianer in die Reservationen gezwungen werden. Dezimiert und hoffnungslos mußten sie schließlich nachgeben und sich in den Reservationen von den nun gnadenhalber von der Army zur Verfügung gestellten Nahrungsmitteln am Leben erhalten lassen.

1889 erfolgte ein weiterer Vertragsbruch: Die Sioux-Reservation in Süd-Dakota wurde – ohne Zustimmung der Indianer – verkleinert und in sechs Einzelgebiete geteilt. Die „Geistertanz-Bewegung", die den Indianern neue Hoffnung gab, wurde verboten. Als Sitting Bull, der mit Crazy Horse der Sieger von Little

Äußerlich angepaßt: alter Häuptling und Medizinmann im Pine Ridge Reservat

An die Jungen werden die Tänze und Kostüme der Vorfahren weitergegeben

Big Horn war, bei der Festnahme in seiner Reservation 1890 getötet wurde, flohen seine Hunkpapa zu Stammesverwandten in einer anderen Reservation. Am Wounded Knee River wurden sie von Kavallerie umzingelt; mit Geschützen wurde auf den Indianerhaufen, unter ihnen vor allem Frauen und Kinder, geschossen. Mit den 360 Toten starb die letzte Freiheit der Sioux – aber sie blieben, wie die Ereignisse von 1973 zeigten, unvergessen.

Erst 1946 wurde den Indianern der USA die Möglichkeit eingeräumt, Vertragsbrüche durch die Bundesregierung einzuklagen. Dabei wurde jedoch von vorneherein erklärt, daß die Rückgabe von Land nicht in Betracht komme; die Ureinwohner könnten bestenfalls finanzielle Entschädigungen erhalten. Den Lakota ging es vor allem um die Rückgabe der Black Hills, und nach viele Jahre dauernden Verhandlungen entschied die 1946 geschaffene Sonderkommission, die die Ansprüche der Indianer behandelte, 1974, daß die USA für die Enteignung der Black Hills Entschädigung zu leisten hätten.

Der Marktpreis von 1877 habe 17 Millionen Dollar betragen, mit den Zinsen seither müßten die Indianer etwa 200 Millionen Dollar erhalten. Abgesehen davon, daß dies für ein Gebiet, dessen Wert durch Uran-, Gold- und Kohle-Vorkommen auf 50 Milliarden Dollar geschätzt wird, eine geringe Entschädigung ist, lehnten die Lakota die Entscheidung ab: Für sie sind ihre heiligen Ahnenberge unverkäuflich. Nunmehr folgte ein Versuch auf politischer Ebene: Der den Indianern wohlgesinnte demokratische Senator Bill Bradley brachte einen Gesetzesantrag ein, wonach die im Bundesbesitz befindlicher Gebiete der Black Hills zurückgegeben werden sollten. Doch sämtliche Abgeordnete des Staates Süd-Dakota lehnten den Antrag ab, wodurch er zu Fall gebracht war. Der Sioux-Dichter Henry Crow Dog gab in einem Poem den Gefühlen seines Volkes, die dessen Wiedererwachen prägen, Ausdruck, indem er es mit den Versen begann: „Ich kann die Freiheitsstatue nicht verstehen./ Sie sollten die Freiheitsstatue in Kalifornien aufstellen,/ mit dem Gesicht nach Osten ..."

Literatur: Roxanna Dunbar Ortiz (Hg.), The Great Sioux Nation. Berkeley 1974. – Royal B. Hassrick, Das Buch der Sioux. Köln 1982. – Gesellschaft für bedrohte Völker (Hg.), Unser Amerika. Wien 1992.

Von Coopers Lederstrumpf bis zu Friedrich Engels' Familientheorie haben die Irokesen das europäische Denken beschäftigt. Es gibt sie noch immer – und heute fechten sie vor allem vor Gericht neue Kämpfe um ihre „Mutter Erde" aus.

Im Juli 1959 wurde auf dem Flughafen von Havanna der rote Teppich für einen Mann ausgerollt, dem diese Ehre nach dem diplomatischen Protokoll nicht zugekommen wäre. Fidel Castro begrüßte den Irokesenführer Mad Bear an der Spitze einer Delegation der „Sechs Nationen", jenes Stammesbundes, dessen Gründung auf die Zeit der europäischen Invasion zurückgeht. Daß er heute nicht nur noch immer existiert, sondern die Irokesen sogar eines der ganz wenigen Indianervölker sind, die Reste ihrer einstigen Wohnsitze im amerikanischen Osten erhalten konnten, ist nicht zuletzt der Zähigkeit zu verdanken, mit der sie an dem einmal geschlossenen Bund festhielten.

Ein heiliger Prophet, Deganawidah, soll den Traum von der „Schwesternschaft" (nicht Brüderschaft, denn bei den Irokesen wurde die Verwandtschaft nach der mütterlichen Linie bestimmt) der fünf Stämme, der Mohawk, Cayuga, Oneida, Onondaga und Seneca, gehabt haben, und sein Ratgeber, der Mohawk-Häuptling Hiawatha, zog in einem weißen Boot von Stamm zu Stamm und predigte die Einheit. Durch das „Große Gesetz des Friedens" sollten die Stammesfehden überwunden werden. Die Irokesenkonföderation gab sich eine Verfassung, die die Bewunderung mancher Weißer (die sich in ihrer Heimat absoluten Herrschern gegenübersahen) hervorrief und möglicherweise sogar ein Vorbild für die Konstitution der Vereinigten Staaten wurde. Das Entscheidungsgremium war ein Rat von 50 Häuptlingen, die von den fünf Stämmen gestellt wurden; über alle Entscheidungen mußte so lange verhandelt werden, bis sie einstimmig getroffen werden konnten. Die Häuptlinge wurden immer nur aus bestimmten Familien von Frauen, den „Clanmüttern" der jeweiligen Sippen, gewählt. Noch Friedrich Engels hat in seinem Buch „Der Ursprung der Familie, des Staates und des Privateigentums" den Irokesenbund als eine kommunistische Gesellschaft der Gleichberechtigung, die ohne Privateigentum und staatliche Zwangsorgane auskam, idealisiert.

Die Konföderation hatte freilich einen sehr kriegerischen Zweck: den der Unterwerfung der umliegenden Stämme. Zunächst wurden die den Irokesen sprachverwandten Huronen (Wyandot) dezimiert, später Algonkinstämme wie die Mohikaner und Delaware. Nach dem Prinzip „der Freund meines Feindes ist auch mein Feind" wandten sich die Irokesen gegen die Protektoren der Huronen, die Franzosen, und wurden im Krieg um Kanada zu Freunden der Engländer. Das blieben sie zum Großteil auch beim Abfall der 13 Kolonien, nachdem sie schon zuvor die von den amerikanischen Siedlern in Carolina gnadenlos verfolgten Tuscarora als sechsten Stamm in ihren Bund aufgenommen hatten. Die Niederlage der Briten veranlaßte die meisten Irokesen, auf kanadischen Boden überzutreten. Doch nach Konsolidierung der neuen Grenzen schloß der Bund auch mit den USA Verträge, die ihm Siedlungsgebiet im Staat New York sichern sollten. Geblieben ist ihnen aber letztenendes, beiderseits der Grenze, nur eine Anzahl winziger Reservationen.

In der Zeit tiefster Demütigung und Hoffnungslosigkeit, von der Flut weißer Einwanderer immer größerer Teile ihrer Heimat beraubt, von Seuchen dezimiert, dem Alkohol verfallen und von Missionaren den eigenen Traditionen entfremdet, schienen die Irokesen vom Aussterben bedroht. Doch da erstand um die Wende zum 19. Jahrhundert dem einst so mächtigen Indianervolk eine Hoffnung in Gestalt eines Propheten, der gewissermaßen das „Neue Testament" der alten Irokesenreligion verkündete. Diese war ein Abbild der gesellschaftlichen Verhältnisse gewesen: Der irokesische Olymp kannte keinen Herrschergott, sondern gewissermaßen eine „kollektive Führung", in der höchstens die Große Mutter und die Totengöttin einen Sonderplatz einnahmen. Erst durch die Kontakte mit den Christen wurde die Idee eines „Großen Geistes" in die religiösen Vorstellungen aufgenommen, dem auch ein Widersacher, das „Große Falschgesicht", entgegengestellt wurde. Der neue Prophet war ein Seneca-Indianer, Ganyodieyo, in englischer Sprache als Handsome Lake („Hübscher See") bekannt. In seiner ersten Vision traten vier Boten des Großen Geistes an sein Lager und verkündeten ihm, daß er ausersehen sei, das Leben seiner Stammesbrüder zu reformieren. Der Seneca-Prophet stellte vier Hauptgebote auf, die zweifellos christlich beeinflußt waren: Abstinenz vom Alkohol, Abkehr vom Glauben an bösen Zauber, Ablehnung von Zaubermitteln, Abschaffung der Abtreibung. Was den amerikanischen Pastoren

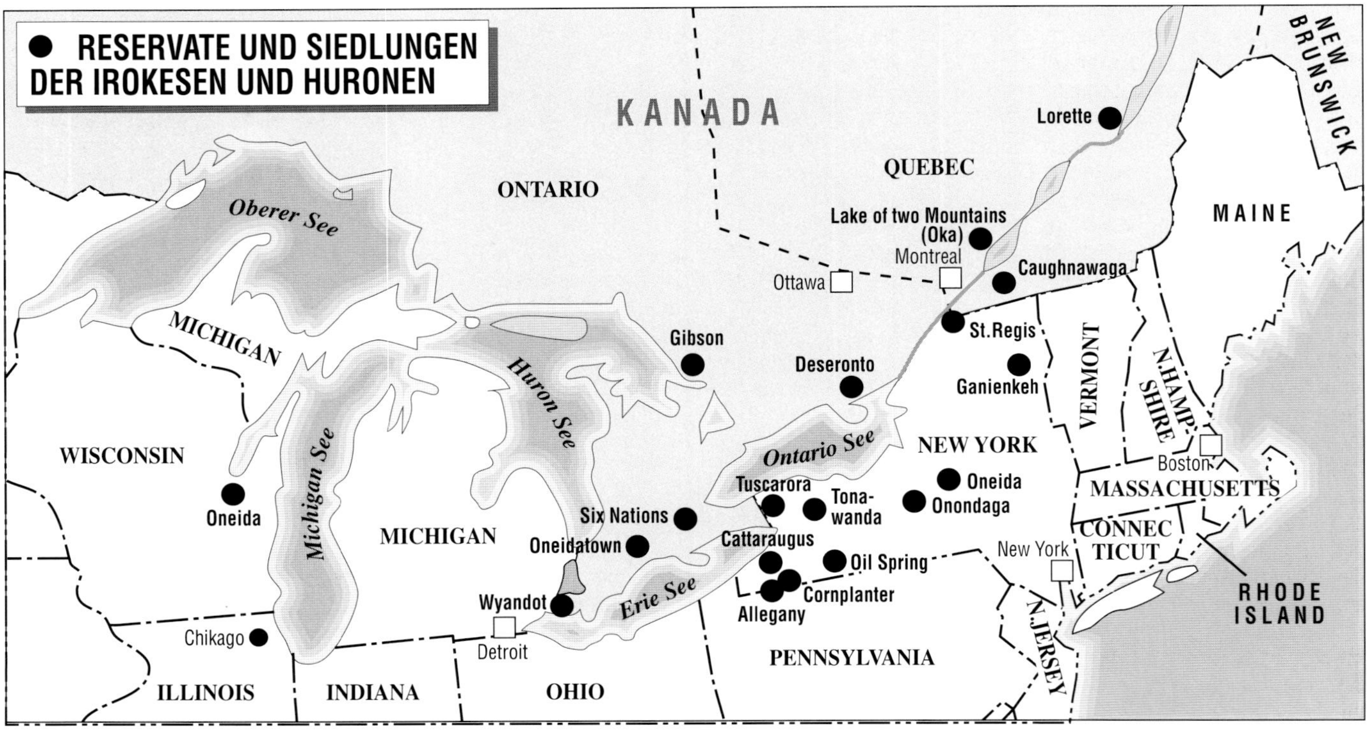

weniger gefiel, war, daß Handsome Lake von seinen Anhängern die intensive Pflege alten irokesischen Religionsgutes, der Feste, Tänze, Spiele und Krankenheilungen, verlangte. Insbesondere die bei den Irokesen schon seit alters vorhandenen Geheimbünde sollten ihre Zeremonien in den „Langhäusern" abhalten, die ursprünglich Wohnräume der Clans waren, nun aber als Treffpunkte der Gemeinden wiedererrichtet werden sollten. Die Langhaus-Religion wurde so zu einer wichtigen Antriebskraft für die irokesische Selbstbesinnung und trug auch zur Beendigung des Bevölkerungsschwundes bei. Heute leben in den USA und Kanada etwa 25.000 Irokesen; Wissenschaftler schätzen, daß der Bund bei Ankunft der Europäer auch nicht wesentlich größer war.

Schon im Ersten Weltkrieg äußerte sich das wiedererwachte Selbsbewußtsein der Irokesenliga darin, daß sie 1917 dem Deutschen Reich gesondert den Krieg erklärte. Das war ein Signal dafür, daß sie den Anspruch, ein unabhängiger Vertragspartner der USA zu sein, nie aufgegeben hatte. Er wurde nach außen nach dem Zweiten Weltkrieg erneuert, indem die Irokesen wiederholt, freilich vergeblich, den Antrag auf Aufnahme in die Vereinten Nationen stellten. Auch der eingangs erwähnte Mad Bear hatte natürlich keinerlei kommunistische Sympathien, sondern hoffte auf Unterstützung Castros bei diesen Bestrebungen.

Aus diesem Selbständigkeitsanspruch, mit dem die Irokesen zu Vorbildern für etliche andere indianische Völker geworden sind, leiten sich auch die Proteste und Prozesse ab, die in den letzten Jahrzehnten in steigendem Maß um die ihnen verbliebene Erde – „Sie ist unsere Mutter, und die Mutter kann man nicht verkaufen" – geführt werden. Die verschiedenen kleinen Reservate, die sie ihr eigen nennen, und in denen trotz Vermischung mit Weißen und nach altem Brauch adoptierten anderen Indianern noch immer die einzelnen Glieder der „Sechs Nationen" zu erkennen sind, werden mit zäher Beharrlichkeit unter Ausschöpfung aller Rechtsmittel gegen jeden Eingriff verteidigt. Obwohl viele von ihnen – berühmt sind die Stahlhochbauarbeiter aus dem Stamm der Mohawk, deren Schwindelfreiheit sie zu den begehrtesten Erbauern der New Yorker Wolkenkratzer gemacht hat – als Pendler in den großen Städten leben, haben sie ihre Sprache erhalten, und selbst die Christen unter ihnen, aber mehr noch die Anhänger der Langhaus-Religion halten der eigenen Sprache und den alten Bräuchen fest. Und obwohl es Differenzen zwischen „Traditionalisten" und „Progressisten" gibt, befürworten auch die letzteren keineswegs ein Aufgehen im amerikanischen Schmelztiegel.

„Indianerkrieg" 1990: Mohawk-Rebell in der Verteidigungsstellung

Das mußte die kanadische Regierung in einem jahrzehntelangen Konflikt erfahren. Ihr ging die Integration der Indianer zu langsam vor sich, weshalb sie 1924 die als Hemmschuh betrachteten erblichen Häuptlinge absetzte und dafür einen von den Behörden ausgewählten „Rat der Zwölf" im Reservat Six Nations nördlich des Erie-Sees installierten. Seit damals kämpfte die Irokesenliga, auch in Verbindung mit den Brüdern jenseits der Grenze, gegen diese „Marionettenregierung". Interventionen beim damaligen Kolonialminister Churchill und beim Völkerbund blieben vergebens. Nach langen Jahren wagte man schließlich 1959, als der Zwölferrat Reservatsland verkaufen wollte, unter Mitwirkung von Mad Bear (der aus den USA kam), einen „Staatsstreich": Die Nationalisten besetzten das Rathaus, der Zwölferrat flüchtete. Die erblichen Häuptlinge setzten eine Irokesenpolizei ein und legten ein Programm für die wirtschaftliche Autarkie der Reservation vor. Schließlich schritt die kanadische Polizei ein, es kam zu einem Prozeß, der zwar den „Putschisten" nicht Recht gab, aber die Öffentlichkeit für die Probleme der Indianer hellhörig machte.

Dies wurde noch deutlicher, als sich die Indianer in den USA gegen umweltzerstörende Eingriffe gerichtlich zu wehren begannen. In den fünfziger Jahren wurde in der Nähe der pennsylvanischen Stadt Salamanca ein Staudamm errichtet; der dadurch entstandene See reichte beträchtlich in das dortige kleine Seneca-Reservat hinein und nahm diesem fruchtbares Land weg. Trotz jahrelangen Prozessierens wurde der Einspruch der Indianer vom Obersten Gerichtshof zurückgewiesen. Einen Durchbruch auf diesem Gebiet hingegen er-

Kanadisches Militär bricht gewaltsam eine Highway-Blockade

zielten die Tuscarora, deren Reservation in der Nähe der Niagara-Fälle liegt. 1959 bekam die New Yorker Energiebehörde von der Bundesregierung die Erlaubnis für die Errichtung eines Kraftwerks, das die Wasserkraft der Niagara-Fälle nutzen sollte. Für den Bau wäre es notwendig gewesen, etwa ein Fünftel des Tuscarora-Landes zu enteignen. Trotz eines günstigen Abfindungsangebots weigerten sich die Indianer, das Land herzugeben. Der Bauunternehmer wollte vollendete Tatsachen schaffen und schickte seine Arbeiter unter Polizeischutz ins Reservat. Die Tuscarora waren klug genug, nur passiven Widerstand zu leisten; ihre Protestparole: „Wie in Rußland – nennt ihr das Demokratie?“ ging durch die amerikanischen Medien. Schließlich geschah das Überraschende, das fast eine Wende in der Behandlung indianischer Ansprüche darstellte: Die Bundesenergiebehörde entschied mit drei gegen zwei Stimmen, daß die Tuscarora nicht gezwungen werden könnten, Teile ihres Reservats abzutreten.

Größtes internationales Echo fand in jüngster Zeit der Kampf um Landrechte der Mohawk bei Oka nordöstlich von Montreal. Hierher hatte sich ein Teil der Mohawk im 18. Jahrhundert unter Aufsicht eines Ordens zurückziehen müssen (ein anderes Mohawk-Reservat liegt in St. Regis am Sankt-Lorenz-Strom). Da der Orden im 19. Jahrhundert daranging, Teile des Mohawk-Gebiets zu verkaufen, kam es immer wieder zu Konflikten. 1945 schienen sie beigelegt, als die kanadische Bundesregierung für die Indianer einen Teil dieses Landes zurückkaufte. Das war sozusagen ein Gnadenakt – Ansprüche der Mohawk auf mehr Land wurden mit dem kuriosen Argument zurückgewiesen, daß sie ja nicht seit urdenklichen Zeiten in Kanesatake (Lake of Two Mountains) lebten, sondern hierher zwangsumgesiedelt wurden, und der König von Frankreich zudem durch die Übertragung des Eigentums an den Orden die indianischen Landrechte gelöscht habe.

Ein regelrechter Kampf mit den Behörden von Quebec entbrannte jedoch, als Kommunalpolitiker auf dem Mohawk-Siedlungsgebiet 1990 einen Golfplatz erweitern wollten. Die Mohawk verbarrikadierten die Zufahrtswege, der Bürgermeister von Oka rief nach der Polizei. Sie setzte Tränengas ein, und bei einer Schießerei kam ein Polizist – unklar, durch wessen Kugel – ums Leben. Nun ersetzte die Armee die Polizei, den Mohawk wurde ein Ultimatum gestellt, den Widerstand aufzugeben. Photos von dem „Indianerkrieg“ gingen durch die Weltpresse, es kam zu Übergriffen und Menschenrechtsverletzungen, und das Europäische Parlament in Straßburg verurteilte das Vorgehen der kanadischen Behörden. Schließlich wurden die Mohawk zur Aufgabe gezwungen; ihren Abtransport in Militärkasernen – nicht in Gefängnisse – betrachteten sie als Behandlung als „Kriegsgefangene“, nicht als Gesetzesbrecher. Die kanadische Regierung hat immerhin versprochen, das Golfplatzgelände aufzukaufen und an die Mohawk zu übertragen. Neben dem unangenehmen, internationalen Aufsehen mußte Ottawa auch eine spürbare Stärkung des Solidaritätsgefühls unter den kanadischen Indianern infolge dieser Ereignisse zur Kenntnis nehmen.

Übrigens: Der national-irokesische Aufwind in den USA und Kanada hat auch dazu geführt, daß sich viele junge Angehörige der stolzen Sechs Nationen wieder zur Haartracht der Irokesenlocke bekannten, und davon haben die „Punks“ den glattrasierten Kopf mit dem aufstehenden Haarbüschel in der Mitte übernommen. Die Provokation, die damit ausgedrückt werden soll, war allerdings in ihren Ursprüngen eine für den Träger weit gefährlichere: Der junge Irokese wollte einst durch das Tragen einer Frisur, die das Skalpiertwerden wesentlich erleichterte, seinen besonderen Mut zeigen.

Literatur: Edmund Wilson, Abbitte an die Irokesen. München 1974. – Gesellschaft für bedrohte Völker (Hg.), Unser Amerika. Wien 1992.

Die Geschichte der Crow-Indianer bezeugt es: Auch Loyalität gegenüber der amerikanischen Regierung schützte die Ureinwohner nicht vor dem Verlust ihres angestammten Landes.

Es ist ein unübersehbares Zeichen der wiedergewonnenen Selbstfindung der nordamerikanischen Indianer, daß in den letzten Jahrzehnten eine Fülle von Darstellungen ihrer Geschichte und Kultur nicht nur über sie, sondern auch von Angehörigen der einzelnen Indianervölker erschienen ist. Auch ins Deutsche wurde eine beträchtliche Anzahl dieser Bücher übersetzt, wohl auch deshalb, weil im Zusammenhang mit der Grün-Bewegung das Interesse an den Indianern gewaltig gewachsen ist (wobei die alte deutsche, von Karl May geprägte Indianerromantik um den „edlen Wilden" durch eine neue ersetzt wurde, die die mythischen Prophezeiungen indianischer Schamanen im Hinblick auf das Zerstörungspotential der modernen Industriegesellschaft zu interpretieren versucht).
Eines der jüngsten nun vorliegenden Bücher ist „Mein Volk, die Krähenindianer" aus der Feder des Häuptlingsnachkommen und Anthropologen Joseph Medicine Crow. Die Crow, wie die Amerikaner diesen Stamm nannten, gehören keineswegs – und gehörten auch nie – zu den großen Indianervölkern der westlichen Prärien. Die meisten der rund 5.000 Crow leben heute in einer etwa 10.000 Quadratkilometer großen Reservation im Südosten des Bundesstaates Montana. An ihrer Geschichte typisch ist, daß sie nie mit den Weißen Krieg führten – und dennoch genauso um ihr Land betrogen wurden wie die Stämme, die erst durch blutige Kriege unterworfen werden mußten.
Die Legenden der Crow, wie auch anderer Indianervölker des Westens, berichten von einer Urheimat östlich des Missisippi, aus der sie, vermutlich von den großen Stämmen der Algonkin bedrängt, im 15. Jahrhundert nach dem Westen aufbrachen. Sie stießen in die dünnbesiedelte Parklandschaft der Prärien vor, und sehr bald trat – eine Folge der einsetzenden Kolonisation des Kontinents durch die Spanier – eine Wende ein, die die Kultur der meisten dieser Indianervölker grundlegend veränderte. So wie Eisenbahn und Automobil als Fortbewegungsmittel die Industriegesellschaft in eine völlig neue Entwicklung führten, hat die Verbreitung des von den Spaniern aus Europa mitgebrachten Pferdes um 1700 die von den Ethnologen als Plains- und Präriekultur bezeichnete Lebensweise der Völker westlich des Mississippi geschaffen. Diese Kultur der Plains hat nur rund zwei Jahrhunderte gedauert, doch die Ungebundenheit dieser Reiterjäger und der so heroische wie vergebliche Widerstand der Plains-Indianer gegen die weiße Invasion sind zum Inbegriff des Indianertums geworden.

Die Crow waren auf ihrer Wanderung westwärts zunächst mit den Hidatsa vereint, und beide Stämme gehörten zur großen Sprachfamilie der Sioux-Völker.
Etwa um 1600 trennten sich die beiden Gruppen. Ihren Namen haben die Crow offenbar von einem Totem-Tier: Sie selbst nennen sich Absarokee, was „Kinder des großschnabeligen Vogels" bedeutet. Andere Indianerstämme nannten dieses Volk die „Schlauen" und meinten damit, daß sie so listig und wachsam seien wie der Vogel Absa. Wenn sie sie in der Handzeichensprache, mit der sich die Prärieindianer untereinander über die Sprachenvielfalt hinweg verständigen konnten, erwähnten, ahmten sie das Flügelschlagen fliegender Vögel nach. Die Weißen interpretierten das Zeichen als Krähenflug und nannten den Stamm „Crows".

Die erste Begegnung mit Europäern dürfte mit Franzosen, die von ihrer kanadischen Kolonie aus den Westen erforschten, erfolgt sein. Sie waren von den edlen Gesichtszügen der Krähen-Indianer begeistert und nannten sie „Beaux Hommes". Doch die Erschließung des Gebirgslandes begann erst im ersten Drittel des 19. Jahrhunderts durch die jungen, expandierenden Vereinigten Staaten. Bereits 1825 unterzeichneten der Crow-Häuptling Long Hair und Major O'Fallon für die USA einen Freundschaftsvertrag; von seiten der Indianer wurde er nie gebrochen. Im Gegenteil, die Crow gehörten zu jenen Stämmen, die den amerikanischen Truppen ihre Scouts zur Verfügung stellten. Das richtete sich vor allem gegen die Dakota, entfernte Sprachverwandte, von denen sich die Crow häufig bedrängt sahen.

Crow-Scouts auf US-Seite: Überlebende posieren zur Erinnerung an die Schlacht am Little Bighorn

Die Eltern des Crow-Autors Joseph Medicine in Washington (1920)

Häuser und Autos ziehen auch die Krähen-Indianer den Tipis vor

Als die Amerikaner kamen, war die durch die Benützung des Pferdes als Reit- und Lasttier gekennzeichnete Plains-Kultur auf dem Höhepunkt ihrer Entwicklung. Das Pferd hatte die Wirtschafts- und Gesellschaftsstruktur auch der Crow tiefgreifend verändert. Es hatte den Indianern die Erschließung der riesigen Grassteppen der Plains ermöglicht und die Bisonjagd zur Grundlage ihrer Ernährung gemacht. Das Pferd trug zu einer Kriegsführung bei, die Krieg als sportliche Ertüchtigung der Jungmänner betrachtete und nicht auf Eroberung von Territorien und Unterwerfung anderer Völker aus war, sondern den Raub von Pferden und jungen Frauen sowie die persönliche Mutprobe zu vorrangigen Zielen hatte. Auf die gesellschaftliche Struktur hatte die Nutzung der Pferde insofern Einfluß, als nun allmählich ihr Besitz zum Gradmesser persönlichen Reichtums in der vordem egalitären Gruppe wurde; denn anders als in den romantischen Indianerromanen lieferte viel weniger die Jagd auf wilde Mustangs als die Pferdezucht den Nachschub. So entstand in den Stämmen eine stärkere Schichtung; dazu kam, daß sich die einzelnen Jagdgruppen für Treibjagden auf die großen Büffelherden, aber auch infolge des Vordringens der Weißen häufiger als früher zu größeren Einheiten verbinden mußten, damit kriegerische Unternehmungen nicht von vornherein zum Scheitern verurteilt waren.

Um die Mitte des vorigen Jahrhunderts wurde der Bozeman-Trail, eine Route für die nach Westen strebenden Goldgräber und Siedler, auch mitten durch das Crow-Land gelegt. Nun fühlten sich die Vereinigten Staaten bemüßigt, Ordnung zu schaffen und die Grenzen der Gebiete der einzelnen Indianervölker festzulegen. Im ersten Vertrag von Fort Laramie wurde den Crow 1851 ein Territorium von mehr als 140.000 Quadratkilometern zugeteilt. Das Volk war inzwischen von einem schweren Unheil getroffen worden: Die von den Weißen eingeschleppten Pocken dezimierten die Zahl der Crow-Indianer von mehr als 8.000 auf kaum tausend. Die Katastrophe der Epidemie erlaubte den verbündeten Lakota und Cheyenne den Versuch, alte Rechnungen zu begleichen und die Crow aus ihren Jagdgebieten zu vertreiben. Doch am Pryor-Creek gelang es den Crow, die Übermacht zurückzuschlagen. Es war verständlich, daß sie, getreu dem Grundsatz, die Feinde meiner Feinde müßten doch meine Freunde sein, noch stärkere Anlehnung an die Weißen suchten.

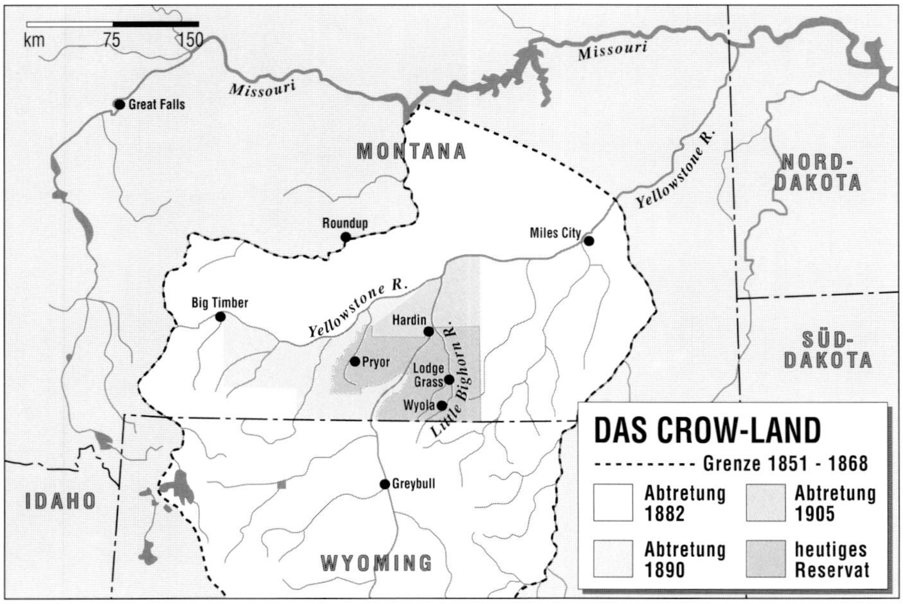

Diese hatten zunächst einmal nichts anderes im Sinn, als das Indianerland zu reduzieren. In einem zweiten im Fort Laramie geschlossenen Vertrag wurde das Land der Crow 1868 auf 30.000 Quadratkilometer vermindert. Dies brachte um so größere Schwierigkeiten mit sich, als das Umherstreifen in weiten Gebieten für die gewohnte Lebensweise der Indianer schon deshalb noch wichtiger geworden war, weil die auf die Gewinnung des Büffelleders ausgerichtete Ausrottung der Bisonherden durch die Amerikaner immer weiter fortschritt. Die Reservationspolitik, die nun einsetzte, machte infolge der Verschüttung dieser wichtigsten Nahrungsquelle die Anweisungen aus Washington zur bitteren Überlebensnotwendigkeit: 1870 wurden die Crow aufgefordert, sich in dem auf ein Fünftel reduzierten Teil ihres Wohngebietes einzufinden und zum seßhaften Leben in der Reservation überzugehen. Am Mission-Creek bei Livingstone – noch weit

weg von der heutigen Reservation – wurde die erste Crow-Agentur errichtet.
In die Folgejahre fällt der als Trauma in die US-Geschichte eingegangene Kriegszug des 7. Kavallerieregiments des Generals George Armstrong Custer gegen den Lakota-Häuptling Sitting Bull. Custer hatte sechs Crow-Pfadfinder für seine Strafexpedition gegen die Lakota und Cheyenne engagiert. Sie warnten ihn vor der Übermacht der Indianer, die 1876 am Little Big Horn – im Gebiet der heutigen Crow-Reservation – ihr Lager aufgeschlagen hatten. Der überhebliche General schritt dennoch zum Angriff, geriet in eine Falle und wurde mit fast allen seiner Soldaten getötet. Zu den wenigen Überlebenden zählten drei der sechs Crow-Scouts; von ihnen gehörte White-Man Runs Him zu den wichtigsten Informanten über das Debakel der Armee.

Bei der „Parade" tragen die Crow-Frauen althergebrachte Kleidung

Die Vereinigten Staaten ließen die Loyalität der Krähen-Indianer unbedankt. Ein Beschluß des Kongresses führte 1882 zu einer weiteren Verkleinerung des Landes. Die Regierung versprach dafür, Häuser für die nun zur Seßhaftigkeit auf relativ engem Raum gezwungenen Crow zu errichten und Vieh anzukaufen, doch die Zusagen wurden nur teilweise eingehalten. 1890 mußten die Crow erneut Land abtreten, wofür der Stamm 940.000 Dollar bekam; 1905 schließlich wurde das Crow-Land auf seinen heutigen Umfang reduziert. Der Landhunger der Amerikaner aber war damit noch immer nicht gestillt. Wiederholt brachten Senatoren Gesetzesvorschläge zur Aufhebung der Reservation ein. Sie fanden allerdings keine Mehrheit, doch wurde das dem Stamm verbliebene Gebiet der Reservation, abgesehen vom gebirgigen Ödland, in Parzellen eingeteilt, die jedem Stammesmitglied zugeteilt wurden. Einem Ausverkauf des Bodens wurde insofern ein Riegel vorgeschoben, als der Verkauf von Parzellen nur mit Zustimmung der Regierung erfolgen durfte.
Die Entschädigung, die die Crow für die ihnen abgezwungenen Gebiete erhalten hatten, war denkbar schlecht; sie betrug schätzungsweise 5 Cent pro Acre (mehr als 4.047 Quadratmeter). Schon 1904 ging der Stamm deshalb vor Gericht und reichte die Klage auf eine angemessene Bezahlung ein. Die Prozesse zogen sich durch sechs Jahrzehnte hin. Im Jahr 1962 schließlich sprach der Court of Indian Claims den Krähen-Indianern eine Summe von zehn Millionen Dollar zu. Schon zuvor, 1958, als die Umweltproblematik noch weit weg von ihrem heutigen Stellenwert war, hatte der Stamm Gelände für einen Dammbau um 2,5 Millionen Dollar verkauft.
Zum Unterschied von anderen Reservationen war und ist jene der Crow kein Elendsgebiet. Freilich liegt auch hier das Niveau des Lebensstandards beträchtlich unter dem amerikanischen Durchschnitt. So verzeichnen die Viehherden der Crow, ihr wichtigster Wirtschaftszweig, in aller Regel einen Bestand, der mindestens ein Drittel unter jenem liegt, der in den USA als Existenzminimum angesehen wird. Als neue Einnahmequelle haben sie den Fremdenverkehr entdeckt, dessen Höhepunkt die Festwoche „Um-basax-bilua" („wo sie den Lärm machen") jeweils im August bildet. Interessanterweise nehmen Indianer aus vielen Teilen Amerikas und Kanadas an dieser Mischung aus kultureller Erneuerung und Tourismusrummel teil.
In den Kennedy-Jahren, in denen an die indianischen und andere Minderheiten Ermutigungen gingen, wurde das Institute of American Indian Arts in Santa Fé gegründet. Auch begabte junge Crow-Indianer gehörten von Anfang an zu den Studenten. Auf diese Weise konnte auch die bei ihnen gepflegte Kunst der Stachelschweinborsten- und Perlenstickerei, die die Crow schon aus ihrer Urheimat an den Großen Seen mitgebracht hatten, erhalten werden. Und es zeigte sich auch, daß die Bedrängung durch die Weißen, die die amerikanischen Ureinwohner erst zu „den" Indianern gemacht hatte, heute die Früchte einer neuverstandenen Einheit in der Verteidigung ihrer Rechte gebracht hat: Am College gab es die ersten Ehen zwischen Angehörigen der einander so lange spinnefeind gegenübergestandenen Völker der Crow und Lakota.

Literatur: Joseph Medicine Crow, Mein Volk, die Krähen-Indianer. Diederichs, München 1994. – Peter Baumann/Martin Schliessler: Amerikas indianische Seele. Econ, Düsseldorf 1987.

Bisher konnten die Blackfeet in Montana, gemeinsam mit einer hellhörig gewordenen Öffentlichkeit, den Versuch, unberührte Bergwildnis in Ölfelder zu verwandeln, erfolgreich abwehren. Doch endgültig ist der Kampf noch nicht ausgefochten.

Einst das wichtigste Transportmittel: Travois der Schwarzfuß-Indianer

Landraub ist Völkermord", stand auf den Transparenten, mit denen eine kleine Gruppe vorwiegend junger Menschen 1993 vor der amerikanischen Botschaft in Wien demonstrierte. Auch in Frankfurt und München kam es zu ähnlichen Protesten von Menschenrechtsorganisationen: Es ging dabei um den Schutz eines Gebiets der Rocky Mountains im US-Staat Montana, genannt Badger-Two Medicine, das als „heiliges Land" vom Volk der Blackfoot-Indianer beansprucht wird. Auch in den Vereinigten Staaten hatten die Indianer bereits Unterstützung erhalten. Mit Protestmärschen, Einsprüchen und Tausenden Unterschriften wurden vorerst Bohrungen aufgehalten, die das unberührte Gebirgsland für die Ausbeutung des dort vermuteten Erdöls öffnen sollen. Nicht nur die Präsidenten Bush und Clinton, sondern auch die belgische Petrofina mit ihren Zweiggesellschaften, die maßgeblich an dem Projekt beteiligt ist, wurden mit Protestbriefen überschüttet.

Den ersten Alarm wegen des Vorhabens hatten die Blackfeet selbst geschlagen. Studenten gründeten bereits vor zehn Jahren zusammen mit Naturschützern eine Allianz gegen die geplante Öl- und Gasförderung. Dann nahm Häuptling Floyd Heavy Runner mit den „Brave Dogs", einer alten Blackfeet-Kriegergesellschaft, den Kampf, der heute nicht mehr mit Gewehr und Tomahawk, sondern mit der Alarmierung einer für den Umweltschutz sensibel gewordenen Öffentlichkeit geführt wird, auf. Die Indianer-Traditionalisten sehen in der drohenden Zerstörung dieses zwar außerhalb der Blackfeet-Reservation in Montana liegenden, aber bisher unberührten Landes, das direkt an das Reservat und den Glacier National Park grenzt, eine Gefährdung ihrer religiösen und kulturellen Werte.

Die Blackfeet, eine Föderation aus den drei Stämmen der Siksika, Kainah (Bloods) und Piegan, gehören mit rund 20.000 Angehörigen zu den größeren Indianervölkern, die in Nordamerika überlebt haben. Ihre Wohngebiete, die um die Mitte des vorigen Jahrhunderts noch weite Teile des US-Staates Montana und der kanadischen Provinzen Alberta und Saskatchewan umfaßten, sind freilich heute auf kleine Reservate geschrumpft. Das größte davon befindet sich auf dem Territorium des US-Staates Montana, drei kleinere liegen in Kanada. Ihren Namen „Schwarzfuß-Indianer" haben ihnen die Weißen vermutlich deshalb gegeben, weil ihre Mokassins schwarz vom Lagerfeuer oder schwarz gefärbt waren.

Ihrer Sprachzugehörigkeit nach sind die Blackfeet Algonkin, also Angehörige jener großen Sprachfamilie, mit der die Weißen bei ihrer Ankunft in Nordamerika als erste in Berührung kamen und zu der die „Lederstrumpf"-Indianer der Mohikaner und Delawaren gehörten. Im 17. Jahrhundert, als die Weißen vom Atlantik her immer weiter vorrückten, wurden sie nach Minnesota abgedrängt; erneut kam in die Indianervölker Bewegung, als die neugegründeten jungen USA den Drang nach Westen gewaltig verstärkten. Die Blackfeet stießen auf ihrem Rückzug in die großen Plains schließlich auf die Shoshonen, und mit ihnen begann ein erbitterter Kampf um die Jagdgründe in der Prärie.

Zunächst waren die Shoshonen (Schlangen-Indianer) überlegen, weil sie, früher als andere, von den Spaniern das Pferd als Reit- und Tragtier übernommen hatten, während die Blackfeet noch in der von ihnen so genannten „Hundezeit" lebten, da sie einzig den Hund als Haustier für das Ziehen der Travois, der Gestänge, auf denen die Habe transportiert wurde, nutzten. Die Spanier (deren Kolonialgebiet damals noch der gesamte amerikanische Westen war) hatten den Verkauf von Feuerwaffen an die Indianerstämme verboten. Französi-

Bei festlichen Anlässen – wie z.B. auch zur Hundertjahrfeier des Reservatsvertrags mit Kanada – errichten die Blackfeet große Lager aus traditionellen Tipis

sche und angloamerikanische Händler hatten solche Skrupel nicht. In den Besitz von Gewehren gekommen, waren die Blackfeet und ihre Verbündeten den shoshonischen Feinden mit einemmal überlegen. Aus dem Jahr 1787 gibt es eine eindrucksvolle Beschreibung einer Schlacht, in der der Piegan-Häuptling Saukamappee erzählt, wie seine Leute mit zehn Gewehren den zahlenmäßig weit überlegenen Gegner in die Flucht schlugen. Die Shoshonen mußten sich in das Gebirge zurückziehen, und die Blackfeet wurden Teil jener Präriekultur, die unter den verschiedensten aus dem Osten zugezogenen Stämmen zu jener kurzen Blütezeit führte, die unser gängiges Indianerbild geprägt hat.

Aber schon mehrten sich auch die ersten Anzeichen für das baldige Ende der von der Bisonjagd geprägten Präriekultur. In den kolonialen Zeiten hatte sich der Pelzhandel in der Regel damit begnügt, den Indianern die Felle abzukaufen. Die Vereinigten Staaten hatten 1803 Louisiana, ein Territorium westlich des Mississippi, das ein Vielfaches des Gebiets des gleichnamigen Bundesstaates ausmachte, von Frankreich gekauft. Die American Fur Company schickte nun ihre eigenen Trapperbrigaden aus, auch in das Blackfeet-Land. Es kam wiederholt zu Zusammenstößen. Das übliche Spiel mit jenen Verträgen begann, in denen die USA feierlich die Achtung der Grenzen des Indianerlandes versprachen und die nicht das Papier wert waren, auf das sie geschrieben waren. Auch die Blackfeet, deren Gebiet zunächst noch abseits der großen Einwanderertrecks lag, mußten schließlich diese Erfahrung machen. Im Vertrag vom Judith River (1855) wurde dem Stamm ein Territorium bestätigt, das vom oberen Missouri und Yellowstone River bis zum Hauptkamm der Rocky Mountains und zur kanadischen Grenze reichte. Die US-Regierung verpflichtete sich zum Schutz vor Vertragsverletzungen durch Siedler und zur Lieferung von Nahrungsmitteln und Gebrauchsgütern.
Das Vordringen weißer Viehzüchter war aber ebenso wenig aufzuhalten wie, nach dem Bau der Bahnlinie zum Pazifik, das Einströmen Tausender Abenteurer nach Montana, als dort 1862 Gold gefunden worden war. Ein Kleinkrieg zwischen Weißen und Indianern begann, in dem die Armee stets die Partei der ersten ergriff. Im Friedensvertrag von Fort Laramie mußten die Piegan-Blackfeet alles Land südlich des Missouri aufgeben. Die dafür vereinbarten Zahlungen blieben aus, weil der Kongreß den Vertrag nicht ratifizierte. Es kam erneut zu Zusammenstößen. Der 19. Jänner 1870 wurde zum schwarzen Tag in der Geschichte der Blackfeet. Eine Kavallerietruppe unter Colonel Baker überfiel ein friedliches Lager der Piegan – die meisten Männer befanden sich auswärts zur Büffeljagd – am Maria River und massakrierten 173 Indianer, darunter nur 15 erwachsene Männer. General Sheridan genierte sich nicht, dieses Vorgehen der ihm unterstehenden Truppe in Washington zu rechtfertigen.

Schwarzfuß-Indianer im traditionellen Federschmuck

Durch dieses gewaltsame Vorgehen, aber auch durch die eingeschleppten Pocken und andere Krankheiten, war die Widerstandskraft der Blackfeet gebrochen. Mehr noch aber trugen dazu die erbarmungslose Ausrottung der Büffel, die lediglich wegen ihrer Häute abgeschossen wurden, und die dadurch provozierten Hungersnöte bei, zum Teil war es offenbar auch gezielte Politik der Army, die Indianer durch Zerstörung ihrer Lebensquellen auszuschalten. Noch 1868 waren die Prärien im Herbst schwarz von Büffeln gewesen – 1873 waren die großen Herden, unter deren Hufen die Erde gedonnert hatte, verschwunden. Noch schien den Blackfeet das Ausweichen auf den Boden Kanadas, dessen Westen noch nicht erschlossen war, sinnvoller als der Anschluß an den aussichtslosen Krieg, den die Sioux gegen die Weißen führten. Die Blackfeet schienen auf dem Aussterbeetat: Ihre Zahl sank unter 7.000.

Die USA hatten nun mit der Reservationspolitik begonnen. Den Indianern wurde – meist wenig fruchtbares – Land zugewiesen, flächenmäßig so klein, daß die Jagd nicht mehr als Existenzgrundlage in Betracht kam. Die Blackfeet-Reservation in Montana, mehrmals beträchtlich beschnitten, nimmt heute knapp 8.000 von 360.000 Quadratkilometern des Bundesstaates ein. Versuche, die Blackfeet zu Ackerbauern zu machen, was schon angesichts der ungünstigen klimatischen und Bodenbedingungen ihres Reservat wenig erfolgversprechend sein mußte, mißlangen; mit der Viehzucht konnten sie sich allmählich abfinden. Christentum und kapitalistisches Denken hatten zur Folge, daß der alte Gemeinschaftsgeist des Volkes verlorenging. Die

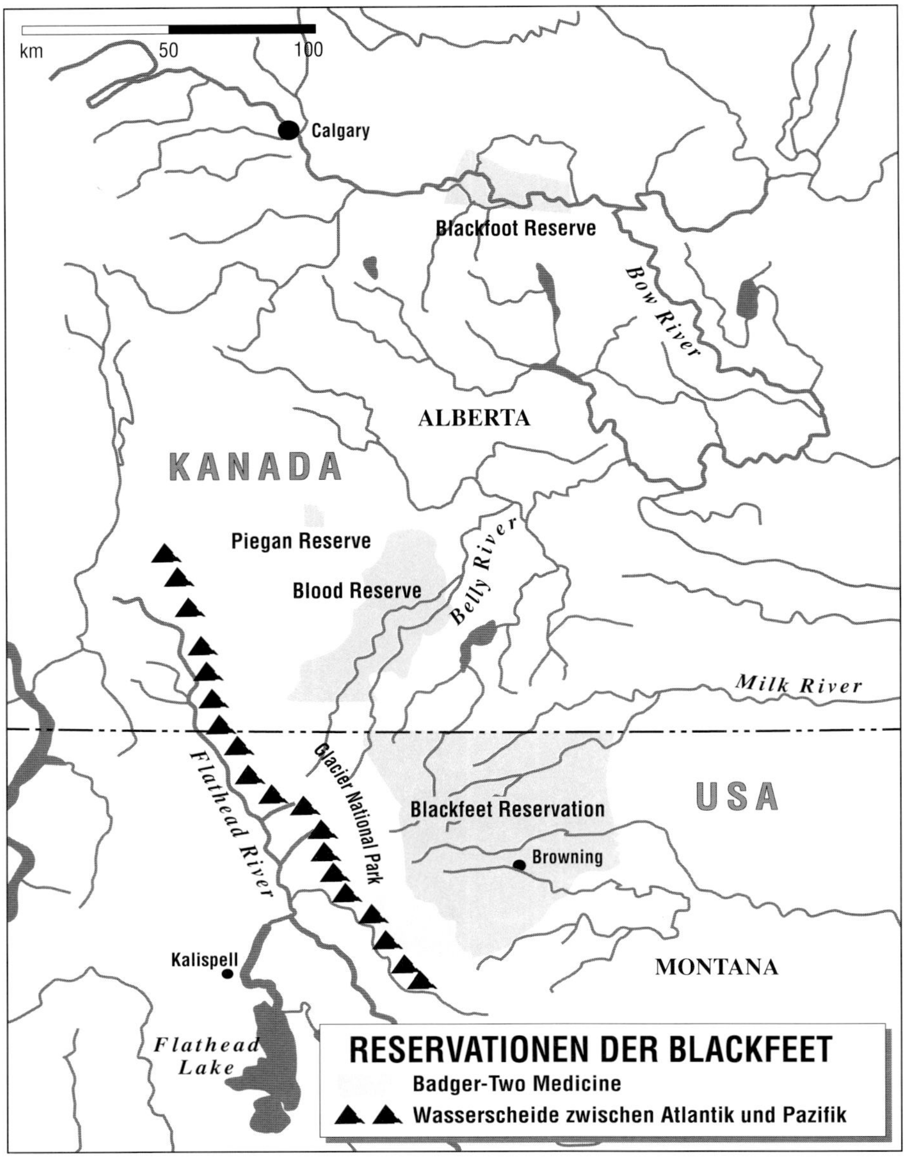

Büffeljagd war eine Aufgabe der Gemeinschaft gewesen, individuelle Jagd war schon deshalb verpönt, weil durch sie die Herden vorzeitig vertrieben worden wären. Die Jagd – wie der Krieg – war eingebettet in religiöse Rituale; bestimmte Gesänge, die die Bisons beschworen, durften überhaupt nur gesungen werden, wenn die Gruppe am Verhungern war. Im Reservat wurden die Herden Privatbesitz, und den Vorteil davon hatten zumeist Söhne weißer Väter, die durch ihre Mütter beim Stamm geblieben waren. 1918 besaßen 3 Prozent der Blackfeet in der US-Reservation 95 Prozent der Herden. Das Gros der Stammesangehörigen war auf Regierungshilfe angewiesen.

In den zwanziger Jahren unseres Jahrhunderts profitierten die Blackfeet von einem Fünfjahresprogramm, das ein gutwilliger Regierungsbeauftragter für sie initiiert hatte; es gab ihnen mehr Selbstvertrauen und verbesserte ihre wirtschaftliche Lage. Eine spürbare Wende in der Indianerpolitik brachte dann der Indian Reorganisation Act von 1934, der – im Zeichen von Roosevelts New Deal – den Indianern nicht mehr nur politische Rechte gab, sondern auch die Bemühungen, ihre Kultur und selbst ihr religiöses Leben nach eigenen Vorstellungen zu gestalten, unterstützte. Doch obwohl sich auch die Reservat-Blackfeet, sieht man von Folklorefesten (wie den Pow-Wows) ab, kaum von den weißen Bewohnern des Umlandes unterscheiden, sind sie in deren Augen Menschen zweiter Klasse geblieben.

So glaubten auch die Politiker, die in den Ölbohrungen im Badger-Two Medicine-Gebiet das große Geschäft witterten, leichtes Spiel mit den Blackfeet zu haben. Die Verbindungen einzelner Kongreß-Abgeordneter aus Montana zum „Forest-Service" führten zur Genehmigung der Bohrungen durch die Behörde, doch mit dem von den Blackfeet erhobenen Protest, der überraschenderweise starken Widerhall in der öffentlichen Meinung fand, hatten sie nicht gerechnet. Die Ablehnung war nicht nur aus einem allgemein gewachsenen Umweltbewußtsein zu erklären, sondern war wohl auch deshalb so groß, weil viele um den Bestand des angrenzenden Nationalparks und seine in anderen Teilen der USA längst verschwundenen Tiere fürchten.

Nachdem infolge der Proteste die Probebohrungen vorerst verschoben werden mußten, versuchten die Erdöl-Lobbyisten bei Ausbruch des Golfkriegs einen neuen Anlauf: die unberührte Natur in Ölfelder zu verwandeln, sei als „Strategie zur Milderung der Situation am Persischen Golf" zu empfehlen. Dennoch wurden einige der Einsprüche aus der Bevölkerung anerkannt, und als durch den Rücktritt eines hohen Beamten der Forstverwaltung der Druck ruchbar wurde, der von der Industrie und den mit ihr verbundenen Kongreßabgeordneten in der Angelegenheit ausgeübt worden war, kam es sogar zu einer parlamentarischen Untersuchung. Zudem wurde von Experten auf die geringe Ergiebigkeit des Projekts hingewiesen, so daß der Verdacht besteht, daß es der Erdölindustrie hier vor allem um die Schaffung eines Präzedenzfalles geht.

Die Blackfeet verweisen auf einen alten Mythos, wonach ihr Schöpfergott Napi die „Schlangenwelt", die vor der Menschenwelt existierte, in die Erde verbannt habe, und sehen dies durch die Dinosaurierfunde bestätigt. „Wenn ihr nach Öl bohrt", sagt Heavy Runner, Häuptling der „Brave Dogs", „bringt ihr die Schlangenwelt wieder ans Tageslicht. Wir sagen, sie sollte unten bleiben. Wenn ihr die Schäden betrachtet, welche die Schlangenwelt uns heute antut, dann könnt ihr sehen, daß wir recht haben."

Literatur: Eva Gerhards, Blackfoot Indianer. Pinguin, Innsbruck 1980. – Bob Yetter, Badger-Two Medicine – The Last Stronghold (deutsch). Gesellschaft für bedrohte Völker, Frankfurt 1993.

LATEINAMERIKA

19 Maya – 20 Mískito – 21 Mapuche – 22 Guaraní – 23 Yanomami – 24 Kayapó
25 Ka'apor – 26 Xingu – 27 Auka – 28 Feuerländer

Das intellektuelle Mexiko ist stolz auf die indianische Vergangenheit des Landes. Aber die rund acht Millionen mexikanischen Indios stehen sozial auf der untersten Stufe; der Aufstandsversuch der Maya von Chiapas war ein Aufschrei dagegen.

Den Geschäftsleuten von San Cristóbal de las Casas im mexikanischen Bundesstaat Chiapas dürfte der Schreck ordentlich in die Glieder gefahren sein, als Anfang 1994 bewaffnete Indianer die kommunalen Zentren der Stadt besetzten und einen „Marsch auf Mexiko" verkündeten. Waren das noch jene unterwürfigen Indios aus den Dörfern ringsum, von deren armseligen Bedürfnissen die Händler zwar lebten, die sie aber als minderwertige Wesen betrachteten, die man stets als letzte bediente und mit dem Preis dabei tüchtig übers Ohr haute?

Der Indianeraufstand von Chiapas, so wenig Aussicht auf irgendeinen Erfolg er auch haben mochte, so rasch und gewalttätig er auch vom Militär unterdrückt worden sein mag, hat blitzlichtartig aufgezeigt, daß es auch mit der „institutionalisierten Revolution", die Mexiko zur Staatsdoktrin erhoben hat, nicht weit her ist, wenn es um die Indianer geht, die rund 10 Prozent der 80-Millionen-Bevölkerung ausmachen. Zwischen der Politik des „indigenismo", in deren Rahmen das indianische Erbe der altmexikanischen Kulturvölker als Bestandteil der mexikanischen Identität betrachtet wird, und der Behandlung der noch lebenden Indigenen besteht eine Kluft, die in den fünfhundert Jahren seit der spanischen Conquista nur wenig schmäler geworden ist. Im Unterschied zu anderen lateinamerikanischen Staaten werden die Indios zwar in Mexiko in der Regel nicht mehr körperlich mißhandelt – wenn nicht gerade das Militär Aufsässige durch Mord und Folter gefügig macht, wie bei der Bekämpfung der Rebellen –, aber der Hochmut der Kreolen und der Ladinos (der Mestizen, die die größte Bevölkerungsgruppe bilden) gegenüber den indianischen Bauern und Landarbeitern und deren Ausbeutung durch einen trotz aller Reformversuche noch immer vorhandenen agrarischen Feudalkapitalismus hält die Indianer in der untersten, verachteten Gesellschaftskategorie. In ihrem nur dann und wann aufwallenden Widerstand vermengt sich soziales Aufbegehren neuerdings zunehmend mit dem Versuch, die eigene ethnische Identität zu wahren.

Südlich des Golfes von Tehuantepec, den die Geographen als Grenze zwischen Nord- und Mittelamerika betrachten, liegt das Land der Nachkommen der Maya, die schwärmerische Archäologen zu den „Griechen" Alt-Mexikos hochstilisiert haben. Es reicht über die mexikanischen Bundesstaaten Chiapas, Tabasco, Campeche, Yucatán und Quintana Roo hinaus über ganz Guatemala bis ins Grenzland von Honduras. Mit rund 5 Millionen Angehörigen sind die Maya die zweitgrößte indianische Sprachgruppe Amerikas. Allerdings zerfallen sie sprachlich in etliche Völker; der Großteil von ihnen lebt in Guatemala, einem Land, in dem die Indianer (obwohl sie die Bevölkerungsmehrheit bilden) besonders brutal unterdrückt werden.

In Mexiko bewohnen die Maya zwei unterschiedliche Kulturzonen: Im nördlichen Tiefland leben die Yukateken, Chontal und Lacandonen, im Hochland von Chiapas vor allem die Tzental und Tzotzil. Daß die Maya zu den ältesten Kulturvölkern Amerikas gehören, ist bekannt. Ihre Hochblüte erreichte die Maya-Kultur allerdings schon zwischen 600 und 1000 nach Christus, und bei der Ankunft der Europäer war auch das letzte Großreich, Mayapan, bereits zerfallen. Die Eroberung der Mayagebiete durch die Spanier wurde durch innere Streitigkeiten gefördert, zog sich aber über anderthalb Jahrhunderte hin. Die Unterwerfung und Christianisierung waren nicht nur der große „Kulturschock", durch den die weitere autochthone Entwicklung abgerissen ist, sie bedeuteten auch das Ersetzen der eigenen Oberschicht durch die fremden Kolonialherren. „Zwar sind die aufffälligsten Zeichen ihrer alten Kultur – religiös-politische Zentren der Pyramidenarchitektur, hervorragende Bildhauerkunst, Malerei, Wissenschaft, Schrift – den Europäern zum Opfer gefallen. Aber das Fundament der Hochkultur, das Maya-Bauerntum, hat sich erhalten. Es ist nicht in die Primitivität zurückgesunken, sondern noch heute typisch hochkulturlich, nur entbehrt es des für die voreuropäische Kultur charakteristischen Daches: der indianischen Oberschicht in den Kulturzentren, der Priester, Wissenschaftler, Verwalter, die von den Europäern hinweggefegt wurden" (Wolfgang Lindig / Mark Münzel). Mit dieser Oberschicht schwand zum Teil sogar die Erinnerung an die Hochleistungen der Vorfahren, so daß die Entdeckung der Ruinen der Mayastädte, insbesondere dort, wo diese vom Dschungel überwuchert waren, als wissenschaftliche und sehr bald auch touristische Sensation gefeiert werden konnten.

Zapatisten-Führer Marcos im Dschungel-Versteck

Das (häufig nur oberflächlich angenommene) Christentum rettete die Indianer nicht vor der nackten Ausbeutung, der sie unter der Kolonialherrschaft ausgeliefert waren. Der Versuch eines frühen „Befreiungstheologen", des zeitweiligen Bischofs von Chiapas, Bartolomeo de las Casas (die Stadt San Cristóbal hat seinen Namen verewigt), durch seinen erschütternden „Kurzen Bericht über die Zerstörung der indianischen Länder" Kaiser Karl V. und den Papst zu Maßnahmen gegen die Gewaltpolitik zu bewegen, endete mit seiner Rückberufung nach Spanien. Pocken und Cholera, Hungersnöte und Strafexpeditionen – Jahrhunderte der Erniedrigung und der Gewalt machten die Indiobauern zu gefügigen, schicksalsergebenen und vom „Herrschaftswissen" der Eroberer ferngehaltenen Wesen, deren Zornausbrüche sich nur, wenn ihre Lage völlig unerträglich wurde, in – meist rasch niedergeworfenen – Aufständen äußerte.

Die Ausrufung der Unabhängigkeit Mexikos änderte an dieser Situation prinzipiell wenig, obwohl auch die Indianer den Kampf gegen die alte Kolonialmacht tatkräftig unterstützt hatten. Im Gegenteil, das 19. Jahrhundert brachte den nach der Conquista vielleicht schwersten Einbruch in ihre traditionelle Lebensweise. Der Sieg der Liberalen über die Konservativen hatte eine folgenschwere Umwälzung der agrarischen Besitzverhältnisse zur Folge: Den neuen Gesetzen zur Landaufteilung fiel nicht nur der reiche Kirchenbesitz, sondern auch das indianische Gemeindeland zum Opfer. Zahlen, allein aus dem Staat Chiapas, belegen die Folgen dieser von den Regierenden in Mexiko gepriesenen „reforma": Zwischen 1837 und 1889 wuchs die Zahl der Latifundien von 853 auf 3159, die der gemeinschaftlichen Ländereien der Indios ging von 2040 auf 796 zurück.

Dabei war die Lage der Tzental und Tzotzil im südlichen Hochland noch weitaus günstiger als die Lage der Mayavölker im Tiefland. In Yucatán brachte der Henequén-Boom (Henequén hieß in Mexiko der aus einer Agave gewonnene Sisal) die Maya um ihr Land. Sisal wurde von den Amerikanern für das Garbenbinden ihrer Weizenernten benötigt, die Agave-Monokulturen dehnten sich auf fast 80 Prozent des Bodens aus. Henequén wurde das große Geschäft für die kreolischen Plantagenbesitzer, die den Bauern durch ein ausgeklügeltes Kreditsystem den ihnen verbliebenen Boden abknöpften. Die Maya in Yucatán hungerten, damit die Amerikaner ihren Weizen ernten konnten. Die vorübergehende Selbständigkeit Yucatáns, das in den vierziger Jahren des vorigen Jahrhunderts mit Mexiko Krieg führte, brachte den Indianern keinen Vorteil; in jenen Jahren wurden sogar viele von ihnen als Sklaven nach Kuba verkauft.

Den Frauen in Chiapas steht die Angst ins Gesicht geschrieben

Eine Erhebung führte für fast ein halbes Jahrhundert zur Bildung des de facto unabhängigen Indianerstaates Chan Santa Cruz; erst 1902 wurde das Gebiet als Bundesterritorium Quintana Roo dem mexikanischen Staat wieder einverleibt.
Die mexikanische Revolution von 1910/11 gab auch den Indianern neue Hoffnung. Im Aufruf des Generals Emiliano Zapata – dessen Namen auch durch die jüngste Guerillabewegung in Chiapas in Erinnerung gerufen wurde – hieß es: „Wir erklären hiermit: daß die Ländereien, Wälder und Wasserstellen, die die Hacendados, Regierungsbeamten oder Kaziken sich im Schatten der Tyrannei und käuflicher Gerechtigkeit widerrechtlich angeeignet haben ... ab sofort in den Besitz der Dörfer und Bürger übergehen, die entsprechende Titel für jene Besitzungen haben derer sie beraubt worden sind. " „Tierra y Libertad", Land und Freiheit, das war die große Losung, unter der die Indianer die Revolution unterstützten, denn sie erhofften sich eine grundlegende Änderung. Betrug doch der Anteil der ländlichen Familien, die kein eigenes Land besaßen, 1910 beispielsweise in Chiapas 96 und in Campeche gar 97,7 Prozent. Aber die Revolution blieb auf halbem Wege stecken. Zapata wurde bekanntlich ermordet, und bald spielten die Interessen der Hacendados wieder eine gewichtige Rolle. Die Agrarreform brachte bestenfalls nur der Hälfte der Landlosen eigenen Grund und Boden, und zumeist handelte es sich dabei um Land minderer Qualität; der lukrative Kern des Großgrundbesitzes wurde kaum angetastet. Ein großer Teil der Landbevölkerung war weiterhin auf die Beschäftigung als Saisonarbeiter angewiesen. Die Ärmsten der Armen, oft auch der bis 1934 gesetzlich möglichen Zwangsrekrutierung von „Vagabunden" ausgeliefert, mußten sich im Mahagoni-Boom in der Selva Lacandona als Holzfäller verdingen. Welche Brutalität dieses sklavenähnliche Arbeitsverhältnis kennzeichnete, hat der legendäre B. Traven eindringlich in seinem aus eigenem Erleben gespeisten Roman „Die Rebellion der Gehenkten" geschildert.

Das Hochland von Chiapas blieb isolierter und rückständiger als alle anderen Indianergebiete Mexikos, was freilich zugleich bedeutete, daß die Tzental und Tzotzil ihre Identität besser bewahren konnten als andere Maya. Die gerade von fortschrittlichen Präsidenten betriebene Politik des „indigenismo" war eine zweischneidige Sache. Das Nationale Indianerinstitut (INI), das 1950 in San Cristobál sein erstes regionales Entwicklungszentrum eröffnete, sollte die Integration der Berg-Maya zwar unter Berücksichtigung ihrer Traditionen in Gesellschaft und Wirtschaft eingliedern und zu guten Mexikanern machen, doch gerade das letztere richtete sich auch gegen die nach der Revolution wiedererrungene Autonomie der Indianergemeinden. „Es ist durchaus nicht abwegig, von einer ‚Entwicklung der Unterentwicklung' zu sprechen, die inzwischen auch alle übrigen Maya-Stämme Mexikos ... erfaßt hat" (Wilfried Westphal). Die wirtschaftliche Abhängigkeit und die soziale Degradierung, der Standesdünkel und die Privilegien der „Ladinos" erfuhren durch diese Maßnahmen keine grundlegende Änderung. Der Anspruch des jüngsten Aufstandes, getragen von einem (nicht von Indios geführten) „Zapatistischen Heer der nationalen Befreiung", eine tiefgreifende Reform des politischen Systems Mexikos herbeizuführen, die den Indianern endlich „Tierra y Libertad" bringt, bleibt auch nach seiner Niederschlagung bestehen.

Literatur: Wilfried Westphal, Die Maya. München 1984. – Wolfgang Lindig/Mark Münzel, Die Indianer. München 1976.

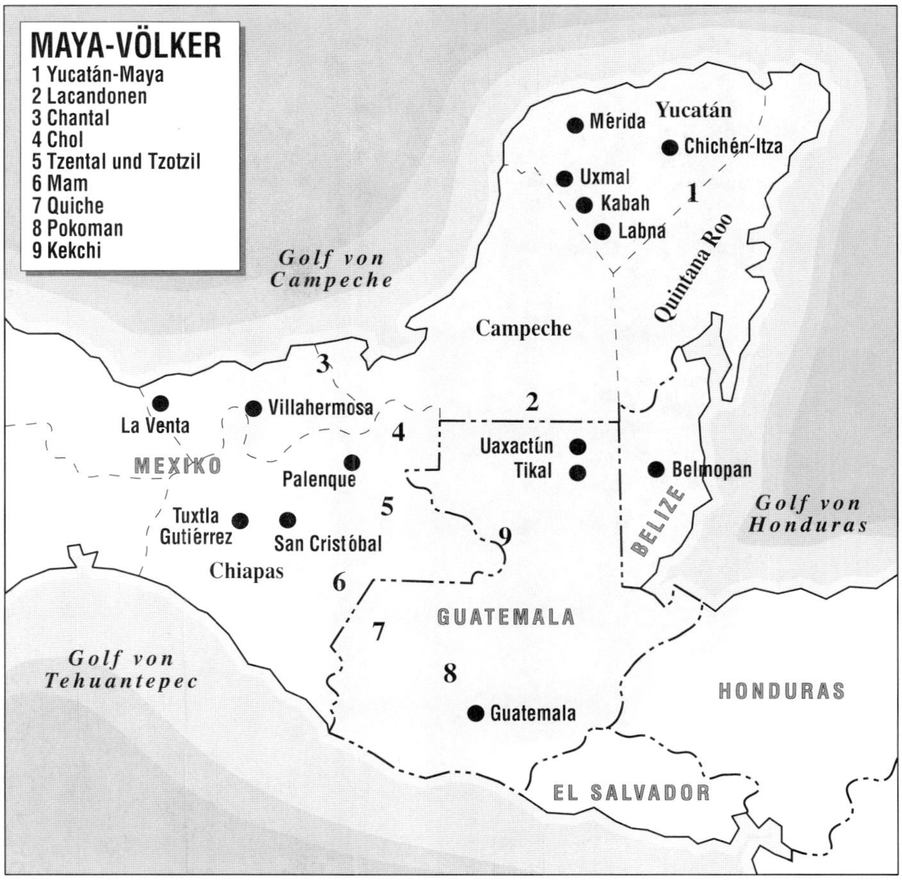

Mískito

Auch Linksregierungen haben in Lateinamerika wenig Verständnis für die Anliegen der indigenen Bevölkerung. Das mußten die Mískito in Nicaragua unter den Sandinisten erfahren.

In den frühen achtziger Jahren, als die Amerikaner durch Organisierung der „Contras" den Sturz der Sandinisten in Nicaragua in die Wege leiten wollten, gerieten Linke, die einerseits den revolutionären Weg in diesem Land mit großer Sympathie begleitet hatten, andererseits seit jeher für die Rechte unterdrückter Indianervölker eingetreten waren, in einen Zwiespalt. Denn die Regierung in Managua ging mit großer Härte gegen die Mískito an der Atlantikküste vor, diese wieder wurden von den „Contras" als Bundesgenossen reklamiert. Die offizielle Propaganda der USA (die sonst kaum Interesse für die weitaus brutaleren Verfolgungen der Indios etwa im nahen Guatemala zeigte) tat ein übriges, die Sandinisten auch in der Behandlung der Indianer als Unterdrücker der Menschenrechte hinzustellen.

Der zweifellos bestehende Konflikt, der teils in der Zwangsumsiedlung Tausender Mískitos, teils in ihrer Flucht ins benachbarte Honduras gipfelte, hatte seine Wurzeln in einer lang zurückliegenden historischen Entwicklung. Hernando Cortes war zwar nach der Eroberung Mexikos 1525 auch zur mittelamerikanischen Atlantikküste vorgedrungen, doch das dschungelartige, fieberverseuchte Gebiet gab den eingeborenen Stämmen, die dort lebten, vorzügliche Möglichkeiten, den ungebetenen Eindringlingen wirksamen Widerstand zu leisten. Die spanischen Kolonisatoren konzentrierten daher ihre Herrschaft auf die Pazifikküste und das zentrale Hochland, die Indianer wurden dort teils ausgerottet, teils in die Plantagenwirtschaft versklavt. An der unwirtlichen karibischen Küste begnügte man sich mit kleinen Verteidigungsposten. So blieb die einheimische Bevölkerung, deren wichtigste Stämme die Mískito, die Sumu und die Rama waren, relativ unbehelligt.

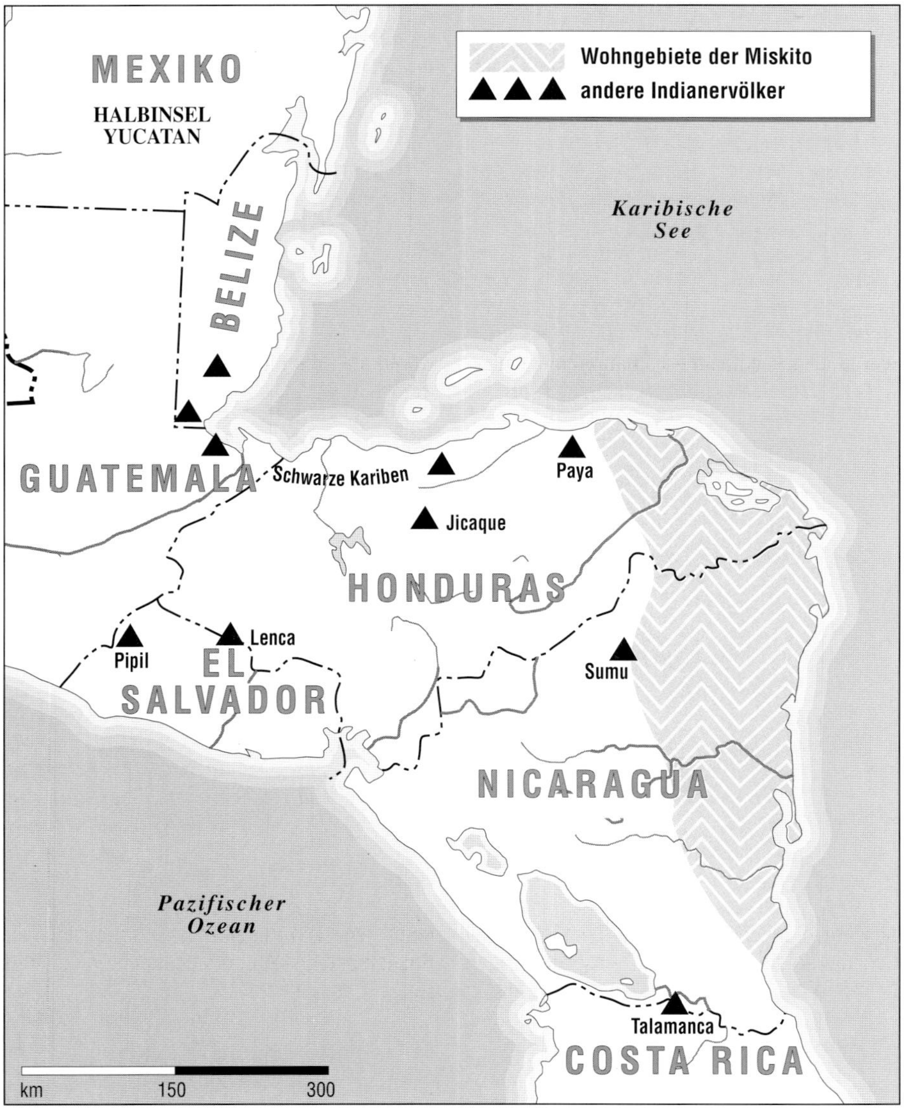

Dieses Desinteresse der Spanier an der Ostküste erlaubte es sehr bald den vor allem britischen Piraten, den Flibustiern, die das Wohlwollen der englischen Königin Elisabeth I. besaßen, sich dort Stützpunkte für ihren permanenten Seeräuberkrieg gegen Spaniens Gold- und Silberschiffe zu schaffen. Sie gewannen hiefür die Unterstützung der Mískito, die ihnen ebenso bereitwillig Schlupfwinkel gewährten, wie sie auch von den spanischen Plantagen entlaufene Negersklaven aufnahmen. So kam es in dem anarchistischen Gegenstaat der Flibustier zu einer Symbiose zwischen den Piraten und den Indianern. Als dann gegen Ende des 17. Jahrhunderts die selbstherrlichen Seeräuber von England fallengelassen wurden, geriet die mittelamerikanische Karibikküste de facto unter britische Herrschaft (das sogenannte Britisch-Honduras, heute Belize, war davon bis 1981 ein letzter Rest). Schon hier wandten die Engländer ihr bewährtes Rezept der „indirect rule" an. Sie hielten sich dabei an das stärkste Volk, die Mískito, und erlaubten ihnen die Gründung eines unter britischem Protektorat stehenden „Königreichs" (1687). Es umfaßte etwa die heutigen Provinzen Zelaya (Nicaragua) und Gracias a Dios (Honduras), doch wurden zum Teil auch die ehemaligen Piratenstützpunkte an der Küste außerhalb dieser Region in Observanz genommen. Das Mískito-Königreich wurde zu einem Land der Freiheit für rebellische Indios und entlaufene Negersklaven; die Mískito, denen Rassismus fremd war, frischten ihr Volkstum mit schwarzem Blut auf.

Offenbar wurde den Briten diese allzu große Freiheit lästig; 1786 verzichteten sie in einem Vertrag mit den Spaniern auf ihr Protektorat, nachdem diese zuvor die englische Siedlung in Belize anerkannt hatten. Spanische Truppen drangen mordend in die Region ein, doch konnten sich die Mískitos in den Wäldern behaupten. Sie zogen es auch weiter vor, mit den Engländern Handel zu treiben, statt auf spanischen Plantagen zu schuften. Als sich Zentralamerika von der spanischen Kolonialherrschaft löste, hofften die Mískito erneut auf Unterstützung der Briten, und Nicaragua erkannte 1838 zunächst auch das Indio-„Königreich" als unter britischem Schutz stehend an. Doch dessen Stunde schlug, als England, nicht zuletzt unter amerikanischem Druck – die Amerikaner planten damals noch den Kanalbau zwischen Atlantik und Pazifik durch Nicaragua –, seine Streitigkeiten mit diesem Staat beilegte, die Mískito fallen ließ und die Region als Teil Nicaraguas anerkannte (1860). Die Indios leisteten noch Jahrzehnte Widerstand, um die Jahrhundertwende schien dieser endgültig gebrochen. Dennoch blieb für viele von ihnen, schon aufgrund der Handelsverbindungen und weil sie von den protestantischen Herrenhutern missioniert worden waren, Englisch statt des Spanischen die Zweitsprache.

Nicaragua zeigte lange weder Kraft noch Interesse, seine klimatisch ungünstige, flächen-

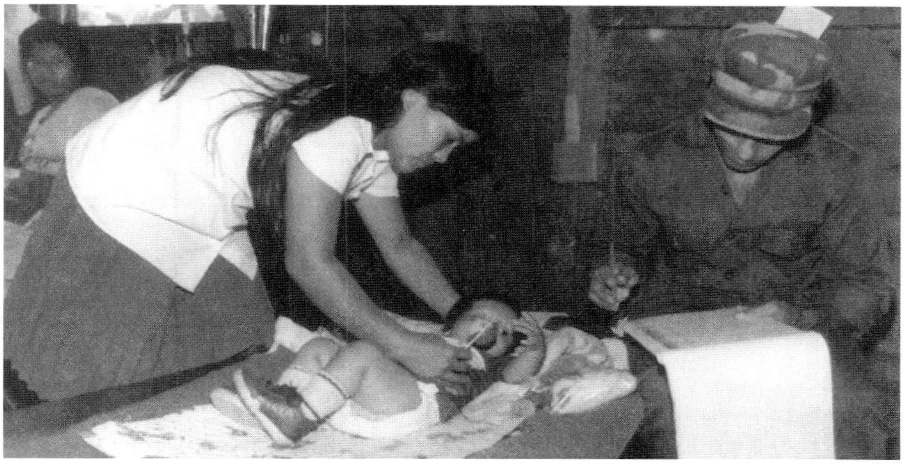

Mískito-Indianerin im honduranischen Flüchtlingslager

mäßig große, dünnbesiedelte Ostregion zu entwickeln. Auch der Diktator Somoza konnte sein Projekt der Kolonisation der Karibikküste nicht ausführen. Deren Bewohner – 120.000 zur Chibcha-Sprachfamilie zählende Mískitos (50.000 siedeln darüber hinaus in Honduras), 15.000 Sumu, 1000 Rama, dazu 30.000 Afroamerikaner und 50.000 Weiße – blieben von der Diktatur relativ unberührt, sie konnten daher auch den Beweggründen der sandinistischen Revolutionäre wenig abgewinnen. Ebensowenig hatten diese, als Nationalisten streng auf nationale Einheit bedacht, Verständnis für die eigenständige Entwicklung, die das Gebiet genommen hatte, und für die Sonderwünsche der Indios. Wie überall im Land, wurde auch bei den Mískitos die Alphabetisierung eingeleitet, und eine 1979 gegründete Organisation „Misurasata" (zusammengesetzt aus den Anfangsbuchstaben der drei Indianervölker und der Sandinisten) sollte die indianischen Dorfgemeinschaften in Genossenschaften umwandeln. Einem unsensiblen und schematischen Landreformgesetz stellten die Mískito ihre Forderung nach mehr Land und nach politischer und kultureller Autonomie entgegen, und so kam es 1981 zum offenen Bruch. Die Regierung ließ etliche Indianerführer vorübergehend verhaften, und der Kopf der Mískito, Steadman Fagoth Müller, sollte zum Studium nach Bulgarien abgeschoben werden. Doch er flüchtete mit rund 3000 Stammesgenossen nach Honduras. Dort hatten die USA die Mitglieder der Somoza-Nationalgarde als konterrevolutionäre Eingreiftruppe auszurüsten begonnen, und die Flucht Fagoths war für sie um so mehr ein willkommener Anlaß, ihre Einmischung zu rechtfertigen, als die Sandinisten nun scharf gegen die Mískito vorgingen. Auch die „Misurasata" wurde von Managua aufgelöst.

Nachdem der Invasionsversuch der „Contras" von Honduras aus 1981 mißlungen war, galten der sandinistischen Regierung die Mískito als Sicherheitsrisiko, und sie griff zu einem Mittel, das auch in anderen Staaten der Welt – da besteht kein Unterschied, ob eine Regierung sich „rechts" oder „links" einstuft – immer wieder angewendet wird. Sie begannen – „zum Schutz vor den Konterrevolutionären" – mit der Umsiedlung eines Teils der Mískito in weit entfernt von der Grenze liegende Auffanglager. Das ging mit beträchtlicher Gewaltanwendung vor sich. Unter dem Vorwand, Invasoren keinen Unterschlupf zu bieten, wohl aber auch, um eine Rückkehr der Bewohner zu verhindern, wurden Dörfer angezündet und Felder und Tiere vernichtet. Wer sich wehrte, wurde niedergemacht – es gab an die achtzig Todesopfer. Das brutale Vorgehen hatte eine neue Fluchtwelle zur Folge: Weitere 10.000 Mískito flohen zu ihren Stammesbrüdern nach Honduras. Der Vorwurf der Kollaboration mit den Revolutionsfeinden kam manchen Planern in Managua durchaus gelegen: Hatten sie doch schon 1980 ein Projekt ausgearbeitet, in dem die Umsiedlung der Indianer als Teil der Entwicklung der Ostregion ihren Platz hatte. 1982 wurden die Deportationen fortgesetzt, und die Sandinisten lieferten zugleich mit keineswegs kleinlich angelegten „Modelldörfern" im Landesinneren eine Vorstellung davon, wie sich das Leben der Mískito ihrer Ansicht nach in Zukunft abspielen sollte; Ziel war dabei zweifellos deren beschleunigte Assimilation in die „nicaraguanische Nation".

Nicht nur von der so überraschend plötzlich zu „Indianerfreunden" mutierten Reagan-Administration, sondern auch aus Kreisen, die den Revolutionären sonst durchaus positiv gegenüberstanden, kamen Proteste gegen diese Politik. Daraufhin nahm die Regierung in Managua die ärgsten Repressionen zurück. Anstelle des völlig den „Contras" ergebenen Fagoth hofften sie, in Brooklyn Rivera, der stets ein Somoza-Gegner gewesen war und in Costa Rica lebte, einen Indianerführer zu finden, mit dem eine Einigung erzielt werden konnte. Doch die Verhandlungen mit ihm verliefen 1984 im Sand.

Die nicaraguanischen „Contras" rekrutierten Mískito-Indianer

Internationaler Druck, insbesondere auch die Kritik der sozialdemokratischen, europäischen Freunde der Linksregierung, erreichten schließlich eine Haltungsänderung in Managua. Im September 1987 verabschiedete das Parlament ein Autonomiestatut für die „Verwaltungseinheit Atlantikküste", wie das Mískito-Land nun offiziell genannt wurde. Für die Indios in vielen anderen lateinamerikanischen Staaten wäre diese Regelung, zumindest ihrem Wortlaut nach, durchaus vorbildlich gewesen. Die Vertreter der Mískito aber lehnten sie ab, insbesondere deshalb, weil die Grenzen des Autonomiegebiets so gezogen waren, daß die Indianer darin eine Minderheit gewesen wären. Brooklyn Rivera gründete eine neue Mískito-Organisation, Yatama („Saat der Mutter Erde"), die mit der Forderung der Neuverhandlung der Autonomie an Managua herantrat.

Die Sandinisten aber hatten nun schon andere Sorgen, die Wirtschaftslage wurde nach dem Ausfall der Sowjetfreunde und durch den anhaltenden Boykott der Amerikaner elend, sie mußten freie Wahlen zulassen und 1990 der Präsidentin Violeta Chamorro Platz machen. Für die „Indianerfreunde" auf der Seite der Sandinistengegner waren die Mískito damit uninteressant geworden, eine echte Autonomie blieb weiter aus, und die Abholzungs- und Fischfang-Konzessionen der Regierung an ausländische Konzerne werden dazu führen, daß die Mískitos – in Nicaragua ebenso wie in Honduras – ihre Lebensweise und mit der Zeit auch ihre ethnische Identität verlieren; es sei denn, jene Kräfte setzen sich durch, die die Buchstaben des Autonomiestatuts in gelebtes Recht umsetzen wollen.

Literatur: Klemens Ludwig, Bedrohte Völker. Beck, München 1994. – Wolfgang Lindig/Mark Münzel, Die Indianer. München 1976.

Mehr als drei Jahrhunderte lang leisteten die Mapuche in Chile Widerstand gegen die Kolonisation. Ein Gesetz aus der Ära Pinochet gefährdet ihren Bestand als Volksgruppe.

Schon die Inka stießen bei ihrem Vordringen in den Süden hier auf die Grenzen ihres imperialen Strebens und nannten jene, die so erfolgreich Widerstand leisteten, „Auca", was „wilder Krieger" oder „Barbar" bedeutet. Von diesem Wort leiteten die spanischen Kolonisatoren den Namen Araukaner ab. Das in der Geschichte und Gegenwart bedeutendste Volk dieser indianischen Sprachgruppe in Chile nennt sich Mapuche, was soviel wie „Menschen dieses Landes" bedeutet. Mit mehr als einer halben Million Angehöriger sind die Mapuche heute das drittgrößte Indianervolk Südamerikas. Daß sie zu jenen gehörten, die nach dem Militärputsch von 1973 die schwersten Repressalien zu erdulden hatten, blieb in der Welt weithin unbeachtet.

Als die Spanier zu Beginn des 16. Jahrhunderts auch Chile erreichten, saßen die Mapuche dort schon seit mindestens 12.000 Jahren. Zum Unterschied von den anderen Völkern des Kontinents konnten sie den Eroberern dreihundert Jahre Widerstand leisten. Dafür gibt es eine Reihe von Gründen:
Die Mapuche lebten, obwohl sie bereits ein an Zahl relativ starkes Volk waren, nicht in einem zentralistisch verwalteten Reich wie dem der Azteken oder der Inka, sondern in zahlreichen politisch voneinander unabhängigen Einheiten; eine Niederlage einer Einheit bedeutete noch lange nicht den Zusammenbruch des gesamten Systems. Das waldige Hügelland ihrer Wohngebiete eignete sich hervorragend für Guerilla-Kriegsführung. Weiter gelang den Mapuche binnen ganz kurzer Zeit, schon innerhalb zweier, dreier Jahrzehnte, die Verwendung des von den Europäern mitgebrachten Pferdes als Reittier. Da sie diese neue Fähigkeit sehr rasch dafür verwendeten, berittene Kampfgruppen auszubilden, waren sie den Eindringlingen ebenbürtig, zumal sie es immer wieder verstanden, neue Taktiken und auch neue Waffen zu entwickeln.
Zwar gelang es den Konquistadoren, die Araukaner des nördlichen Gebietes, also jenes um die spätere Hauptstadt Santiago gelegenen, zu unterjochen, ihnen das fruchtbare Land wegzunehmen und sie als Sklaven in der Landwirtschaft und im Bergbau zu verwenden. Aber weiter im Süden stießen die Spanier auf entschiedenen Widerstand. Das mußte schon der erste Gouverneur Chiles, Pedro de Valdivia, erfahren, als er 1553 in das Kerngebiet des Mapuche-Landes vorstieß. Er wurde in einer regelrechten Schlacht von den Mapuche unter ihrem Häuptling Lautaro besiegt, getötet und verspeist. Möglicherweise war dies ein ritueller Akt, durch den die Kraft des toten Feindes auf die Sieger übergehen sollte, denn Kannibalismus gehörte nicht zu den Gewohnheiten der Araukaner. Doch in dem ständigen Abwehrkampf gegen die Kolonisatoren scheint es sich, wenn man den zeitgenössischen Berichten über die Marterung und Verzehrung Gefangener, über die Triumphzüge, in denen gefangene nackte Spanierinnen mitgeführt und dann als Konkubinen verteilt wurden, und über die Verhöhnung des Kreuzes überhaupt Glauben schenken darf, um ein bewußt eingesetztes, auf Abschreckung bedachtes Mittel psychologischer Kriegsführung gehandelt zu haben. Natürlich könnte diese Berichte auch umgekehrt vor allem auf spanischer Greuelpropaganda beruhen. Daß die Spanier mit gefangenen Indios keinesfalls weniger brutal umgingen, bezeugt der Dichter Alonso de Ercilla y Zúniga, der selbst an sieben Schlachten gegen die Indianer teilgenommen hatte und ihrem Freiheitskampf in seinem großen Epos „La Araucana" 1569 ein Denkmal setzte; darin wird die Folterung eines Häuptlings am Marterpfahl durch die Spanier geschildert.
1592 ernannte König Philipp II. Martin Garcia Onez de Loyola, einen Verwandten des Gründers des Jesuitenordens, zum Gouverneur von Chile. Er sollte endlich das aufsässige Mapuche-Land unter Kontrolle bringen. 1598 überfiel Häuptling Pelantaro mit seinen Kriegern die auf nächtlichem Marsch bei Curalabá befindliche Truppe des Gouverneurs. Zusammen mit seinen Soldaten mußte er das Leben lassen. Die siegreichen Indianer zerstörten etliche spanische Siedlungen; die Männer wurden bei den Überfällen getötet, Frauen und Kinder in das Stammesgebiet mitgenommen. Die Spanier sahen ein, daß diesem widerstandsfähigen Feind, dessen schnelle Kavallerie oft Überlegenheit bewies, nicht beizukommen war. 1641 sah sich die Kolonialmacht zu einem formellen Friedensschluß gezwungen. Den Mapuche wurde das Gebiet südlich des Flusses Bio-Bío als ihr Territorium zugestanden. Damit war der Friede freilich nicht eingekehrt. Denn immer wieder suchten die Spanier Vorwände für Strafexpeditionen, bei denen es ihnen vor allem darum ging, Sklaven aus dem Indianergebiet zu holen. Die Mapuche antworteten darauf 1654 mit einem Kriegszug, der die Spanier vorübergehend weit nach Norden zurückdrängte. Erst dem königlichen Verbot des Sklavenhandels (1683) folgte eine Epoche relativen Friedens.
Die mapuchischen Reiterkrieger nützten diese Zeit, über die Ostabhänge der Kordilleren in die Pampa vorzustoßen. War ihre Kultur vordem vor allem eine des Ackerbaus gewesen, so jagten sie auf patagonischem Boden zunächst verwilderte Rinder und Pferde, holten in Raubzügen auch Vieh aus dem Umkreis von Buenos Aires und verkauften es an die weißen Siedler am Rio Negro weiter und versuchten sich schließlich selbst als Viehzüchter. Die dort noch im Stadium der Wildbeuter lebenden Indios wurden araukanisiert. Zugleich kontrollierten die Mapuche den Handel zwischen der Ostküste und Chile – der gefährliche Seeweg um das Kap Hoorn wurde ja von den Segelschiffen tunlichst gemieden.
Diese Situation änderte sich grundlegend nach der Loslösung Chiles und Argentiniens vom spanischen Mutterland. Das Bestreben der neuen Staaten ging nun dahin, sich den letzten Rest des Kontinents, in dem die Indianer ein noch unabhängiges Leben führten, zu unterwerfen. Das war zugleich ein Wettlauf um die künftigen Grenzen. Die nun einsetzenden Einwanderungsströme aus Europa ließen den Bedarf an Siedlungsland gewaltig steigen. Insbesondere nach Chile setzte im Lauf des 19. Jahrhunderts eine starke deutsche Einwanderung ein. Die Ankunft der Mitteleuropäer, denen vor allem Boden im Süden angeboten wurde, führte dort zu einem wirtschaftlichen Aufschwung, der dazu beitrug, die früheren Herren des Landes, die Mapuche, immer mehr zurückzudrängen.
Schon in der chilenischen Revolution gegen Spanien waren die Indios beschuldigt worden, die Königlichen zu unterstützen, und es fanden unter ihnen blutige Massaker statt. Ein neuer Anlaß für das Vorgehen gegen sie waren im Bürgerkrieg von 1859 Hilfeleistungen

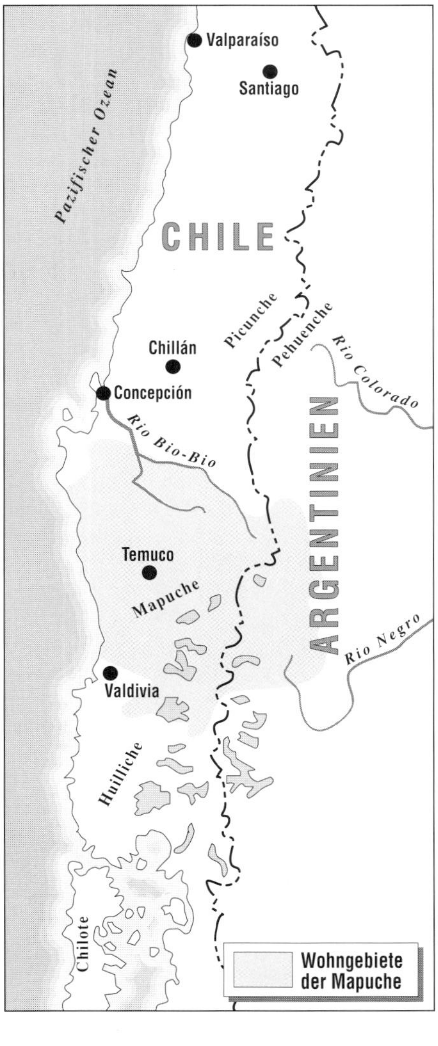

Mapuche-Frauen in ihrer edlen, spanisch beeinflußten Festtracht

für die Liberalen, nachdem diese unterlegen waren. Auch der Versuch eines französischen Abenteurers, Orlie Antoine de Tounens, sich mit Unterstützung eines Mapuche-Häuptlings zum „König von Araukanien" zu proklamieren, wurde als Akt der Illoyalität gegenüber der Republik gebrandmarkt. Die chilenische Regierung siedelte insbesondere die deutschen Einwanderer in Wehrkolonien an, deren „Säuberungsaktionen" die Mapuche immer weiter in unwirtliche Gegenden zurückdrängten. Zwischen 1850 und 1880 wurden die Indianer durch das Vorgehen chilenischer und argentinischer Truppen „befriedet", zudem wurden sie von Pocken und Cholera heimgesucht; in Argentinien wurde ihre Zahl dezimiert, so daß dort heute nur noch etwa 30.000 Mapuche leben.

Der letzte Widerstand der Mapuche gegen den fortgesetzten Landraub in Chile brach mit der Niederschlagung des Mapuche-Aufstands im Jahr 1880 zusammen. Nachdem sich die Weißen, von den Indios „Wingka" genannt (was sowohl Fremder als auch Dieb und Betrüger bedeuten kann), in den Besitz des besten Ackerbodens gesetzt hatten, wurden den Indianern über ihr ganzes früheres Land verstreute kleine „Reducciones", ähnlich den US-Reservaten, zugewiesen. Zu wessen Gunsten die Landverteilung vorgenommen wurde, belegen Zahlen eindringlich: Zwischen 1884 und 1929 wurden jedem weißen Siedler, der einen Landtitel beanspruchte, durchschnittlich 500 Hektar zugeteilt, jedem Mapuche nur 6,1 Hektar. Bis 1931 war das Land Gemeineigentum

Die Kunst des Webens wird noch immer gepflegt

des Reservats und wurde zur Nutzung an die einzelnen Familien verliehen. Dabei ging es wohl nicht immer gerecht zu, denn die Familie des Kaziken, des Dorfobersten, dessen Würde erblich war, war zumeist auch die reichste. Dennoch entsprach dieses System der Gemeinnutzung den Traditionen des Mapuche-Volkes. 1931 wurde die Individualparzellierung des Reservatbodens möglich, wenn mindestens ein Drittel der Bewohner sie verlangte. Dort, wo dies geschah, entstanden Miniparzellen, deren Besitzer oft nicht mehr imstande waren, daraus ihren Lebensunterhalt zu fristen; Landflucht setzte ein, und viele Indios zogen in die Städte, wo sie, schon aufgrund ihres Bildungsrückstandes, aber auch der rassistischen Vorurteile der Mestizen und der Neueingewanderten, nur die niedrigsten Arbeiten verrichten konnten.

Anfang der sechziger Jahre lebte nur noch etwas mehr als die Hälfte der chilenischen Mapuche in den Reducciones. Verständlich, daß die soziale Unruhe unter der Landbevölkerung Chiles auch die Indianer erfaßte. Unter dem Einfluß linksextremer Studenten wurde in den sechziger Jahren eine „Revolutionäre Bauernbewegung" ins Leben gerufen. Neben den Forderungen nach sozialer und wirtschaftlicher Besserstellung wurde auch der

Ruf nach einer indianischen Autonomie laut. Ganze Dorfgemeinschaften unterstützten den linken Kandidaten Allende, weil sie von ihm eine grundlegende Bodenreform erwarteten. Zwar fiel diese nicht so radikal aus, wie viele Bauern es erwartet hatten, aber immerhin konnten 70.000 Hektar Land an kleine indianische „Paisanos" verteilt werden. In manchen Gebieten schien das den Mapuche zu wenig, auch sabotierten Großgrundbesitzer die Reform, sodaß es zu Landbesetzungen kam und viele Indios mit der linksextremen MIR zu sympathisieren begannen.

Der Rückschlag erfolgte mit dem Militärputsch und der Ermordung Allendes. Die Repression der schon traditionsgemäß auf Indianerjagd spezialisierten Armee war im Mapuchegebiet besonders hart. Man schätzt, daß dort allein im September 1973 mindestens 2500 Mapuche ermordet wurden. Die Bodenreform wurde größtenteils rückgängig gemacht, 80 Prozent des verteilten Ackerlands mußten zurückgegeben werden. 1979 erfolgte durch ein Gesetz ein schwerer Schlag gegen das noch bestehende Kollektiveigentum: Es bezweckte, die Reducciones möglichst rasch in Privateigentum aufzuteilen. Dahinter stand als Fernziel, die lästige indianische Minorität zum Verschwinden zu bringen: Sei es dadurch, daß die Mapuche durch die verstärkte Landflucht aus den Reducciones in die Slums der Städte „integriert" würden, sei es dadurch, daß sie als Privatbesitzer, wie es das Gesetz ausdrücklich vorsieht, den Status als Ureinwohner, als Mapuche, verloren. Die ebenfalls in dem Gesetz getroffene Verfügung, daß bei den Privatparzellen keine Erbteilung mehr stattfinden darf, ist dazu angetan, die überkommene Familienstruktur der Mapuche, die in engem Zusammenhang mit dem Landbesitz in den Reducciones steht, zu zerstören, wird doch dem Familienzusammenhalt der vom Grundbesitz ausgeschlossenen Angehörigen im wahrsten Sinn des Wortes „der Boden entzogen". Gegen diese und andere Maßnahmen regte sich neuer Widerstand bei den Mapuche. Sie gründeten die Selbsthilfeorganisation „Ad-Mapu", die Landrechte und Kultur der Indianer verteidigen will. Auch die Sprache der Indios, das Mapudungun, ist im Schwinden und droht, bei ihren christlich-heidnischen Ritualen, in denen Schamaninnen eine bedeutende Rolle spielen, zu einer Kultsprache herabzusinken. Der Weg zwischen sozialem Aufstieg, der ohne Schulbildung und der damit verbundenen Hispanisierung nicht zu schaffen ist, und Wahrung der indianischen Identität wird freilich auch unter den nunmehr nach dem Ende der Militärdiktatur wieder demokratischeren Verhältnissen eine beständige Gratwanderung bleiben.

Literatur: Helmut Schindler, Bauern und Reiterkrieger. Hirmer, München 1990. – Wolfgang Lindig/Mark Münzel, Die Indianer. München 1976.

Schon die spanischen Kolonialherren erwähnten die Vorliebe der Mapuche für Hockey

Die traditionell führende soziale Stellung der Frauen des indianischen Guaraní-Volks hat dazu beigetragen, daß Guaraní zweite Staatssprache in Paraguay geblieben ist und von der Mehrheit der Bevölkerung gesprochen wird.

Paraguay hat eine Indianersprache als zweite offizielle Sprache: das Guaraní, das mit Hispanizismen angereicherte Idiom jenes indigenen Volkes, das in diesem Gebiet das bei Ankunft der Spanier mächtigste war. Aber die Annahme, daß die große Mehrheit der Paraguayer – selbst in den Städten sind mindestens 70 Prozent der Bevölkerung heute zweisprachig – reine Indios wären, ist falsch. An die 95 Prozent der Einwohner sind Mestizen, und diese verachten ihre reinblütigen Landsleute nicht nur, sondern sehen in ihrer Mehrheit bis in unsere Tage in der Verfolgung der Indianer eine lobenswerte Aufgabe der Armee. Daß der Großteil dieser rund 80.000 Indianer Guaraní sind, ist kein Hindernis dafür, daß sie, wenn sie ihr Stammesgebiet verlassen, ausgebeutet und gedemütigt auf der untersten Stufe der sozialen Leiter stehen.

Daß die Guaraní-Sprache dennoch erhalten geblieben ist und zur weithin gesprochenen Umgangs- und zweiten Staatssprache wurde, ist zwei Umständen zu verdanken: der Mission der Jesuiten, die im 17. Jahrhundert in Paraguay einen theokratischen Genossenschaftsstaat innerhalb der Kolonie errichteten (das Drama „Das heilige Experiment" von Fritz Hochwälder war diesem Thema gewidmet), und die Guaraní zur Schriftsprache machten; und wohl den Frauen, die bei den Guaraní eine traditionell hohe Stellung einnahmen und, häufig in Harems der spanischen Kolonisten zur Vermehrung der Einwohnerschaft angehalten, ihren Kindern die eigene Sprache weitergaben. Das Experiment der Jesuiten endete, von habgierigen Sklavenhändlern und landhungrigen Großgrundbesitzern torpediert, 1767 mit der Ausweisung des Ordens; die Guaraní-Sprache aber blieb in der zu einer homogenen Masse verschmolzenen Mischbevölkerung erhalten. Der erste Diktator Paraguays, Rodriguez de Francia (1814–1840), machte die Vermischung sogar insofern zur Staatsdoktrin, als er die Heirat zwischen Paraguayern mit rein spanischem Stammbaum verbot.
Die hohe soziale Stellung der Frauen freilich ist vor allem noch, auch hier schwindend, bei den Vollblutindianern anzutreffen. Sie beruht darauf, daß die wirtschaftliche Grundlage der Ernährung dieser Indianer der Brandrodungsbau war. Dabei gab es eine eindeutige Arbeitsteilung. Lediglich die Rodung neuer Ackerflächen oblag den Männern. Aussaat, Ernte und Verteilung der Feldfrüchte – Mais, Maniok, Süßkartoffeln, Bohnen, Kürbisse – war Sache der Frauen. Sie bildeten ein Kollektiv,

Guaraní-Junge hütet das Feuer

das die „basisdemokratischen" Entscheidungen des Stammes stark beeinflußte. Zudem war das Familienleben „matrilokal" organisiert, das heißt, bei der Heirat kam der Mann in die Familie der Frau, hatte nun als Lieferant der Jagdbeute für die Eiweißzufuhr zu sorgen beziehungsweise mußte dort, in neuerer Zeit, sein Vieh einbringen. Der neue Schwager war für die Familie fast so etwas wie eine Zugabe zum Vieh, erhielt aber zugleich ein Teilhaberecht an der agrarischen Produktion der Familie.
Erlaubt das Eheleben der Guaraní Rückschlüsse darauf, welche Vorstellungen davon in einer frauenbetonten Gesellschaft vorherrschend sind (und somit Rückschlüsse auf Entwicklungen, die sich in den nachindustriellen Gesellschaften abzeichnen)? Die Guaraní-Ehen waren streng monogam, dauerten aber normalerweise nur einige Jahre. Wenn es zur Scheidung kam, blieb die Frau bei ihrer Familie, der Mann zog in der Regel zur Familie einer Schwester. „Die Unstabilität der Ehen bekräftigt nur noch die Stabilität der dem gegenüber als ruhender Pol erscheinenden

Guaraní-Stämme heute

matrilokal erweiterten, durch die Verwandtschaftsbande der Frauen zusammengehaltenen Familien" (Mark Münzel).
Es lag auf der Hand, daß diese Organisation des Familien- und Ehelebens mit der Moral des Christentums zusammenstoßen mußte. Schon die Jesuiten, die die Guaraní-Familien in ihren „Reducciones" sammelten, versuchten, ihren Schäfchen eine neue Ehemoral einzuimpfen. Den Missionaren, von den biblischen Vorstellungen einer in der Furcht des Herrn und Gatten geprägten Frau beseelt, war die instabile, von der Frau dominierte Ehe der Indios ein Greuel. Dennoch blieb bei den „wilden" Indianern, die sich bei der Auflösung der Reducciones in die schwer zugänglichen Wälder und den unwirtlichen Chaco zurückzogen, das System zunächst erhalten. Der Flucht wurde mitunter ein messianischer Glaube unterlegt: Sie zogen nach Westen auf der Suche nach einem „Land ohne Übel", worunter wohl in erster Linie ein Land ohne Europäer verstanden wurde. Bei manchen Guaraní lebt dieser Glaube bis heute weiter. So brach 1973 eine kleine Gruppe brasilianischer Guaraní aus ihrer übervölkerten Reservation in Richtung Südküste auf, um das „Land ohne Übel" zu finden und so dem Weltuntergang zu entgehen, den sie durch den moralischen Verfall der „Weißen" kommen sehen; die Behörden reagierten verständnislos-nüchtern und arretierten die Indios wegen Vagabondage.

Was die Missionare nicht vermochten – die Umkehrung im Verhältnis von Mann und Frau – treibt die moderne Entwicklung voran. Im Chaco-Krieg (1932–1935) zwischen Bolivien und Paraguay wurden die Indianer auf beiden Seiten als ortskundige Späher und Führer benutzt. Das hatte Strafexpeditionen des Militärs gegen die Indios der jeweiligen Gegenseite zur Folge, die mit unerhörter Grausamkeit durchgeführt wurden. Die westlichen Guaraní, die noch in voreuropäischer Zeit bis an den Rand des Inka-Staates vorgedrungen und mit diesem in Konflikte verwickelt gewesen waren, stellten sich auf die Seite der Paraguayer. In diesem Fall wußte die Regierung in Asunción ausnahmsweise Dank: nach dem Sieg über Bolivien teilte sie den Indios Land im weiträumigen Gran Chaco zu. Zwar wurde der Boden weiterhin häufig gemeinschaftlich genutzt (obwohl Indios bis 1981 von gesetzeswegen keine kollektiven Landtitel erwerben konnten), doch in den Anbaumethoden ging man, seßhaft geworden, von der Brandrodung ab. Daraus und aus dem Bestreben, Überschußgüter zu vermarkten, gewannen die Männer zunehmend mehr Kontrolle über das Wirtschaften. Dazu kommt, daß sich viele von ihnen zu Lohnarbeit auf Farmen der Großgrundbesitzer verdingen und so finanzielle Selbständigkeit erlangen. Der lateinamerikanische „machismo" der Umgebung, der längst die paraguayische Mestizenbevölkerung vereinnahmt hat, tut ein übriges,

Die Guarani sind Meister der Flechtkunst

Einladung zum Mate-Trunk – eine Geste der Freundschaft

um dem „Aufstand der Männer" – die in den alten Zeiten in Kriegerbünden, die ihre Aggressionen gegen feindliche Stämme austobten, ihren Zusammenhalt fanden – zunehmend Erfolg zu sichern. Trotzdem üben Frauen, auch aus dem Hintergrund, noch immer beträchtlichen Einfluß auf Entscheidungen aus, die das Innenleben der Indio-Gemeinschaft betreffen.

Die Situation der reinblütigen Indianer in Paraguay ist dennoch alles andere als ein Idyll. Die Regierung öffnete nach dem Chaco-Krieg das Neuland für die Sekte der Mennoniten zur Ansiedlung, und diese brachten, niederdeutscher oder niederländischer Abstammung (wie die südafrikanischen Buren) den Hochmut eines Rassismus mit, der den Spaniern bei allem brutalen Vorgehen gegen die Indios fremd war. Gegen die Behandlung der Lohnarbeiter auf den Gütern der Mennoniten gab es wiederholt internationale Proteste. Insbesondere in der langen Regierungszeit des deutschstämmigen Diktators Stroessner wurde die relativ günstige ökonomische Entwicklung bei jenen Indianergruppen, denen Landbesitz zugesichert worden war, brutal unterbrochen, wenn ausländische Investoren Interesse an ihren Ländereien zeigten. Bodenverkäufe im Osten Paraguays etwa an die Mainzer Immobilienfirma „Treubesitz Südamerika" hatten die Vernichtung weiter Waldbestände und die Vertreibung vieler Familien der Mbaya-Guaraní zur Folge. Noch schlimmer erging es den Aché-Indianern, denen in den sechziger Jahren ihr Lebensraum, der Wald, genommen wurde. Soldaten und Siedler jagten die Indios wie wilde Tiere; dabei hatte der Oberste Gerichtshof von Paraguay sich 1957 (!) zum Erkenntnis aufgerafft, daß „Indianer, wie andere Bürger der Republik, menschliche Wesen sind."

Literatur: Wolfgang Lindig/Mark Münzel, Die Indianer. München 1976. – Klemens Ludwig, Bedrohte Völker. München 1994.

Die Yanomami sind die Nachkommen der frühesten indianischen Einwanderer in Amerika. Bis vor kurzem lebten sie noch fast unberührt in „vorkolumbianischen" Verhältnissen – jetzt sind sie vom Aussterben bedroht.

Bis weit über die Mitte unseres Jahrhunderts lebte das Volk der Yanomami nahezu ohne Kontakt zu den Weißen im Regenwald des gebirgigen Grenzgebietes zwischen Brasilien und Venezuela. Ihre fallweise durch feindselige Abwehr betonte Abgeschlossenheit hat sie als die bis vor kurzem noch größte, im ursprünglichen Kulturzustand lebende amerikanische Ethnie erhalten. Der Einbruch der sogenannten Zivilisation erfolgte dafür seit den siebziger Jahren um so heftiger, mit verheerenden Folgen für diese etwa 20.000 Indianer. Sie sind Nachfahren der vermutlich ersten Menschenhorden, die über die vor 30.000 Jahren bestehende Landbrücke an der Beringstraße aus Asien nach Amerika einwanderten. Völkerkundlern fiel auf, daß vielen Yanomani die sonst typischen Merkmale, die die Indianer als Abkömmlinge des mongoliden Typus ausweisen, fehlen. Blutuntersuchungen brachten ein überraschendes Ergebnis: Wie alle anderen Indianer gehören zwar auch die Yanomami der Blutgruppe 0 an, doch fehlt ihrem Blut der sogenannte Diegofaktor, ein Unverträglichkeitselement ähnlich dem Rhesusfaktor, den sonst alle untersuchten Indianerstämme ebenso wie die Mongoliden Asiens, nicht aber die Europäer besitzen. Das hat zu dem Schluß geführt, daß die frühesten Einwanderer in Amerika nicht mongolischen Ursprungs waren. Von den nachrückenden, kulturell überlegenen Indianervölkern wurden die Yanomami in schwer zugängliche Urwaldgebiete abgedrängt, was dazu beitrug, daß sie ihre Eigenart durch Jahrtausende erhalten konnten.

Die Yanomami, deren Sprache als „isoliert", mit keiner der benachbarten Indianersprachen verwandt, gilt, waren bislang nur im ethnologischen und linguistischen Sinn ein „Volk". In der Realität ihres gesellschaftlichen Lebens waren sie nicht einmal eine Stammesgemeinschaft. Sie hatten wenig mit dem „edlen Wilden" gemein, von dem die Europäer – in heuchlerischem Gegensatz zu ihren kolonialen Praktiken – seit Jean-Jacques Rousseau träumen. Mehrere Sippen, 50 bis 300 Angehörige, lebten gemeinsam unter dem großen Dach ihres Runddorfs (Shabono), das Gottfried Polykrates nach dem Besuch der Wawanaueteri, einer Yanomami-Gruppe in Nordwestbrasilien, so beschreibt: „Es stehen keine Häuser und keine Hütten da. Das ganze Dorf besteht aus einem enormen Pultdach, das wie ein Ring den äußeren Rand einer zirka 180 mal 100 Meter großen, lehmgestampften Lichtung umschließt. Dieses Dach fängt gegen den Wald zu in etwa eineinhalb Meter Höhe an und steigt zu einer offenen Lichtung hin etwa sechs Meter über den Boden. Seine Breite besteht zwischen sieben und acht Metern. In der Mitte ist der erhöhte Dorfplatz."

Das Leben der Yanomami war nur in bezug auf die Kleidung und allenfalls auf die Fülle an jagdbaren Tieren, die der Urwald bot, und den dort gesammelten oder in kleinen Pflanzungen herangezogenen Früchten paradiesisch. Hingegen lagen die Shabonos häufig untereinander im Krieg, und bei den Überfällen, die oft sogar Nachbardörfer einander antaten, gab es für die männlichen Feinde kein Erbarmen, die Frauen aber wurden geraubt. Die Ursache für diese Aggressivität wird von den Ethnologen nicht nur im Kampf um Jagdreviere, sondern vor allem in der Zeugungs- und damit Vermehrungskonkurrenz gesehen. Es gehörte aber zur Kulturleistung der Yanomami, daß sie es verstanden haben, einen Teil dieses Aggressionspotentials in Form äußerst harter, aber nicht todbringender Massenzweikämpfe zu ritualisieren.

Sowohl von den Kolonisatoren als auch von den nachkolonialen Republiken blieben die Yanomami lange unbehelligt. Heute ist ihre Situation in Venezuela und in Brasilien zwar von folgenschweren Unterschieden geprägt, doch scheint das Ende zumindest ihrer eigenständigen Kultur als freie Waldindianer, ja sogar ihres ethnischen Bestandes, nahe. Die venezolanische Indianerpolitik ist zwar um einen wirksamen Schutz der Indigenen bemüht, verläßt sich aber zugleich auf die Tätigkeit der christlichen Missionen, unter deren Schutz die Yanomami stehen, diese an die Zivilisation anzupassen. Die zweifellos gutgemeinten In-

Korbflechten ist „Frauensache" bei den Yanomami

Festlich geschmückt tanzen die zum Jahresfest der Pijiguao-Palme geladenen Krieger in das Dorf der Gastgeber ein

itiativen der Gottesmänner, die Rettung des Seelenheils der Indios mit sanfter Assimilation zu verbinden, haben allerdings mitunter unvorhergesehene Folgen. So waren die katholischen Salesianer-Missionare bemüht, Yanomami-Gruppen aus ihren Urwald-Shabonos an die Ufer des befahrbaren oberen Orinoco umzusiedeln, wobei der Wunsch, die immerwährenden Zwistigkeiten zwischen den Dörfern auszuschalten ebenso stark war wie der der wirksameren Obhut über die neugewonnenen Schäfchen, die im Dschungel nur allzuleicht zu den magischen, von Drogen unterstützten Praktiken ihres Geisterglaubens zurückkehrten. Die traurige Nebenerscheinung dieser Missionsarbeit war, daß die umgesiedelten Yanomami in den neuen Siedlungen massenhaft an Grippe, Masern, Keuchhusten und Hepatitis starben. Die Sterblichkeit infolge von Infektionskrankheiten ist hier, nicht zuletzt durch die klimatisch nicht angepaßte, den Naturkindern aufgezwungene Kleidung viermal so hoch wie in entlegeneren Gebieten, weiß der Ethnologe Napoleon A. Chagnon, der einen Yanomami Survival Fonds gegründet hat. Auch die von den Missionaren erhoffte Befriedung griff nicht überall; in den Macheten und Schrotflinten, mit denen sie zur Umsiedlung verlockt wurden, sahen die Yanomami-Männer nun oft wirksamere Mittel, alte Rachegelüste zu befriedigen.

Eine ebenfalls auf venezolanischem Gebiet tätige, amerikanische protestantische Mission, die „New Tribe Missionaries", glaubte, einen besseren Weg zur Aufgabe der alten Yanomami-Praktiken des Bruderkrieges gefunden zu haben. Sie beließen die Indios in ihren Shabonos und wirkten auf sie ein, mit

dem alten Glauben auch die Feindschaften aufzugeben. Das hat dazu geführt, daß diese Indianer nun rücksichtslos mit ihrer Umwelt umgehen: In die Kleider des weißen Mannes gesteckt, haben sie auch die durch Schonung der Ressourcen gekennzeichnete Beziehung zum Regenwald verloren, und in der Trockenzeit lodern um die Dörfer in immer weiterem Umkreis die Flammen, die die Bäume vernichten und kurzfristig die – bald ausgelaugte – Erde für den Anbau zur Verfügung stellen.

Waren so die Bemühungen der Indianerpolitik Venezuelas wenn schon nicht von Erfolgen, so doch von dem Wunsch, die Indianer schonungsvoll an die Welt der Weißen anzupassen, gekennzeichnet, so kam in Brasilien der Einbruch in die Yanomami-Gesellschaft mit brutaler Härte. „Sich anpassen oder aussterben" – das war die Grundeinstellung der meisten Brasilianer zur Zukunft der noch „wilden" Indianer, als die Politiker in Brasilien zu Anfang der siebziger Jahre die Erschließung Amazoniens proklamierten. Man betrachtete es als einzig gangbaren Weg, die Indios, die als primitive Rasse mit einer minderwertigen Kultur angesehen wurden, zu assimilieren, zu Brasilianern zu machen. Der Waldläufer Francisco Meirelles, der als Vorbote der Regierung in den Regenwald eindrang, sah die Integration so: „Viele Anthropologen treten an das Problem mit einer falschen Sentimentalität heran. Wer gibt uns das Recht, eine bestimmte Rasse von Gütern auszuschließen, von denen die ganze Menschheit Gebrauch macht? Warum sollen sich menschliche Wesen weiterhin die Nase durchbohren oder die Lippen deformieren und in anderer Weise primitiv leben, wenn sie sehen, daß es auch bessergehen kann?" Daß dieses „Bessergehen" darin besteht, daß die meisten assimilierten Indios die unterste Schicht der Gesellschaft bilden und als Bettler in den Slums an den Stadrändern vegetieren oder als Landlose sich in die Armee der Hungernden einordnen müssen, wollen diese Prediger des Fortschritts nicht wahrhaben.

Der erste Schlag, der die Yanomami traf, war Anfang der achtziger Jahre der Bau der Perimetral Norte, einer Straße, die den Süden ihres Wohngebiets durchschnitt. Sie war die Voraussetzung dafür, daß Siedler ins Land gelockt wurden und Firmen Schürfrechte für die im Indianergebiet – zu Recht, wie sich bald herausstellte – vermuteten Bodenschätze erwarben. Die brasilianische Indianerbehörde FUNAI wies demgegenüber das Yanomami-Gebiet mit 94.000 Quadratkilometern aus. Um nach dem brasilianischen Gesetz als Indianerland zu gelten, müssen aber die Grenzen markiert werden. Dies wurde jahrelang verzögert. Im Gegenteil, nun schaltete sich die Armee ein: Vordergründig wurde die Grenze zu Venezuela, Guayana und Surinam zur „Sicherheitszone" erklärt. Angeblich, um „kommunistische Infiltrationen" aus den Nachbarländern zu verhindern, wurde eine 150 Kilometer breite, 6.500 Kilometer lange Militärzone, großteils durch Yanomami-Land, geschaffen. Die brasilianischen Bischöfe sagten klar, worum es dabei wirklich ging: um die Investitionsabsicherung des Großkapitals im Amazonasbecken. Das bisherige Territorium Roraima wurde zum Bundesstaat erhoben, binnen weniger Jahre verdreifachte sich durch die emsig betriebene Einwanderungspolitik dessen Bevölkerung.

Die neue Landesregierung von Roraima hatte wesentlichen Anteil daran, daß 1987 das Unglück in vollem Ausmaß über die Yanomami hereinbrach. Die Politiker in Boa Vista, der Hauptstadt des neuen Gliedstaates, riefen Goldsucher ins Land, und sie kamen, vor allem aus dem Nordosten Brasiliens, wo der Terror der Großgrundbesitzer eine Bodenreform verhindert und Massen von Landlosen ständig am Rand des Verhungerns leben, zu Zehntausenden. Auf schnell errichteten, illegalen Flugpisten landeten diese „Garimpeiros" mitten im Urwald und begannen die Goldsuche mit rücksichtlosen Methoden, durch die die Flüsse mit Quecksilberablagerungen verseucht wurden. Es kam zu bewaffneten Zusammenstößen mit den Indios, von denen viele zuvor niemals einen Weißen gesehen hatten, und die Indianerbehörde hatte nichts Eiligeres zu tun, als die Gesundheitsstationen im Indianerland aufzulassen und Verträge der

Junge Frau aus dem Stamm der Wawanaueteri mit geerntetem Maniok

Kommission zur Schaffung des Yanomami-Reservats zu annullieren. Ein Präsidentenerlaß verkleinerte das den Yanomami ursprünglich zugestandene Gebiet von 9,4 auf 2,4 Millionen Hektar. Die von den Goldschürfern eingeschleppten Krankheiten grassierten in den Indianerdörfern; immer wieder wurden Indios umgebracht, und 1993 richteten Garimpeiros im Dorf Hashimoteri in Abwesenheit der Yanomami-Männer ein schauerliches Massaker an Frauen und Kindern an. Das hatte eine für Brasilien höchst peinliche internationale Untersuchungskommission zur Folge.

Schon zuvor hatten sich in aller Welt, aber auch in Brasilien heftige Proteste gegen diese Indianerpolitik erhoben, die, vor allem infolge der Seuchen, binnen weniger Jahre ein Fünftel der rund 10.000 brasilianischen Yanomami dahinraffte. Schließlich durften die Ärzteteams wieder ins Indianergebiet zurückkehren, das Bundesgericht in Brasilia erklärte den Anspruch der Yanomami auf das 94.000 Quadratkilometer große Gebiet für rechtskräftig und verlangte den Abzug der Garimpeiros. Der neue Präsident Collor de Mello (später wegen Korruption abgesetzt, aber dann freigesprochen) ließ sich nicht entgehen, medienwirksam an der Sprengung einiger illegaler Flugpisten teilzunehmen. Das waren vor allem – im Vorfeld der großen Umweltkonferenz in Rio (1992) – Maßnahmen zur Beruhigung der internationalen Öffentlichkeit, der Indianer- und Umweltschutzorganisationen und der brasilianischen Bischofskonferenz. In Wirklichkeit änderte sich wenig, und die Bundespolizei, zum Schutz der Reservatsgrenzen eingesetzt, ist gegenüber den Polizeikräften des Staates Roraima, den Geschäftemachern, die den armen Teufeln von Garimpeiros das Gold zu Schandpreisen abnehmen, und den lokalen Politikern, die die offizielle Indianerpolitik sabotieren, machtlos. Ungehört dürfte die Mahnung des Yanomami-Führers Esmeraldo Tisibora-u-theri verhallen: „Euer Land ist bereits genug verwüstet. Verheert nicht auch noch mein Land."

Literatur: Peter Baumann, Amazonien darf nicht sterben. Ueberreuter, Wien 1990. – Gottfried Polykrates, Menschen von gestern. Braumüller, Wien 1984. – Uwe George, Yanomami: Das letzte Gefecht. In: GEO 8/1994. – Franz Fluch, Das leise Sterben der Yanomami-Indianer. In: Gesellschaft für bedrohte Völker (Hg.), Unser Amerika. Wien 1992.

Vor wenigen Jahrzehnten wehrten sich die Kayapó-Indianer noch mit Keulen gegen Eindringlinge. Ihrem Häuptling und späteren Träger des Bruno-Kreisky-Menschenrechtspreises Paiakan gelang es vor einigen Jahren mit anderen, friedlichen Mitteln, ein Mammut-Staudammprojekt zu verhindern.

Vielleicht war es nur ein Aufschub für die Zerstörung ihrer Heimat am Amazonas-Nebenfluß Xingu, die die Vertreter von zwanzig brasilianischen Indianerstämmen 1989 durch die Verhinderung eines gigantischen Staudamm- und Straßenprojekts erreichten. Aber daß so etwas überhaupt möglich war, zeigt vor allem zweierlei: Erstens, daß die Indianer eine Macht sind, wenn sie die alten Feindseligkeiten untereinander begraben; und zweitens, in welchem Ausmaß das neue, internationale Umweltbewußtsein zu einem Bundesgenossen der indigenen Völker werden kann. Dies geschah im Februar 1989: Damals kamen in Altamira im brasilianischen Bundesstaat Pará Indianer, Umweltschützer, Ethnologen, Politiker, Künstler und Vertreter von Menschenrechtsorganisationen zusammen, um gemeinsam gegen das Mammut-Staudamm-Projekt am Rio Xingu zu protestieren. Es sah bis zum Jahre 2010 den Bau von 136 (!) Staudämmen vor; 26.000 Quadratkilometer Regenwald, Heimat etlicher Amazonas-Völker, sollten verschwinden und zum Teil von einem See von doppelter Größe des Bodensees überflutet werden.

Es war vor allem die Initiative eines Mannes, die den geschlossenen Protest von Altamira ermöglichte: Paulinho Paiakan vom Volk der Kayapó hatte es verstanden, den Widerstand gegen „Plano 2010" zu organisieren. Das war dadurch möglich geworden, daß Paiakan ganz andere Mittel für den indianischen Kampf einsetzte, als es seine Stammesbrüder noch vor wenigen Jahrzehnten taten. Die Kayapó, ein Volk aus der einst großen Sprachgruppe der Gê, hatten – ähnlich den ihnen stammesverwandten Xavantes – ihr Gebiet östlich des Xingu-Flusses durch Jahrhunderte zäh verteidigt und waren erst in den späten fünfziger Jahren „befriedet" worden. Ihre Schlagkeulen waren zwar von den umliegenden Stämmen und von einzelnen weißen Kolonisten oder Kautschuksuchern, die sich in ihr Gebiet vorwagten, gefürchtete Waffen, aber mit modernen Gewehren ausgerüsteten Soldaten hoffnungslos unterlegen.

„Ich habe meinen Kampf, seit ich mich für mein Volk einsetze, nie mit der Schlagkeule geführt", sagte Paulinho Paiakan, der 1991 mit dem Bruno-Kreisky-Menschenrechtspreis ausgezeichnet wurde, in einem Gespräch mit dem Journalisten Franz Fluch. „Meine Waffen sind: ein Fotoapparat und ein Tonbandgerät. Diese Waffen kann ich ständig einsetzen. Außerdem sind sie viel effizienter als Schlagkeulen, weil ich die Aufnahmen als Beweismaterial nützen kann." Paiakan war auf diese Weise bemüht, den brasilianischen Gesetzen zum Durchbruch zu verhelfen, wenn Großgrundbesitzer, Holzschlägerungsunternehmen oder Goldsucher widerrechtlich Kayapó-Land besetzten. Obwohl die brasilianische Indianerbehörde FUNAI wegen korrupter Mitarbeiter und Zusammenarbeit mit Lobbyisten und indianerfeindlichen Regionalbehörden einen schlechten Ruf hat, gelang es auf diese Weise wiederholt, Gesetzen, die zum Schutz der Urbevölkerung erlassen wurden, zum Durchbruch zu verhelfen.

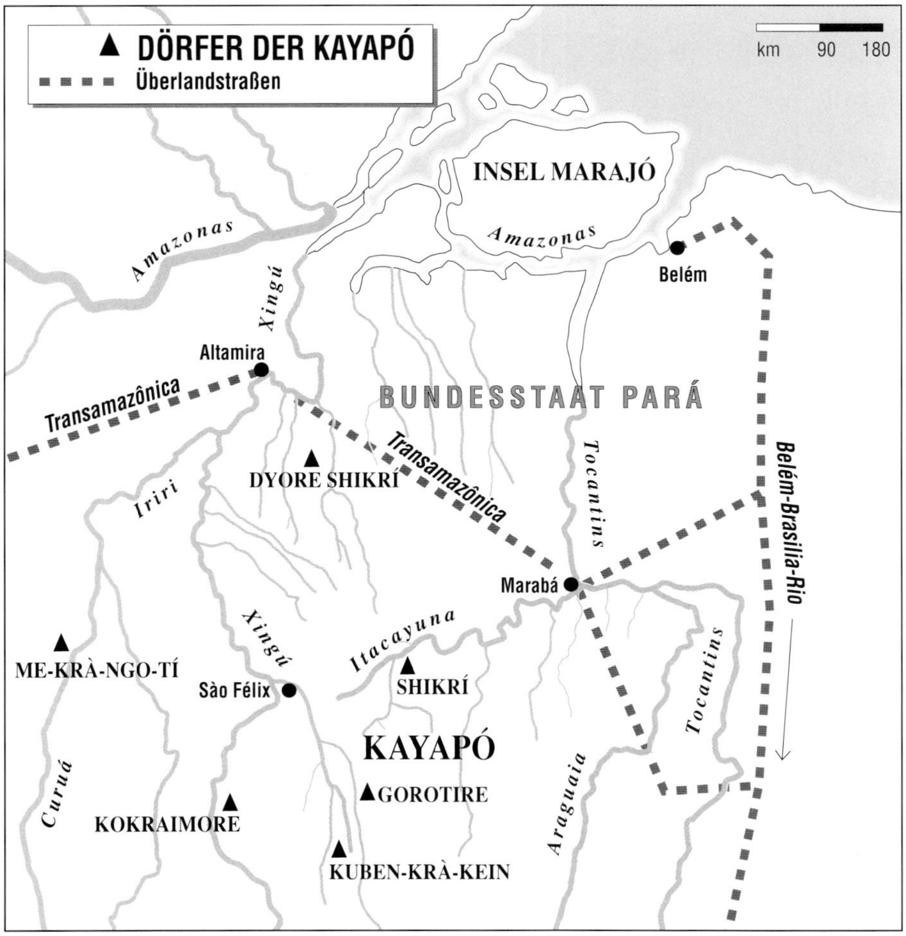

„Plano 2010", den die brasilianische Regierung zu einem gewaltigen Entwicklungsprojekt hochstilisiert hatte, wäre mit diesem juristischen Kleinkrieg wohl nicht zu verhindern gewesen. Als bekannt wurde, daß die Weltbank den Plan mit einem 500-Millionen-Dollar-Kredit großzügig mitfinanzieren wollte, machten sich Paiakan und seine Mitstreiter an die Aufgabe, die internationale Öffentlichkeit zu alarmieren. Vor allem ging es darum, die von dem Mammutprojekt betroffenen Eingeborenenvölker zu organisieren. Bei ihrem Treffen in Altamira fand diese vorher nie dagewesene Einheit in einer Deklaration der Völker des Xingu ihren Ausdruck, in der es hieß, „daß es unabdingbar ist, unsere gemeinsame Mutter Erde, die Natur, zu achten. Wir empfehlen dringend, Pflanzen und Flüsse nicht zu zerstören, denn sie sind unsere Brüder. Wir sind darüber einer Ansicht, daß wir den Bau von Staudämmen am Xingu-Fluß genauso wenig wollen, wie an anderen Flüssen Amazoniens, denn diese Staudämme bedrohen die eingeborenen Völker und alle Bewohner an den Ufern der Flüsse."

Das Treffen von Altamira war nicht ohne Dramatik verlaufen, weil auch radikale Staudamm-Befürworter angereist kamen. Vertreter der paramilitärischen Schläger- und Killertruppe der Großgrundbesitzer, der rechtsradikalen Uniâo Democrática Ruralista (UDR), und der Geschäftsleute von Altamira zogen mit Transparenten „Es lebe der Kararaô-Staudamm" durch die Straßen der Stadt, während in der Stadthalle der Kongreß der Indigenen, Umweltschützer und Menschenrechtler, zu denen sich auch der für die Amazonasindianer engagierte Popsänger Sting gesellt hatte, ablief. Der Direktor der staatlichen „Eletronorte", José Muniz Lopes, wagte sich in die Höhle des Löwen und versuchte, für das Staudammprojekt zu werben; die Region von Kararaô sei aufgrund der Untersuchungen der Experten die bestgeeignete. Das Wort „Kararaô" aber ist ein den Kayapó heiliger Kriegsruf. Als der Direktor es aussprach, stürzte eine Indianerin-

Schon für die Kinder gibt es Festbemalung

mit ihrer Machete zornig auf das Rednerpodium zu und schwang sie um den Kopf des erblassenden Vertreters der E-Wirtschaft. „Energie, was ist Energie, ich brauche das nicht!" schrie sie erregt, und Senhor Muniz dürfte Gott gedankt haben, daß dieser Auftritt nur eine drastische Geste des Protestes gewesen war.

Die Vorgänge in Altamira alarmierten die internationale Öffentlichkeit. Es erhob sich eine Protestwelle, und die Weltbank machte daraufhin ihre Kreditzusagen rückgängig. Die brasilianische Regierung, ohnehin vor dem Staatsbankrott, war sich bewußt, das Projekt in absehbarer Zeit nicht aus eigener Kraft durchführen zu können. Gegen Paulinho Paiakan, den Urheber des Widerstands, leitete sie ein Verfahren wegen staatsfeindlichen Verhaltens ein. Es wurde eingestellt, nachdem auch in der brasilianischen Öffentlichkeit massiv Kritik daran geübt worden war. Doch auch 1993 bekam Paiakan die Rachsucht der Behörden zu spüren: Als er vor der Welt-Umweltkonferenz in Rio sprechen sollte, wurde in brasilianischen Medien lanciert, er habe ein weißes Mädchen vergewaltigt. Auch diese Beschuldigungen verliefen im Sand. Was die Großprojekte am Xingu anlangt, so dürfte ihre Realisierung vorerst freilich nur vertagt sein. Solange Millionen Menschen in den wuchernden Slums der Großstädte Brasiliens dahinvegetieren, werden die Urwälder Amazoniens zunehmend der Gefahr einer fragwürdigen „Erschließung" durch Massen von Landlosen ausgesetzt sein, die infolge des Ausbleibens einer Landreform in den Agrargebieten darin ihre einzige Chance sehen.

Aber selbst ohne diese Migrationsströme ist die Kultur der Amazonas-Indianer allein durch die Begegnung mit der Welt der Weißen vom Untergang bedroht. Allein der Bau der großen Überlandstraße „Transamazônica" in den siebziger Jahren war mit einer systematischen Kolonisierung verbunden, die notwendigerweise auch zu Kontakten mit den dort bis dahin noch isoliert lebenden Stämmen führen mußte. Für die Kayapó, die eigentlich ein Steppenvolk sind, das vor langer Zeit aus dem Süden in die heutigen Wohngebiete gekommen ist, bedeutete dies eine Beschleunigung des bei ihnen erst in Anfängen vorhandenen Ackerbaus. In ihrer Kultur war das jägerische Element bestimmend gewesen, doch nun wurde der Lebensraum für viele Tiere eingeschränkt und die Jagd als Lebensgrundlage für die Indianer immer unzureichender. Andererseits dürfte die kriegerische Haltung der Kayapó dazu beigetragen haben, daß sie, wie das Wirken Paiakans beweist, der Vereinnahmung durch den brasilianischen Staat und die weiße Zivilisation gerade auch mit der Akzeptanz von deren Mitteln und Möglichkeiten einigermaßen erfolgreich entgegentreten konnten.

Paiakan ist sich bewußt, daß sein Volk seine Identität nur wahren kann, wenn es die Wurzeln zur eigenen Vergangenheit nicht vergißt. Er rief ein sogenanntes „Kulturprojekt" ins Leben, durch das die Sprache, das Wissen und die Traditionen der Kayapó mit Hilfe von Foto, Film und Tonband dokumentiert werden sollen. In dessen Verlauf wurde auch eine eigene Schule gegründet, in der die Dorfältesten den Jüngeren ihr früher nur einzelnen Auserwählten mitgeteiltes Wissen weitergeben. „Der weiße Mann hat zwar zu uns einen Kontakt hergestellt, aber wirklich gelehrt hat er uns nie etwas", begründet Paiakan sein Vorgehen. „So haben wir eben selbst die Initiative ergriffen und uns den technischen Fortschritt der Weißen für unsere eigenen Zwecke zunutze gemacht."

Doch waren auch weiße Forscher bemüht, die geistige und materielle Kultur eines bis vor wenigen Jahrzehnten noch „wilden" Indianervolks festzuhalten. Darrell Addison Posey, der den ersten internationalen Kongreß für Ethnobiologie 1988 in der Amazonasstadt Belém organisierte, zeigt, welche ökologischen Anpassungsmethoden und landwirtschaftlichen Strategien den Umgang mit ihrer natürlichen Umwelt bestimmten – ein Umgang, der im Unterschied zu dem von den Weißen praktizierten Vorgehen die Ressourcen erhält und nicht zerstört. Der Gelehrte vertritt die Ansicht, daß die Akzeptanz dieser Erfahrungen zur Synthese neuer Methoden im Umgang mit der Natur führen würde, was angesichts der globalen Bedeutung des Regenwaldes nicht nur für dessen angestammte Bewohner wünschenswert wäre.

Ein Häuptling mit weißer Reiherkrone tanzt

Um eine umfassende Darstellung des Weltbildes der Kayapó war der Grazer Ethnologe Anton Lukesch bemüht. In jahrelanger Feldforschung hat er die Mythen der Kayapó aufgezeichnet, in denen sich ihre Weltsicht, aber auch Alltag, Gesellschaftsstruktur und Sittenordnung widerspiegeln. Es erschließt sich darin eine uns fremde, urtümliche Welt und damit auch das Verständnis für die vielfältigen Entwicklungswege menschlicher Kultur. In seinem jüngst neuaufgelegten Buch über diese Erfahrungen tritt Lukesch beispielsweise mit Vehemenz gegen die Überheblichkeit und Abwertung auf, mit der viele weiße Urwaldsiedler die Indianer beurteilen. „O indio é safado", der Indianer ist schamlos, heißt es da immer wieder, wobei sich die Kolonisten vor allem auf die – der umgebenden Natur des Regenwaldes ideal angepaßte – Nacktheit der Amazonier beziehen und von der strengen, lebenslangen Monogamie bei den Kayapó keine Ahnung haben. Offenbar übersteigt es das Vorstellungsvermögen vieler Weißer, daß Sittlichkeit nicht an Kleidung gebunden ist. „Obwohl die Indianer zur Zeit unseres Aufenthaltes in Kubenkrakein (einem Kayapódorf) noch fast alle nackt gingen, konnten wir kaum einmal auch nur den Austausch von Zärtlichkeiten und Berührungen merken, genauso wie man keinen Erwachsenen seine Notdurft verrichten sieht, wenn auch nach Art des indianischen Hausbaues alle sanitären Einrichtungen fehlen", berichtet Lukesch. Er hat gewissermaßen in letzter Stunde, vor dem unaufhaltsamen Vordringen einer Zivilisation, die die Welt der Kayapó grundlegend verändert, selbst wenn sie sich als winzige Minderheit behaupten sollten, eine authentische Kulturdokumentation vorgelegt.

Paulinho Paiakan hat erkannt, wie wichtig die Wahrung der alten Überlieferungen bei Annahme des unvermeidlichen Neuen sind: „Nur so kann unsere Kultur überhaupt noch überleben, weil immer mehr Weiße in unser Land eindringen, um unsere Indianerkultur zu zerstören."

Literatur: Gesellschaft für bedrohte Völker (Hg.), Unser Amerika. Wien 1992. – Anton Lukesch, Der Tapir, der an der Himmelsstütze nagt – Mythos und Leben der Kayapó-Indianer. Böhlau, Wien 1994.

Ka'apor

Die Zerstörung des südamerikanischen Regenwaldes bedroht auch jene Indianervölker, die die weiße Invasion überlebt haben; zum Beispiel die Urubú-Ka'apor in Nordostbrasilien.

Das Stromland des Amazonas und sein riesiges Einzugsgebiet sind in den letzten Jahrzehnten zu einem Brennpunkt des ökologischen Weltgewissens geworden. Die Zerstörung des Regenwaldes wird als eine Bedrohung des Weltklimas betrachtet. Dabei prallen die „Fortschritts"-Ideologie der brasilianischen Machthaber und der Kapitalkräfte, die den Anschluß des „Schwellenlandes" Brasilien an die modernen Gesellschaften anstreben, und die Mahnungen ernstzunehmender Wissenschaftler und eines gerade in den Industriestaaten sich entwickelnden Umweltbewußtseins aufeinander. Und erkannt wurde in diesem Konflikt auch, daß es nicht nur um Räume, sondern auch um Menschengruppen geht, die dieses Land seit Jahrtausenden bewohnen. Die Amazonasindianer, seit der weißen Eroberung Amerikas zwar verfolgt, zurückgedrängt, versklavt, aber bis ins 20. Jahrhundert hinein doch noch durch die Unzugänglichkeit weiter Teile ihres Lebensraums geschützt, haben nun erstmals auch zu einer die große Zahl der einzelnen Stämme und Völker verbindenden Einheit des Protestes gefunden, der sie „fünf Minuten vor Zwölf" vor der Vernichtung retten soll.

Die Geschichte der Amazonasindianer läßt sich durchaus mit jener der nordamerikanischen Ureinwohner vergleichen, auch wenn sie in Europa bei weitem nie die Beachtung gefunden hat, die den Völkern zwischen Atlantik und Rocky Mountains, literarisch von Lederstrumpf bis Winnetou verklärt, zuteil wurde. Kriegerische Eroberung, Landraub, Vertreibung, Ausrottung, Sklaverei, Frauenraub und Aufgehen in der ländlichen Bevölkerung der Neusiedler bestimmten das Schicksal fast aller dieser Ethnien. Ihr Überlebenskampf bestand nicht nur im Widerstand gegen einen an Zahl und Waffen hoffungslos überlegenen Feind. Er fand ebenso Ausdruck im Ausweichen in andere, noch unzugänglichere Gebiete der „Grünen Hölle" und schwankte häufig zwischen erzwungener Anpassung und Abkapselung in einer Isolation, die dem vor der weißen Eroberung ausgedehntesten Kulturareal der westlichen Hemisphäre trotz seiner Aufsplitterung in eine Unzahl von Stämmen fremd gewesen sein dürfte.

Bis zum heutigen Tag spielt sich dieser amazonische Überlebenskampf in verschiedenen Formen ab, wie auch die Reaktion der neuen Herren des Kontinents im wesentlichen erst im 20. Jahrhundert differenzierter geworden ist. Von der Entdeckung Amerikas an bis zur Durchdringung des Kontinents durch europäische Siedler waren die Ureinwohner von den Eroberern als eine Art Ungeziefer angesehen worden, deren Beseitigung nahezu als ein Gottesgebot galt (rühmliche Ausnahmen bestätigen nur diese Regel). Für Brasilien bezeichnend waren etwa die pharisäischen „Cartas Regias" des portugiesischen Königs Johanns VI. aus dem Jahr 1705, in denen bestimmt wurde, „daß kein Indio gegen seinen Willen gezwungen werden könne, sein Habitat zu verlassen, um eine andere als ihm genehme Lebensform anzunehmen ... Jene hingegen, die nackt herumlaufen, und auf diese Weise den König, den Gouverneur und die Kirche despektieren, diese Indios dürfen in Ketten gelegt werden." Das war in Wahrheit ein Freibrief für die Versklavung jedes Indianers, der sich, durchaus seinen überkommenen Sitten gemäß, auf die Jagd in den Urwald begab, und wurde dementsprechend weidlich genützt. Wenn sich die Indianer gegen solche täglich praktizierte Gewalt dann durch Überfälle auf weiße Siedlungen rächten, waren sie die unverbesserlichen, grausamen „Wilden", die durch Strafaktionen zu dezimieren waren.

Der 1910 in Brasilien gegründete „Indianerschutzdienst" (SPI) mochte anfangs durchaus von dem edlen Ziel getragen gewesen sein, den Überresten der Ureinwohner ein ihnen gemäßes Leben zu sichern und zugleich auf diese Weise Konflikte mit der „zivilisierten" Bevölkerung hintanzuhalten. Im Laufe der Zeit aber wurde der SPI durch die Korrumpierung seiner Beamten immer mehr zu einem Instrument der Großgrundbesitzer und der Konzerne; er wird sogar beschuldigt, durch Verteilung von infizierten Decken und vergifteten Nahrungsmitteln ein großes Indio-Sterben hervorgerufen zu haben. Nach dem Militärputsch von 1964 wurde der SPI aufgelöst, doch auch die neugegründete „Indianerschutzbehörde" FUNAI trat häufig wieder in die Fußstapfen der alten Indianerpolitik. Maßgebend war dafür, was der langjährige Vorsitzende der FUNAI, General Oliveira, so ausdrückte: „Die Indianer dürfen kein Hindernis für den Fortschritt sein."

Ein Beispiel für jene Amazonasindianer, die sich lange der Anpassung an die kolonialen Strukturen verweigerten, sind die Urubú, oder, wie sie sich selbst nennen, Ka'apor. „Urubú", die aus Nachbarsprachen auch von den Ethnologen übernommene Bezeichnung, bedeutet „Geier", und dieser Name wird unterschiedlich interpretiert; die einen meinen, er entstand, weil die Ka'apor bei den Wanderungen der durch die Invasion der Weißen in Bewegung geratenen Amazonasvölker rücksichtlos andere Stämme verdrängten, andere sehen darin eine Verächtlichmachung der ungeliebten Nachbarn als „Aasfresser". Die Eigenbezeichnung „Ka'apor" läßt sich wörtlich als „Fußspuren im Wald" übersetzen, bedeutet also im übertragenen Sinn „Waldmenschen". Nach ihrer Sprache weisen sie sich als Angehörige der einst großen, in ganz Nordostbrasilien beheimateten Sprachfamilie der Tupi aus. Manche Forscher meinen, daß sie Nachkommen der Tupinambá sein könnten, die bei der Entdeckung des Kontinents durch die Europäer an der Atlantikküste wohnten und deren Beurteilung durch die Kolonisatoren zwischen der Bewunderung als „edle Wilde" und einer Greuelpropaganda, die sie als abscheuliche Kannibalen sah (weil rituelle Menschenopfer vorkamen), schwankte. Heute leben die Ka'apor in einem etwa 5.000 Quadratkilometer großen Reservat östlich des Oberlaufs des Rio Gurupi im Bundesstaat Maranhao.

Aber dahin war es ein langer und letztlich für den Großteil der Ka'apor todbringender Weg. Zu Beginn des 17. Jahrhunderts führten die Portugiesen einen blutigen Ausrottungskrieg gegen die Tupi-Völker am unteren Amazonas. Mit einem Massenmord an 30.000 Indianern

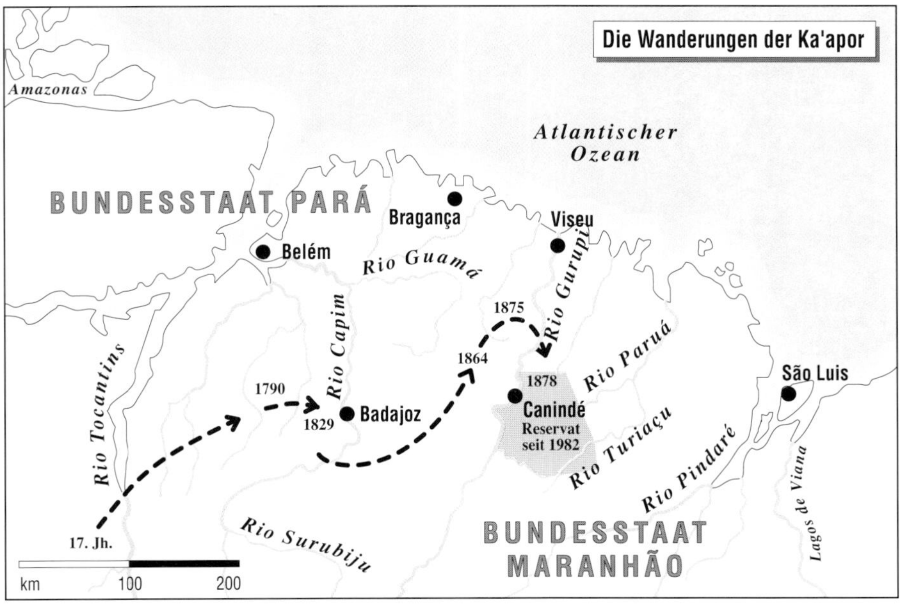

Krieger mit Halsschmuck aus Jaguarzähnen

brach der Militärkommandant von Belém ihre Widerstandskraft. In den folgenden Jahrzehnten war das Gebiet ein Reservoir für Arbeitssklaven, die in sich wiederholenden Treibjagden der Großgrundbesitzer eingefangen wurden. Nur die Jesuiten traten gegen die Sklaverei auf, obwohl auch sie die indianischen Arbeitskräfte zu Fronarbeit zwangen. „Die Ungerechtigkeiten und die Gewaltherrschaft, die an den Indianern ausgeübt werden, übertreffen bei weitem alles, was in Afrika geschieht," berichtete ein Jesuitenpater 1657 aus Pará. „Im Zeitraum von vierzig Jahren wurden mehr als zwei Millionen Indianer entlang dieser Küste und im Landesinneren vernichtet, und mehr als 500 Indianersiedlungen in der Größe ganzer Städte wurden zerstört, und keinerlei Strafen sind dafür ausgesprochen worden."
Ein Jahrhundert später wurden die Jesuiten aus der Kolonie ausgewiesen, was die Lage der Indios weiter verschlechterte.
Die Vorfahren der Ka'apor entzogen sich der Bedrängung durch die Abwanderung von der Mündung des Rio Tocantins in die schwerer zugänglichen Gebiete des Landesinneren östlich davon. So blieben sie vorerst von den Einflüssen der westlichen Zivilisation weitgehend verschont und konnten ihre alte Lebensweise von Brandrodung und Jagd, angesichts der niedrigen Bevölkerungszahlen der Indianerstämme ein die Ressourcen des Regenwaldes schonender Umgang mit der Natur, beibehalten. Gelegentlich überfielen Gruppen der wilden Urubú, von denen sich akkulturierte indianische Nachbarn und weiße Siedler Schauermärchen erzählten, Kolonistensiedlungen, und das hatte wiederum Strafexpeditionen zur Folge, denen sich die Urubú aber im schützenden Dickicht des Urwaldes meist entziehen konnten.

Worauf es die Indios bei ihren Beutezügen vor allem abgesehen hatten, waren die Metallwerkzeuge der Weißen, die ihrerseits immer weiter in die Waldgebiete vordrangen. 1864 kam es zu einem schweren Konflikt. Nachdem die Ka'apor die Siedlungen am Rio Guamá überfallen hatten, zerstörte die Nationalgarde mehrere ihrer Dörfer; die Indianer zogen sich daraufhin in die unzugänglichen Wälder östlich ihrer damaligen Wohnsitze zurück. Auch dort häuften sich bald die Klagen, daß „wilde Indianer" die Siedlungen der Weißen und Assimilierten terrorisierten. Im Provinzparlament von Maranhão wurde darüber geklagt, daß die Überfälle das Tal des Rio Paruá entvölkert hätten. Diese Urubú „gehören einem Stamm an, der die Verarbeitung von Eisen so gut beherrscht, daß sie Bogen und Pfeile mit Eisenspitzen gebrauchen, Schießpulver verwenden und mit Papiergeld umgeben können", berichteten Militärs am Ende des vorigen Jahrhunderts. Auch mit entflohenen Negersklaven – in Brasilien wurde die Sklaverei erst 1888 aufgehoben – und mit anderen Indianerstämmen gerieten die Ka'apor in Konflikt. In Rachezügen der Siedler und der Nationalgardisten wurden ihre Dörfer zerstört; die Erbauer der Telegraphenleitung durch das Gebiet unterstrichen ihre zivilisatorische Leistung dadurch, daß sie die Köpfe gefangener Urubú auf den Telegraphenstangen aufspießten.

Da den Ka'apor dennoch mit Gewalt nicht beizukommen war, bemühte sich das 1910 gegründete SPI um eine friedliche Beilegung der Gegensätze. An die Ufer im Grenzgebiet zu den Urwaldindianern wurden Geschenke gelegt, und schließlich kam es zu Gesprächen mit den Häuptlingen. 1928 wurde der Friede mit Brasilien besiegelt (was gelegentliche Auseinandersetzungen mit anderen Indianergruppen auch in der Folgezeit nicht ausschloß). „Die heutigen Ka'apor sind davon überzeugt, daß ihre Vorfahren die Weißen ‚befriedeten' (mu-katu); je nach Perspektive ist diese Aussage ebenso richtig wie die, daß die Weißen die Ka'apor ‚befriedet' hätten" (William L. Balée).
Die „Befriedung" brachte allerdings sehr bald den fürchterlichsten Schlag gegen die Ka'apor-Gemeinschaft mit sich: Eine unidentifizierte Atemweginfektion raffte 1929 mindestens die Hälfte des 5000-Seelen-Volkes dahin. In der Folgezeit schien nach einer Masernepidemie und infolge anderer Krankheiten das Aussterben der Urubú vorgezeichnet. Erst in den allerletzten Jahren konnte wieder ein Wachstum des Stammes registriert werden.
Ende der fünfziger Jahre erfuhr das bis dahin weiterhin von der weißen Welt relativ unbehelligte Leben der Ka'apor – über das noch 1948 eine kleine Schweizer Expedition berichtete, die insbesondere die großartige Federkunst, aber auch die gesamte Lebensweise dieser Indianer in Fotos und gemalten Bildern sowie in Sammelobjekten festhielt – einen tiefen Einschnitt, als an der Ostgrenze ihres Siedlungsgebietes eine neue Verbindungsstraße errichtet wurde. Landlose Siedler strömten ins Land, und die Bewohner der östlichen Ka'apor-Dörfer zogen sich in den Wald zurück. Um die Größenverhältnisse zu charakterisieren: Den rund 120.000 Bewohnern des Umlandes stehen dort rund 600 Ka'apor gegenüber.
1977 teilte die FUNAI dem Stamm ein Reservat von etwas mehr als 5.000 Quadratkilometern zu; 1982 wurde es durch ein Dekret des Präsidenten als Ka'apor-Land bestätigt. Aber auch dieses blieb von der Welle der neuen Amazonien-Erschließung nicht verschont. Obwohl die neue Verfassung Brasiliens von 1988 den Indianern unveräußerliche Rechte über ihr Land garantiert, drangen Holzfäller und Siedler auch in die „Reserva Indígena alto Turiaço" ein. Der Staat erweist sich offenbar als nicht fähig oder auch nicht willens, die rechtlich den Indianern zugesprochenen Reservate zu schützen. Lediglich die von einer wachsenden Weltmeinung getragene Besinnung auf den Schutz einer sonst unwiederbringlich verlorenen Umwelt mit all ihren schwerwiegenden Folgen könnte auch dazu beitragen, die Indianervölker als Bestandteil der Vielfalt menschlicher Kultur zu erhalten; es gibt, wie gerade auch aus Brasilien zu berichten sein wird, Beispiele, wie ein solcher Weg begangen werden kann.

Literatur: Peter R. Gerber (Hg.), Ka'apor – Eine bedrohte Kultur in Brasilien. Zürich 1991.

Neu errichtetes Haus auf erst kürzlich geschlägerter Urwaldlichtung

Realisierte Utopie – oder ethnologisches Museum? In Brasiliens Alto Xingu wurde versucht, indianisches Leben in seiner Ursprünglichkeit zu erhalten.

Pessimisten meinen, daß die meisten der noch auf Erden existierenden kleineren Stammesvölker zum Untergang verurteilt sind – wenn schon nicht durch die Ausrottung ihrer Angehörigen, so doch durch eine von den Staaten oder von den wirtschaftlichen und gesellschaftlichen Verhältnissen erzwungene Assimilation. Es gibt aber auch, wenn auch wenige, Gegenbeispiele zu vermelden, die den Bemühungen, solchen Völkern ihre unverwechselbare Eigenart zu erhalten, Hoffnung geben.

Am oberen Rio Xingu im brasilianischen Bundesstaat Mato Grosso wurde ein Reservat besonderer Art, der „Parque Indigena do Xingu", geschaffen. Er unterscheidet sich grundlegend von den Elendsgebieten, die viele Indianerreservate – keineswegs nur in Brasilien – darstellen. Das Hauptverdienst kommt dabei zwei Brüdern, Orlando und Claudio Villas-Bôas, zu, die hier eine Heimstatt für Indios verschiedener Stämme geschaffen haben, in der diese ihr Leben möglichst unberührt von äußeren Einflüssen ihren Traditionen gemäß gestalten können.

„Alto Xingu", wie das Gebiet allgemein genannt wird, weist mit seinem Beiwort auf den Oberlauf dieses Nebenflusses des Amazonasstromes hin. „Alto", hoch, deutet ganz allgemein darauf hin, daß hier das gebirgige Quellgebiet des Flusses beginnt, eine für die weißen Siedler landwirtschaftlich unergiebige und schwer erschließbare Region. Die Besonderheit des Xingu ist, daß oberhalb der Felswände und Stromschnellen sich noch einmal ein fruchtbarer breiter Uferstreifen öffnet. So wurde Alto Xingu ein Zufluchts- und Rückzugsgebiet für Indianer, die vor den Weißen zurückwichen, um ihre Freiheit bewahren zu können. Das ging nicht ohne Kämpfe ab, denn Alto Xingu war keineswegs unbewohnt, sondern die sich vor den Weißen zurückziehenden Gê-, Tupi- und Kariben-Stämme trafen auf Aruak, die schon hier saßen, als im 17. Jahrhundert die erzwungene Wanderbewegung der nicht ausgerotteten oder versklavten Küsten-Indios begann. Die Dezimierung der Bevölkerung durch diese Konflikte und der Druck des äußeren Feindes führten jedoch schließlich dazu, daß die Xinguanos allmählich miteinander leben lernten, sich in Kultur und Glaubensformen einander anpaßten, ohne daß die einzelnen Dörfer ihre jeweilige ethnische Identität aufgaben.

Xingu-Familie in der Reservation Kamaiura

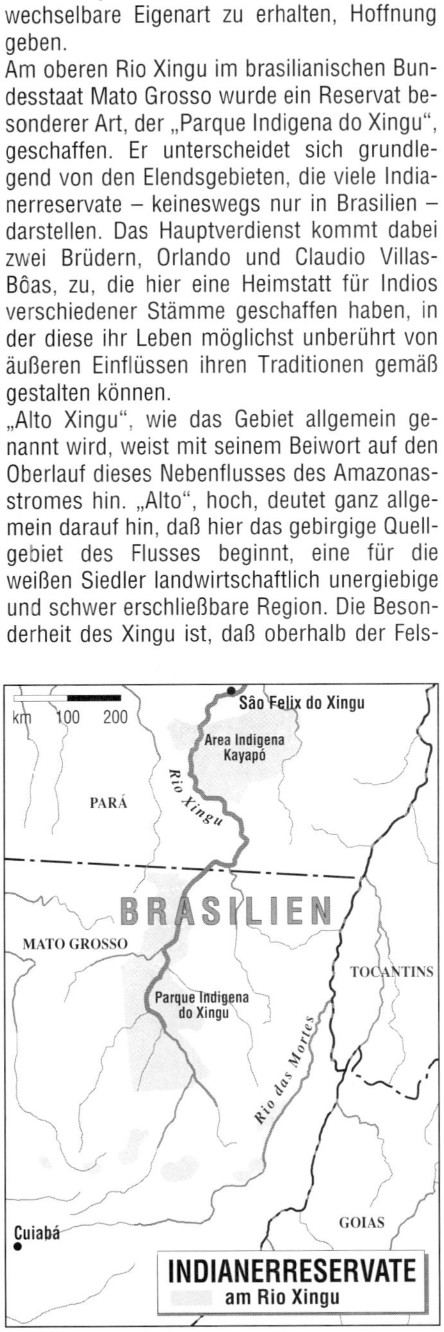

Anfang der vierziger Jahre begann die brasilianische Regierung mit ihrem Programm der Erschließung des riesigen Hinterlandes. Das ging in der Regel so vor sich, daß die Bundesbehörden lediglich für Flugpisten und Handelsposten und in weiterer Folge für den Straßenbau zuständig waren. Die Durchführung wurde in die Hände einzelner gelegt, die von der Zentrale kaum kontrolliert wurden, und in deren Ermessen auch die Behandlung der Indigenen lag, wobei die Indianerschutzgesetze oft Papier blieben. Die Xinguanos hatten das unerwartete Glück, daß der Handels- und Verwaltungsposten am Alto Xingu den Brüdern Villas-Bôas anvertraut wurde. Deren Anliegen war zunächst die Beilegung der Konflikte unter den Eingeborenen, die insbesondere infolge der Zuwanderung der vom unteren Xingu vertriebenen Txikâo neu aufgeflammt waren. Die nähere Bekanntschaft mit den von weißen Zivilisationseinflüssen noch nahezu unberührten Indianern ließen in den Brüdern die Überzeugung reifen, daß das von der Regierung damals den Ureinwohnern zugedachte Programm der „nationalen Integration" der falsche Weg wäre. Sie traten vielmehr gegen die „kulturelle Enteignung" der Indios auf, die sie als einen De-facto-Völkermord erkannten. Denn sie sahen die Folgen der Integration auf einen Großteil der heute noch in Brasilien lebenden rund 200.000 Indios, den Rest einer bei der Ankunft der Europäer auf vier Millionen geschätzten Bevölkerung: die Ausbeutung der „zivilisierten" Indianer als häufig am Rande des Verhungerns lebende Landarbeiter oder ihr Vegetieren als verachtete unterste Schicht in den Randzonen-Slums der weiß-schwarzen Siedlungen.

Einer solchen fragwürdigen Integration stellten die Brüder ihr Modell entgegen: „Angesichts der Größe unseres Landes glauben wir, daß es eine lebensfähige Lösung wäre, ausgedehnte Reservate und Parks zu schaffen und zu unterhalten, wo die Indianer eine wirkungsvolle medizinische Versorgung hätten und von der Verwaltung ihres Schutzgebietes direkt mit all den Utensilien, Werkzeugen und Artikeln beliefert würden, die heute für sie unerläßlich sind. Auf diese Weise müßte es möglich sein, sie davon abzubringen, ihre eigene Region zu verlassen und immer wieder Zentren der ‚Zivilisation' aufzusuchen, ... wo sie allen möglichen Mißständen und Lastern zum Opfer fallen ... und ganz automatisch ihre Selbständigkeit einbüßen."

Die Idee der Brüder Villas-Bôas fand bei den lokalen Behörden des Bundesstaates Mato Grosso wenig Verständnis. Anfang der fünfziger Jahre begann die Landesregierung mit dem Verkauf indianischen Bodens im Alto Xingu an Grundstückspekulanten. Das Leben der Xinguanos schien jenen Bedrohungen ausgeliefert, die schon so viele andere brasilianische Stammesvölker zerstört hatten. Doch die Brüder hatten Verbündete in der Zentralregierung und bei mächtigen Geldgebern. 1961 wurde dem Landraub durch die von Brasilia beschlossene Gründung eines Reservats, mit den Villas-Bôas als Verwaltern, ein Riegel vorgeschoben. Nun konnten die Brüder über die Verteilung der für das indianische Leben zweckmäßigen Güter und Werkzeuge entscheiden und sich dabei von ihrer Überzeugung tragen lassen: „Die Indianer sind selbst ein Teil der Natur ... Alle Dinge – die belebten und die unbelebten – gehören einer anderen Welt an: einer Welt, die sich unserem Begriffsvermögen widersetzt und mit ganz anderen Augen gesehen wird." Diese Welt zu erhalten, die Indianer nach ihren eigenen Gesetzen und Vorstellungen leben zu lassen, sehen sie als eine Verpflichtung ihres Staates, der sich ja „auf Brüderlichkeit, gegenseitige Achtung und Toleranz" als seine Grundlagen beruft. Was insbesondere die medizinische Versorgung anlangt, so betrachten Villas-Bôas die Weißen in der Schuld der Indianer stehend: Die erste Berührung mit Forschern und Händlern im vorigen Jahrhundert hatte zur Folge, daß die Xinguanos durch Erkältungskrankheiten dahingerafft wurden. Erst in den letzten Jahrzehnten ist es gelungen, die indigene Einwohnerschaft des Alto Xingu von 850 wieder auf bereits an die 3.000 anwachsen zu lassen; insbesondere die Kindersterblichkeit wurde zurückgedrängt, und die Indianer des Schutzgebiets sind heute gesünder als die brasilianische Landbevölkerung des Umlandes.

Jede der zehn Ethnien des Nationalparks wohnt in ihrem eigenen Dorf. Jedes Dorf hat seine eigene Sprache behalten, doch ist der Tauschhandel zwischen den zehn Stämmen rege und insofern sinnvoll, als die Dörfer sich auf die Erzeugung bestimmter Produkte spezialisiert haben. Gemeinsam sind den Xinguanos im Laufe ihres langen Zusammenlebens die religiöse Weltsicht und die damit verbundenen Feste und Zeremonien geworden. Höhepunkt der intertribalen Festivitäten ist das Kwarup-Fest. Es wird jeweils dort abgehalten, wo ein Dorfältester verstorben ist; es ist zunächst ein Fest der Ahnengeister, die als „Kwarup", als bemalte und verzierte Holzpfosten, aufgestellt werden. Das Fest beginnt mit Kampfspielen zwischen den Mannschaften aus den verschiedenen Dörfern. Dabei werden Überfälle simuliert und sehr aggressive Ringkämpfe ausgeführt. Doch am Ende geben die Sieger den Besiegten ein Essen. Den Xinguanos ist offensichtlich die Sublimierung ihrer früheren Kriege und Raubzüge perfekt gelungen. Der Sinn der Feste ist vielschichtig: Ungebärdige Jugendliche werden durch Initiationsriten in gesittete Erwachsene umgewandelt, einander fremde Dörfer in befreundete, feindselige Geister in freundliche. „Die Umwandlung von Bösem in Gutes, von Tod in neues Leben in allen Bereichen, auf den ver-

Beim Frauen-Fest wird der Urubi, die Frauenschnur, getragen

Der Ringkampf Huka-Huka darf bei keinem Fest der Kamayaró fehlen

Baumwolle und Palmfasern werden zum Urubi, zu Stricken und Hängematten verarbeitet

schiedensten Ebenen, ist der Inhalt der Feste und der Xinguano-Religion" (Mark Münzel).

Wie prägend und zugleich befreiend für aus ihrer Heimat vertriebene Indios Alto Xingu ist, zeigt das Beispiel der Krenakoré, die als letzter Stamm erst 1975 im Nationalpark Aufnahme fanden. Während des Baus von Fernstraßen durch ihre Wohngebiete in der Amazonasregion hatten die unheilvollen Folgen ihrer ersten Begegnung mit der „Zivilisation" bei ihnen einen Kulturschock ausgelöst; völlig lustlos und apathisch geworden, schienen sie zum Aussterben verurteilt. Aber schon nach zwei Jahren konnte man sie in ihrem Dorf am Rio Xingu wieder lachen hören, Kinder wurden wieder geboren, ihre Kultur fand hier einen fruchtbaren Boden der Erneuerung.

Die Brüder Villas-Bôas haben es bisher auch verstanden, Missionare vom Schutzgebiet fernzuhalten. Sie sind überzeugt davon, daß die Indianer ihre Identität am besten bewahren können, wenn sie nicht aus ihrer Glaubenswelt gerissen werden. Die Bewohner des Oberen Xingu sind noch frei geblieben vom Sexualkomplex des Christentums, der so viel Heuchelei einschließt. Die jungen Burschen und Mädchen sind sexuell völlig frei. Dennoch versäumt es kein Indianer und keine Indianerin, irgendwann im Leben zu heiraten, ein ungeschriebenes Gesetz verbietet das Unverheiratetsein. Bleibt die Ehe zwei Jahre ohne Kinder, wird sie aufgelöst, und die Partner sind frei für eine neue Wahl. In ihren Enkeln sehen sich die Indios wiedergeboren, deshalb wollen sie Kinder haben. Auch die Bekleidungssitten sind unverändert geblieben, Männer begnügen sich mit einer Halskette um die Hüften und fallweise mit Körperbemalung. Die Damenmode ist im ganzen Alto Xingu einheitlich: Sie besteht lediglich aus dem Uluri, einem Gürtel aus Palmfaserschnüren, die von einem getrockneten, muschelartigen Blatt zusammengehalten werden. An der Anzahl der Schnüre läßt sich erkennen, ob die Frau unverheiratet, verheiratet oder verwitwet ist.

Der Alto Xingu, von dem bisher auch Tourismus ferngehalten wurde, wird von seinen Kritikern, die nicht unbedingt von anderen, sehr handfesten Interessen geleitet sein müssen, als künstlicher Versuch, die Indianer von der modernen Entwicklung und den Segnungen des Fortschritts fernzuhalten, betrachtet, sie sehen in den Bemühungen der Villas-Bôas-Brüder ein letztlich vergebliches Bemühen. Indianerfreunde, Ethnologen und Ökologen hingegen meinen, der Alto Xingu sei fast so etwas wie eine realisierte Utopie, ein Beispiel dafür, wie indianisches Leben unter optimalen Bedingungen heute aussehen könnte. Freilich fragt sich, welche Entwicklung das Schutzgebiet einmal ohne die idealistischen Brüder, die schon mehrmals für den Friedensnobelpreis vorgeschlagen wurden, nehmen wird.

Literatur: Maureen Bisilliat/Orlando und Claudio Villas-Bôas, Xingu – Bei den Wald-Indianern im Herzen Brasiliens. Paul List, München 1979. – Wolfgang Lindig/Mark Münzel, Die Indianer. München 1976.

Auch in Ecuador verbindet sich bei den indianischen Bauern ein neues Selbstbewußtsein mit den brennenden sozialen Forderungen. Die letzten Urwaldindianer hingegen kämpfen ums Überleben.

Ecuador scheint – abgesehen von Scharmützeln, die sich seine Soldaten mit der Armee Perus um den Grenzverlauf liefern – selten in den Spalten der Weltpresse auf. Das bedeutet aber keineswegs, daß das Land am Äquator keine Probleme hat. Und sie beschränken sich keineswegs auf Waldbrände auf den Galapagos-Inseln, die vor einiger Zeit Schlagzeilen machten. 1994 las man, daß Präsident Sixto Duran Ballen die Armee gegen protestierende Indianer, die die Straßen blockierten, eingesetzt hat.

In den letzten Jahren hat es nicht immer der Armee bedurft, um Indios aus den Anden- und Amazonasregionen, die auf ihre Rechte pochten, zu befrieden. 1992 veranstalteten rund 4000 Angehörige der vier Indianerstämme der Ketschua, Shuar, Ashuar und Zaparo einen zwölftägigen Marsch auf Quito. Der damalige Präsident Rodrigo Borja Cevallos, der der Izquierda Democratica, der sozialdemokratischen Linken, zugerechnet wurde, empfing ihre Sprecher. Sie verlangten für die 20.000 Indios der Amazonasregion die Abtretung von zwei Millionen Hektar Urwald. Außerdem wollten sie eine Verfassungsänderung, die Ecuador im Hinblick auf seine Ureinwohner als multikulturellen und multinationalen Staat definiert. Im ersten Punkt kam die Regierung den Indianern rasch entgegen: Ihnen wurde das Besitzrecht an Ländereien im Ausmaß von immerhin 1,1 Milionen Hektar (allerdings ohne allfällige Bodenschätze) gewährt. Nachdem Sixto Duran Ballen, Repräsentant der konservativen Partido Unidad Republicana, 1993 zum Präsidenten gewählt worden war, schien sich ein Kurswechel in der Indianerpolitik zu vollziehen. Duran, Exbürgermeister der Hauptstadt Quito, setzte auf eine Wirtschaftsreform, die der Privatinitiative Vorrang gab. Er fühlte sich als der Mann, der Ecuadors Auslandsschulden in der Höhe von 10 Milliarden Dollar – das Land erreichte vom „Pariser Klub" 1992 einen Zahlungsaufschub auf 15 Jahre – abtragen konnte.

Die politische Wende bekamen die Indio-Bauern als erste zu spüren. Wurde doch ein Landreformgesetz beschlossen, das ausländischen Konzernen und Großgrundbesitzern den Aufkauf großer Gebiete in ihren Gemeinden ermöglichen würde. Die Indianer-Organisation Conaie forderte vom Verfassungsgerichtshof die Aufhebung des Gesetzes. Ihre Straßenblockaden sollten Druck hinter diese Forderung setzen. Als es dadurch zu Versorgungsengpässen und Zusammenstößen mit Lastwagenfahrern kam, sah Duran eine „Bedrohung des inneren Friedens" und setzte Truppen ein.

Was mag die zwei jungen Auka-Frauen erheitern?

Mindestens ein Viertel der Elf-Millionen-Bevölkerung Ecuadors sind Indianer. Das weitaus größte Volk sind die Ketschua, die im Andengebiet wohnen, Nachkommen der altamerikanischen Inka-Kultur. Ihre Sprache ist neben Spanisch zu einer Lingua franca auch kleinerer Indio-Ethnien geworden, ja, zum Teil haben diese ihre eigenen Idiome aufgegeben. Das wichtigste Volk unter den Waldindianern der Montana, wie die von tropischem Regenwald bewachsene Ostabdachung der Anden genannt wird, sind Shuara und Ashuar, die zur Sprachgruppe der Jivaro gehören, welche einst die Weißen mit den Schrumpfköpfen ihrer getöteten Feinde schaudern machten; heutzutage werden sie Touristen angeboten – doch die gruseligen Souvenirs sind Affenköpfe. Die Shuar-Föderation in Ecuador ist heute eine der im Kampf um soziale Verbesserungen und Landansprüche aktivsten Indianerorganisationen.

Längst ist das Gros der Indios in die weiße Zivilisationsgesellschaft eingegliedert, allerdings zumeist auf deren unterster Stufe. Das spanische Feudalsystem machte die Hochlandbauern zu Leibeigenen, und der über den Kolonialstatus fortdauernde Großgrundbesitz perpetuiert ihr Abhängigkeitsverhältnis. Der Kampf um die Besserstellung der Indigenen ist also in erster Linie ein sozialer Kampf, was insbesondere einen Kampf um den Boden bedeutet. Allerdings kommen durch das Bewußtsein der eigenen Identität und den Stolz auf die so lange als Bauernidiom kompromittierte Muttersprache neue Elemente in diese Auseinandersetzung, wie die eingangs erwähnten Forderungen des Jahres 1993 zeigen.

Wurden die Hochlandbauern des Inkareichs sofort nach dessen Eroberung in das Ausbeutungssystem der Kolonialherren eingegliedert (auch durch die meist tödliche Zwangsarbeit in den Bergwerken), so erfolgte die Durchdringung des unwegsamen und wirtschaftlich wenig versprechenden Regenwaldes nur allmählich. Die kolonisierten Indios wurden dabei häufig zu Helfershelfern der Unterwerfung der noch „wilden" Urwaldstämme. Einige von diesen traf dieses Schicksal erst in unserem Jahrhundert. Ein Beispiel für viele ist das Volk der Auca, dessen letzte

Auka

Mit der Missionierung im Reservat wird die „anstößige" Nacktheit gegen Kleidung eingetauscht, die ungewaschen bleibt

Angehörige im ecuadorianischen „Oriente" an den Quellflüssen des Amazonas leben (den größeren Teil seines Amazonasgebietes hat Ecuador 1942 nach einem langwährenden Konflikt an Peru verloren).

Sie selbst nennen sich Huaorani, was, wie bei der Selbstbenennung vieler Naturvölker, schlicht „Menschen" bedeutet. Der von den Europäern übernommene Name Auca ist eine Bezeichnung, die ihnen die Ketschua gaben; war es der Hochmut der Angehörigen einer Hochkultur oder der schon „zivilisierten" Kolonialbevölkerung, gleichviel: „Auca" sollte diese Urwaldindianer verächtlich als „Barbaren" brandmarken. Zwar war der Regenwald, den klimatischen Bedingungen und der vor allem auf Jagen und Sammeln angewiesenen Nahrungsbeschaffung entsprechend, nie dicht besiedelt; doch daß die Auca heute auf eine Gruppe von etwa 700 zusammengeschmolzen sind, war erst die Folge ihrer Begegnung mit der sogenannten Zivilisation.

Das Unglück brach über die Auca herein, als in ihrem Gebiet Erdöl vermutet wurde. Als die in ihrer traditionellen Lebensform bedrohten Indianer sich gegen die Eindringlinge wehrten, kamen sie als die grausamsten und gefährlichsten Wilden in Verruf; bis heute verbindet sich mit dem Wort Auca für viele Ecuadorianer ein Gruseln. Wirklich Anlaß zum Fürchten hatten jedoch die noch so frei wie seit Jahrhunderten lebenden Urwaldindianer. Denn sehr bald zeigte sich, daß sie in ihrer Existenz bedroht waren.

Das Rezept, mit dem die Ausbeutung des ölhaltigen Dschungels gesichert werden sollte, war ein uraltes. Es mußte gelingen, die Auca zu missionieren – dann war der erste Schritt für ihre Zähmung getan. Die nordamerikanische evangelische Missionsgesellschaft der Wycliffe-Bibelübersetzer mit ihrem Summer Institute of Linguistics übernahm diese Aufgabe. Bei dieser Sekte handelt es sich um Fundamentalisten, die mit dem Glaubenseifer, der einst spanische Mönche beseelte, überzeugt davon sind, die Seelen der „Heiden" um jeden Preis retten zu müssen. In ihren engen Vorstellungen sind die Sitten und Gebräuche – etwa Nacktheit, lockere Sexualsitten, Vielweiberei, Stammesfehden – der frei lebenden Indianer nicht mit dem moralischen Kodex der christlichen Zivilisation zu vereinen. Deshalb müssen sie „verbessert", unseren Wertvorstellungen angepaßt werden. Auf diesem Weg bedienen sich die Linguisten einer Methode, die für die Erforschung aussterbender Sprachen zwar sehr sinnvoll ist, aber in ihrer Zielrichtung letztlich der Assimilation Vorschub leistet.

Im konkreten Fall der Auca, deren Sprache noch wenig bekannt war, fand die Leiterin des Missionsprojekts, Rachel Saint, eine vor Fehden in ihrer Sippe geflüchtete Indianerin, mit deren Hilfe sie eine Grammatik und ein Wörterbuch der Auca erarbeitete. Zunächst erlitt der Plan, „durch die Kraft des Evangeliums die furchtbesessenen Heiden in gläubige Christen umzuwandeln", einen tragischen Rückschlag. Fünf Linguisten-Missionare, darunter Rachel Saints Bruder, die erste Kontakte mit den wildlebenden Indianern suchten, fanden 1956 unter Auca-Speeren den Tod. Für die ecuadorianische Regierung war das Anlaß, ihre Hoffnung auf Befriedung durch das Evangelium eine Zeitlang durch die Hubschrauberjagd der Armee auf Auca, deren man ansichtig wurde, zu ersetzen.

Man darf den Missionaren nicht unterstellen, daß sie dies wollten. Im Gegenteil, sie rechtfertigen ihren Eifer auch damit, daß sie die Indios zugleich mit der Bekehrung vor den schlimmsten Einflüssen der Zivilisation bewahren wollen; und wahrscheinlich ist es wirklich immer noch besser, wenn die auf Dauer wohl unvermeidliche Begegnung mit der Welt des weißen Mannes in der Form von, und sei es noch so bornierten, Missionaren erfolgt, anstatt mit schießwütigen Siedlern und vergewaltigenden Holzfällern. Daß die Tätigkeit der Linguisten von der Texaco Gulf Company, die in diesem Gebiet auf Erdöl gestoßen ist, mit Wohlgefallen betrachtet und finanziell unterstützt wurde, steht freilich wieder auf einem anderen Blatt.

Trotz des Schocks gaben Rachel Saint und ihre Gefährtin Betty Elliot nicht auf, und mit Hilfe genannter Indianerin gelang es den beiden Frauen, deren persönlicher Mut durch ein Vordringen in das Auca-Gebiet belegt ist, 1958 die erste Auca-Gruppe zu taufen. Die Regierung in Quito war bereit, den Auca das etwa tausend Quadratkilometer große Reservat Tiwaeono einzuräumen, in dem unter der Leitung der Linguisten der segensreiche Weg in die Zivilisation angetreten und die Wilden so endlich unter Kontrolle gebracht werden konnten, ohne daß Menschenfreunde in aller Welt Ecuador des Genozids beschuldigen konnten.

Die Texaco, die größtes Interesse daran hatte, daß das weitläufige Regenwaldgebiet, das allein die hergebrachte Lebensweise der Indios sichert, von den gefährlichen Auca geräumt würde, stellte den Linguisten Flugzeuge zur Verfügung, um das Missionswerk zu beschleunigen. Eine ausgeklügelte Methode half der Überzeugungskraft der Heidenbekehrer nach: Zusammen mit Geschenken wurde vom Flugzeug ein Korb mit einem Radiosender abgeworfen, von dem aus die Missionare, gleichsam als Stimme Gottes, mit den staunenden Eingeborenen ins Gespräch kamen. Nach und nach gelang es, an die fünfhundert Auca in die Reservation zu bringen. Bei 95 Prozent Luftfeuchtigkeit in von amerikanischen Spendern gesammelte Kleider gesteckt, wurden sie dort nicht nur bald abhängig von Nahrungslieferungen, weil das Gebiet viel zu klein für Jagen und Sammeln war, sondern auch eine Grippeepidemie und später der Ausbruch von Kinderlähmung dezimierten die Indianer oder machten sie zu Krüppeln. Manche Familien suchten daraufhin ihr Heil in der Rückkehr in den Urwald, andere hatten sich erst gar nicht überreden lassen, in die Reservation zu ziehen. Im Reservat fristen die Auca ihr Leben durcn Anbau von Maniok und Bananen und durch Schnitzen von Blasrohren und Pfeilen, die zum Verkauf an die Tourismuszentren geliefert werden. Für die Kinder gibt es Schulunterricht; einer der ersten Sätze, den sie in Spanisch lernen, lautet: „Mi patria si llama Ecuador", Mein Vaterland heißt Ecuador. Nachdem Texaco die Ölsuche am Cononaco vor einigen Jahren eingestellt hat (noch nicht aber die staatliche CEPE), könnten auch die noch im Regenwald frei umherstreifenden Auca eine Chance haben. Möglicherweise ist in dem großen Nationalpark, den das Instituto Nacional de Colonisación de la Región Amazónica südlich des Rio Napo plant, nicht nur Platz für bedrohte Tierarten, sondern auch für Menschen, die von uns nur als primitiv und zurückgeblieben betrachtet werden, weil sie eine gänzlich andere Lebensform der unseren vorziehen.

Das Schießen mit den Curare-Pfeilen verlangt Übung von klein auf

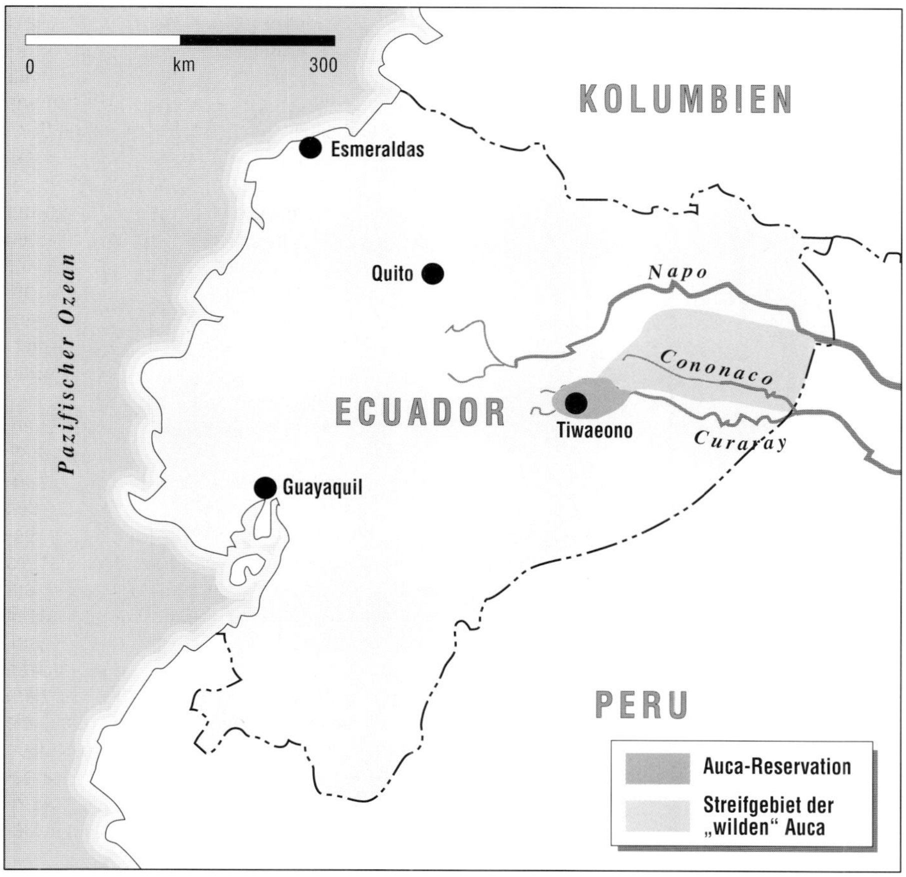

Literatur: Peter Broennimann, Auca am Cononaco. Basel 1981.

Jahrtausendelang hatten sie eine unbarmherzige Natur an den Grenzen der bewohnbaren Erde überdauert. Die europäischen Einwanderer waren unbarmherziger: In unserem Jahrhundert stehen die letzten Feuerland-Indianer vor dem Aussterben.

Auch große Gelehrte können sehr unmenschlich denken. So zeigte sich Charles Darwin, als er als junger Mann zur See fuhr und die Magellanstraße an der Südspitze Amerikas durchquerte, geradezu als ein Ausbund des überheblichen Zeitgeistes, den damals die Europäer gegenüber allen „Wilden" zur Schau trugen. Über seine Begegnung mit Feuerland-Indianern schrieb er 1832:
„Während wir eines Tages in der Nähe der Wollaston-Inseln an Land gingen, ruderten wir neben einem Kanu mit sechs Feuerländern. Es waren dies die verächtlichsten und elendesten Geschöpfe, die ich irgendwo gesehen habe ... Diese armen, elenden Geschöpfe waren in ihrem Wachstum verkümmert, ihre häßlichen Gesichter waren mit weißer Farbe beschmiert, ihre Haut schmutzig und fettig, ihre Haare verwirrt, ihre Stimme mißtönend und ihre Gebärden heftig. Erblickt man solche Menschen, so kann man sich kaum zu dem Glauben bestimmen, daß sie unsere Mitgeschöpfe und Bewohner ein und derselben Welt sind."
Einen ähnlichen Eindruck hatte zunächst, ein Jahrhundert später, der katholische Priester und Völkerkundler Martin Gusinde, als er 1912 mit einem Hamburger Dampfer durch die Magellanstraße fuhr. Der Kapitän hatte ihn vorgewarnt: „Die stehen den Affen doch noch näher als uns Zivilisierten. Ihnen fehlt jede Spur von Gesittung, und ihr Benehmen widert an." Der erste Eindruck, den Gusinde von vier Männern, drei Frauen und sieben Kindern hatte, die von ihren Kanus auf das Schiff geklettert waren, schien ihm das zu bestätigen. „Schmutzig von oben bis unten, zeigten ihre Körper viele Kratznarben von Ungeziefer; struppig starrte das dicke Kopfhaar in wirren Zotteln, Schleim floß ihnen aus Nase und Mund, gläsern stierten ihre rotumrandeten Augen auf uns Europäer. Übler Gestank entströmte ihrer Körperhaut nicht minder als den schmutzstarrenden Kleiderfetzen europäischer Herkunft." Das hinderte die Schiffsmannschaft nicht, die Jammergestalten betrunken zu machen, über ihre plumpen Tänze zu spotten und sie schließlich von Bord zu jagen.
Wäre Gusinde ein „Expeditionstourist" gewesen, so hätte er sein Urteil über die Feuerländer nie mehr revidiert. Aber seine christliche Überzeugung von der Gleichheit der Menschen vor Gott und sein Forscherdrang ließen das Interesse für das Feuerland nicht mehr einschlafen. 1919 begann er seine Forschungsarbeit „im Feld". Viele Monate lebte er als einziger Weißer unter ähnlichen Lebensbedingungen wie die Indianer. Auf diese Weise gelang es ihm buchstäblich in letzter Stunde, den gesamten materiellen und geistigen Besitz – es gibt eben kein „kulturloses" Volk – einer bereits dem Untergang geweihten Menschengruppe aufzunehmen.
Das Feuerland hat seinen Namen von dem portugiesischen Weltumsegler Fernao de Magalhaes bekommen, der hier die stürmische Südumfahrung des Kontinents entdeckte und an der Küste die Feuer der Eingeborenen sah, die diese in ihren Rindenbooten oder in ihren rasch errichteten Zelten gegen die Kälte hüteten. Die Bewohner dieses letzten Zipfels Amerikas, eines Labyrinths von Inseln und Fjorden, über denen nahezu permanent eisige Regen- oder Eisschneestürme brausen, waren vermutlich die ersten Menschen, die vor Jahrtausenden über die damals noch bestehende Landbrücke hoch oben im Norden, in der Beringstraße, das Neuland des amerikanischen Kontinents betraten. Von nachfolgenden, stärkeren Stämmen wurden sie weitergeschoben, vertrieben, verjagt, durchzogen in Jahrtausenden den gesamten riesigen Erdteil, bis sie an dessen unwirtlichem Rand eine Heimat fanden, um die sie offenbar niemand mehr beneidete.

Nach der Sprache unterschied man in Feuerland drei Stammesgruppen: die hochgewachsenen Ono oder Selk'nam, die den Norden der Hauptinsel bewohnten und ihren Lebensunterhalt als Jäger des Guanako-Lamas bestritten; südlich der Kordillere, die die Hauptinsel durchzieht, saßen die Yamana (Yahgan), die westlichen Inseln bewohnten die Halakwulup (Alakaluf, Qawasqar) – beide Menschen von kleinwüchsigem, gedrungenem Schlag, für europäische Begriffe eher häßlich, mit platten Nasen und wulstigen Lippen; sie fristeten ihr Dasein als Wassernomaden, ständig in ihren Rindenkanus unterwegs und ausschließlich von Nahrung aus dem Meer – Seehunden, Fischen, Muscheln, gestrandeten Walen – lebend.
So mochten sie Jahrtausende gelebt haben, bis mit den europäischen Eroberern die sogenannte Zivilisation einbrach. Allerdings schien die Unattraktivität ihrer Wohnsitze zunächst die Chance des Überlebens zu bieten – trotz Sklavenjägerei, Ausbeutung durch Händler, Vergewaltigung der Frauen durch Robbenjäger, Infektionskrankheiten und einfacher Mordlust, zumal die Magellanstraße mit dem Bau des Panamakanals nicht mehr sehr interessant für die Schiffahrt gewesen wäre. Aber da war Gold auf der Feuerlandinsel gefunden worden, und nach dem Goldrausch kamen die Schafzüchter. Die Selk'nam traf es als erste: Wie lästiges Ungeziefer wurden sie abgeschossen, erschlagen, mit infizierter Kleidung dezimiert, mit Ködern vergiftet. Als Gusinde zu ihnen kam, lebten von dem vor 1880 noch 4000 Menschen zählenden Volk nur noch 280. Den Yamana und Halkwulup erging es in der Folge nicht anders: 1933 zählte man von den beiden Volksgruppen, die im vorigen Jahrhundert noch aus etlichen tausend Seelen bestanden hatten, noch 50 bzw. 250 Personen.
Martin Gusinde, der in insgesamt zweieinhalb Jahre dauernden Forschungsaufenthalten unendliche Mühen auf sich nahm, porträtierte eine aussterbenden Rasse als Trägerin von

In Lumpen, die die Bewegung beeinträchtigen, wirken die alten Tiertänze kurios

In den Masken-Geisterspielen der Selk'nam (links) und der Halakwúlup sehen Ethnologen Urformen des Theaters

menschlichen Kulturformen, die den Lebensumständen, in die sie hineingestoßen war, exzellent angepaßt war und so ein erstaunliches Zeugnis für die Fähigkeit des Menschen ablegte, sich auch in der feindseligsten Natur zu behaupten. So etwa war es keineswegs Primitivität und mangelnde Erfindungsgabe, die die Feuerländer in diesem permanent kaltnassen Klima so gut wie unbekleidet gehen ließen; Kleidung wäre im Feuerland kaum je trocken geworden, und als Missionare den Indios Textilien aufzwangen, wurden Erkältungskrankheiten zur Volksseuche. Die Nacktheit der Feuerländer, die außer der Verwendung von Robbenhäuten gegen ärgste Regengüsse keine Kleidung kannten, bezeugt übrigens, wie anpassungsfähig der Wärmehaushalt der menschlichen Haut ist; der „nackte Affe" konnte also ohne weiteres aus den warmen Savannen Afrikas, in denen sein Ursprung vermutet wird, in klimatisch kältere Zonen vordringen, längst bevor er sich mit Kleidung, die vermutlich eher aus Schmuckbedürfnis entstanden ist, „verwöhnte".

Auch die im wesentlichen monogame und auf Gleichberechtigung der Geschlechter beruhende Lebensweise der feuerländischen Wassernomaden war eine wirtschaftliche Notwendigkeit. Die Grundlage für die Beschaffung des Lebensunterhalts war die in ihrem Rindenkanu umherziehende Familie. Größere Gruppen des Stammes trafen nur zu gelegentlichen rituellen Feiern zusammen, vor allem zur Jugendweihe, mit der Burschen und Mädchen nach Unterweisungen und harten Prüfungen zu Erwachsenen deklariert wurden. Dabei zeigten die Feuerländer auch ein reiches geistiges Kulturleben, in dem sich neben dem Tanz auch elementares Theater feststellen ließ. Masken, die Geister darstellten, spielten dabei eine große Rolle. Und die höchst differenzierte Hautbemalung, die Auskunft über unterschiedliche Lebensumstände – etwa „Konfirmanden" der Jugendweihe und Paten, Menstruation, Freite, Trauer – gab, war als „Information" für Stammesgenossen gewissermaßen eine Vorstufe zur Schrift.

Waren die weißen Kolonisatoren bei ihrer Begegnung mit diesen Indios anfangs überzeugt, daß sie keine Sprache hätten, sondern nur tierische Laute hervorbrächten, so sammelten Forscher das Vokabular der Feuerländer vor deren Aussterben. Ein Yamana-Wörterbuch enthält mit 32.000 Wörtern ein erstaunlich vielstimmiges Instrument für ein „primitives" Volk, in dessen Leben es allerdings genügte, nur bis fünf zählen zu können – was darüber lag, war „viel" und „sehr viel".
Als der Todesmarsch der Feuerländer nicht mehr zu stoppen war, entdeckten die chilenischen Behörden, daß auch die letzten Halakwulup unter das Indianerschutzgesetz fielen. Die wenigen noch umherstreifenden Familien erhielten bei Port Eden – wohl kein tristerer Ort der Erde trägt den Namen des Paradieses – einen letzten Zufluchtsort. Der französische Autor Jean Raspail hat ihn geschildert: „In fünf Fertigbaracken, die nie wieder neu gestrichen worden sind und in denen die Feuchtigkeit durch alle Ritzen dringt, haust der Rest der fünf letzten Sippen ... Der Haufen ungesunder Abfälle dort

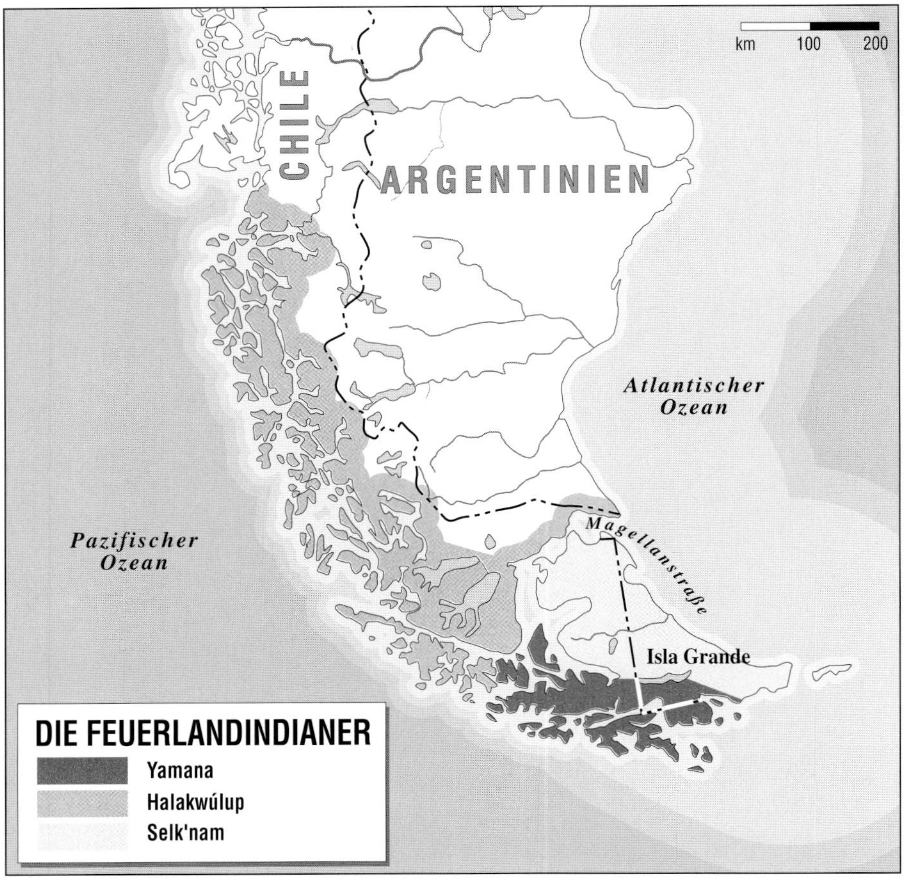

wächst von Jahr zu Jahr, und das Feuer, um das sie sitzen, raucht mehr als es wärmt, denn sie sind nicht einmal mehr in der Lage, wie früher an der Rinde das trockene vom nassen Holz zu unterscheiden. Der einzige einigermaßen warme Ort ist die Küche des Militärpostens, die gleichzeitig als Aufenthaltsraum dient ... Die Tage vergehen eintönig einer nach dem anderen, ohne daß irgend etwas geschähe, ohne Feste, ohne Lieder; das einzige Ereignis des Tages ist noch die Lebensmittelverteilung." Neben den rund 40 Alakaluf leben noch etwa 60 Yamana auf der Insel Navarino bei Puerto Williams. Die „Vlaamse Werkgroep Indianern Zuid-Amerika" startete 1988 das „Projekt Fischkutter" zum wirtschaftlichen Überleben beider Gruppen.

Wo auch immer der Europäer seinen Fuß hingesetzt hat, scheint der Tod die ursprüngliche Bevölkerung heimzusuchen": Auch diese Feststellung stammt von Charles Darwin. Wissenschafter haben versucht, eine „Verlustliste" des Bevölkerungsrückgangs der Stammesvölker seit der Begegnung mit den Weißen zu errechnen. Allein in den Jahren zwischen 1780 und 1930 haben diese indigenen Völker mindestens 30, wenn nicht 50 Millionen Menschen verloren. In unserem Jahrhundert hat bei manchen, zumindest den größeren, ein Regenerationsprozeß eingesetzt; andere, zumeist kleinere Stämme sind nach wie vor unmittelbar bedroht, nicht zuletzt deshalb, weil in den letzten Jahrzehnten die Vernichtung ihres ökologischen Lebensraums eingesetzt hat. Das erwachende Verantwortungsbewußtsein für die Indigenen könnte vielleicht zumindest manchen von ihnen das Schicksal der Feuerländer in letzter Minute ersparen.

Literatur: Martin Gusinde, Urmenschen im Feuerland. Wien 1948. – Oscar Eberle, Cenalora – Leben, Glaube, Tanz und Theater der Urvölker. Olten 1954. – Jean Raspail, Sie waren die ersten. München 1989.

AUSTRALIEN, OZEANIEN

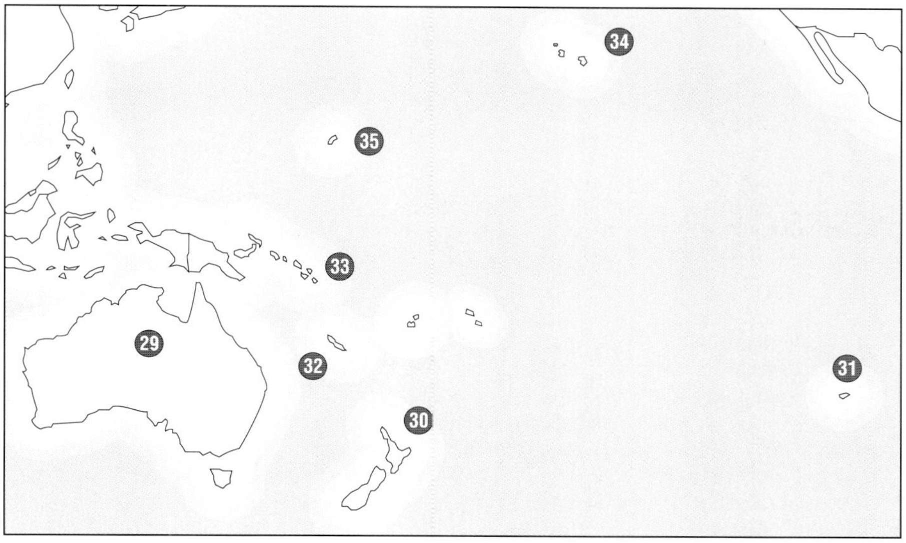

29 Aborigines – 30 Maori – 31 Osterinsulaner – 32 Kanaken – 33 Salomonen
34 Hawaianer – 35 Bikini-Insulaner

Die australischen Aborigines leben in komplexen Strukturen, die sich trotz Unterdrückung durch die englischen Siedler erhalten haben und nun zu neuem Leben erwachten.

In diesen Wellblechbaracken am Stadtrand von Alice Springs hausen ganze Familien

Als die Engländer am 28. Jänner 1788 an der Küste Südostaustraliens, nahe der heutigen Stadt Sydney, eine Gruppe von Sträflingen als erste weiße Siedler an Land brachten, war der Kontinent seit mindestens 25.000, vielleicht schon sogar seit 40.000 Jahren bewohnt. Durch geologische Veränderungen früh von der übrigen Welt abgeschnitten, hatte sich auf diesem Kontinent nicht nur eine eigentümliche Tierwelt erhalten, auch die menschliche Kultur, die sich hier entwickelt hatte, war mit nichts anderem, was die weißen Kolonisatoren eroberten, zu vergleichen.

Längst ist die Wissenschaft heute davon abgekommen, Analogien zwischen europäischen Steinzeitkulturen und jenen der eingeborenen Australier zu suchen, denn die Erkenntnis hat sich herumgesprochen, daß der Stand technischer Errungenschaften, der solche Ähnlichkeiten annehmen ließ, wenig über eine Kultur aussagt, die zwar auch ihre jahrzehntausendelange Entwicklung hinter sich hat, aber in ganz anderen Bahnen verlief. Andererseits ist auch gegenüber Schwärmereien der modernen Esoteriker Skepsis geboten, die meinen, die Aborigines – so die angloaustralische Bezeichnung der Ureinwohner – lebten in tiefer Harmonie mit der Natur. Wie alle Menschen, waren auch sie darauf angewiesen, sich ihren Bedürfnissen entsprechend der Natur zu bedienen; und dies geschah in einem perfekten Anpassungsprozeß, der angesichts des Charakters dieses zumeist kargen Erdteils die vorsichtige Nutzung der Ressourcen einschloß. Aber die Ethnologen sind heute auch davon abgekommen, von „Primitiven" zu sprechen. Das ist auch schwer zu vertreten bei Völkern, die komplexe Sprachen mit neun Klassen Hauptwörtern und bis zu 900 verschiedenen Verbalkonjugationen entwickelt haben, und deren Angehörige zumeist zwei bis drei Sprachen (der Nachbarhorden) beherrschten; bei Menschen, für die komplizierte Verwandtschaftssysteme, die allein zu erfassen dem Durchschnittseuropäer größte Schwierigkeiten machen, das gesellschaftliche Leben regelten, und deren von „Traumzeit"-Vorstellungen und Tabus geprägte Mythologie jedenfalls stimmiger war als die Kolonialherrenreligion, die Nächstenliebe predigte und mit Massakern herrschte.

Wie für die Weißen, ist auch für die Aborigines das Auto ein – meist unerreichbares – Wunschobjekt

Die durch ein alleinseligmachendes Christentum ideologisch, durch die Feuerwaffen materiell mit einem Überlegenheitsgefühl gerüsteten, weißen Eroberer waren gegenüber den fremden Kulturen überall unsensibel; die Aborigines zählten zweifellos zu den von der Kolonisation am furchtbarsten getroffenen Völkern. Selbst der Kriminelle, von den Behörden zwangsweise an den australischen Strand gespült, fühlte sich diesen nackten „Wilden" gegenüber, die in Horden durch das Land streiften, keiner Häuser bedurften und in vielen Fällen nicht einmal Anführer und Häuptlinge aufweisen konnten, himmelhoch überlegen. „Es gibt keinerlei wissenschaftlichen Beweis, daß Aborigines überhaupt zu den menschlichen Wesen gerechnet werden müssen", behauptete ein australischer Abgeordneter noch am Ende des vorigen Jahrhunderts. Dementsprechend wurden die Eingeborenen erbarmungslos verfolgt, die Behörden zahlten zeitweise sogar Abschußprämien. Nicht nur auf Tasmanien, sondern auch in den Gebieten des Festlandes, das die zunehmende Zahl weißer Einwanderer aufnahm, waren viele der an die 900 Stämme, die Australien vor Ankunft der Weißen gezählt haben dürfte, ausgerottet oder eingeschleppten Seuchen zum Opfer gefallen. Frauenraub, Vergewaltigung und Prostitution hatten zur Folge, daß heute mehr als die Hälfte der als „Aborigines" geltenden Personen Mischlinge sind. Das Entsetzen spricht aus einem Bericht des britischen Hochkommissars Arthur Gordon aus dem Jahr 1883: „Die Gewohnheit, die Eingeborenen als Ungeziefer zu betrachten, von dem die Erde befreit werden muß, hat dem Durchschnitts-Queensländer einen Anklang von Brutalität und Grausamkeit gegeben. Ich habe gebildete und kultivierte Leute nicht nur vom Abschlachten, sondern auch von gezielten Morden an einzelnen Eingeborenen reden hören, als unterhielten sie sich über ein sportliches Vergnügen oder darüber, daß sie ein lästiges Tier töten müßten."

Um die Jahrhundertwende standen die Aborigines auf dem Aussterbeetat. „Das Gesetz der Evolution lehrt, daß der Nigger beim Vormarsch des weißen Mannes verschwinden muß", interpretierten die Leitartikler in Sydney rassistischen Sozialdarwinismus als Völkerschicksal. Zwar begannen christliche Missionare, die verfolgten Eingeborenen vor Gewalt in Schutz zu nehmen, doch die Rettung der Seelen durch eine unflexible Bekehrung, die die Aborigines ihrer kulturellen Identität beraubte, hatte lange Zeit Vorrang. Schafzucht und Agrarwirtschaft nahmen ihnen, vor allem im Osten, den Lebensraum. Widerstand, auch wenn er nur im Töten von Vieh bestand, wurde schrecklich bestraft. Überlebende Gruppen siedelte die Regierung zwangsweise in Reservate, zumeist in den unfruchtbarsten Gebieten gelegen, um. Wer sich nicht in Wüste und Busch zurückzog, fand im günstigsten Fall als landwirtschaftliche Hilfskraft Unterschlupf, zunehmend jedoch vegetierten die Aborigines als unterste soziale Schicht in Slums am Rand der großen Städte. Lediglich in den Halbwüsten Nord- und Zentralaustraliens blieben da und dort noch die alten Strukturen erhalten.

Die Rechnung, daß die Aborigines aussterben würden, ging dennoch nicht auf. In den zwanziger Jahren gab es zwar von den ursprünglich 300.000 Ureinwohnern nur noch 75.000 (inklusive der Mischlinge, wie es die australische Lesart ist), doch dann machte sich eine Trendumkehr bemerkbar. Auch wenn die Säuglingssterblichkeit bei den Indigenen noch immer weit über dem australischen Durchschnitt liegt, wird ihre Zahl heute bereits mit rund 250.000 angegeben.

Der neue Lebenswille wurde ganz offenkundig aus einem erwachenden neuen Selbstbewußtsein gespeist. Schon 1938 gingen Aborigines erstmals auf die Straße, um den 150. Jahrestag der Gründung der Kolonie als „Tag der Trauer" zu begehen. Es bildete sich, unter Teilnahme von weißen Australiern, ein „Comittee of Aboriginal Citizen Rights". Der langandauernde Streik von Pilbara (1946), durch den eingeborene Arbeiter den Unternehmern Zugeständnisse abrangen, aber auch die zunehmende Kritik aus dem Ausland, die Bedenken von Humanisten und Ethnologen trugen dazu bei, daß staatliche Aborigines-Behörden geschaffen wurden. Ihr Ziel war zunächst eindeutig die Assimilation der Aborigines dadurch, daß ihnen durch Gesundheitsfürsorge, Erziehung und Arbeitsangebot die Möglichkeit geboten werden sollte, einen Lebensstil zu erreichen, der sich dem der übrigen Australier annäherte. In diese Richtung zielten auch die Gewährung des aktiven Wahlrechts (1961) und die Zuerkennung aller Bürgerrechte (1967).

Als sich herausstellte, daß die Realität des Aborigines-Lebens, vor allem in den Städten, hinter den wohlfahrtsstaatlichen Intentionen weit zurückblieb, daß die Aborigines sozial Ausgebeutete und kulturell Heimatlose blieben, daß Alkoholismus und Kriminalität grassierten, und daß anderseits ein Teil von ihnen die staatliche Fürsorge gar nicht annehmen wollte, trat an die Stelle der Assimilationspolitik das Ziel der „Integration": Den Aborigines sollte freigestellt sein, ob sie sich anpassen oder nach eigenen Normen leben wollten. Sehr bald aber zeigte sich, daß das letztere, auch bei manchen in den Städten lebenden Aborigines, die ihre totemistischen Bindungen zum Vätererbe noch erhalten hatten, nur möglich war, wenn auch das Recht auf Landbesitz neu gesehen wurde.

So entstand in den siebziger Jahren die „Land Rights"-Bewegung mit dem Ziel der Rückgabe der von den Kolonisatoren geraubten Erde. Protestierende Aborigines besetzten in Canberra ein Amtsgebäude, funktionierten es zur „Botschaft" um und hißten als Zeichen des Rufs nach Selbstbestimmung eine schwarz-rote Flagge mit aufgehender goldener Sonne. Der Ethnologe K. Maddock betrachtet diese „land claims" als „Basis für eine ökonomisch kooperative Gesellschaft, die sich durch die Fortdauer vieler Elemente der Kultur der Aborigines auszeichnet."

Die pointilistischen Gemälde der Aborigine-Künstler, die meist einen „Traum" darstellen, erzielen bei Touristen hohe Preise

Aborigines

Demonstration der Land-Rights-Bewegung

Für das Denken vieler weißer Australier war das zunächst völlig unverständlich. Der Kontinent hatte für die europäischen Siedler als „unbewohnt“ gegolten, den Eingeborenen brauchte nicht einmal, wie auf anderen Kontinenten, Boden pro forma abgekauft zu werden, ihnen wurde Verständnis für Landbesitz überhaupt abgesprochen. Ihr ganz anderes Verhältnis zum Boden war den Weißen völlig fremd. „Als Halbnomaden besaßen die Aborigines feste Territorien, innerhalb derer sie sich nach Maßgabe zeremonieller Zyklen fortbewegten“ (E. Supp). Diese „spirituelle Form“ des Landbesitzes, markiert durch Orte als Zeugnisse der „Traumzeit“, an denen die Urmächte wirkten, mußte dazu führen, daß bei Landverlust das Selbstwertgefühl der Gruppe und des einzelnen zerstört wurde.

Als in den siebziger Jahren die Entdeckung von Bodenschätzen auch die Reservate und die Wüstengebiete, in die sich traditionell lebende Aborigines zurückgezogen hatten, gefährdeten, entwickelte die Parole „Land Rights“ einen Widerstand, dem sich bald auch die städtischen Aborigines anschlossen. Neben der Verbindung mit der politischen Linken – Labour Party und Gewerkschaften – entstanden auch neue religiöse Bewegungen. So entwickelte der Stamm der Walmadjeri in Nordwestaustralien einen Kult um „Jinimin“, der als wiederkehrender Jesus und neuer Traumzeit-Heros eine neue Heilszeit ohne Abtrünnige und Europäer bringen würde. Nicht Rückkehr zur alten, sondern Beginn einer neuen traditionellen Kultur zeichnete sich im „outstation movement“ ab, das zum Auszug aus Missionen und Reservaten in den Busch führte.

Die Arbeiterregierung legte eine „Land Rights Bill“ vor, die eine Rückgabe eines großen Gebietes an die Pitjantjatjara (die die heute verbreitetste australische Sprache sprechen) im Nordterritorium und in Südaustralien ermöglichte. Hingegen weigerten sich die Bundesstaaten Queensland und Westaustralien, derartige Zugeständnisse zu machen. Die lokale Selbstverwaltung, wie sie den Aborigines zugesagt war, wurde durch die Ablöse der Labours durch die Liberalen verwässert. Auch erweist sich die Bürokratisierung, etwa im Northern Land Council, wo 30 Volksgruppen gemeinsam leben, als Konfliktstoff zwischen (teilweise indigenen) Vollzeitbeamten und den noch traditionell lebenden Stämmen. Immerhin aber bilden die „Land Rights“ ein Bindeglied zwischen der politisch bewußten Elite sowie der Masse der in den Slums dahinvegetierenden „urbans“, den zumeist konservativen „rurals“ der Agrargebiete und den noch nach überkommenen Normen lebenden „tribals“. Allerdings macht die höchst unterschiedliche Lebensweise dieser drei Gruppierungen eine einheitliche Politik für alle Aborigines problematisch.

Literatur: Eckhard Supp, Australiens Aborigines – Ende der Traumzeit. Bonn 1985. – Helmut Uhlig, Geheimnisvolle Südsee. Bergisch Gladbach 1989.

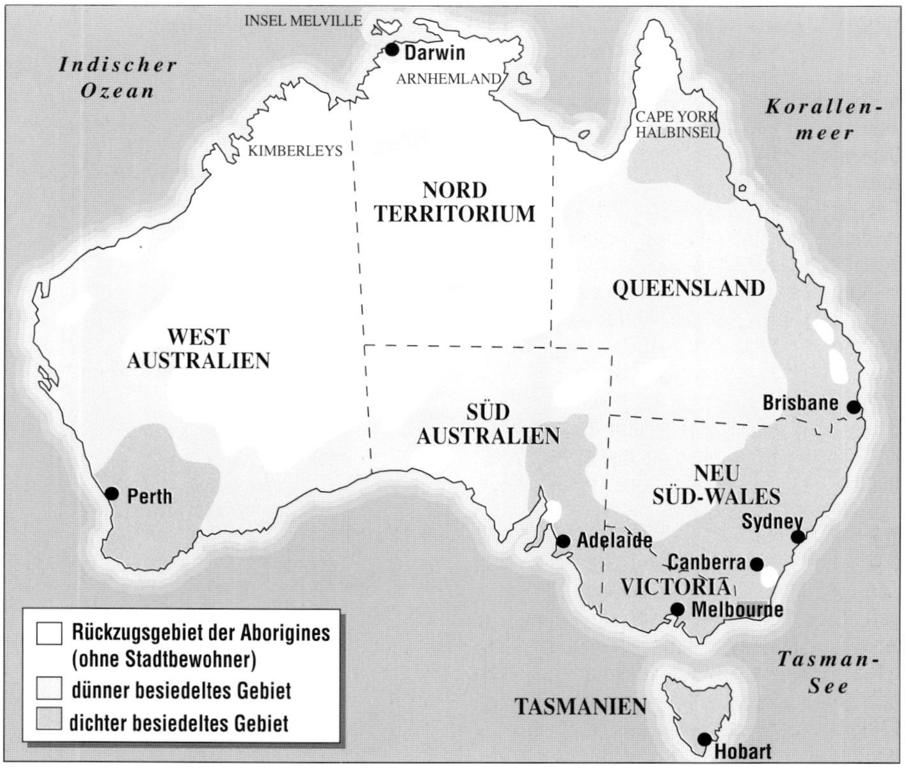

Neuseeland gilt als Land einer geglückten Integration der Ureinwohner in die weiße Zivilisation. Dennoch liegt die Haltung der auf Wahrung ihrer Identität bedachten Maori bis heute zwischen Protest und Kooperation.

Sterbende Welt" nannte der Wiener Forschungsreisende Andreas Reischek sein Buch über die neuseeländischen Maori, bei denen er sich von 1879 bis 1889 aufgehalten hatte. Darin behandelt er nicht nur die eigenständige Kultur der polynesischen Ureinwohner der Doppelinsel, die sie Aotearoa nennen, sondern befaßt sich auch mit den Menschen selbst. Die Maori schienen damals zum Aussterben verurteilt. Von der ursprünglichen Einwohnerzahl, die James Cook auf etwa eine Viertelmillion geschätzt hatte, waren um 1900 nur noch etwa 40.000 übrig. Kriege, aus Europa eingeschleppte Seuchen und der gebrochene Lebenswille hatten die Maori binnen weniger Jahrzehnte nicht nur gegenüber dem wachsenden Zustrom weißer Siedler zu einer Minderheit werden lassen, sondern schienen ihr Verschwinden auch in absehbare Nähe zu rücken.

Inzwischen aber hat sich das Blatt gewendet. In einem System von Anpassung und Bewahrung, von Kooperation und Widerstand haben die Maori ihr Selbstbewußtsein wiedererlangt, und Hand in Hand damit stieg die Geburtenrate so stark an, daß die Zahl derjenigen, die sich heute als Nachkommen der Ureinwohner bekennen, bereits fast zehn Prozent der 3,5 Millionen Einwohner Neuseelands beträgt. Der Commonwealth-Staat, in dem noch immer die britische Königin formelles Oberhaupt ist, gilt als Musterland einer gelungenen Rassenintegration. Dennoch sehen sich viele Maori, die in der sozialen Unterschicht einen weitaus größeren Prozentsatz bilden, als es ihrem Bevölkerungsanteil entspricht, benachteiligt und setzen zugleich der vereinnahmenden euroamerikanischen Kultur die Besinnung auf ihre alten und eigenständigen Werte entgegen.

Neuseeland wurde vom holländischen Seefahrer Tasman entdeckt, der dem Land den Namen einer niederländischen Provinz gab; doch erst die Briten setzten den kolonialen Anspruch auf die Doppelinsel durch. Diese gilt als das von den Menschen am spätesten besiedelte Gebiet der Erde. Erst um 1000 nach Christus wanderten Polynesier, vermutlich von Tahiti und Tonga, in mehreren Schüben dort ein. Maori-Sagen berichten von einem Fischer, der die Insel zufällig entdeckt hatte und dann seine Landsleute aneiferte, das menschenleere, große Land zu besiedeln. Die Namen ihrer fünf Hauptstämme leiteten die Maori von den Kanus her, in denen die ersten Bewohner an Land gingen. Sie entwickelten auf Neuseeland eine den für sie, die aus den Tropen kamen, ungewohnten klimatischen Gegebenheiten gut angepaßte Stammeskultur mit einer hierarchisch gegliederten Gesellschaft, in der es Adelige (ariki), Freie (tutua) und Untertanen (taureka) gab. Besonders auffällig an der Maorikultur war ihr Hang zur Ornamentik, der sowohl in der Holschnitzkunst an Häusern und Ahnenstatuen als auch in den Körpertätowierungen vielfältigen Ausdruck fand. Kriege zwischen den Stämmen waren häufig, und der an den getöteten Feinden geübte Kannibalismus entwickelte sich, davon berichtete auch noch der österreichische Forscher Andreas Reischek, von einer rituellen Sitte zu einer häufig anzutreffenden Gepflogenheit.

Die Uneinigkeit unter den Stämmen erleichterte auch den Neuankömmlingen aus Europa die Eroberung der Insel. Nachdem James Cook sie bereits 1769 für die britische Krone in Anspruch genommen hatte, betraten zuerst Walfisch- und Robbenfänger, dann Händler und Missionare und schließlich die ersten Siedler das Land. Sie wurden von den Maori zunächst freundlich aufgenommen. Das den Eingeborenen unverständliche europäische Rechtssystem wirkte sich insbesondere beim Verkauf von fruchtbarem Land – von den Maori, denen Privateigentum an Grund und Boden fremd war, oft nur als Nutzungsrecht verstanden – destabilisierend aus. Dazu kam die Feindschaften zwischen den Stämmen, die häufig dazu führten, daß die Briten in Maorihäuptlingen Verbündete gegen die eigenen Volksgenossen fanden.

Als gelehriger Schüler der Missionare kam Häuptling Hongi Hika zur Überzeugung, daß der Kolonisierung des Landes nur durch die Einigung der Maori erfolgreich entgegengewirkt werden könne. Als ihm eine Reise nach England ermöglicht wurde, studierte er dort das Militärwesen und tauschte bei der Rückreise, die zahlreichen Geschenke, die er erhalten hatte, in Sydney gegen Gewehre ein. Sein Versuch, mit der Überlegenheit dieser Waffen die Stämme der Nordinsel zu unterwerfen, endete allerdings, als er im Kampf fiel.

Bis zum Jahr 1838 war die Zahl der Pakeha, wie die Maori die Weißen nannten, auf etwa 2000 gestiegen, Grund genug für die britische Regierung, an die Annexion der Insel zu denken. Die Missionare – Anglikaner, Methodisten und Katholiken, die untereinander häufig um die zu bekehrenden Schäfchen rauften – hatten gute Vorarbeit geleistet. Im Auftrag der Krone schloß der Marineoffizier Willam Hobson am 6. Februar 1840 (der 6. Februar ist heute Neuseelands Nationalfeiertag) mit fünfzig Häuptlingen den Vertrag von Waitangi. In diesem Vertrag traten sie die Souveränität über ihr Land an die englische Königin Viktoria ab. Dafür verbürgte diese den Stämmen, Häuptlingen und Familien „den vollen und ungestörten Besitz ihrer Ländereien, Grundstücke, Wälder, Fischereien und sonstigen Be-

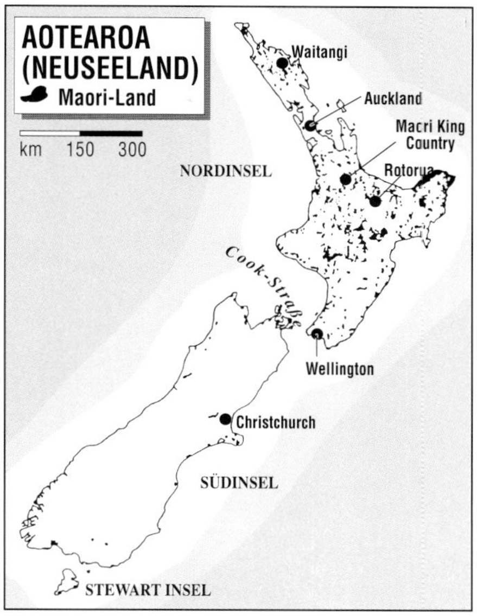

sitztümer, solange es ihr Wunsch und Wille ist, dieselben in ihrem Besitz zu belassen."

Natürlich wurde der Vertrag, auf den sich die Maori noch heute berufen (obwohl er nie ratifiziert worden ist) mit der Zunahme der europäischen Einwanderung sehr bald umgangen. Die Maori, die durch Übernahme europäischer Ackerbaumethoden rasch den Wert des eigenen Bodens erkannten, lehnten Landverkäufe zunehmend ab. In den vierziger Jahren begann Häuptling Te Rauparaha einen Kleinkrieg gegen die Siedlungen an der Cookstraße, wo Wellington (die heutige Hauptstadt) gegründet worden war. Auch im Norden erhoben sich die Maori unter Hone Heke, und erst durch einen Truppennachschub aus England konnte der Gouverneur der Rebellion 1847 Herr werden.

Das war der erste, aber noch keineswegs der blutigste der Maori-Kriege. In den späten fünfziger Jahren entstand die „Königsbewegung", die auf Einheit unter den Maoristämmen zielte und Häuptling Te Wherowhero zum König Potatau erhob. Er untersagte auch verkaufswilligen Stammesangehörigen die Abtretung von Land an die Pakeha. Die Kolonialverwaltung wollte das nicht hinnehmen und ihre Rechtsordnung gewaltsam durchsetzen. 1860 begannen die sich über ein Jahrzehnt hinziehenden Kämpfe. Zwei fanatische Kriegerkulte, Hauhau und Ringato, machten den britischen Truppen schwer zu schaffen. Die Hauhau-Kämpfer beriefen sich auf den „Propheten" Te Na, der von den Erzengeln Gabriel und Michael zur Gründung der Paimarire-Sekte, in der sich christliche und traditionelle Elemente vermengten, berufen sein wollte. Die Rebellen beunruhigten weiße Siedlungen und Missionsstationen. Erst nach der Belagerung und Zerstörung befestigter Maori-Dörfer konnte die weiße Übermacht 1872 den Krieg beenden. Der gefährlichste Gegner der Briten, Te Kooti, flüchtete ins Königsland, wo ihm Asyl vor dem Zugriff der Kolonialbehörden gewährt wurde. Die britische Regierung, häufig in Konfrontation mit den landhungrigen Siedlern, hatte ja den Eingeborenen das Maori King Country im Norden zugestanden, das den Europäern verschlossen bleiben sollte.

Der bewaffnete Widerstand, der mit riesigen Landkonfiskationen bestraft wurde, war keineswegs ein Anliegen aller Maoristämme gewesen. Es gab auch viel Einverständnis unter den Maori mit dem Native Land Court, einer Einrichtung, die das Stammesgebiet genau aufnahm und in individuellen Besitz überführte. Das erleichterte den Ausverkauf an Boden, der die Maori zu Landlosen im eigenen Land machte. Das Ziel der Kolonialverwaltung war völlige Assimilierung. Seit 1867 saßen vier Maori-Abgeordnete im neuseeländischen Parlament, und allen Männern war ein provisorisches Wahlrecht zugebilligt worden. Im Maoriland wurden „Native schools" gegründet, in denen die Unterrichtssprache Englisch war. Gegen diese Assimilationspolitik wandte sich Te Whiti, der sich mit einer Dorfgemeinschaft in gewaltlosem Widerstand gegen die Europäisierung wehrte. 1892 wurde das Kotahitanga, ein von der Kolonialverfassung nicht legalisiertes Maoriparlament, von den Stämmen außerhalb des Königslandes gegründet. Es erlangte einen gewissen Einfluß auf die Maoripolitik der Briten; 1902 wurde es aufgelöst, an seine Stelle traten lokale Maoriräte.

In den Jahren unmittelbar nach dem Ersten

Die Maori sind Meister der Holzschnitzkunst

Weltkrieg – Neuseeland war 1907 de facto unabhängiges Dominion geworden – versuchte eine neue spirituelle Bewegung, „Maoritanga", den Sinn für die Einheit der Maori und die Bewahrung ihres kulturellen Erbes zu stärken. Ihr Gründer war Ratana, ein Maorifarmer, der unter Berufung auf Visionen und ein fundamentalistisches Christentum seine Landsleute zur Selbstbesinnung und zur Überwindung alter Stammesfeindschaften aufrief. 1925 wurde die Ratana-Bewegung als eigene Kirche registriert. Sie war ein Ausdruck des Maoriwunsches nach religiöser Autonomie und förderte als Maori-Religion die Einheit unter den noch immer ihren Stammesloyalitäten anhängenden Volksangehörigen. Ratana begann sich auch politisch zu betätigen, 1932 errang der erste seiner Kandidaten einen Parlamentssitz, in den folgenden Wahlen gelang es Ratana, alle vier Maorisitze zu erobern. Die Ratana-Bewegung trat in enge Beziehungen zur neuseeländischen Labour-Party und konnte so auch die Politik der Labour-Regierungen zwischen 1935 und 1960 zugunsten der Maori beeinflussen.

In diesen Jahren vollzog sich die wirtschaftliche Integration der Maori in großen Schritten, allerdings auch um den Preis, daß ein beträchtlicher Teil von ihnen – heute sind es bereits vier Fünftel – die ländlichen Gebiete verließ und zu Stadtbewohnern wurde. Doch die meisten Maori lehnten die völlige Vereinnahmung durch die Pakeha-Gesellschaft ab. Sie versuchten, die Verbindung zu ihren dörflichen Verwandten aufrechtzuerhalten. Auch von Regierungsseite trug man dieser Haltung zunehmend Rechnung. Die Politik der Assimilation wurde offiziell aufgegeben und durch eine Politik der „Integration" ersetzt. Pro-

Die Tänze der Maori, von epischen Gesängen begleitet, sind heute nur mehr Begrüßungszeremonien für Gäste

grammatisch galt es nun, „Maori und Pakeha-Elemente zu verbinden (nicht zu verschmelzen), um eine Nation zu formen, in der die Maori-Kultur erhalten bleibt".
Eine neue Maori-Bewegung besteht demgegenüber auf der Ansicht: „Wir sind eine Nation aus zwei Völkern". Wenn den Neuseeländern auch militanter Rassismus fremd war, so gibt es doch unterschwellig Diskriminierung, die sich im minderen sozialen Staus vieler Maori niederschlägt. Die Arbeitslosigkeit unter den Maori ist fast viermal so hoch wie unter den Pakeha, die Lebenserwartung liegt bei den Maori durchschnittlich sieben Jahre unter derjenigen der Weißen. Unter der Maori-Jugend in den Städten sind Kriminalität sowie Alkohol- und Drogenmißbrauch weit höher als unter gleichaltrigen Nicht-Maori. In der Stufenleiter der Arbeitswelt stehen die Maori zumeist auf den untersten Sprossen.

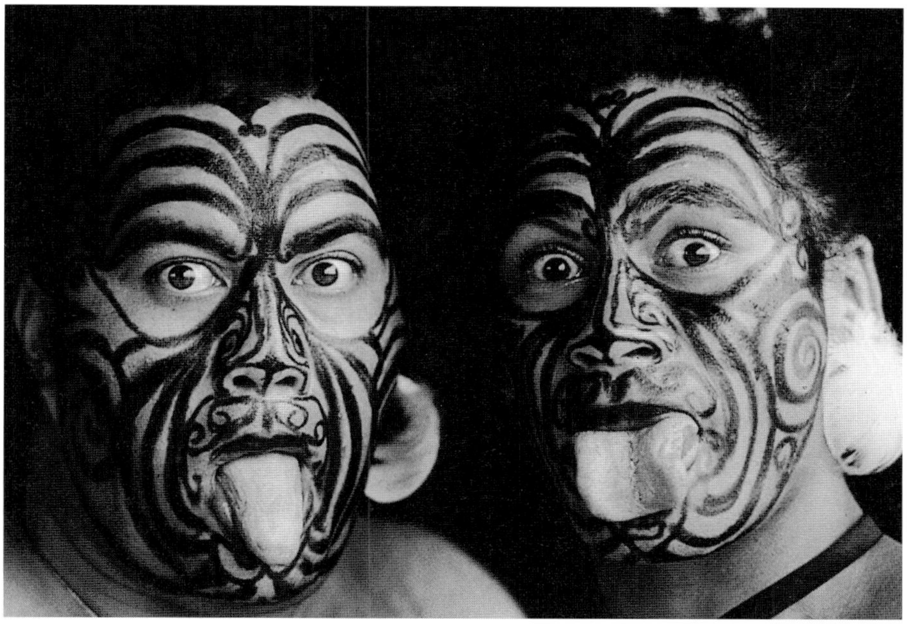

Maori-Männer mit traditioneller Gesichtsbemalung

Die maorische Erneuerungsbewegung der letzten Jahre prangert nicht nur diese Mißstände an. Sie konzentriert sich auch auf die Erhaltung bzw. Wiedererweckung der Maori-Sprache. „Vor allem müssen wir unsere Sprache wieder lernen", sagt Hilda Halkyard-Haraiwra vom „Maori People's Liberation Movement". „Zu diesem Zweck haben wir in Aotearoa (Neuseeland) alternative Vorschulen gegründet, in denen unsere Kinder Maori als erste Sprache und Englisch als Ergänzung dazu lernen." Es gibt bereits mehr als 350 dieser Te Kohanga Reo- („Sprachnester") Schulen. Auch eine alternative Maori-Universität wurde gegründet. Das starke Bevölkerungswachstum der Maori gibt diesen ein neues Selbstbewußtsein und die Hoffnung auf eine partnerschaftliche, bikulturelle Entwicklung.
Politisch steht die junge Maori-Bewegung mitunter im Gegensatz zu den Traditionalisten im eigenen Volk, die sich damit zufrieden geben, daß Staatsgäste Neuseelands auch den immer noch existierenden Maori-Königen im Königsland ihre Reverenz erweisen und die Traditionspflege zur Touristen-Folklore herabsinken lassen. Vielmehr verlangen sie die Erfüllung des Vertrags von Waitangi, dessen Garantien in der Gesetzgebung Neuseelands berücksichtigt werden sollen. 1975 nahmen 30.000 Menschen an einem zwei Monate dauernden Protestmarsch von der Nordspitze der Insel zum Parlament in Wellington teil, der sich gegen die nach wie vor möglichen Konfiskationen „zur Erschließung des Landes zum Wohl der Allgemeinheit" wandte; „Not one acre more" hieß die Parole der Protestbewegung. Seit altersher gefallen den Maori allegorische Gleichnisse, und eines davon ist heute besonders beliebt. Es erzählt von Mako, dem Hai, und einem kleinen Fisch. Der Hai rät diesem, sich mit ihm zu größerer Wirksamkeit zusammenzutun. Auf die Frage, wie dies gehen soll, sagt Mako: „Oh, es ist wirklich ganz einfach! Du mußt mir nur erlauben, dich zu verschlucken, und wir werden für immer eins sein."

Literatur: Wilhelm Ziehr, Hölle im Paradies – Entdeckung und Untergang der Südseekulturen. Wien 1980. – John A. Williams, Politics of New Zealand Maori. Auckland 1969. – Zeitschrift „pogrom" Nr. 134/1987.

Kevin Kostners Film „Rapa Nui" könnte beim Zuschauer den Eindruck erwecken, die Bewohner der Osterinsel hätten ihre Kultur selbst total vernichtet. Die historische Wirklichkeit sieht jedoch etwas anders aus.

Trotz der ständigen Stammeskämpfe, die für die Menschen auf dieser einsamen, von aller Welt abgeschnittenen Insel eher ein – freilich für manchen tödlicher – Sport waren, beginnt die wahrhaft tragische Geschichte der Insel dort, wo Kostners mit ethnologisch richtigen Details bereicherter und dennoch in seiner Aussage fragwürdiger Film endet – mit ihrer Entdeckung durch die Weißen. Diese mit genauen Daten nachweisbare Auslöschung einer einzigartigen Gesellschaft hätte eine künstlerische Gestaltung eher verdient als die mythische Erzählung vom Aufstand der Kurzohren gegen die Langohren, die Kostner zudem zu einer modischen Warnung vor einem ökologischen Desaster umgebogen hat. Übrigens sind ernsthafte Forscher keineswegs davon überzeugt, daß die Mythen vom Krieg zwischen Kurzohren und Langohren auf ein historisches Ereignis hinweisen. Alfred Métraux, einer der renommiertesten Kenner der Oster-Insel, vermerkte dazu nach seinen in den dreißiger Jahren durchgeführten Forschungen: „Die Erzählung von dem Krieg zwischen den beiden Gruppen, die sich durch die Form ihrer Ohren voneinander unterschieden, enthält Episoden, die nur dann verständlich sind, wenn man sie als volkstümliche Erklärungen bestimmter Naturbesonderheiten der Insellandschaft ansieht. So wird in mehreren Fassungen der Erzählung als Grund für den Streit die Weigerung der Kurzohren angegeben, auf Verlangen der Langohren hin die Steine, die sich im Boden der Insel finden, in das Meer zu werfen. In dem Gebiet, das den Langohren zugeschrieben wird, gibt es nun in der Tat eine Bodenfläche, die aus geologischen Gründen nicht mit den auseinandergefallenen Lavablöcken übersät ist, die an allen anderen Stellen das Gehen so mühsam machen." Für diese Anomalie hätten die Geschichtenerzähler ebenso eine Erklärung gesucht wie für die Interpretation eines natürlichen Grabens als angeblichen Schutzbau der Langohren. Linguisten weisen überdies darauf hin, daß „Kurzohren" und „Langohren" Übersetzungsfehler sind, obwohl die Bezeichnungen Unterscheidungen zwischen zwei Bevölkerungskasten ausdrücken könnten.

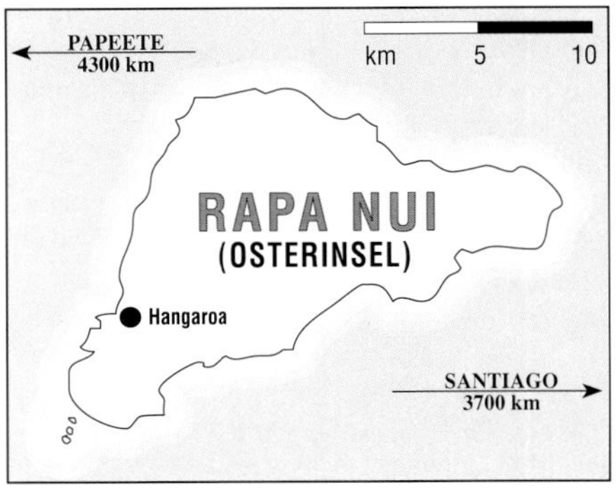

Rapa-Nui-Bewohner mit überlieferter Bemalung

Allerdings steht fest, daß die Produktion der „Moais" noch vor Ankunft der Europäer eingestellt wurde. Die Moais sind jene großen Steinfiguren, um die gerätselt wird, weil schon die holländischen Entdecker – die der Insel wegen des Zufalls, daß der 6. April 1722, der Tag ihrer Landung, ein Ostermontag war, den europäischen Namen gaben – nicht glauben wollten, daß „nackte Wilde" solch riesige, bis fünf Meter hohe Skulpturen herstellen konnten. Daß sie weder einer außerirdischen Entwicklungshilfe noch der Befruchtung von Neuankömmlingen aus dem Inkareich (wie Thor Heyerdahl zu beweisen suchte) bedurften, ist der heute weithin anerkannte Stand der Wissenschaft. Die Osterinsel-Kultur wird als polynesische Eigenschöpfung der Bewohner betrachtet, die in vermutlich drei Einwanderungswellen zwischen 500 und 1300 die entlegene Insel erreichten. Gezielte Anbauwirtschaft, unterschiedliche Berufsgruppen, ein geschichtetes Gesellschaftssystem, eine komplizierte Götterwelt mit Priestern, monumentale Steinbauten und die kaum entzifferbare (weil weitgehend vernichtete) Rongo-Rongo-Schrift, die einzige Schrift Ozeaniens, lassen auf eine Gemeinschaft im Übergang zur Hochkultur schließen. Daß die Übervölkerung einer Insel, die für ihre Bewohner den Anschein erwecken mußte, sie sei der einzige Rest einer im Ozean versunkenen Welt, und für die es mangels Wälder keine Möglichkeit gab, die polynesische Seefahrertradition weiterzuführen, zu verheerenden Kriegen führte, läßt sich auch ohne den „Ohrenkrieg" – übrigens traf man noch bis zum Ende des 19. Jahrhunderts Osterinsulaner mit deformierten Ohrläppchen an – vermuten.

Das wahre Elend der Insel begann nicht sogleich bei der ersten Bekanntschaft mit den weißen Entdeckern, die die offenbar anderen Eigentumsbegriffe der Insulaner, die von den Schiffen mitnahmen, was nicht niet- und nagelfest war, mit den bereitwilligen Liebesdiensten der auch völlig anderen Moralbegriffen huldigenden Insulanerinnen kompensierten. Die Aufnahme der Europäer, deren Kapitäne im 18. Jahrhundert noch oft von der idealistischen Vorstellung geprägt waren, hier, in der Südsee, das Bild des unverfälschten paradiesischen Menschen, des „edlen Wilden", vorzufinden, war nur von gelegentlichen Zwischenfällen, wohl im Zusammenhang mit den Diebstählen, unterbrochen. Das beginnende 19. Jahrhundert zeigte die Besucher aus einer anderen Welt dann aber in einem weit düstereren Licht. In einer Kette von Verbrechen sollte die Bevölkerung der Osterinsel fast ausgelöscht werden.
Im Jahr 1808 landeten amerikanische Robbenjäger auf der Insel. Ihre Absichten waren, das erkannten die Bewohner sehr bald, alles andere als friedlich. Nach einem erbitterten Kampf, in dem die Insulaner den überlegenen Feuerwaffen nur ihre Steinäxte und Speere entgegensetzen konnten, raubten die Amerikaner zwölf Männer und zehn Frauen und legten sie im Kielraum ihres Schiffes in Ketten. Nach drei Tagen Fahrt glaubte man, die Sklaven an Deck lassen zu können. Die Polynesier sprangen sofort ins offene Meer und wollten schwimmend zu ihrer Insel zurück, ein vergebliches Bemühen.
Ein paar Jahre später, 1822, machten die Eingeborenen erneut Bekanntschaft mit der europäischen Humanität. Die Mannschaft des Walfängers „Pindos" versorgte sich nach der Landung mit Gemüse und durfte die Gastfreundschaft der Insulaner in der Gestalt junger Mädchen, die bereitwillig auf das ankernde Schiff kamen, genießen. Danach wurden die Besucherinnen veranlaßt, aus den Beibooten zu springen und zurückzuschwimmen. Die weiteren Vorgänge geben, nach dem Bericht eines Besatzungsangehörigen, ein Bild der Denkungsweise der weißen „Kulturbringer": „Die Boote blieben liegen, um die Unglücklichen zu beobachten, die mit der einen Hand schwammen und mit der anderen bemüht waren, die Kleinigkeiten über Wasser zu halten, die sie für ihre Hingabe erhalten hatten. Außerdem trugen sie vielleicht noch den Keim einer Krankheit in sich, die ihnen das Leben kosten konnte. Am Strande angekommen, wurden sie von Gruppen, die sich zu einer großen Menge am Ufer angesammelt hatten, empfangen. In diesem Augenblick ergriff Waden seine Flinte und feuerte – ohne irgendwie herausgefordert worden zu sein und augenscheinlich aus reiner Mordlust – mit der Geschicklichkeit der Männer seines Landes als eine Art Abschiedsgruß in die Menge hinein. Aus dem Durcheinander, das um einen armen, zu Boden gestürzten Insulaner herrschte, war zu erkennen, daß sein Schuß getroffen hatte. Er gab darauf den Befehl, fortzurudern, und entfernte sich mit einem Lächeln auf den Lippen, während er sich der Sicherheit seines scharfen Auges rühmte."
Vorzeichen nahenden Unheils war 1859 der Überfall eines peruanischen Schiffs, das auf Sklavenjagd einer größeren Zahl von Insulanern habhaft wurde. Doch die ganz große Katastrophe trat 1862 ein. Die Ausbeutung der Guano-Lager an der peruanischen Küste war damals ein gutes Geschäft. Für die harte Arbeit jedoch waren kaum freiwillige Arbeitskräfte zu bekommen. Der peruanische Kapitän Aguirre sah auf der einsamen Osterinsel die einfachste Möglichkeit, solche in seine Gewalt zu bringen. Mit List, dann mit brutaler Gewalt wurden mehr als tausend Bewohner der Insel, darunter König Kamoko und vermutlich auch die letzten Priester, die die Rongo-Rongo-Schrift deuten konnten, in die Knechtschaft verschleppt. Dann fuhr die Sklavenjägerflottille zu den Tubuai-Inseln, um dort ihr trauriges Handwerk fortzusetzen. Doch ein französisches Wachschiff deckte eines der Schiffe auf, und auf Tahiti machte man den Sklavenjägern den Prozeß. Auf Ersuchen des Bischofs von Tahiti, Tepano Jaussen, protestierte die französische Regierung in Lima.
Inzwischen waren freilich schon viele Monate verstrichen, und die übrigen Sklavenjäger hatten ihre wertvolle Fracht schon an die Guanogesellschaften verkauft. Strapazen und Krankheiten dezimierten die Zwangsarbeiter binnen kurzer Zeit. Als die peruanische Regierung die Rückführung der Sklaven anordnete, lebten nur noch etwa hundert von ihnen, und auch von diesen erreichte nur ein Bruchteil wieder die Heimat. Zum großen Unglück für deren dort verbliebene restliche Bewohner: Die Heimkehrer schleppten die Pocken ein, und die Seuche forderte zahlreiche Opfer. Ende 1863 lebten von den etwa 5.000 Einwohnern, die die Insel in den fünfziger Jahren noch gezählt hatte, nur noch an die 600.
Das Elend der Osterinsulaner hatte Eugène Peyraud vom Orden der Väter des Heiligen Geists, der in Peru einige der Drangsalierten befreite, gerührt. Er war von dem Gedanken beseelt, der einsamen Insel das Christentum zu bringen. Seine Missionstätigkeit war anfänglich nicht sehr erfolgreich, weil sich insbesondere die Häuptlinge nicht damit abfinden wollten, ihre Vielweiberei aufgeben zu müssen. Peyraud mußte von der Insel flüchten, dann kam er mit einem Helfer zurück und schließlich gelang es ihm, am Tag Mariä Himmelfahrt des Jahres 1868 alle Insulaner zu taufen. Deren Christentum blieb freilich noch fast bis in unsere Tage mit den Ängsten vor den „Aku-Aku", den Dämonen und Ahnengeistern, vermischt.

Den Missionaren folgten die Geschäftemacher. Der französische Abenteurer Dutroux luchste den Insulanern das wertvollste Land ab und rekrutierte eine Bande von Helfern, die seinen Besitz schützten. Für viele Bewohner wurde dadurch das Leben auf der Insel unerträglich, und an die 300 nutzten 1870 die Gelegenheit, nach Tahiti auszuwandern. Die übrigen, die zwangsweise auf der Insel bleiben mußten, rächten sich an ihrem Sklaventreiber Dutroux, indem sie ihn umbrachten. Ein neuer Verwalter, der tahitisches Blut in den Adern hatte, zeigte größeres Verständnis für die Bedürfnisse der wenigen verbliebenen Bewohner. Er holte allerdings aus Tahiti zusätzliche Arbeitskräfte, sodaß Sprache und Bräuche der Osterinsulaner Elemente von dort aufnahmen. Die Insel bekam den polynesischen Namen Rapa Nui, was „großes Rapa" (zum Unterschied von der Tubuai-Insel Rapa) bedeutet; die Ureinwohner selbst hatten die Insel Te Pito O Te Henua, „Nabel der Welt", genannt.

Mit Früchten, Gemüsen und Knollen kann sich die Osterinsel selbst versorgen

Die Bewohner von Rapanui sind fromme Katholiken. Die Geschichte der berühmten Steinbilder ging mit den heidnischen Priestern verloren

Die Bitten der Bewohner, unter französischen Schutz gestellt zu werden, wurden von Paris abgelehnt. 1888 annektierte Chile die „Isla de Pascua". In dem Vertrag mit König Atamu Teneka sollte den Insulanern das Boden- und Nutzungsrecht gewahrt bleiben, doch sehr bald wurden sie auf das Dorf Hangaroa und dessen tausend Hektar großes Umland beschränkt. Nach einem Streik wurden alle erwachsenen Insulaner zur Zwangsarbeit verpflichtet. Der Großteil des 179 Quadratkilometer großen Eilands wurde der „Compania Exploradora de la Isla de Pascua" übertragen. Diese überließ die wirtschaftliche Nutzung der britischen Gesellschaft Willamson & Balfour, die aus der Insel eine einzige große Schaffarm machte, von der die Eingeborenen durch einen Stacheldrahtzaun abgeriegelt wurden. Die bald 100.000 Schafe wurden zur wahren ökologischen Katastrophe für die Insel; die fruchtbaren Böden wurden ruiniert und der Erosion preisgegeben. Nachdem schon Jahre zuvor angesichts des anhaltenden Interesses der Forschung die Insel unter „Museumsschutz" gestellt worden war, kündigte die Regierung in Santiago doch erst 1953, nach anhaltenden Beschwerden der Bewohner, die Verträge mit den Schafzüchtern. Aber die Armee, die nun die Verwaltung übernahm, machte die Lage nicht besser; viele Osterinsulaner wollten nach Tahiti auswandern, mit den Nachkommen ihrer einstigen Landsleute besteht noch immer Verbindung; doch Chile gestattete kein Verlassen der Insel. Hingegen nahm die Zuwanderung von chilenischen Verwaltungsbeamten und, als die Insel vom Fremdenverkehr entdeckt wurde, auch von Händlern und Tourismuspersonal zu, sodaß heute nur noch 65 Prozent der rund 3.000 Inselbewohner Polynesier sind.

Die rechtlose Situation der Osterinsulaner wurde 1964 durch den Franzosen Mazière einer breiten Öffentlichkeit bekanntgemacht. Als der als „Separatist" verdächtigte Lehrer Alfonso Rapu zum Bürgermeister gewählt wurde, verjagte ihn die Armee. Doch der internationale Druck führte zur Übergabe der Insel an eine Zivilverwaltung, die Insulaner wurden rechtlich den Chilenen gleichgestellt, und Alfonso Rapu konnte nun sein Amt antreten. Unter der Präsidentschaft Allendes wurden ein Entwicklungsrat und Kooperativen gegründet, der Diktator Pinochet löste sie wieder auf, doch setzte er überraschenderweise erstmals einen – freilich ihm genehmen – Osterinsulaner als Gouverneur ein. Die von ihnen abgelehnten Feiern zum 100. Jahrestag der Annexion nutzten 700 Insulaner zu einer Klage auf Rückgabe von Bodenrechten, und nach Rückkehr der Demokratie forderten sie Selbstbestimmung. In einem Dekret wurde Chile von Präsident Alwyn 1993 offiziell als Gesellschaft mehrerer ethnischer Gruppen deklariert, unter ihnen auch das Volk der Osterinsulaner.

Dieses könnte es freilich bald nicht mehr geben, denn die Hochzeiten zwischen Polynesiern und Zuwanderern nehmen stark zu. Die jüngst von Rapa Nui zurückgekehrten Österreicher Peter Leopold und Ricardo Herrgott vermerken in ihrem eben erschienenen Buch: „Man hat in manchen Bereichen den Eindruck, der chilenische Staat betreibt auf der Osterinsel einen sanften Genozid. Das wachsende Selbstbewußtsein der einheimischen Bevölkerung, die noch zu rund 65 Prozent von den polynesischen Bewohnern des 19. Jahrhunderts abstammt, stört geschäftliche Interessen mit dieser weltberühmten Insel." Die rassistischen Vorurteile vieler Chilenen bringen immer wieder Benachteiligungen der Einheimischen mit sich. Alkoholismus ist, wie bei den meisten an den Rand gedrängten Urbevölkerungen, noch immer ein Problem. Und der Fremdenverkehr ist keineswegs nur ein Segen, er zerstört wohl mit der Zeit auch die letzten Reste eigenständiger Kultur. Auch Kostner machen die beiden österreichischen Autoren Vorwürfe, sowohl wegen der negativen Auswirkungen, die seine Dreharbeiten im sozialen Leben hatten, und nicht zuletzt auch wegen des Verdachts, daß mit den künstlichen Plastik-Moais eine gewaltige Ladung Giftmüll auf der Insel hinterlassen wurde. Das durch den Film zweifellos anschwellende Interesse des Tourismus könnte Rapa Nui endgültig zu einem Disney-Land machen, in dem die letzten Nachkommen der Ureinwohner die Statisten für die Video-Kameras der Besucherströme abgeben.

Literatur: Alfred Métraux, Die Osterinsel. Frankfurt/M. 1957. – Peter Leopold/Ricardo Herrgott, Rapa Nui – die Osterinsel. Wien 1994.

Warum werden bei unseren deutschen Nachbarn ausländische Arbeitnehmer abfällig ausgerechnet „Kanaken“ genannt? Für die Ureinwohner Neu-Kaledoniens ist es ihr Volksname – „Menschen“, nichts weiter.

Im Jahr 1998 soll auf der Südseeinsel Neu-Kaledonien, einem französischen Übersee-Territorium, das von seinen Ureinwohnern heute Kanaky genannt wird, eine Abstimmung über die Unabhängigkeit stattfinden. Die melanesischen Kanaken bilden heute wieder, nachdem sie in den Jahrzehnten zuvor zu einer Minderheit geworden waren, mit etwas mehr als 50 Prozent die Mehrheit der rund 170.000 Bewohner der 19.000 Quadratkilometer großen Insel, gefolgt von 35 Prozent Europäern, weiters von den von der Kolonialmacht ins Land geholten Polynesiern, Vietnamesen und jüngst auch Bewohnern der französischen Antillen. Der französischen Politik, gerade seit sie wieder in den Händen der Konservativen liegt, ist viel daran gelegen, die Insel weiter staatlich an Frankreich zu binden; das läge vor allem im Interesse der europäischen Siedler, die sich das beste Land gesichert haben, als auch der Konzerne, die die reichen Nickelvorkommen Neu-Kaledoniens ausbeuten – das Metall macht 90 Prozent des Exports der Insel aus. Die kanakische Unabhängigkeitsbewegung sieht sich deshalb einer Politik von Zuckerbrot und Peitsche gegenüber: Einerseits wird versucht, vor allem die in den Städten lebenden Ureinwohner von den Vorteilen eines Verbleibs bei Frankreich zu überzeugen und die Kanaken auseinanderzudividieren, andererseits sehen sich die Kämpfer für die Selbstbestimmung häufig Repressalien ausgesetzt.

Als James Cook das gebirgige Eiland sichtete, fühlte er sich an Schottland erinnert und gab ihm deshalb dessen antiken Namen. Der englische Weltumsegler fühlte sich von der Freundlichkeit der Bevölkerung durchaus angesprochen, spätere Besucher fanden sich freilich vom Kannibalismus der Kanakenstämme, die häufig Krieg untereinander führten, angewidert. Nähere, zumeist keineswegs erfreuliche Bekanntschaft mit den Weißen machten die dunkelhäutigen Kanaken in der ersten Hälfte des 19. Jahrhunderts vor allem mit Walfängerschiffen; den ersten Händlern folgten dann 1843 katholische Missionare. Sehr bald verband sich bei den Kanaken die Erkenntnis der Unvereinbarkeit ihrer eigenen mit der europäischen Kultur mit der Begehrlichkeit, sich die praktischen Geräte der Fremden anzueignen, was 1847 in der Vertreibung der Herz-Jesu-Mission zum blutigen Ausbruch kam. Dem folgte eine Strafexpedition französischer Marinesoldaten, und 1853 wurde – gegen britischen Einspruch – die Trikolore auf Neu-Kaledonien gehißt.

Frankreich hatte zunächst nichts Besseres im Sinn, als den Eingeborenen die europäische Kultur in Gestalt der Schwerverbrecher, die auf die Insel deportiert wurden – 1872 übrigens auch die überlebenden Pariser Communarden –, näherzubringen. Was für die Weißen als „Resozialisierungsprogramm“ durch nützliche Arbeit, an deren Abschluß die Ansiedlung als freie Kolonisten stand, gedacht war, wurde für die Kanaken zu einem permanenten, oft gewaltsam durchgeführten Verdrängungsprozeß. Den Eingeborenen wurde das Recht auf Landbesitz abgesprochen, und sie wurden in Reservate eingewiesen. Viele ihrer traditionellen Sitten wurden verboten, ihre alten Götter mußten der nun verstärkt einsetzenden Mission weichen. Epidemien, Alkohol und der durch die Zerstörung ihrer eigenen Kultur gebrochene Lebenswille führten binnen weniger Jahrzehnte zur Halbierung der Bevölkerungszahl. Die koloniale Unterdrückung trug aber auch dazu bei, daß die Kanaken zu größerer Einheit fanden: Das kam 1878 in dem gut organisierten Aufstand des Häuptlings Atai zum Ausdruck, der erst nach einem Jahr niedergeworfen werden konnte. Ein letztes Aufbäumen erfolgte in einer Rebellion im Jahre 1917.

Ein neuer Einwanderungsschub erfolgte, als Nickelvorkommen entdeckt wurden. Die Kanaken erwiesen sich als zu wenig robust, die schwere Arbeit in den Nickelgruben zu leisten – was vielleicht ihr Glück war, so konnten sich die Ureinwohner allmählich wenigstens physisch von dem Kulturschock, den sie erlitten hatten, regenerieren. Deshalb wurden massenweise Arbeiter aus anderen französischen Kolonien importiert. Die Indigenen gerieten gegenüber den Zuwanderern und den Nachkommen der französischen Siedler – die bereits auf der Insel geborenen Franzosen erhielten den Namen „Caldoches“ – in die Minderheit, insbesondere nach dem Nickelboom der siebziger Jahre. Frankreich förderte die Einwanderung nach Kräften, um die Kanaken in ihrer Minderheitsposition zu halten; dennoch bildeten diese aber weiterhin noch immer die relativ stärkste Volksgruppe und scheinen sich nun durch verstärkten Kindersegen zusehends zu erholen.

Auch die schwarzen Neukaledonier blieben von dem Aufbruch der nichteuropäischen Völker nach dem Zweiten Weltkrieg nicht unberührt. Sie wollten nicht mehr wie Fremde im eigenen Land behandelt werden und begannen sich politisch zu organisieren. Hoffnung durften sie schöpfen, als ihnen die französischen Linksparteien für den Fall ihres Wahlsiegs die Unabhängigkeit versprachen. Nach Tisch, als 1981 das Linkskabinett die Regierung antrat, schien das freilich vergessen; nun war nur noch von „Reformen“ die Rede, die Neu-Kaledonien auf die Unabhängigkeit vorbereiten sollten. Selbst dies stieß jedoch auf den schärfsten Widerstand der Inselfranzosen, insbesondere als Paris eine Bodenumverteilung zugunsten der Ureinwohner ermöglichen wollte. Die stärkste Partei der Kanaken, die Union Calédonienne (UC), schloß sich mit kleineren Parteien und Gewerkschaften zur „Front de Libération Nationale Kanake et Socialiste“ (FLNKS) zusammen. Die von den Kolonisten geführte Gegenseite, politisch ver-

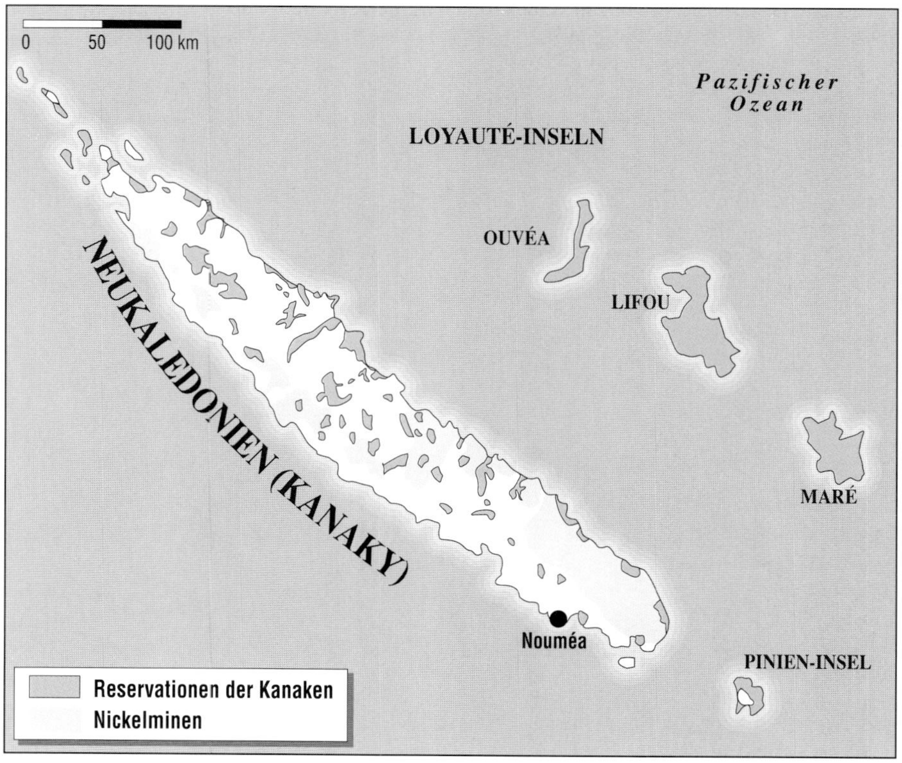

Nur noch für Feste wird der traditionelle Schmuck – Gräser, Bemalung, Baströcke – angelegt

eint im frankreichtreuen „Rassemblement pour la Calédonie dans la Republique“, griff zur Gewalt: 1981 wurde der UC-Generalsekretär Pierre Declercq ermordet.
1983 versprach die französische Regierung erneut die Selbstbestimmung; 1989 sollte darüber ein Referendum abgehalten werden, zuvor wurde Neu-Kaledonien innere Autonomie gewährt. Die Befreiungsfront betrachtete es als unannehmbar, daß Paris allen im Land anwesenden Franzosen und nicht nur den alteingesessenen das Stimmrecht bei den Wahlen für eine Territorialversammlung (1984) gab und boykottierte sie, ja drohte mit bewaffnetem Kampf.

Am 1. Dezember 1984 rief der UC-Führer Jean-Marie Tjibaou in der Inselhauptstadt Nouméa die unabhängige „Sozialistische Republik Kanaky“ aus. Die Lage spitzte sich durch Gewalttaten seitens der Caldoches wie auch radikaler Kanaken zu. Tjibaou verwarf daraufhin den Plan des Überseeministers Pisani, der begrenzte Unabhängigkeit eines mit Frankreich assoziierten Kanaky und einen Sonderstatus für die auf der Insel lebenden Franzosen vorsah; der Rassemblementführer Dick Ukeiwe, ein Polynesier, hatte den Plan schon vorher strikt abgelehnt. Bei Regionalwahlen gewann die Befreiungsfront 1985 in drei der vier Regionen zwar die Mehrheit, doch in der vierten, bevölkerungsreichsten Südregion mit der Hauptstadt Nouméa siegte das Rassemblement, und Ukeiwe wurde vom neukaledonischen Kongreß zum Vorsitzenden gewählt. Er bekam sehr bald Rückenwind durch den Machtwechsel in der französischen Regierung. Das konservative Kabinett machte viele Reformansätze rückgängig und entmachtete die Regionen, sodaß die Kanaken über noch weniger Mitbestimmung verfügten. Unter diesen Umständen war von vornherein klar, daß ein Referendum über die Selbstbestimmung nun eindeutig gegen diese ausgehen würde, und die FLNKS rief zu dessen Boykott aus. Da dieser vom Großteil der Kanaken befolgt wurde, sprachen sich 98,3 Prozent der Abstimmungsteilnehmer für den Verbleib bei Frankreich aus (1987). Die Pazifikstaaten Vanuatu, Salomonen, Papua-Neuguinea und Australien kritisierten die Vorgänge heftig, und im Entkolonialisierungsausschuß der UNO wurde trotz des Drucks, den Paris auf andere Staaten ausübte, die Fortsetzung des Entkolonialisierungsprozesses mit deutlicher Mehrheit verlangt. Der sozialistische Regierungschef Rocard, der 1988 Chirac abgelöst hatte, schlug nun einen neuen Kompromiß vor. Die Verwaltung Neu-Kaledoniens wurde direkt dem Premier unterstellt, in einem Zehnjahresplan sollte das Überseeterritorium in die Unabhängigkeit geführt werden, nachdem 1998 in einem Referendum, an dem keine Neuzuwanderer teilnehmen dürfen, darüber zu entscheiden wäre. Das Abkommen wurde von etwas mehr als der Hälfte der Wahlbeteiligten gebilligt. Kanakische Extremisten lehnten es jedoch ab, und aus ihren Reihen kamen die Täter, die 1989 Tjibaou und seinen Stellver-

Kanaken-Slums im Gebiet der Nickelminen

treter Yeiwéné ermordeten. Der neue FLNKS-Vorsitzende François Burck konnte den Anteil seiner Partei im Territorialrat bei Neuwahlen 1989 von 2 auf 19 Mandate erhöhen, das Rassemblement hält dort 27 Sitze.

Der erneute Regierungswechsel in Paris dürfte die Hoffnungen der Kanaken, ihr eigenes Land bestimmend zu verwalten, wieder auf die lange Bank geschoben haben. Die mit 56.000 Menschen zweitgrößte Volksgruppe auf der Insel, die Europäer, fühlen sich durch den konservativen Trend aus Paris gestärkt. Sie kontrollieren die Wirtschaft der Insel und haben die meisten Schlüsselstellungen in Verwaltung und Politik inne. Sie zeigen wenig Bereitschaft, diese Machtstellungen aus der Hand zu geben. Sie werden dabei von den etwa 20.000 vor allem von den Inseln Wallis und Futuna, aber auch aus Tahiti zugewanderten Polynesiern unterstützt. Von diesen wurden auch die Schlägertrupps angeworben, die die kanakische Unabhängigkeitsbewegung terrorisieren. Schon in der Regierungszeit Chiracs kamen 90 Prozent der staatlichen Investitionen in Neu-Kaledonien der Hauptstadt Nouméa und ihrer unmittelbaren Umgebung zugute, also den Europäern und ihrem Anhang; Präsident Mitterrand äußerte darüber seine Besorgnis. Die neue Kohabitationsregierung konnte diese Politik fortsetzen, und es besteht offenbar die Absicht, die Anhängerschaft Frankreichs durch Zuwanderung von den französischen Antillen für das für 1998 geplante Referendum zu stärken, obwohl das mit der Regierung Rocard vereinbarte Abkommen vorsieht, daß nur Personen an der Volksabstimmung teilnehmen dürfen, die vor 1988 auf der Insel ansässig waren.

Yann Céléné Uregei, Generalsekretär der „Front Uni de la Liberation Kanak", legte in einem Gespräch mit Doris Byer die Gründe dar, warum Frankreich sich die Insel um jeden Preis als „Übersee-Territorium" assoziieren will: „Das Land ist der zweitgrößte Nickelproduzent der Welt, neben Phosphaten und anderem. Dazu Frankreichs Interessen auf Tahiti, wo die gesamte Atomindustrie konzentriert ist. Die Atomversuche in Französisch-Polynesien sind für die ganze pazifische Region höchst bedrohlich. Seit der ersten Sprengladung über dem Mururoa-Atoll 1966 gab es unausgesetzte Proteste der internationalen Gemeinschaft (insbesondere der Südpazifikstaaten, Red.). Erfolglos. Frankreich wird sich freiwillig nie zurückziehen."

Junge Kanakinnen haben sich in Noumea für ein Fest herausgeputzt

Das Abkommen, das Tjibaou mit Paris schloß und weswegen er als „Verräter" ermordet wurde, liefert Frankreich, meint Uregei, den Vorwand, Neukaledonien wieder von der Liste der für die Entkolonisierung vorgesehenen Länder streichen zu lassen. „Damit würde uns auch das Sprachrecht vor dem ‚Comité Special' der UNO genommen, dem einzigen internationalen Forum, vor dem wir sprechen können."

Für die Zukunft, die Uregei pessimistisch sieht, wenn sein Kampf nicht Erfolg hat, hat er seine Vision. Im Hinblick auf die Kapitalinvestitionen, die durch den Europäischen Markt verstärkt einfließen werden, und die nur durch die Wiederherstellung der Landrechte, die den Kanaken genommen wurden, in für die Ureinwohner sinnvolle Bahnen gelenkt werden könnten, meint er: „Gerade deshalb ist es doch so wichtig, daß die Entscheidungsgewalt zunächst an die Kanaken zurückfällt. Denn nur durch die Einheit ihres traditionellen Gesellschaftssystems haben sie die Stärke, neue und gerechte Formen der Arbeitsorganisation für die moderne Welt zu finden ... Man müßte versuchen, eine Nation zu schaffen, die wirklich am pazifischen Raum orientiert ist. Die sich an der Kultur der Melanesier orientiert, an ihren Erziehungsformen, ihren politischen Systemen". Auf Vanuatu und auf den Salomonen sei dies gelungen. Warum sollte es in Neukaledonien nicht auch so sein?

Der Kampf um die politische Unabhängigkeit hat bei vielen Kanaken auch zu einer Rückbesinnung auf die eigenen Traditionen geführt. Man geht zu den Alten, läßt sie über die Ahnen erzählen und die alten Bräuche des Stammes weitergeben. Der Aufbau eigener Schulen und Kindergärten, in denen der eigenen Sprache der Vorzug gegenüber dem in der Hauptstadt auch von Eingeborenenkindern zu verwendenden Französischen gegeben wird, die Gründung der kanakischen Wochenzeitung „Bwenando" und einer Rundfunkstation sowie die Bildung von Genossenschaften reihten sich ebenfalls in das Bemühen, das kanakische Selbstbewußtsein zu heben. „Unsere Kinder sollen ihre Sprache beherrschen und ihre Kultur kennen, bevor sie eine andere kennenlernen, die der ihren nicht entspricht", begründete Philomène Machoro, die Schwester des 1985 von Bereitschaftspolizisten getöteten Innenministers der kurzlebigen Republik Kanaky, diese Bemühungen in einem Interview.

„Kanaka", das ist, wie oben erwähnt, in der Sprache der melanesischen Ureinwohner das Wort für „Mensch". Die nächsten Jahre werden zeigen, inwieweit sie auf ihrer Insel wieder ganz Mensch sein dürfen.

Literatur: Frank R. Pfetsch (Hg), Konflikte seit 1945 – Asien, Australien, Ozeanien. Freiburg 1991.

Salomonen

Den Bewohnern der Salomonen und anderer kleiner Inseln droht eine neue Gefahr: Der „Treibhauseffekt“ könnte dazu führen, daß ihre Heimat eines Tages für immer im Meer versinkt.

Die Vertreter der Inselstaaten des Pazifischen und Indischen Ozeans waren jene, die von der Klimakonferenz in Berlin im Frühjahr 1995 am meisten enttäuscht heimkehrten. Ihr Appell, den milliardenfachen Ausstoß von CO_2 und damit den sogenannten Treibhauseffekt, der zu einem Anstieg des Meeresspiegels führt, einzudämmen, stieß auf taube Ohren; man vertröstete sie auf die nächstfolgende Konferenz in einigen Jahren.

Dabei ist das Problem brennend, denn es stellt eine direkte Bedrohung vieler flacher Inseln und Atolle, und damit ihrer Bewohner, dar. Offenbar ohne großen Eindruck bei den Mächtigen der Industrieländer zu hinterlassen, bereiste vor der Konferenz einer Delegation der Inselstaaten Europa, und es war der Vertreter der Salomonen, der immer wieder mahnend seine Stimme erhob. Er konnte dabei auf wissenschaftliche Untersuchungen verweisen, die veranschaulichen, daß die ständige Erwärmung der Erdatmosphäre zu verstärkter Eisschmelze in den Polarregionen und damit zu einer sukzessiven Erhöhung des Meeresspiegels führt. Überdies zerstört der maßlose Schadstoffausstoß in die Atmosphäre die Korallenbänke. Die flacheren, kleinen Inseln – wie z. B. die Salomonen – wären durch diesen Treibhauseffekt als erste bedroht und könnten eines Tages im Zuge der in diesen Regionen häufigen Wirbelstürme völlig verschwinden, ohne daß das gefräßige Meer die kleinen Eilande wieder freigäbe. In einzelnen Fällen würde schon die ständige Überflutung der Lagune des Atolls die Inseln unbewohnbar machen, weil sich dort die während der Ebbe zugänglichen Süßwasserquellen befinden. Im Fall der Salomonen ist diese Bedrohung durch die globale Umweltverschmutzung insofern auch jene, die die meiste Gefahr für die Lebensweise ihrer Bewohner birgt, weil diese ansonsten zu den wenigen positiven Beispielen für eine gelungen Vereinigung von Bewahrung der eigenen Identität und Anpassung an westliche Einflüsse darstellen.

Die Salomonen erlangten ihre Unabhängigkeit spät, erst 1978. Dem ging eine relativ kurze, aber erst staatsbildende Kolonialzeit voraus. Denn zuvor war den Bewohnern der Salomonen ein Einheitsbewußtsein fremd, und das war angesichts der sprachlichen und kulturellen Unterschiede zwischen den einzelnen Stämmen und Inseln nicht verwunderlich. Von den Europäern vereinfachend als „Melanesier“ bezeichnet, war die Bevölkerung das Ergebnis verschiedener Wanderungsströme, welche die Inseln keineswegs gleichmäßig erfaßten. Auch heute zählt man auf den Salomonen rund achtzig melanesische, dazu einige polynesische Idiome, zum Verständigungsmittel wurde Pidgin, die in der Kolonialzeit entwickelte melanesisch-englische Verkehrssprache.

Die Feindseligkeit, mit der die Inselbewohner nicht nur einander, sondern auch den Europäern begegneten, hielt diese lange von den Salomonen fern. Erst gegen Ende des 19. Jahrhunderts teilten sich Deutschland und Großbritannien die Inseln. Dies hatte nach dem Ersten Weltkrieg zur Folge, daß das vormals deutsche Bougainville heute nicht zum Salomonen-Staat, sondern – mit ständigen separatistischen Neigungen – zu Papua-Neuguinea gehört. Der Abbau des Kupfers hat weite Gebiete dieser Insel zerstört, die Wälder wurden abgeholzt, die Flüsse verschmutzt – ohne daß seine Bewohner aus den Erträgen einen Nutzen hatten. Dagegen erhob sich eine „Bougainville Revolutionary Army“, die die Unabhängigkeit der Insel ausrief; erst nach mehrjährigen Kämpfen wurde mit der Regierung von Papua-Neuguinea ein Waffenstillstand geschlossen, über den künftigen Status der Insel ist noch immer nicht das letzte Wort gesprochen.

Den Leuten von Bougainville müssen die Verhältnisse im stammverwandten Salomonen-Staat paradiesisch vorkommen, denn hier vollzieht sich eine friedliche Entwicklung des Zusammenwachsens, die große Hoffnungen zuläßt. Die Bekanntschaft mit den Weißen hatte auch den Bewohnern der Salomonen, ehe diese noch Kolonialgebiet geworden waren, schlimme Erfahrungen nicht erspart. Das Geschäft der weißen und chinesischen Händler mit den Eingeborenen zeichnete sich nicht immer durch Redlichkeit aus (auch wenn sich die Salomonier nicht auf Dauer täuschen ließen). Das schlimmste aber waren der Raub von Menschen für die Plantagenwirtschaft und die Krankheiten, die durch die Fremden eingeschleppt wurden und die Bevölkerung dezimierten. Schließlich kamen die Missionare, und als die Salomonen britisches Protektorat geworden waren, wurde ihre Tätigkeit zum offiziellen Zivilisierungsauftrag. Die Anglikanische Kirche erlangte den Vorrang vor den Katholiken, und ihr System war es, Kinder in ihre Internate, zunächst ins ferne Neuseeland, zu bringen, um die Proselyten alsdann als Werber für den neuen Glauben zu ihren Landsleuten zu senden. Der im Vergleich zum Inselleben unglaubliche Reichtum, den sie dort sahen, beeindruckte, und wenn auch die ersten Missionare eher verlacht wurden, so trug das pragmatische Denken der Salomonier mit der Zeit viel dazu bei, daß sie ihre alten Götter gegen einen neuen eintauschten, der ein leichteres Leben zu garantieren schien. Es war auch nicht ungewöhnlich, daß das Priestertum, gewissermaßen vererbbar, den Glaubenswechsel in derselben Familie überstand. So scheint sich in manchen Teilen der Salomonen der sogenannte „Kulturschock“, der anderswo durch die Abkehr von den alten Sitten und Göttern eintrat, in milder Form abgespielt zu haben, weil Einheimische ihre Brüder und Schwestern in die neue Religion mit Verständnis für die althergebrachte einführen konnten.

Anderswo wieder war der Bruch mit der Vergangenheit von tragischer Wirkung auf die Psyche und Physis der Eingeborenen; die Krankheiten waren sicherlich nicht allein die Ursache dafür, daß die Bevölkerungszahlen

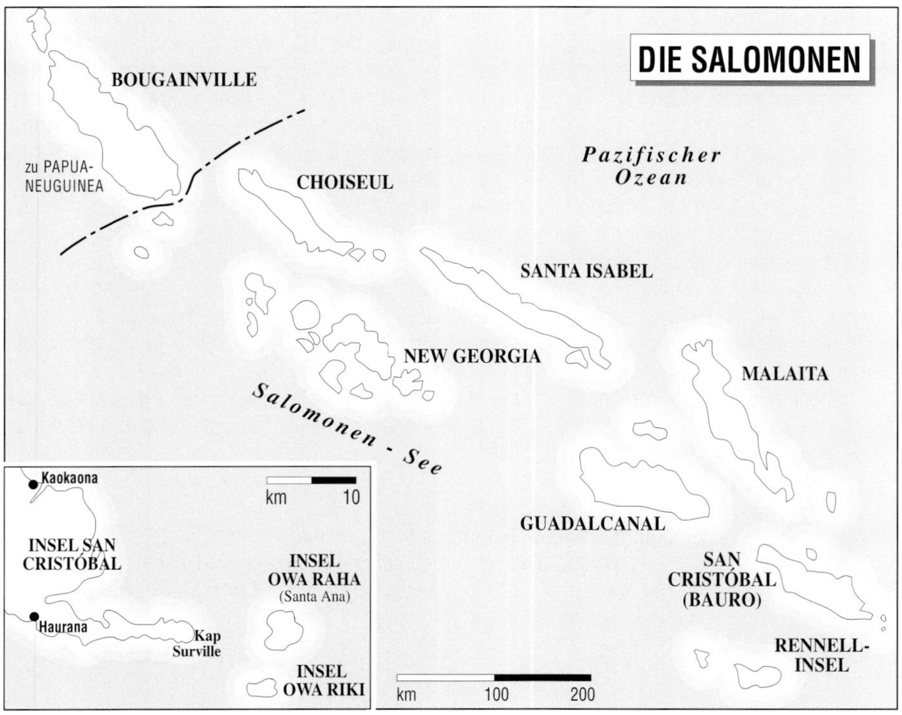

rapid sanken und viele Ethnologen die Salomonier bereits aussterben sahen. Dazu trug insbesondere bei, daß Behörden und Missionen verschiedene Stämme größerer Inseln veranlaßten, aus dem Inneren – wohin sie einst als Ureinwohner von den später angekommenen Einwandererwellen verdrängt worden waren – an die Küste zu übersiedeln, um bessere Kontrolle über sie zu haben. Aus ihrer gewohnten Lebensweise gerissen, fielen die Umgesiedelten dort massenweise der Malaria zum Opfer. Auch die verbreitete christliche Irrmeinung, Nacktheit mit Unsittlichkeit gleichzusetzen, die die Inselbewohner in (oft für die „armen Wilden" gespendete und bazillenverseuchte) Secondhand-Textilien zwang, trug zur Dezimierung der Bevölkerung bei. Allerdings war es in vielen Fällen gar nicht der Zwang zu „keuscher" Kleidung, den die Missionare ausübten, sondern der eigene Wunsch vieler Eingeborener, es den Weißen nachzumachen; Kleidung wurde zum sozialen Statussymbol, und den Männern, die sich zur Arbeit auf den Plantagen der Weißen verdangen, war sie ein wichtiger Teil der Entlohung, mit der sie dann zu Hause auf ihrer Insel Eiundruck machen konnten.

1931 war das Leben auf den Salomonen noch beschaulicher als heute ...

Auch mit einer anderen Errungenschaft der Zivilisation, dem Steuerzahlen, machten die Eingeborenen Bekanntschaft. Als der District Officer mit seiner Polizeitruppe in die Dörfer der Insel Malaita kam, um bei den bis dahin freien Stämmen Steuern einzutreiben, kam es dort 1927 zum Aufstand. Es dauerte einige Monate, bis die Rebellion niedergeschlagen war, die Rädelsführer wurden zum Tod verurteilt oder eingesperrt, was für viele gleichbedeutend mit einem Todesurteil war. Die australischen Zeitungen berichteten von angeblichen Rückfällen in den Kannibalismus, und clevere salomonische Plantagenarbeiter machten sich die Sensationsgier der Touristen daraufhin zunutze. „Mit martialischem Federschmuck auf dem Kopfe und Holzknebeln bewaffnet, klettern sie auf das Deck des Dampfers. Sofort scharen sich um sie die neugierigen Ladies, und auf die Frage, ob sie schon Menschenfleisch gegessen hätten, erhalten sie die wilde Antwort: ‚Every day, every day'. Um die Behauptungen zu bekräftigen, kneift der Eingeborene die Lady in den Arm und meint geringschätzig: ‚Du bist nicht gut zum Fressen'. Nachdem sich der Kuli gegen eine Bezahlung von fünf Schillingen photographieren ließ, ist die Lady glücklich, das Bild eines ‚real cannibal' in der Kamera zu haben ..." (E. Paravicini)
Von solchen Unsitten waren andere, zumal die zwei kleinen Inseln vor San Cristóbal, Owa Raha (Santa Ana) und Owa Riki (Santa Catalina) in den dreißiger Jahren noch verschont, obwohl dort auch ein früherer deutscher Werber für Plantagenarbeiter wohnte und eine Häuptlingstochter geheiratet hatte. Hier begann der österreichische Völkerkundler Hugo Adolf Bernatzik 1932 seine Feldforschungen in der Südsee, und seine Berichte sind, quasi in letzter Minute, Momentaufnahmen – auch im wörtlichen Sinn, betrachtet man seine großartigen Photodokumente – einer noch weitgehend intakten melanesischen Kultur. Das war in der Tat fünf vor Zwölf: Denn einige Jahre später raste der Pazifikkrieg mit der japanischen Besetzung und der schwer erkämpften Rückeroberung durch die Amerikaner über die Inseln; Guadalcanal, die Hauptinsel der Salomonen, war Schauplatz härtester Luft- und Seeschlachten. Viele Salomonier lernten den Krieg als Rekruten des sogenannten Labour-Corps kennen oder leisteten den Alliierten hinter der Front wertvolle Hilfe im Kampf auf schwierigstem Gelände. Die von den Kolonialbehörden erzogenen einheimischen Verwaltungsbeamten und Intellektuellen in der Hauptstadt Honiara betrieben nun den Weg zur Unabhängigkeit. Dies war mit der Akzeptanz vieler Einflüsse des modernen wie sie seit dem Krieg unvermeidlich geworden waren – der sogenannte „Cargo-Cult" war ein Ausfluß des Glaubens an den unerschöpflichen Reichtum der Amerikaner –, verbunden.
Die Anglikanische Kirche hatte ohnedies schon ihre Hände auch nach den entlegensten Inseln ausgestreckt, wobei ihre Vertreter, sofern sie aus dem Land selbst kamen, nicht mehr als unerbittliche Vernichter der so stark mit dem „Heidentum" verbundenen Volkskunst auftraten, sondern beispielsweise deren Ornamentik sogar in die Ausschmückung der Kirchen einbanden. Allerdings, mit der paradiesischen Nacktheit, die Bernatzik noch angetroffen hatte, war es vorbei, und es überrascht, wie schnell eine solch neue, äußerliche Sittlichkeit angenommen wird. Während sich die Frauen und Mädchen auf Owa Riki anfangs noch schämten, mit Kleidern durch das Dorf zu gehen, ziehen sie diese heute nicht einmal mehr zum Baden im Meer aus.

Gut ein halbes Jahrhundert nach dem Aufenthalt ihres Vaters begab sich Bernatziks Tochter, die Historikerin Doris Byer auf die „Suche nach der verlorenen Zeit" und überwand die von der salomonischen Bürokratie bereiteten Hemmnisse, um einen Fernsehfilm auf Owa Raha zu drehen. Die offenkundige Traditionsverbundenheit der Behausungen stand in einem gewissen Gegensatz zu den in Bluejeans und T-Shirts oder in bequeme Hängekleidchen gewandeten Nachfahren der Photomodelle von 1933. Das hinderte die Insulaner keineswegs daran, die Photos ihrer Großeltern mit fröhlicher Unbekümmertheit als Teil der Geschichte ihrer Insel zu akzeptieren; und auf der Rückseite des Abzuges mit ihrem Namen anzumerken, daß sie sich das Bild gern aus dem fernen Austria schicken lassen wollten. Ein Augenschein in der „aofa apuna", dem Zeremonienhaus, durfte die Überzeugung erhärten, daß die Insulaner offenbar ihren traditionellen Ahnenkult durchaus mit dem Christusglauben verbinden können, wozu wahrscheinlich das verständisvolle Wirken des anglikanischen Bischofs, selbst auf Owa Raha geboren, beigetragen hat. Geschichtsbewußtsein wird dabei ein Mittel zur Wahrung der Identität: Vielleicht konnte Frau Byer dazu ein wenig durch ihre „historischen" Photos und noch mehr durch Hilfe mit österreichischen Spendengeldern bei der Errichtung einer Schulhalle beitragen.

... erinnert sich 1991 die Insulanerin, die auf das Bild aus ihrer Jugendzeit (S. 103) blickt

Die Tochter trägt voll Stolz den Familienschmuck zur Schau

Die tiefere Ursache für den, wie es scheint, relativ problemlosen Übergang der Salomonier von einer Stammes-, oder noch genauer: Clan-Gesellschaft in eine moderne Gemeinschaft liegt aber auf anderer Ebene: Im Unterschied zu vielen ehemaligen Kolonialgebieten haben die Inselbewohner niemals auf ihre Landrechte verzichten müssen, Grund und Boden sind weitgehend in ihrer Hand geblieben, wobei nicht Individualbesitz, sondern der Clan die Eigentumsverhältnisse regelt. Und das ist das zweite Element der salomonischen Gesellschaft: Die matrilinearen Clanstrukturen mit ihrer weitgehenden Gleichberechtigung aller Mitglieder blieben hier noch intakt, strenge Hierarchien haben sich nicht ausgebildet.

Jedenfalls haben die Salomonen das große Sterben ihrer Bevölkerung überwunden, ja es scheint sich auf dem beschränkten Raum des nur 29.000 Quadratkilometer großen Inselstaates eine Bevölkerungsexplosion (1994: 335.000 Einwohner) anzubahnen. Dazu trägt die Haltung der Kirchen bei. Die alten Praktiken, unerwünschten Nachwuchs – und das bei großer sexueller Freizügigkeit der Unverheirateten – zu verhindern, scheinen vergessen, und modernen steht der Klerus ablehnend gegenüber. Typisch auch die Klage eines Inselbewohners, der die demoralisiernde Wirkung weißer Besucher anprangert: Sie machen den jungen Mädchen schöne Versprechungen, halten nichts und verschwinden wieder. Und wenn die Mädchen schwanger werden, können sie nichts tun. Das sei viel unanständiger als etwa der Tanz „kakuya“, den Bernatzik photographierte und damit Anstoß im bigotten österreichischen Ständestaat erregte (während sich die Christen gewordenen Insulaner, rückblickend auf einen Teil ihrer Geschichte, dafür keineswegs schämen).

Allerdings ist Übervölkerung zunächst vor allem ein Problem der Hauptinsel Guadalcanal und der auf ihr liegenden Hauptstadt Honiara, die Menschen von allen Inseln anzieht und so eines Tages Gefahr laufen könnte, an ihren Rändern ein Subproletariat beherbergen zu müssen. Noch ist es allerdings nicht so weit: Der Zusammenhalt der Clans bietet jedem die Möglichkeit, in seinen Schutz zurückzukehren.

Diese erfreuliche und behutsame Entwicklung einer Gesellschaft im Übergang scheint für die Zukunft durch die Folgen des Treibhauseffekts bedroht. Die Industriestaaten, die sich dem Appell der Inselbewohner verweigern, nehmen eine neue, große Verantwortung für die mögliche Zerstörung der Vielfalt dieser Welt auf sich. Als „Hüter der Erde“ weisen die Vertreter der betroffenen Völker aber auch darauf hin, daß dies nur der Anfang einer Entwicklung wäre, von der im weiteren Verlauf auch so manche Küstenstadt und Uferregion überall in der Welt betroffen werden könnte. Mit Versprechungen, dem gegenzusteuern, ist es nicht getan, zumal ja zu Europa und Amerika nun die Staaten Südostasiens als zusätzliche Verursacher des Treibhauseffekts getreten sind. Kommt die Mahnung von den Salomonen zu spät?

Literatur: E. Paravicini, Reisen in den britischen Salomonen. 1931. – Hugo Adolf Bernatzik, Owa Raha. Wien 1936. – Doris Byer, Nicht im Kasten. Wien 1993. – Doris Byer, Salomonische Lebensgeschichten. Erscheint 1995.

Das Jahr 1993 war für die junge hawaianische Selbstbestimmungsbewegung von großer Bedeutung: Präsident Clinton erkannte in einem Gesetz an, daß die Annexion Hawaiis am Ende des vorigen Jahrhunderts ein Unrechtsakt war.

Eine Insel, aus Träumen geboren" nennt ein alter deutscher Schlager zum einschmeichelnden Klang der nach dem Eiland benannten Gitarren Hawaii, die größte namengebende Insel des Archipels, das seit 1959 den 50. Bundesstaat der USA bildet. Die Träume, aus denen das heutige Hawaii, dessen Tourismusmanager nach Kräften bemüht sind, den Südsee-Klischeevorstellungen seiner Besucher gerechtzuwerden, entstanden ist, waren allerdings keineswegs rosige; mit Betrug und Gewalt wurden seine polynesischen Bewohner um ihr Land gebracht und zu einer Minderheit in ihrer Heimat. Die Volkszählung von 1990 verzeichnet rund 1,1 Millionen Einwohner Hawaiis; von diesen werden knapp 370.000 als Weiße und 685.000 als Asiaten ausgewiesen. Die Hawaianer fallen unter den „Rest". Wenn der „San Francisco Chronicle" sie mit 210.000 angibt, so dürfte das beträchtlich übertrieben sein; andere Schätzungen begnügen sich mit nicht viel mehr als der Hälfte, wobei angeführt wird, daß die Zahl der ausschließlich von Ureinwohnern abstammenden Bewohner davon wieder nur einen Bruchteil ausmacht.
Der englische Weltumsegler James Cook, nach spanischen Seefahrern Wiederentdecker der von ihm nach seinem Gönner Lord Sandwich benannten Inseln, bezahlte seine Bekanntschaft mit deren Bewohnern, die ihn zunächst als Gott verehrten, dann aber sehr bald das Allzumenschliche in den Ankömmlingen erkennen mußten, mit dem Tod (1779). Bis dahin hatten die Eingeborenen, Nachkommen einer vom fernen Tahiti eingewanderten kühnen Gruppe der „Wikinger des Sonnenaufgangs", wie einer ihrer modernen Chronisten die Polynesier genannt hat, in Isolation gelebt. Von Tahiti übernahmen sie die Klassenteilung in Adelige (Ariki), Priester und Gemeine. Die kleinen Inselkönigreiche lagen trotz der Kultur und den Glaubensvorstellungen, die ihren Bewohnern gemeinsam waren, oft in Fehde. Adel und Priesterschaft übten ihre Macht vor allem mit der Aufstellung religiöser „Tabus" aus, deren Einhaltung mit Polizeigewalt durchgesetzt wurde.

Die Bekanntschaft mit den Europäern – die Briten ließen sich durch den Tod Cooks nicht von neuen Expeditionen abschrecken – eröffnete dem schlauen König der Hauptinsel, Kamehameha I. „dem Großen", die Möglichkeit, alle übrigen Inseln unter seine Oberhoheit zu stellen. Durch sein Entgegenkommen gegenüber England, dem er die Schutzherrschaft über Hawaii anbot und dessen „Union Jack" bald auch die rot-blau-weiße Flagge des Königreichs zieren sollte, setzte er sich in den Besitz von Kanonen und anderen Feuerwaffen; damit war die Unterwerfung der anderen Kleinkönige bald erreicht (1810).

Was das Lexikon des 19. Jahrhunderts als von amerikanischen Beratern initiierte „weise Maßregeln Kamehamehas, durch die Handel und Verwaltung geordnet und der Sturz des Heidentums vorbereitet wurden", lobt, stellt sich in rückblickender Sicht als unaufhörlicher Abstieg des ganzen Volkes und seiner alten Kultur dar. Die überkommene hawaianische Feudalordnung wurde nun zum Verhängnis. Der Adel, gierig nach den von den Weißen ins Land gebrachten, ihr Leben nur zu geringem Teil wirklich verbessernden Gütern, verkaufte ganze Landstriche um einen Pappenstiel. Als das Interesse der Fremden an dem duftenden Sandelholz, aus dem vordem die kunstvollen, reich mit Ornamenten verzierten Götterfiguren geschnitzt worden waren, offenbar wurde, ließen die Könige rücksichtslos ganze Wälder abholzen – ein früher Frevel, ähnlich dem heute als globale Bedrohung empfundenen Verschwinden der tropischen Regenwälder.
Das Inselreich geriet in die Interessenskonflikte der Seemächte. Engländer, Amerikaner, Franzosen und Russen (die damals noch in Alaska saßen) gönnten einander nicht den Besitz der für die Seefahrt im Pazifik wichtigen Inseln, und so wurde zunächst die Unabhängigkeit des Königreichs Hawaii von den Mächten anerkannt. Kamehameha I. war noch dem alten Glauben seines Volkes treu geblieben, doch nach seinem Tod (1819) stellte die Königinmutter die Götter öffentlich auf die Probe, indem sie ihren Sohn Kamehameha II. veranlaßte, sich an die Frauentafel zu setzen – eine provozierende Verletzung des bis dahin geltenden Tabus, das Männern und Frauen am Hof getrennte Mahlzeiten vorschrieb. Als der Himmel daraufhin nicht einstürzte, war der Weg für die Mission frei. Die Hawaianer hatten dabei das Pech, daß fanatische puritanische Kalvinisten aus den Vereinigten Staaten die ersten waren, den Bibelglauben auf den

Völkergemisch auf Hawai: US-Behörden lassen die Inselbewohner impfen

Inseln zu verkünden. Spiele, Feste, Tänze, Tätowierungen, die traditionelle luftige Bekleidung und natürlich vor allem das lockere Sexualverhalten wurden zu Todsünden erklärt; „die allerstarrsten Prinzipien der allerstarrsten protestantischen Sekte wurden für die sinnlichste aller Rassen zum Maßstab des Heils erhoben“, bemerkte schon J. J. Jarves, der schon 1873 eine Geschichte Hawaiis verfaßte. Das Tor der unbeschwerten Erotik, das die finsteren Missionare verrammelten, wurde durch die Hintertür der Prostitution ersetzt, die den Matrosen und Walfängern die Hawaii-Inseln als Eldorado der gekauften Lust eröffnete. Mit ihnen zog die Syphilis ins Land, Erkältungs- und Infektionskrankheiten begannen die Hawaianer zu dezimieren, und ihr gebrochenes Selbstbewußtsein äußerte sich in der rasch abnehmenden Zahl der Geburten. Dies und die geringe Begeisterung, die die Einheimischen für das Roboten auf den Zuckerrohr- und Ananasplantagen vor allem amerikanischer Landkäufer aufbrachten, führten zu einer massenhaften Einwanderung zunächst von chinesischen Kulis, später von Japanern und Filipinos. Die Nachkommen Kamehamehas vestrickten sich zunehmend wegen des Ankaufs von Luxusgütern und von niemandem benötigten Waffen – unter anderem auch österreichischen Haubitzen! – in Schulden, die die Hawaianer schließlich zu einem Staatsvolk ohne Landbesitz machten. Es war nur noch eine Frage der Zeit, welche der Großmächte sich die Inseln vollends untertan machen würde. Nach Versuchen von Russen, Franzosen und Briten machten schließlich die Amerikaner, die gegen Ende des 19. Jahrhunderts ihren pazifischen Machtbereich ausdehnen wollten, das Rennen.

Schon die von Gönnern aus Neu-England finanzierten Missionare hatten den amerikanischen Vorrang vorbereitet. Nach dem Tod des letzten männlichen Nachkommens des Gründerkönigs, David Kalakaua (1891), bestieg dessen Schwester Liliuokalani den Thron. Ihr Versuch, die Rechte der Krone zu stärken und den Einfluß der Ausländer zu schwächen, endete mit einer von den amerikanischen Zuckerbaronen und Missionaren 1893 angezettelten „Revolution“, die die Ausrufung einer völlig von den USA abhängigen, von der Navy besetzten Republik zur Folge hatte. 1897 erfolgte die formelle Annexion durch die Vereinigten Staaten, 1900 bekam die Inselgruppe den Status eines US-Territoriums. Ein solches war Hawaii noch, als die Japaner 1941 die US-Kriegsflotte im Hafen Pearl Harbour vernichteten. 1950 wurde Hawaii nach Alaska als 50. Bundesstaat in die USA aufgenommen.

Als Hawaii amerikanisch wurde, zählten die Hawaianer nur noch rund 30.000 Seelen, weniger als ein Drittel der damaligen Inselbevölkerung. Sie schienen auszusterben oder im Völkergemisch der Zugewanderten aufzugehen. Die folgenden Jahrzehnte waren die einer weitgehenden Assimilation; doch blieb die Mehrheit der von Indigenen abstammenden Menschen in der sozialen Unterschicht, während sich die einstigen chinesischen Kulis zu einer vor allem im Handel tätigen Mittelschicht entwickelten. Nach der überwiegend asiatischen Zuwanderung folgte nun jene vom amerikanischen Festland.

Die Hauptstadt Honolulu auf der Insel Oahu wuchs zu einer 700.000-Einwohner-Metropole amerikanischen Zuschnitts empor, der Fremdenverkehr wurde zur Haupteinnahmsquelle der Inseln.

Die antikoloniale Bewegung nach dem Zweiten Weltkrieg erfaßte schließlich auch selbstbewußte Gruppen der Hawaianer, die sich selbst als „Kanaka Maoli“ bezeichnete; in dem Namen ist das polynesische Wort für Mensch mit dem Volksnamen der Maori verbunden. Als bedeutendste Bewegung kristallisierte sich die 1987 gegründete Vereinigung „Ka láhui Hawai'i“ („Souveräne Nation Hawaii“) heraus, die nach eigenen Angaben bereits 20.000 Mitglieder zählt. Sie verlangt eine rechtliche Gleichstellung mit den Indianervölkern im Mutterland und die Anerkennung als ethnische Minderheit, eine Landreform, das Ende der Diskriminierung der Hawaianer, insbesondere am Arbeitsplatz, und den Gebrauch der Muttersprache an öffentlichen Schulen. Im Unterschied zu kleineren Gruppierungen, die von einer Sezession von den USA träumen, strebt „Ka láhui Hawai'i“ Selbstbestimmung der Ureinwohner, aber nicht Unabhängigkeit an, das einzig realistische Ziel angesichts der durch die Kolonisierung entstandenen Bevölkerungsverhältnisse auf Hawaii. Anfang der neunziger Jahre wurde eine gesetzgebende Versammlung der Vertreter der sieben größten Inseln gewählt, und diese setzte auch eine „Regierung“ ein. Bei den Sitzungen der UN-Arbeitsgruppe für Indigene Völker in Genf erhob sie ihre Stimme.

Das Jahr 1993 wurde für die junge hawaianische Selbstbestimmungsbewegung ein sehr

Der Hula-Tanz, einst eine religiöse Zeremonie, ist zur Touristen-Attraktion verkommen

Die Schönheit der Hawaiianerinnen ist legendär und kurbelt den Tourismus an

bewegtes. Am 17. Jänner, dem hundertsten Jahrestag des Sturzes der Monarchie, demonstrierten 12.000 Kanaka Maoli für ihre Anerkennung als Nation. Im Juni verabschiedete das Parlament des Bundesstaates Hawaii den „Hawaian Souvereignity Act". In der Erkenntnis, daß die Nationalbewegung offenbar immer mehr Zulauf seitens der Indigenen fand, sollten die Gemüter dadurch beruhigt werden, daß den Kanaka Maoli ein besonderer Status gegenüber den USA und dem Staat Hawaii zugestanden wurde. Fünfzig hawaianische Organisationen schlugen daraufhin Gouverneur Waihe'e jene hundert Personen vor, aus denen eine Kommission ausgewählt wurde, die eine Abstimmung vorzubereiten hatte. Für Herbst 1995 wurde ein Plebiszit über die Wiederherstellung der Souveränen Hawaianischen Nation anberaumt.

Im August 1993 kam es zum „Internationalem Volkstribunal der Hawaianer", das die in den Jahren zuvor zusammengestellten Klagen der hawaianischen Aktivisten gegen die USA untersuchen sollte. Internationale Juristen und Menschenrechtsexperten sollten prüfen, ob die aus den Ereignissen und Entwicklungen der abgelaufenen hundert Jahre abgeleiteten Vorwürfe zu Recht bestünden. Unter anderem wurde Washington die Einmischung in die inneren Angelegenheiten einer souveränen Nation, die Annexion ohne Zustimmung der Bevölkerung, illegale Inbesitznahme von Land, Kolonisierung und Enteignung der Bewohner, Umweltzerstörung und Ethnozid vorgeworfen. Die ausländischen Juristen fuhren von Insel zu Insel, um die Anklagen zu prüfen, und stellten schließlich eine ganze Reihe von Verstößen der USA, auch gegen ihre eigenen Gesetze, fest. Die Souveränität Hawaiis sei niemals erloschen, war die Quintessenz des Erkenntnisses.

Überraschenderweise reagierte Präsident Clinton sehr rasch, indem er am 23. November 1993 eine „Apology Bill" unterzeichnete, in der die Illegalität des Staatsstreiches gegen Königin Liliuokalani und der Beteiligung der USA an dem Vorgehen gegen den durch Verträge international anerkannten souveränen Staat Hawaii zugegeben wurde. Allerdings enthält das Gesetz keine Ausführungsbestimmungen, sodaß die Schlußfolgerungen der Nationalhawaianer, die Unrechtmäßigkeit des Annexionsaktes stelle auch alle Folgehandlungen in Frage, vorerst keine praktischen Auswirkungen haben. So bleibt die weitere politische Entwicklung unvorhersehbar, doch hat Clintons Gesetz der Hawaii-Bewegung beträchtlich den Rücken gestärkt.

Das wirkt sich insbesondere auf den vor allem von den Indigenen geführten Kampf gegen Umweltzerstörung aus. Und dieser wieder verlangt eine Eindämmung des Tourismus, der auf Oahu bereits dazu geführt hat, daß von 300 Flußläufen nur noch drei das Meer erreichen und man an Entsalzunganlagen für die Wasserversorgung denken muß. Das verfälschte Bild, das den Fremden am Strand von Waikiki durch die Blütenkränze des„Aloha spirit" und die Ummodelung des ursprünglich den Feldgöttern geweihten Ritualtanzes Hula zu einer Allerweltattraktion gegeben wird, ist den auf Wahrung ihrer kulturellen Identität beharrenden Kanaka Maoli überhaupt ein Dorn im Auge. Im Zusammenhang mit dieser Besinnung auf die eigene Geschichte dürfte das 1994 erfolgte ungeklärte Verschwinden der ältesten und heiligsten Kultgegenstände – Körbe mit den Gebeinen von Vorfahren König Kamehamehas – aus dem Bishop Museum in Honolulu stehen. „Die ka'ai wollten seit langem nach Hause", meinen alte Hawaianer, und sehen in dem Verschwinden der Kultgegenstände ein Zeichen dafür, daß auf ihren Inseln „die Dinge allmählich wieder in Ordnung kommen."

Literatur: Wilhelm Ziehr, Hölle im Paradies. Wien – Düsseldorf 1980. – Zeitschrift „pogrom" Nr. 175, 179/1994.

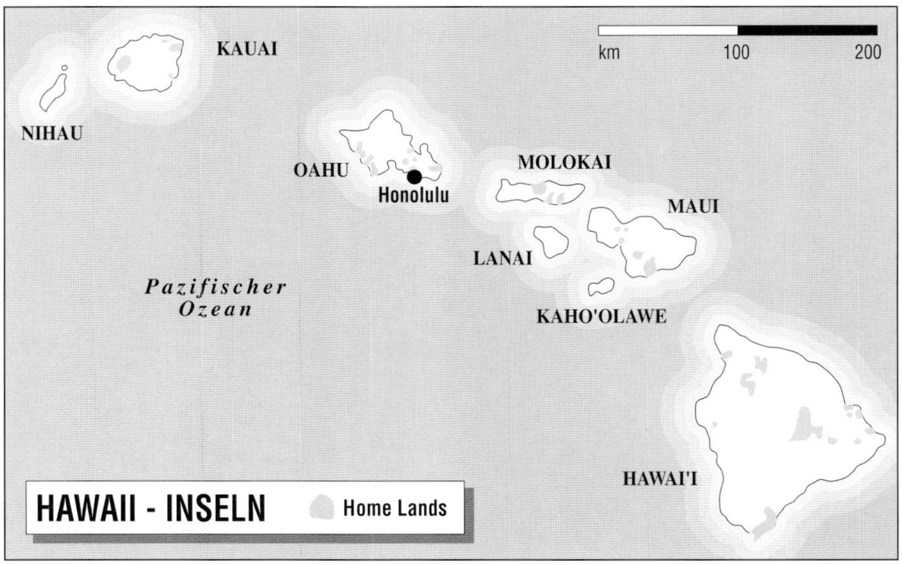

Die Bewohner des Bikini-Atolls ringen seit beinahe einem halben Jahrhundert um die Möglichkeit, auf ihre Heimatinsel zurückkehren zu dürfen; ein erster Versuch mußte aufgegeben werden.

Am 10. Februar 1946 besuchte Ben Wyatt, der Gouverneur der seit 1944 vom US-Militär verwalteten Marshall-Inseln, ein von den übrigen Inseln abseits liegendes Atoll. Die dort lebenden Mikronesier nannten es Bikini, und es war der Welt damals weitgehend unbekannt. Auf den Seekarten war es als Escholtz-Atoll eingetragen, ein Name, der ihm 1825 von der russischen Expedition des Kapitäns Otto von Kotzebue (eines Sohnes des vielschreibenden Dramatikers) gegeben worden war.

Es war Sonntag, und die Bikinier, seit ihrer Bekehrung durch amerikanische Missionare eifrige Protestanten, kamen aus der Messe. Vor der versammelten Einwohnerschaft der nicht viel mehr als hundert Insulaner schwang sich der Gouverneur zu einer pathetischen Rede auf. Er verglich die bibelfesten Bikinier mit den Kindern Israels, die Gott zu Großem ausersehen habe. In Amerika sei nämlich eine Waffe erfunden worden, mit deren Hilfe alle Feinde vernichtend geschlagen und damit Kriege für alle Zeiten aus der Welt geschafft werden könnten. Dazu werde von den Bikiniern ein „Opfer für das Wohl der Menschheit" gefordert, denn die Waffe solle auf ihrem Atoll erprobt werden. Die Amerikaner würden sie zuvor, wie einst die Israeliten, in ein „Gelobtes Land" übersiedeln.

Den Insulanern, die wohl kaum imstande waren, diese Botschaft aus einer fremden Welt in ihrer vollen Tragweite aufzunehmen, blieb keine andere Wahl, als den Versprechungen des Redners zu vertrauen. Ihr Häuptling (Iroiji), Juda Kessibuki, soll der Aufforderung namens seines Völkchens freudig zugestimmt haben. Vier Jahrzehnte danach zog sein Nachfolger, Tomaki Juda, vor einem Unterausschuß des US-Kongresses die (nur vorläufige) Bilanz dessen, was die Bikinier statt des „Gelobten Landes" erwartet hatte: „Leider gleichen wir mehr den Kindern Israels, die Ägypten verlassen hatten und vierzig Jahre durch die Wüste zogen".

Auch die Bikinier hatten ihre Geschichte. Sie waren nicht die ersten Siedler auf dem Atoll gewesen. Ihre Vorfahren waren wegen interner Zwiste vom Wotje-Atoll (deren „anmutigen Bewohnern" der Dichter Adalbert von Chamisso, ebenfalls Teilnehmer einer russischen Expedition, eine warmherzige Schilderung widmete) aufgebrochen und unter ihrem Anführer Larkelon schließlich auf dem Atoll gelandet, dessen Vorbewohner ihnen die Insel kampflos überließen. Sie gaben ihm einen neuen Namen: Bikini („Palmen-im-Wind"). Bei ihrer Fahrt nutzten sie zweifellos die berühmten Stabkarten, eine autochthone Erfindung der Marshallesen, die ihnen half, die Strömungen des Ozeans im Archipel zu nutzen. Bikini blieb nun lange Zeit auf sich selbst gestellt. Erst nachdem sich der Oberhäuptling (Iroiji labab) Kabua mit deutscher Hilfe die gesamte Ralik-Kette der Marshalls unterworfen hatte, mußten auch die Bikinier formell seine Oberhoheit anerkennen. 1886 kam Bikini mit den anderen Marshall-Inseln (benannt nach einem britischen Seefahrer) unter Kaiser Wilhelms Oberhoheit, nachdem auf diesen schon deutsche Koprafaktoreien und eine Kohlestation errichtet worden waren. Doch blieb Bikini, abseits gelegen, weitgehend unberührt, sieht man von den Missionaren ab, die die schamlose Blöße der Bast- und Grasröcke tragenden Insulaner mit viktorianischen Täuflingshemden überdeckten. Auch als die Marshalls mit den anderen ehemals deutschen Pazifik-Inselgruppen den Japanern als Völkerbundsmandat übergeben wurden, änderte sich für das Atoll wenig. Im Krieg errichteten die Japaner eine Wetterstation, deren fünfköpfige Besatzung Selbstmord beging, als die Amerikaner 1944 auf dem Atoll landeten. Das Völkerbundsmandat wurde zunächst von den amerikanischen Militärbehörden verwaltet.

Am 1. Juli 1946 begann in der Lagune des von Bewohnern geräumten Bikini-Atolls die „Operation Crossroads", mit der erprobt werden sollte, welche Wirkung Atombomben auf Kriegsschiffe habe. Zu diesem Zweck waren deutsche und japanische Beuteschiffe in die Lagune gebracht wurden. Nach dem Abwurf zweier Bomben wurden zudem auch die auf Bikini verbliebenen Tiere untersucht, von denen viele zunächst unversehrt geblieben zu sein schienen, aber alle sehr bald an den Strahlungsfolgen starben. Danach verlegten die Amerikaner ihre Versuche auf das Eniwetok-Atoll westlich von Bikini. Diese Inseln wurden evakuiert, betoniert und mit militärisch-technischen Anlagen und Laboratorien übersät. Dann begann die Versuchsreihe, die im November 1952 in der Detonation der ersten Wasserstoffbombe kulminierte. Für die Erprobung der Super-Wasserstoffbombe „Bravo", siebenhundertfünfzigmal so stark wie die Hiroshima-Bombe, wurde wieder das Bikini-Atoll ausersehen. Sie detonierte dort am 1. März 1954, und die 30 Kilometer in die Höhe geschleuderten, zerstäubten Korallen fielen als Staubregen auf das Rongelap-Atoll (das nun ebenfalls geräumt wurde) und auf ein japanisches Fischerboot – außerhalb der Sperrzone. Die gesundheitsschädlichen, zum Teil tödlichen Folgen für die Besatzung und die Inselbewohner sind bekannt.

Inzwischen waren die Inseln (1947) als Treuhandgebiet der UNO in amerikanische Zivilverwaltung übergegangen. Der Auftrag „zu treuen Handen" schloß das Wohlergehen der Bewohner und ihre Hinführung zu Demokratie und Selbstbestimmung ein, was die USA freilich nicht gehindert hat, ihr Nuklearversuchsprogramm fortzusetzen.

Für die Umsiedlung der Bikinier hatte die US-Navy 1946 das Rongerik-Atoll ausgewählt. Zwar waren dort Behausungen für die Neusiedler errichtet worden, aber die nutzbare Bodenfläche war kleiner als auf Bikini; und die Fische in der Lagune erwiesen sich großteils als giftig. Zudem war durch die Umsiedlung das an traditionelle Bodenverteilung gebundene Sozialsystem der Bikinier völlig außer Takt geraten. Für die US-Behörden waren die Klagen der Umgesiedelten nur Ausfluß von Trägheit und mangelnder Initiative, und sie versorgten sie eher schlecht als recht mit Carepaketen. Nach der Übernahme durch die Treuhandschaft hatten die Insulaner einen neuen Ansprechpartner in der US-Regierung.

Juda Kessibuki, der Häuptling von Bikini, mit seiner Frau

Der Atombombenversuch von Bikini (1948)

Diese schickte einen Ethnologen, der angesichts des desolaten Zustandes der Bikinier zu einer Umsiedlung riet. Daraufhin wurden diese nach Kwajalein gebracht, wo eine Militärbasis bestand.
Die Bikinier hatten stets alles daran gesetzt, in den Repräsentanten Washingtons ihre Verhandlungspartner zu sehen und nicht in dem „Iroiji labab" der Marshalls, den die Amerikaner nach Vertreibung der Japaner wieder in seine Rechte eingesetzt hatten. Das war der Grund gewesen, warum sie auch Kwajalein und schließlich Kili anderen Inseln vorzogen, die das eingeborene Oberhaupt der Marshalls, Jaimata, vorgeschlagen hatte. Kili war ein tristes Eiland, um das die See so schwer geht, daß das halbe Jahr keine Schiffe vor seiner Küste ankern können. Die Versorgung der Bikinier war dementsprechend schlecht, und ihre Klagen wollten kein Ende nehmen.

Ende der sechziger Jahre versuchten die Amerikaner die Rekultivierung von Bikini. Präsident Johnson empfahl, nach wissenschaftlichen Gutachten, die Rückkehr der Bikinier in ihre Heimat. Hatte doch die amerikanische Atomenergiekommission festgestellt, daß die Strahlenintenisität auf Bikini nicht mehr höher sei als in den Straßen New Yorks. Doch der Vorhut der Heimkehrer bot sich ein trauriges Bild. „Anstelle der Inseln mit den Korallenfelsen und den vom Wind bewegten Kokospalmen fanden sie nur karge, unbekannte Eilande, mit fremdem, steppenartigem Buschwerk bewachsen, aus dem nur hier und da bizarre Betonblöcke und verbogener Schrott herausragten. Das Riff war von tiefen Kratern zerfurcht, und an einer Stelle, an der es zuvor Inseln gebildet hatte, entdeckten sie jetzt nur das Meer und ein paar öde Sandbänke. Sie sagten, ihre Inseln hätten ‚die Knochen verloren'. Einer der Männer weinte." (F. Kramer)
Die US-Regierung sandte Hilfskräfte, die den Schutt wegräumten und Zehntausende Kokos- und Brotfruchtbäume pflanzten. Nach und nach kehrte etwa die Hälfte der auf Kili Exilierten in die Heimat zurück. Zunächst schien alles gut zu laufen. Die Amerikaner versorgten die Insulaner mit Lebensmitteln, bis die Bäume genug Früchte trugen. Dann begannen die Bikinier zu ernten – und vom Geernteten zu essen. Doch Ende der siebziger Jahre stellten Strahlungsexperten fest, daß die radioaktiven Substanzen im Boden von den Kokosbäumen aufgenommen worden waren. In den Organismen der Eingeborenen hatten sich beträchtliche Mengen radioaktiver Stoffe angesammelt. Und so beschloß Washington 1978 erneut die Evakuierung der Insel. Diese wurde für weitere dreißig Jahre als verseucht erklärt. Die Bikinier haben inzwischen die USA auf 450 Millionen Dollar Schadenersatz geklagt. Nach der Entlassung der Marshallinseln aus der UNO-Treuhandschaft und deren Unabhängigkeitserklärung 1990 (mit 181 Quadratkilometern ist die Landfläche nicht einmal halb so groß wie das Bundesland Wien, auf den 34 Atollen leben rund 50.000 Menschen) hat die Regierung die Ansprüche für alle geschädigten Inseln übernommen. Die USA haben dafür einen Fonds gegründet.

Trotz der schlechten Erfahrungen mit der Wiederbesiedlung Bikinis begannen US-Experten auch das Eniwetok-Atoll zu „säubern" und gaben es 1980 für die Rückkehr der Insulaner frei. Der Atommüll war in einen Bombenkrater geschoben und zubetoniert worden. Den Bewohnern wurde das Betreten einiger Nebeninseln untersagt und Verhaltensmaßregeln bezüglich der Ernährung auferlegt. Kritiker äußerten den Verdacht, daß den Eniwetokern nicht nur aus reiner Menschenliebe die Heimkehr gestattet worden sei, sondern sie auch Versuchskaninchen für die Erprobung des Lebens in ursprünglich atomverseuchten, jedoch wieder strahlungsfrei gemachten Gebieten sein könnten.
Sind die Atombombenversuche der Amerikaner immerhin eine abgeschlossene Sache, so hat Frankreich sein Testprogramm auf dem Mururoa-Atoll noch keineswegs abgeschrieben. Die Versuche mit der „force de frappe" auf dieser Insel der Tuamotu-Gruppe begannen im Jahr 1966 und wurden, trotz der Proteste der pazifischen Nachbarn Australien und Neuseeland, auch noch unter der Präsidentschaft Mitterrands fortgesetzt; bisher zählte man mehr als 90 solcher Tests. Paris kann über sein „Territoire d'outre mer", Französisch-Polynesien, weiterhin frei verfügen, nachdem dessen Bewohner bei der von De Gaulle 1958 zugestandenen Volksabstim-

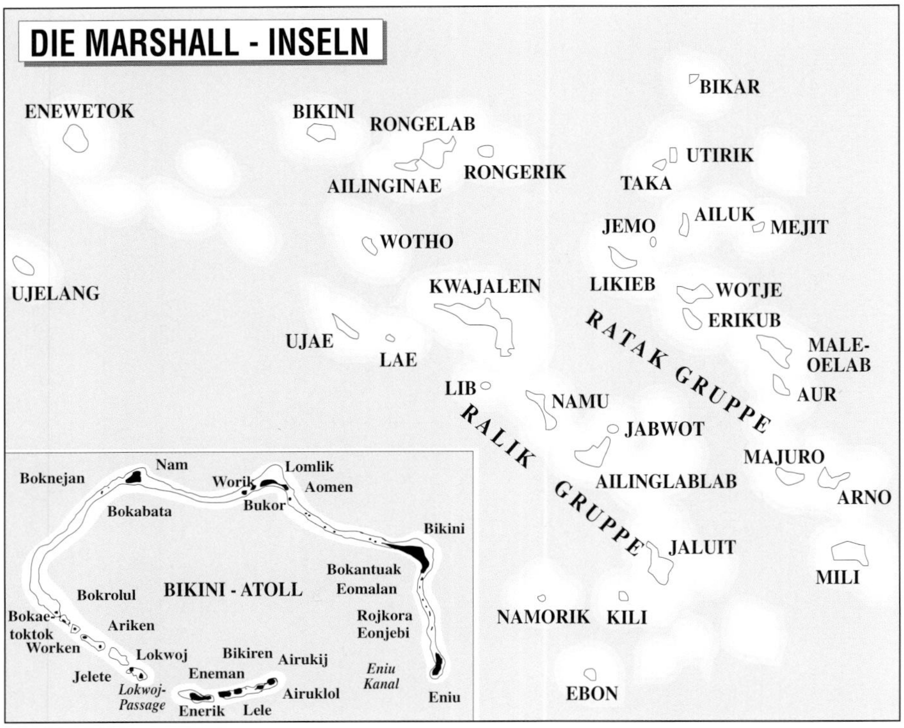

mung mehrheitlich für einen Verbleib bei Frankreich und gegen die Unabhängigkeit gestimmt haben.

Auch über die evaluierten Bewohner des Atolls und über Folgen der Atomtests auf die Menschen in der gesamten Inselgruppe hat sich ein Mantel des Schweigens ausgebreitet. Vor einigen Jahren vermerkte das Nachrichtenmagazin „Spiegel": „Was in den amerikanischen Testgebieten immerhin möglich war, öffentliche Untersuchungen über den Zusammenhang von oberirdischen Atomtests und Krebs anzustellen, blieb für die Franzosen ein Tabu. Seit 1966 wird in tahitischen Krankenhäusern, die französischen Militärärzten unterstehen, die Todesursache der Patienten nicht mehr veröffentlicht." Auf Mururoa, natürlich Sperrgebiet, soll es zudem schwerste Umweltschädigungen geben.

Eine niederschmetternde Schlußbilanz von hundert Jahren weißer Kolonialherrschaft: Südseeparadiese sind zu wahrhaft „strahlenden" Inseln geworden.

Literatur: Fritz Kramer, Die Bombardierung der Engel. Frankfurt/M. 1983.

ASIEN

36 Kurden – 37 Munda – 38 Naga – 39 Andamaner – 40 Bergvölker in Bangladesch
41 Karen – 42 Tibeter – 43 Uiguren – 44 Taiwan-Malaien – 45 Ainu – 46 Penan, Punan
47 Osttimoresen – 48 Westpapua – 49 Igorot – 50 Tschuktschen
51 Nenzen – 52 Ewenken – 53 Chanten, Mansen

Wie groß das Volk der Kurden ist, läßt sich nur schätzen; denn die Staaten, in denen sie leben, haben bisher eine Zählung nach der Sprachzugehörigkeit verweigert. Sicher ist eines: Die Kurden sind heute das zahlenmäßig größte verfolgte Volk, dem bisher staatliche Eigenständigkeit oder auch nur Autonomie vorenthalten blieb.

Die Zahl der Kurden wird heute nach vorsichtigen Schätzungen mit insgesamt 18 bis 20 Millionen angegeben. Die Kurdenvertreter nennen meist höhere Zahlen, wobei auch die im Südwestiran lebenden, mit den Kurden eng verwandten Völkerschaften der Bachtiaren und Luren einbezogen werden.
Die Kurden sind ihrer Sprache nach ein iranisches Volk. Sie leiten ihre Herkunft von den alten Medern ab, die 612 v. Chr. das Assyrerreich zerstörten und rund hundert Jahre später von den Persern unterworfen wurden. Im frühen Mittelalter wurden die Kurden islamisiert und bildeten verschiedene Fürstentümer; ihr berühmtester Herrscher war Sultan Saladin, der über Syrien und Ägypten herrschte und die Kreuzfahrer besiegte. Die Ausbreitung der Osmanen führte dazu, daß das von den Kurden bewohnte Gebiet zwischen der Türkei und Persien geteilt wurde. Doch behielten die kurdischen Fürsten lange Zeit ihre Autonomie, bis im 19. Jahrhundert auch in diesen beiden Ländern zentralstaatliche Strukturen eingeführt wurden. Das führte zu Aufständen kurdischer Scheichs sowohl gegen den Sultan als auch gegen den Schah. Der blutigste davon brach 1880 aus, als ein persischer Gouverneur die Steuern verdoppelte. Scheich Abdullah stand damals bald in einem aussichtslosen Zweifrontenkrieg gegen Türken und Perser. „Äußerster Haß gegen die Türken bildet noch heute einen allen Kurden gemeinsamen Zug", konstatiert Meyers Lexikon um die Jahrhundertwende. Dennoch gelang es den nationalistischen „Jungtürken", die Kurden im Ersten Weltkrieg für eine gemeinsame muslimische Abwehr gegen die Russen zu bewegen, und kurdische Banden hatten ihren Anteil am Völkermord an den christlichen Armeniern.

Kurdenprotest gegen das Vorgehen der türkischen Truppen (in London)

Beim Zusammenbruch des Osmanischen Reiches am Ende des Ersten Weltkriegs stellte sich den Siegermächten auch die Kurdenfrage, lag doch der größte Teil des kurdischen Siedlungsgebietes seit Jahrhunderten im Staat des Sultans. Im Friedensvertrag von Sèvres, der von der Türkei nur noch einen anatolischen Reststaat übriglassen wollte, wurde den Kurden zweierlei zugesagt: Erstens sollten sie für den Fall der Rückgabe der französischen und britischen Okkupationsgebiete Autonomie in der Türkei erhalten, und zweitens sollte im Bezirk Mosul eine Abstimmung über Selbständigkeit oder staatliche Zugehörigkeit stattfinden, falls sich die Kurden dafür als „reif" erwiesen.
Wenn man unter dieser „Reife" politisches Durchsetzungsvermögen in der Form einheitlichen Auftretens und Bildung eines gemeinsamen Willens versteht, so besaßen sie die Kurden offensichtlich nicht und wurden darin von den Großmächten auch nicht gefördert. Die Interessen der sich in den Städten erst herausbildenden, schwachen Bourgeoisie und ihrer Studenten waren mit jenen der Stammesführer und ihrer weitverzweigten Clans kaum in Einklang zu bringen. Die erst nach 1900 gebildeten kurdischen Nationalklubs in den Städten hatten zu wenig Zeit, ein allgemeines Nationalgefühl zu erzeugen. Der konservative Landadel war mit seinen Wünschen nicht auf moderne Staatlichkeit, sondern auf Wiederherstellung patriarchalischer Lehensverhältnisse ausgerichtet.

Nachdem die nationale Revolution in der Türkei – nicht zuletzt mit Hilfe kurdischer Kämpfer – gesiegt hatte und Mustafa Kemal (Atatürk) den Westmächten den Frieden von Lausanne abgetrotzt hatte, war auch die in Aussicht gestellte Abstimmung in Ostanatolien hinfällig. Einzige Kurdenhoffnung blieb noch das britisch besetzte Mosul-Gebiet, auf das auch Ankara Anspruch erhob. Die Bestrebungen von Scheich Mahmud in Suleimanya, ein „Königreich Kurdistan" zu errichten, blieben unerfüllt. Der Völkerbund ließ im Mosul-Gebiet eine Volksabstimmung durchführen, bei der die Kurden nur die Möglichkeit hatten, sich zwischen der Türkei und dem Irak zu entscheiden. Viele Stimmzettel blieben aus Protest weiß, von den gültigen Stimmen war die

Mehrheit für den Irak. Das Interesse der westlichen Ölfirmen an dem Gebiet trug wohl entscheidend zu diesem Ausgang bei. 1926 wurde Mosul dem britisch kontrollierten, neuen Königreich Irak unterstellt.

Gegen das Regime Atatürks, das von der Anerkennung einer kurdischen Minderheit nichts mehr wissen wollte – die Kurden wurden kurzerhand als „Bergtürken" bezeichnet, ihre Sprache in Ämtern und Schulen und sogar kurdische Vornamen verboten –, kam es in der Zwischenkriegszeit wiederholt zu Erhebungen. 1925 rebellierte Scheich Said, der sich auch auf die von den Republikanern verachteten muslimischen Werte berief, mit anfänglichem Erfolg. Die Stadt Darahini wurde zur provisorischen Hauptstadt Kurdistans erklärt. Atatürk, von England und Frankreich, die keine Instabilität an der Grenze zu Sowjetrußland wollten, ermuntert, unterwarf die Aufständischen, ließ ihre Führer hängen und suchte Kurdistan dadurch zu befrieden, daß er rund eine Million Kurden in andere Gebiete der Türkei deportieren ließ; viele kamen dabei um. Ein neues Gesetz gab der Polizei Vollmachten, mit denen sie nicht nur kurdische Nationalisten, sondern praktisch jede Opposition unterdrücken konnte. Trotzdem kam es 1929 zu einem neuen Aufstand im Gebiet um den Berg Ararat. General Nuri Pascha richtete in den Gebieten an der Grenze zu Persien eine kurdische Zivilverwaltung ein. Ankara ging zum Schein auf Verhandlungen ein, doch im Mai 1930 holte es zum Schlag gegen die Separatisten aus. Als die Türken militärisch erfolglos blieben, vereinbarten sie mit dem Iran, persisches Territorium für einen Zangenangriff auf die Rebellen nutzen zu dürfen. Der Niederschlagung des Aufstandes folgten grauenhafte Massaker. Ebenso endete eine kurdische Revolte in der Region Dersim, die 1936 ausbrach und erst 1939 ausgelöscht werden konnte; die Rache der türkischen Armee war angesichts des zähen Widerstandes um so grausamer.

Am Ende des Zweiten Weltkriegs schien sich den Kurden des Iran die Möglichkeit für die Errichtung eines eigenen Staates zu eröffnen. Nach dem Überfall Hitlers auf die Sowjetunion hatten diese und Großbritannien Teile des Iran (dessen Schah sich damals deutschfreundlich zeigte) zur Sicherung der Nachschubwege okkupiert. Die Russen besetzten zeitweise sogar Teheran, zogen sich dann aber in das nördliche Grenzgebiet – Iranisch-Aserbaidschan, hauptsächlich von Turktataren, im Westen von Kurden bewohnt – zurück. Hier proklamierte die regionale kommunistische Tudeh-Partei am 12. Dezember 1945 die „Autonome Republik Aserbaidschan", deren Anschluß an die gleichnamige Sowjetrepublik Stalin offenbar im Auge hatte.

Schon 1942 war in der sowjetischen Besatzungszone ein „Komitee des Erwachens Kurdistans" gegründet worden. Nicht nur nahezu alle Stammesführer im persischen Teil, sondern auch Gruppen aus dem Irak traten ihm bei. Der angesehene Kurdenführer Qazi Muhammed aus der Stadt Mahabad wurde zum politischen Kopf des Komitees. Im August 1945 gründete er die „Demokratische Partei Kurdistans". Nicht zuletzt die in Mahabad uraufgeführte, kurdische Oper „Mutterland" heizte die patriotische Stimmung an, und der Kreml gab schließlich am 22. Jänner 1946 seine Einwilligung zur Proklamation der Kurdischen Republik in Mahabad.

Qazi Muhammed versuchte mit einer Politik des Ausgleichs die Stammesführer zu gewinnen und zugleich fortschrittliche Erziehungs- und Sozialprogramme durchzuführen. Im Unterschied zum benachbarten Aserbaidschan war die Kurdenrepublik weit davon entfernt, eine „Volksdemokratie" zu sein, und die DPK war keine kommunistische Partei. Daß Hoffnungen des Kreml, über die Kurden Einfluß auf die sensible Erdölzone zu erhalten, aufgehen konnten, schien sich dadurch zu bestätigen, daß Mulla Mustafa Barzani, der im Irak einen Partisanenkrieg gegen die Engländer geführt hatte, den Oberbefehl über die „Kurdische Volksarmee" übernahm.

Die große Weltpolitik machte dem kurdischen

Die Kurdendörfer bestehen aus einfachen Natursteinhäusern, deren Räume oft mit kostbaren Teppichen ausgelegt sind

Ein irakischer Peschmerga

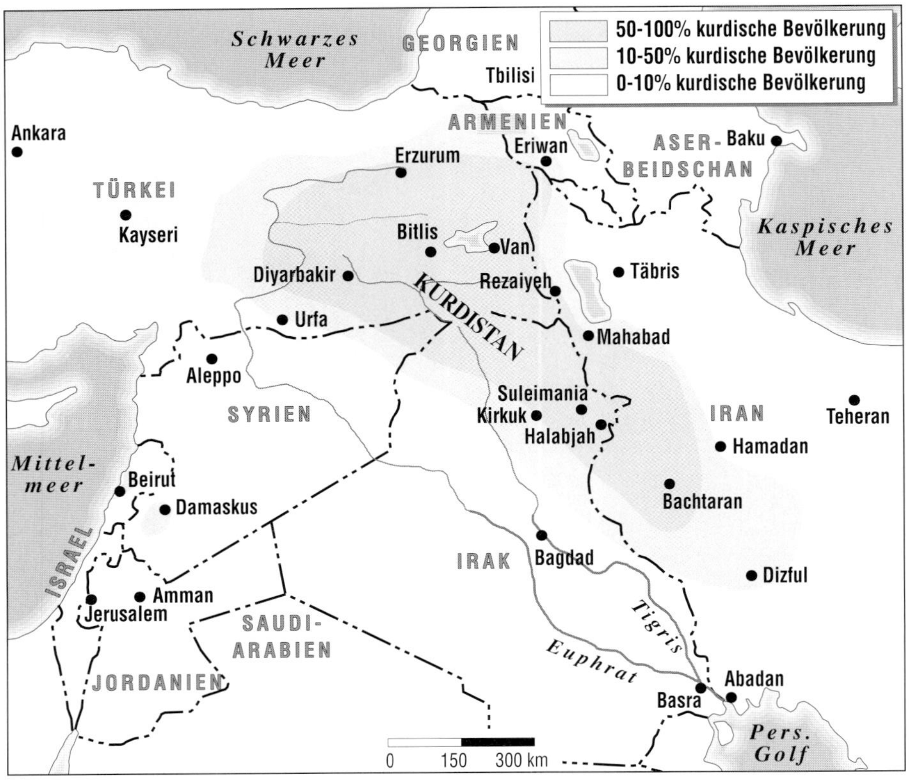

Frühling rasch ein Ende. Die USA und Großbritannien setzten Stalin zu, den Iran zu räumen. Im Dezember 1946 wurde die Okkupation beendet. Binnen weniger Tage zerschlugen nun die Truppen des Schah die beiden Volksrepubliken. Barzani hatte den Kampf aufnehmen wollen, doch Muhammed glaubte, durch Verhandlungen ein Blutbad verhindern zu können. Er wurde verhaftet und zusammen mit seinem Bruder auf dem Marktplatz von Mahabad gehängt. Barzani führte zunächst einen Partisanenkrieg gegen die Perser, dann erneut gegen die Briten im Irak und ging schließlich in die UdSSR ins Exil.

Erst 1958 kehrte Barzani in den Irak zurück, nachdem dort die Monarchie durch General Kassem gestürzt worden war. Den Kurden war von der neuen Republik Autonomie versprochen worden. Als die Verhandlungen darüber scheiterten, brachen 1961/62 neue Kämpfe aus. Sie zogen sich, ungeachtet der Machtwechsel in Bagdad, über Jahre hin. Erst am 11. März 1970 verkündete der irakische Revolutionsrat ein Fünfpunkteprogramm für die Gleichberechtigung der „kurdischen Nation" im Irak. Das Regime in Bagdad war bemüht, die Kurdenopposition zu spalten, und hatte dabei Erfolg. 1974 wurde einseitig eine Autonomie für kurdische Gebiete verkündet; zugleich aber waren in den Jahren dazwischen verstärkt die Aussiedlung von Kurden in andere Teile des Irak sowie eine Arabisierung betrieben worden. Barzanis „Peschmergas" nahmen den Kampf wieder auf, auch deshalb, weil wichtige kurdische Gebiete wie die Stadt Kirkuk außerhalb der autonomen Region lagen. Barzani hatte zunächst Rückendeckung durch den Iran, doch sein Widerstand brach zusammen, als sich der Schah mit Bagdad auf die umstrittene Grenzziehung im Schatt El Arab (dem Mündungsgebiet von Tigris und Euphrat) einigte und den Kurden seine Unterstützung entzog.

Irans Kurden schöpften neue Hoffnung, als der Schah durch Khomeini gestürzt wurde. Sehr bald aber zeigte sich, daß das fundamentalistische Regime zu keinerlei Konzessionen an die Kurden bereit war, zumal diese im Unterschied zu den schiitischen Persern in ihrer Mehrheit Sunniten sind. Ebenso enttäuscht wurden Hoffnungen, daß sich die Lage der persischen Kurden durch den Krieg Saddam Husseins gegen den Iran verbessern könnte. Kurdische Partisanen beider Fronten wurden von den jeweiligen Regierungen nur für deren eigene Zwecke ausgenutzt. Das Saddam-Regime deportierte Tausende Kurden in Konzentrationslager in den Südirak, zerstörte viele Dörfer und scheute selbst vor Giftgasangriffen auf kurdische Siedlungen nicht zurück.

Nach dem Zweiten Golfkrieg, den die USA im UN-Auftrag zur Befreiung Kuwaits führten, begann vor den Augen der Weltöffentlichkeit eine Massenflucht der Kurden vor der drohenden Rache des Diktators. Die UNO richtete daraufhin eine Sicherheitszone im Norden Iraks ein. Hier konnten die Kurden, allerdings unter der ständigen Drohung irakischen Eingreifens, im Mai 1992 ihre Autonomie in freien Wahlen, bei denen Massud Barzanis Demokratische Partei Kurdistans (DPK) ganz knapp über Jalal Talabanis Patriotische Union Kurdistans (PUK) siegte, festigen. Obwohl die Kurden hier die Verfolgung ihrer Brüder im nicht unter die Sicherheitszone fallenden Teil Iraks und die Kämpfe in der Türkei vor Augen hatten, leisteten sie sich sehr bald interne Konflikte, die zum Teil mit der Waffe ausgetragen wurden. So gingen PUK-Anhänger gegen die vom Iran unterstützte Islamische Bewegung Kurdistans vor und vertrieben sie aus der Grenzregion um Bituata. Noch ernster waren die blutigen Kämpfe, die 1994 zwischen Einheiten der beiden großen kurdischen Parteien im Nordirak ausbrachen. Ein Waffenstillstand brachte die faktische Teilung des Verwaltungsgebietes zwischen den Streitparteien, doch auch das konnte die Lage nicht völlig beruhigen. Auch gegen aus der Türkei geflüchtete Anhänger der dort einen Guerillakrieg führenden PKK (Kurdische Arbeiterpartei) gingen kurdische Peschmergas vor, nicht zuletzt auch deshalb, um Repressalien der türkischen Armee, die in dem Gebiet häufig die Grenze überschritt, abzuwenden.

In der Türkei führte die Armee seit Anfang der achtziger Jahre einen brutalen Kampf gegen die kurdischen Freischärler der PKK. In zehn Provinzen Südostanatoliens galt seit Juli 1987 der Ausnahmezustand. Die türkische Regierung lehnte alle Angebote von Verhandlungen, die der PKK-Führer Abdullah Öcalan machte, ab. Ankara übte Druck auf Syrien aus, den Nachschub für die PKK in den von Kurden bewohnten Grenzgebieten zu unterbinden. Der türkischen Armee wurden zahlreiche Grausamkeiten, Folterungen und Morde vorgeworfen. Ganze Dörfer wurden evakuiert und zerstört, ihre Bewohner in Internierungslager gesteckt. Die PKK versuchte, den türkischen Fremdenverkehr durch Bombenattentate in Erholungsgebieten und in Istanbul zu schädigen. Demokratische Parteien, die eine politische Lösung der Kurden-Frage befürworteten, wurden verboten, ihre Abgeordneten verhaftet und wegen Unterstützung des kurdischen Separatismus vor Gericht gestellt. Unter diesen Umständen erhielt die Aufhebung des Verbots der kurdischen Sprache durch das Parlament in Ankara (1991) wenig Glaubwürdigkeit, und das internationale Image der Türkei litt gewaltig; auch die angepeilte Zollunion mit der EU schien in Frage gestellt. Andererseits wurden die Auslandsorganisationen der PKK unter dem Vorwurf des Terrorismus in verschiedenen westlichen Staaten verboten. Im April 1995 bildeten türkische Kurden in den Niederlanden ein Exilparlament. Zur gleichen Zeit führte die türkische Armee einen Feldzug gegen die PKK im Nordirak durch. Ein Ende des Leidenswegs der Kurden zeichnet sich nicht ab.

Literatur: Ferdinand Hennerbichler, Die für die Freiheit sterben. Wien 1988. – Hans Hauser, Die Kurden – Stiefsöhne Allahs. München 1979. – Günter Deschner, Die Kurden – das betrogene Volk. Erlangen 1989.

Indiens Ureinwohner, die „Adivasi“, melden sich zu Wort: Es geht diesen kleinen Völkern darum, ihre durch Industrialisierung und moderne Administration bedrohten überlieferten Lebensformen in eine neue Zeit hinüberzuretten.

Die Republik Indien beherbergt eine große Vielfalt von Sprachen und Ethnien. Den Bundesstaaten entsprechend, stehen 15 gleichberechtigte Regionalsprachen neben der Staatssprache Hindi und der „assoziierten“ Sprache Englisch. Daneben gibt es eine Vielzahl von Dialekten und – offiziell – 23 Stammessprachen. Deren Sprecher gelten als „Adivasi“, ein Sanskritwort für Ureinwohner. Der offizielle Terminus für diese Bevölkerungsgruppe, aus der Kolonialzeit übernommen, ist „scheduled tribes“ (registrierte Stämme). Wie für die „scheduled casts“, den aus der Kastenordnung ausgeschlossenen Unberührbaren, hat die Verfassung von 1951 für die Stammesangehörigen besondere Privilegien festgelegt. So soll ein Quotensystem ihren speziellen Anteil an Ausbildungsplätzen im öffentlichen Dienst und im Parlament sichern. Außerdem sollen eigene Fünfjahrespläne die wirtschaftliche Entwicklung ihrer Wohngebiete sichern.
Die konstitutionelle Theorie steht freilich häufig nicht in Einklang mit der politischen und gesellschaftlichen Praxis. Die Adivasi fühlen sich einerseits in vielen Bereichen benachteiligt, andererseits müssen sie infolge der Regierungsmaßnahmen um ihre Identität fürchten. Bemerkenswerterweise wollte Indien 1993, im von der UNO proklamierten „Jahr der indigenen Völker“, nicht anerkennen, daß es in Indien solche Ureinwohner gibt. Die Regierung verweist dabei auf die Verfassung, Hindu-Nationalisten gehen mit der Behauptung, alle Bewohner Indiens seien im Grunde genommen Adivasi, darüber hinaus. Dem halten die Vertreter der Stämme, die sich in den letzten Jahren zwecks einheitlicher Vorgangsweise auch politisch organisiert haben, entgegen, daß Kolonisationen keineswegs nur durch die Europäer erfolgt seien; auch die Invasion der Arier im zweiten vorchristlichen Jahrtausend sei eine solche gewesen. Die Völker, die außerhalb des von den Indo-Ariern eingeführten und von den meisten Drawida-Völkern Südindiens übernommenen Kastensystems geblieben sind, seien durchaus als Indigene zu betrachten und könnten daher die von der UNO ausgearbeiteten Rechtsgarantien beanspruchen.
Die Zahl der Adivasi wird auf rund 60 Millionen geschätzt, zweifellos in der Gesamtheit eine kleine Minderheit in der sich 900 Millionen nähernden Bevölkerung Indiens. Da sie ihre Lebensräume in ihren bislang eher unzugänglichen Rückzugsgebieten, fern der großen Millionenstädte und dichtbesiedelten Territorien, durch die moderne Wirtschaftsentwicklung bedroht sehen, schlagen sie jetzt Alarm und wollen über Indien hinaus auch die Weltöffentlichkeit auf ihr Existenzrecht aufmerksam machen.
Unter den vielen Adivasi-Gruppen nehmen die Munda-Völker angesichts ihrer Vereinigungsbestrebungen, die zur Erfüllung des politischen Ziels eines eigenen Bundesstaates, genannt „Jharkand“, führen sollen, eine Sonderstellung ein. Die Munda-Völker, soweit sie nicht sprachlich assimiliert wurden wie die ihnen verwandten Bhil in den Staaten Madhya Pradesh und Gujarat, gehören zur sogenannten austroasiatischen Sprachgruppe, deren Hauptvertreter heute die Kambodschaner (Khmer) sind. Sie dürften in der Jungsteinzeit in Südasien eingewandert und über weite Gebiete verbreitet gewesen sein, bis sie von Ariern, den Drawida und tibetobirmanischen Völkern aufgesogen oder zurückgedrängt wurden. Heute wohnen die Munda-Völker Indiens, zusammen etwa zehn Millionen, vor allem in den Waldgebieten von Bihar, Westbengalen und Orissa. Vorzugsweise gilt das Gebiet von Chota Nagpur im Hochland von Dekkan als Land der Munda. Die größten Stämme sind die eigentlichen Munda, weiter die Santal, die Kol und die Ho. Kleinere, von der Zentralgruppe getrennt lebende Stämme sind in den Ostghats und am Südabhang des Himalaya zu finden.

Die traditionelle Lebensweise der Munda wurde durch die Clans bestimmt. Die Clans siedelten in Dörfern, deren Oberhäupter jeweils die Vertreter zweier Brüderlinien – der eher priesterliche „pahan“ und der für alle weltlichen Bereiche zuständige „munda“ – waren (und zum Teil noch sind). Das von den Clanmitgliedern bebaute Ackerland war ihr

Die meisten Adivasi leben unter der Armutsgrenze

gemeinsames Eigentum. Besonders charakteristisch für die Munda-Dörfer sind die „Ahnensteine“, hohe, in neuerer Zeit mit Inschriften versehene Stelen auf den Begräbnisstätten an den Siedlungsrändern; mit ihnen wird der Rechtsanspruch auf den Heimatboden begründet.
Nach der Munda-Überlieferung gab es bis zum Vordringen der Briten im späten 18. Jahrhundert auch eine politische Oberhoheit in Chota Nagpur, den sogenannten „schlangengeborenen Herrscher“. Die britische Bodengesetzgebung („Chota Nagpur Tendency Act“) änderte die traditionellen Verhältnisse tiefgreifend. Das hatte wiederholt

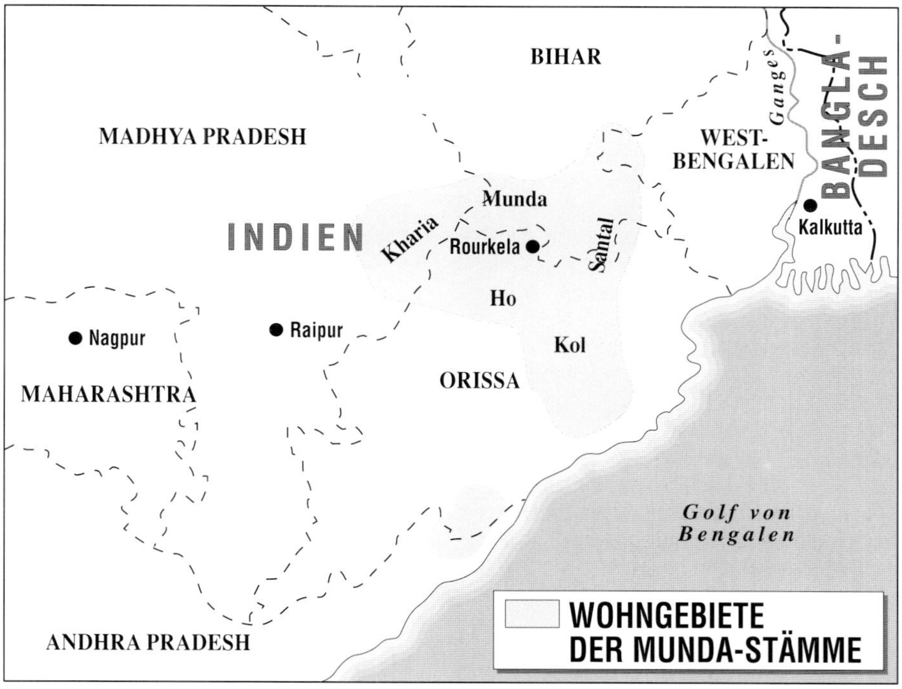

In der Chipko-Bewegung kämpfen auch Frauen um die Rechte der Ureinwohner

blutige Aufstände gegen die Kolonialverwaltung zur Folge. Besonders grausam unterdrückten die Briten den Aufstand der Santal gegen die Ostindienkompanie; 25.000 Menschen wurden von den durch ihre Waffen weit überlegenen Kolonialtruppen abgeschlachtet. Fünf Jahre, von 1895 bis 1900, dauerte es, bis die Engländer einen Aufruhr der Munda und Ho abwürgen konnten. Aber auch in der unabhängig gewordenen Republik Indien sahen sich die Munda-Völker immer wieder zum Teil sehr brutalen Übergriffen der Polizei ausgesetzt.

Die tiefsten Einschnitte in ihre Lebensweise und ihr Stammesgefüge aber brachten die Entdeckung von Eisen- und Kohlevorkommen und die industrielle Erschließung in Teilen des Munda-Landes mit sich. Das von deutschen Firmen und von der österreichischen VOEST errichtete, große Stahlwerk von Rourkela liegt in diesem Gebiet. Es kam zu organisierten Umsiedlungen ganzer Dörfer, durch die Zuwanderung von Menschen aus anderen Teilen Indiens wurde das Siedlungsgebiet der Munda aufgesplittert.
Die Zerstörung der Umwelt durch die zunächst keineswegs auf Umweltschutz bedachte Industrie nahm den Waldbewohnern immer mehr Lebensraum. „Heute müssen unsere Leute zu so abgelegenen Orten wie Patna, Delhi oder Punjab gehen, um als Schuldknechte in Steinbrüchen und Ziegelfabriken zu arbeiten", klagen Munda-Vertreter. „Wir hatten unser eigenes System der Wassernutzung, der Fischerei, und unsere gut behüteten Wälder sicherten uns regelmäßigen Regen. Doch heute werden alle Flüsse, Ströme und andere Wasserquellen umgeleitet zu Euren Wohnorten, Euren Fabriken und Minen, und Ihr schüttet als Gegenleistung Euren Abfall, Eure Abwässer und den industriellen Schutt in unsere Felder, Ihr zerstört die Ernten, die Fische und unser Land".
Indische Untersuchungen haben ergeben, daß 85 Prozent der Adivasi unter der Armutsgrenze leben. Obwohl nicht einmal 8 Prozent der Gesamtbevölkerung, machen die Adivasi 40 Prozent aller durch Entwicklungsprojekte Vertriebenen aus. Übrigens betrifft das nicht nur Industrie- und Dammbauten, sondern auch Nationalparks: Auch aus ihnen werden die Ureinwohner ausgeschlossen, werden zu Fremden im eigenen Land.
Gegen diese Entwicklung haben sich nun die Stammesvölker im Munda-Land zusammengeschlossen. Sie fordern einen eigenen Staat Jharkand innerhalb der Indischen Union. Er soll 16 Verwaltungsbezirke der Bundesstaaten Bihar, West-Bengalen, Orissa und Madhya Pradesh umfassen. Im Manifest der Jharkand-Bewegung kommt neben den politischen Forderungen und den Vorwürfen gegenüber den Behörden und Gerichten, die „die Reichen und Mächtigen schützen", auch die überkommene Lebenseinstellung der Munda zum Ausdruck: „Unsere Haltung allen Lebewesen gegenüber war geprägt von tiefstem Respekt. Dadurch war es uns möglich, die Einmaligkeit eines jeden von uns zu erkennen, unabhängig von Alter oder Geschlecht oder Familie. Jedes Lebewesen hatte seinen Platz im natürlichen Zyklus und war deshalb wichtig – das war eine sehr wichtige Lehre, die uns die Natur auf ihre Weise beibrachte. Es war diese Achtung vor allem Leben und der Natur, die unser Verständnis von Menschlichkeit geformt hat."

Die von den Munda ausgehende Selbstbestimmungsbewegung hat inzwischen auch andere Adivasi-Gruppen Indiens erfaßt. Im April 1993 berieten bei der Generalversammlung des „Indischen Rates der Indigenen und Stammesvölker" Vertreter der Adivasi aus allen Teilen Indiens über ein gemeinsames Vorgehen in der Zukunft. Professor Ram Dayal Munda, führender Kopf der Jharkand-Bewegung, sieht in der Gründung des indischen Adivasi-Rates einen großen Fortschritt für die Entwicklung gemeinsamer Strategien, um die Lebensrechte der Ureinwohner zu verteidigen. Der Rat fordert die Anerkennung der eigenständigen Identität der Adivasi, der Besitz- und Nutzungsrechte an Naturressourcen sowie der Autonomie und Selbstbestimmung. Die letztgenannte Forderung, die zwar die Naga in Assam bereits vor etlichen Jahren durchsetzen konnten, scheint freilich für die Munda wenig Aussicht auf Erfüllung zu haben. Die in ihrem Land errichtete Industrie ist zu wichtig, die Einwanderung von Menschen aus anderen Teilen Indiens zu fortgeschritten, als daß die Bundesstaaten, die es beträfe, neuen Grenzen zustimmen würden. Dennoch ist die Jharkand-Bewegung nicht ohne Wirkung geblieben. Indiens Wohlfahrtsminister arbeitet Richtlinien aus, die Bestimmungen für die Entschädigung und Wiederansiedlung von Stammesangehörigen, die von Umsiedlungsmaßnahmen betroffen sind, verbessern sollen. Die Zentralregierung will mit den Bundesstaaten über die Einsetzung von Menschenrechtskommissionen, die sich mit den Klagen der Adivasi befassen sollen, verhandeln. Und auch im indischen Umweltministerium wird man sich zunehmend der schweren Schäden bewußt, die Industrie und Abholzung langfristig verursachen. Eine verantwortungsvollere Umweltpolitik würde auch dazu beitragen, die letzten Lebensräume der Adivasi zu erhalten.

Literatur: Rainer Hörig, Selbst die Götter haben sie uns geraubt („pogrom"-Taschenbuch). Göttingen 1993. – Zeitschrift „pogrom" Nr. 171/1993.

An der Ostgrenze Indiens leben zahlreiche kleine tibetobirmanische Völker. Den Naga wurde nach jahrzehntelangen Kämpfen ein eigener Bundesstaat zugestanden; ihren Extremisten ist das noch immer zu wenig.

Der 1. Dezember 1963 schien für die Stammesvölker Indiens, die als „Adivasi“ (Ureinwohner) von der Bildung der Bundesstaaten des neuen Indien ausgeschlossen geblieben waren, ein Tag der Hoffnung (diese blieb freilich für die meisten Adivasi bisher weiterhin unerfüllt). An diesem Tag proklamierte Indiens Präsident Radhakrishnan in Kohima, einer kleinen Stadt im östlichsten Teil des großen Landes, nicht mehr weit von der Grenze zu Birma, das Nagaland als (damals) 16. Bundesstaat der Indischen Union. Dem war ein langer und blutiger Kampf vorausgegangen, und auch die damals erfolgte Anerkennung der Eigenständigkeit der Naga hat ihn noch keineswegs beendet.

Naga – das ist die ursprünglich von den Hindu-Nachbarn den am gebirgigen Rand von Assam lebenden Stämmen gegebene Sammelbezeichnung; der Name wird auf Sanskrit-Wörter entweder für „nackt“ oder für „Berg“ zurückgeführt. Diese mongoliden, zur tibetobirmanischen Sprachgruppe zählenden Stämme saßen wohl schon da, als die Arier in Indien einwanderten. In ihren Gebirgswäldern konnten sie, relativ unberührt von den Veränderungen, die im Laufe der Jahrtausende in Indien eingetreten waren, und ohne von Hinduismus oder Buddhismus vereinnahmt zu werden, ihre eigene Kultur und Sprache erhalten.

Die Idee eines einheitlichen Nagalandes ist sehr jungen Datums. Ehe die Briten kamen, und auch noch unter ihrer Herrschaft, führten die mehr als ein Dutzend Stämme – die größten unter ihnen sind die Konyak, Ao, Angami, Sema, Lhoti, Rengma – ihr Eigenleben, nicht selten untereinander in Konflikt, mitunter auch in Auseinandersetzungen mit den Königreichen, die sich im Tiefland bildeten. Die Kopfjagd war bei den meisten dieser Stämme der Weg, mit dem sich die jungen Männer ihren Eintritt in die Gesellschaft erringen mußten. Brandrodung und Irrigationsbodenbau bildeten die Lebensgrundlage, neben der wichtigsten Kulturpflanze, dem Reis, und der auch für rituelle Opfer wichtigen Zucht einer kleinen Rinderrasse lieferten Wald und Gewässer die notwendige Versorgung. Die über die Dorfgemeinschaften hinausgehenden Herrschaftsformen, die die Naga bildeten, waren denkbar unterschiedlich, reichten von strenger Autokratie bei den Konyak über die Herrschaft der Alten bei den Ao bis zur urtümlichen Demokratie der Angami. Bemerkenswert war die hohe soziale Stellung der Frau, verbunden mit weitgehender sexueller Freiheit. „Manche Frau in zivilisierteren Teilen Indiens hätte Grund, die Frauen in den wilden Naga-Bergen um ihr freies und glückliches Leben zu beneiden“, bemerkte der österreichische Völkerkundler Christoph Fürer-Haimendorf. „Wer aber die soziale Stellung und persönliche Freiheit der Frau als einen Maßstab für die Kulturhöhe eines Volkes ansieht, wird zögern, die Naga weiterhin als ‚Wilde‘ zu bezeichnen.“

Nachdem die Briten Assam besetzt hatten, kamen sie im ersten Drittel des 19. Jahrhunderts auch mit den Naga in Berührung. Mit Strafexpeditionen schalteten sie die Überfälle von deren Kriegern auf die Siedlungen der Tieflandbewohner aus, die Schließung der Grenze verbannte die Naga von den Märkten Assams, schließlich wurde das erst teilweise erforschte Gebiet annektiert. Die „Frontier Tract Regulation“ löste das Nagaland aus der britisch-indischen Kolonialgesetzgebung, 1881 wurde der „Naga Hills District“ gebildet, der die politische Isolierung des Territoriums noch verstärkte. Unter „indirect rule“ konnten die Naga-Stämme ihr Leben relativ ungestört fortführen, wenn auch die Kopfjagd verboten wurde und da und dort baptistische Missionare den „armen Heiden“ die Segnungen des Christentums zu bringen suchten, die äußerlich vor allem darin bestanden, daß den Naga Kleidung verpaßt wurde. Das Naga-Territorium war Sperrgebiet; als es Fürer-Haimendorf in den späten dreißiger Jahren mit Sondererlaubnis erforschte, fand er eine in Sitten und Alltag von westlicher wie von indischer Lebensart kaum berührte, eigene Welt vor. Im Verwaltungszentrum Kohima allerdings hatte die dort herangebildete einheimische Intelligenzschicht schon einen „Naga National Congress“ (NNC) gebildet, der die Sonderstellung des Nagalandes auch im Entkolonialisierungsprozeß bewahren wollte.

Mit dem Zweiten Weltkrieg trat eine grundlegende Änderung ein. Die Japaner waren nach der Eroberung Birmas auch ins Nagaland vorgedrungen, besetzten Kohima und Manipur: Die Frontlinie verlief fast drei Jahre lang durch das von Naga bewohnte Territorium. Die Naga leisteten in dem unwegsamen Gelände wertvolle Aufklärungsarbeit für die britischen Truppen und führten auf eigene Faust einen zähen Partisanenkrieg gegen die Japaner. Das stärkte die Einheit und das politische Bewußtsein unter den Naga-Führern, und als sich nach dem Krieg die Entkolonialisierung Indiens abzeichnete, rief der NNC 1947 die Souveränität des Nagalandes aus. Mahatma Gandhi hatte bei einem Treffen mit dem Naga-Führer Phizo zwar anerkannt, daß die Naga nicht indisch sein wollten, doch die Realpolitik des Staatsgründers Jawaharlal Pandit Nehru sah in kleinstaatlicher Destabilisierung des von den tibetorbirmanischen Stämmen zwischen Himalaya und dem Golf von Bengalen bewohnten Grenzgebiets die Gefahr, daß hier China einen Weg zum Südmeer suchen könnte. Nach ergebnislosen Verhandlungen, der Ausrufung des zivilen Ungehorsams durch die Naga und Partisanenaktionen befahl die indische Regierung 1955 die militärische Besetzung des Nagalandes. Die Kämpfe wurden auf beiden Seiten mit großer Grausamkeit geführt, etwa 100.000 Naga fielen den Auseinandersetzungen, den Massakern der Armee und der Anhaltung in Konzentrationslagern zum Opfer, ohne daß die Inder das Land befrieden konnten. Schließlich gelang es der Zentralregierung, einen Teil der Naga-Führer zum Einlenken zu bewegen, nachdem sich in der Kongreßpartei das von ihr ursprünglich abgelehnte Projekt der Bildung von „linguistic provinces“ durchgesetzt hatte. Die Naga-Führer Dr. Shilu Ao und T.

Naga-Frauen bei der Haarpflege

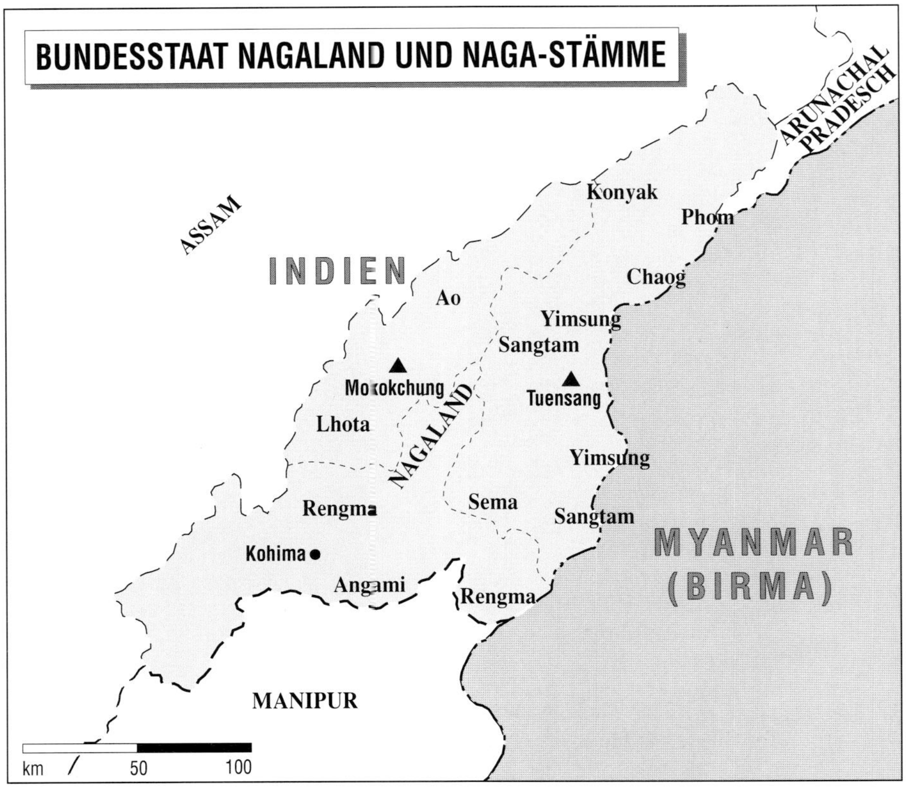

Shakrie waren bereit, auf die Forderung nach Unabhängigkeit zu verzichten und der Umwandlung des Landes in einen Bundesstaat der Indischen Union zuzustimmen; Ao wurde dessen erster Chefminister. Mit 16.500 Quadratkilometern und 1,2 Millionen Einwohnern gehört Nagaland heute zu den kleinsten indischen Bundesstaaten.

Nicht alle Naga-Führer waren mit dieser Entwicklung einverstanden. In den siebziger Jahren flammten die Kämpfe erneut auf nachdem die militanten Naga-Chefs ein „National Socialist Council of Nagaland“ gegründet hatten, das weiterhin an der Forderung nach voller Souveränität festhielt. Die Guerillaaktionen der dissidenten Extremisten dauern bis heute an, und obwohl die indische Regierung die Wirtschaft im Nagaland durch Zuschüsse zu entwickeln sucht, scheinen diese in Teilen der Bevölkerung einen Rückhalt zu haben. Sie betrachten das Abkommen von Shillong, das NNC-Präsident Phizo 1975 mit der Regierung schloß und in dem die Kämpfe offiziell für beendet erklärt wurden, als Kapitulation. Die Phizo-Fraktion suchte die Extremisten durch Verhaftungen mundtot zu machen, einigen ihrer Führer gelang die Flucht ins Ausland.

„Die Naga gehören nicht zu Indien“, besteht der Vorsitzende des „Council“, Isak Chishi Swu, in einem im Exil geführten Interview mit der Zeitschrift „pogrom“ auf der Fortführung seiner Politik. „In unserem Manifest fordern wir eine Volksrepublik Nagaland. Wir treten für Redefreiheit, Pressefreiheit und Religionsfreiheit ein. Gemeinschaftliches und privates Eigentum sollen nebeneinander bestehen, wie in der traditionellen Nagagesellschaft üblich. Außerdem treten wir aktiv für die Verbreitung des Christentums ein. In den Nagagebieten von Birma haben wir zum Beispiel zahlreiche Missionsschulen eingerichtet und innerhalb von nur fünf Jahren 40.000 Menschen taufen lassen. Das Christentum hält die verschiedenen Volksstämme der Naga zusammen.“

Die Guerillaführer befürchten, daß die Naga allmählich von der gewaltigen indischen Bevölkerungsmehrheit assimiliert werden. Gerade die Wirtschaftsentwicklung, die die Zentralregierung vorantreibt, lockt immer mehr Zuwanderer aus dem übervölkerten Westbengalen ins Nagaland. Dazu kommen Großprojekte, die die bislang intakte Umwelt des Gebietes zu zerstören drohen. Die Überfälle der Extremisten, meist von jenseits der indischen Grenze ausgeführt, provozieren Polizeiwillkür und Menschenrechtsverletzungen. Doch scheint die Mehrheit der Bevölkerung des Nagalandes heute der friedlichen Entwicklung den Vorzug zu geben; die Opfer, die in den letzten Jahrzehnten gebracht wurden, waren ohnedies hoch genug.

Literatur: Christoph Fürer-Haimendorf, Die nackten Nagas. Leipzig 1940.

Vor hundert Jahren zählten sie noch 5000, heute sind es nur noch 500: Sind die andamanischen „Negritos" vor dem Aussterben zu retten?

Bei Umweltbewußten ist heute viel von Artenschutz die Rede. Man ist um internationale Abkommen bemüht, durch die das Aussterben von Tieren und Pflanzen verhindert werden soll. Listen der gefährdeten Arten werden bekanntgegeben, und Naturschützer versuchen, mitunter mit drastischen Mitteln wie im Fall der Wale, die Menschheit auf die Verarmung an Lebewesen aufmerksam zu machen, die der Erde durch die Vergiftung des Bodens, der Gewässer und der Atmosphäre, durch Mißbrauch und Ausbeutung der Natur droht. Mit dem Schlagwort „Bewahrung der genetischen Schätze" wird auch der menschliche Egoismus angesprochen; wenn wir auch über viele der Wildpflanzen und -tiere noch nicht genügend wissen, soll ihr Aussterben schon deshalb verhindert werden, weil sie uns eines Tages möglicherweise große Dienste erweisen könnten. Von den rund zehn Millionen Pflanzen- und Tierarten, die unser Planet heute beherbergt, gelten dennoch an die 20 Prozent bedroht; allein 400 Arten von Säugetieren und Vögeln sind durch Menschenhand in den letzten Jahrhunderten vernichtet worden.
Diese Sorge um die Erhaltung der Vielfalt des Lebens sucht man, wenn es um die Erhaltung rassischer, sprachlicher und religiöser Minderheiten geht, oft vergebens. Wobei freilich bemerkt werden muß, daß es falsch wäre, Menschengruppen biologisch trennend zu unterscheiden: Denn die Spezies Mensch ist, naturwissenschaftlich gesehen, eben eine einzige Art, was allein schon durch die Möglichkeit der Fortpflanzung zwischen allen Männern und Frauen, gleichgültig welcher ethnischen Gruppe sie angehören, bewiesen ist. Die Menschheit ist eine Familie – was freilich nicht verhindert, daß einzelne Gruppen einander äußerst unfamiliär begegnen und das Aussterben ganzer Stämme kaum registriert wird.
Ein solches Volk, das am Rande des Verschwindens von unserem Erdball steht, sind die Ureinwohner der Andamanen-Inseln im Indischen Ozean. Vor zweihundert Jahren lebten sie noch nahezu ohne Kontakt zur Außenwelt allein auf ihren Inseln, vor hundert Jahren standen schätzungsweise den 5.000 Mincopies, wie die Andamaner damals von den Briten genannt wurden, bereits 17.000 Neuankömmlinge gegenüber, und heute werden die Inseln von 540 Ureinwohnern und der erdrückenden Übermacht von 115.000 Indern bewohnt. Daß ein Teil der Urbevölkerung noch immer ein Eigenleben entsprechend ihren jahrtausendealten Traditionen führen kann, ist der Tatsache zu verdanken, daß ihnen die indischen Behörden ein gewisses Verständnis entgegenbringen. Dieses geht auf den Staatsgründer Jawaharlal Pandit Nehru zurück, der meinte: „Es ist nicht einzusehen, warum man eine zweitklassige Kopie von uns schaffen soll ... Die Andamaner sind ein Volk, das tanzt und singt und versucht, das Leben zu genießen ... Wir haben nicht die Absicht, uns in ihr Leben einzumischen, aber wir wollen ihnen helfen, es gemäß ihrer Vorstellung und Tradition zu führen." (Wobei zu bemerken ist, daß diese menschenfreundliche Einsicht leider auf so manches Stammesvolk auf dem indischen Festland nicht angewendet wird).

Die rund 8.300 Quadratkilometer große Inselkette besteht aus vier Hauptinseln: die nur durch schmale Meeresarme getrennten Inseln Nord-, Mittel- und Süd-Andaman sowie das abgelegene Klein-Anadaman. Dazu kommen an die 200 kleinere Inseln und Inselchen, von denen als eine letzte, noch kaum berührte Heimstatt der Ureinwohner Nord-Sentinel zu erwähnen ist. In den siebziger Jahren erhielten der belgische Ex-König Leopold III. und Heinrich Harrer von den indischen Behörden die nur äußerst restriktiv vergebene Erlaubnis, die indigenen Andamaner zu besuchen, und der einstige Vertraute des Dalai Lama hat seine Beobachtungen über das gegenwärtige Leben der Ureinwohner in einem Buch festgehalten.
Im vorigen Jahrhundert zählte man noch zwölf Stämme der Andamaner. Heute weiß man nur noch von vier Gruppen: Groß-Andamaner, Onge, Jarawa und Sentinelesen. Die Groß-Andamaner sind fast ausgestorben. Den zwei Dutzend Überlebenden dieses Stammes, die nach Angaben der indischen Behörden auch ihre Fortpflanzungsfähigkeit verloren haben, wurde das Strait-Eiland als Wohnbezirk zugewiesen. Die nicht viel mehr als hundert Onge bevölkern die vom Archipel etwas abseits gelegene Insel Klein-Andaman. Die Jarawa wohnen in den Urwäldern an der auch von der See her schwer zugänglichen Westküste von Mittel- und Süd-Andaman. Sie konnten sich, ebenso wie die Bewohner der kleinen, westlich des Archipels gelegenen Insel Nord-Sentinel, noch viel von ihrer ursprünglichen Lebensweise bewahren.
Die spanischen Kolonisatoren trafen schon bei ihrer Ankunft auf den Philippinen auf eine kleinwüchsige, im Unterschied von den malaiischen Völkern schwarzhäutige Urbevölkerung, die sie Negritos („Negerlein") nannten. Dann lernten die Weißen solche Eingeborene auch auf der Halbinsel Malakka und schließlich auf den Andamanen kennen. Trotz ihres auffallenden Kleinwuchses – bei den Andamanern werden die Männer durchschnittlich 147, die Frauen 137 Zentimeter groß – wird heute die ursprüngliche Annahme einer Verwandtschaft mit den afrikanischen Pygmäen nicht mehr aufrechterhalten. Die Vorfahren dieser Indigenen besiedelten vermutlich während der letzten Eiszeit, vor weit mehr als zehntausend Jahren, weite Teile der Inselwelt zwischen Asien und Australien. Die Andamaner haben,

DIE UREINWOHNER DER ANDAMANEN

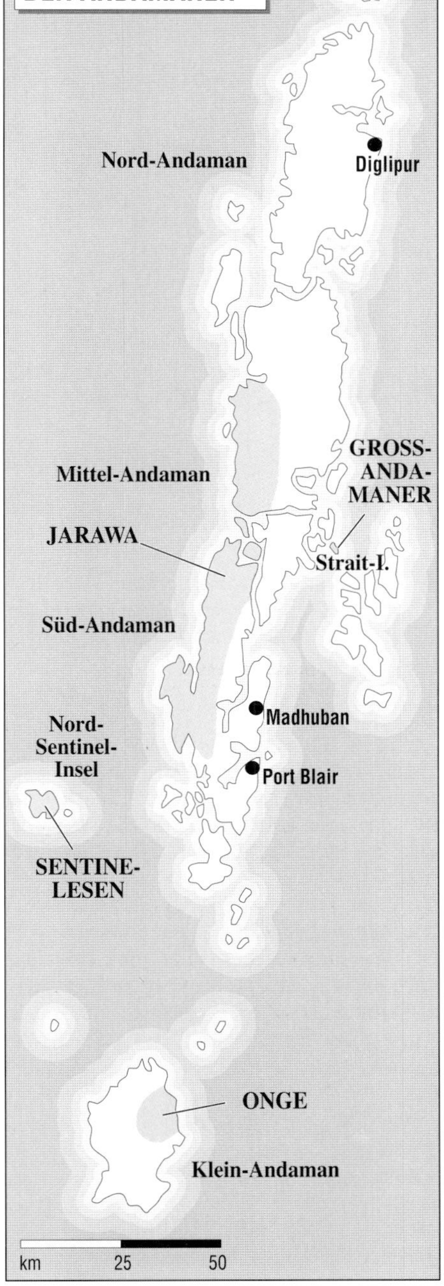

im Unterschied zu den meisten anderen bekannten Zwergvölkern, ihre eigene Sprache bewahrt; sie steht absolut isoliert da, und selbst zwischen den einzelnenen Stämmen sind die Unterschiede in den an sich verwandten Idiomen so groß, daß kaum eine Verständigung möglich ist.

Heinrich Harrer drückt seine Überraschung über die Begegnung mit den Jarawa – die Onge stehen schon, geschwächt durch Krankheiten, in näherem Kontakt zur „Zivilisation" – und den scheuen Sentilenesen (auf Blickkontakt beschränkt) so aus: „Ich traf dort auf

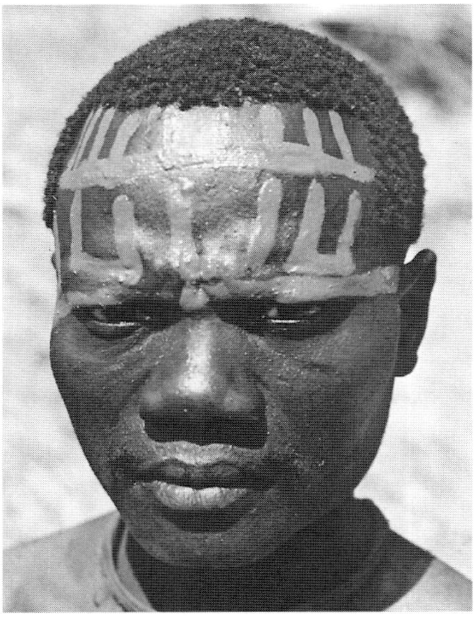

Kunstwerk aus Lehm und Asche: Onge mit Gesichtsbemalung

Menschen auf der Stufe des Prälithikums. Unvorstellbar – Eingeborene, die nicht in der Alt- oder Jungsteinzeit, sondern in der Vorsteinzeit (60.000 v. Chr.) leben ... Es ist fast sicher, daß sie nicht einmal in der Lage sind, Feuer zu machen, sondern es bewahren, seit der Blitz in einen morschen Baum schlug."
Freilich darf man fragen, ob Harrer hier nicht übertreibt. So ist sehr zu bezweifeln, daß die Menschen der Vorsteinzeit bereits vorzüglich mit Pfeil und Bogen hantierten, wie dies die Andamaner schon taten, als arabische Seefahrer vor mehr als tausend Jahren über sie berichteten, wobei sie deren Wildheit und Kannibalismus hervorhoben – ein Vorwurf, der wohl auch dazu diente, die Sklavenjagden zu rechtfertigen, von denen auch diese entlegenen Inseln heimgesucht wurden, und die wohl ein verständlicher Anlaß für die „Wildheit" ihrer Bewohner waren. Daß diese „Wilden" bei ihrer Abwehr der Außenwelt sehr differenziert vorgingen, erfuhren britische Schiffbrüchige im Jahr 1708. Ihr Kapitän wurde, nachdem er einen Eingeborenen, der neugierig nach seinem Messer griff, blutig schlug, von Bogenschützen regelrecht hingerichtet. Seinen Matrosen aber gaben die Andamaner zwei ihrer Auslegerkanus und versorgten sie mit Nahrungsmitteln, sodaß sie wohlbehalten das Festland und schließlich England wieder erreichten. Pfeil und Bogen dienen den noch frei im Regenwald lebenden Andamanern – die Onge haben darauf bereits weitgehend verzichtet – zur Jagd, vor allem auf Wildschweine; neben Fischen und Schildkröten aus dem Meer sind aber auch einige Schlangen oder Heuschreckenlarven begehrte Leckerbissen. Yamwurzeln und Wildfrüchte bilden die pflanzliche Ergänzung der Ernährung.
Das Leben in den noch erhaltenen traditionellen Andamaner-Gemeinschaften ist sozial am ehesten mit dem in einer Kommune zu vergleichen. Privatbesitz gibt es kaum, Männer und Frauen sind gleichberechtigt, es herrscht voreheliche Promiskuität, nach der schlichten Eheschließung Monogamie. Die Jarawa-Frauen begnügen sich mit einem Baströckchen, die Onge-Frauen, bei denen ein besonders vorgewölbter Steiß als Schönheitsideal gilt, mit Lendenschurzen aus Rotanfaser-Quasten. Die Männer „bekleideten" sich früher – und auch das nur gelegentlich – mit Körperbemalung. Die Inder haben die Onge-Männer allerdings überredet, den Penis mit einer kleinen Stoffhülle zu verkleiden; diese wird nun kaum noch abgenommen, was der Hygiene einigermaßen Abbruch tut. Zum Schmuck aus Tierknochen kommen da und dort Erinnerungsstücke aus den Skeletten verstorbener Verwandter: Das macht die Seelen der Toten zu Schutzgeistern für die Lebenden.

Schon Marco Polo erwähnte die ihm wohl aus arabischen Schriften oder vom Hörensagen bekannten Inseln, auf denen nach seinen Angaben „Wilde mit Hundeköpfen" wohnten (dabei wurde der Hund erst von Engländern auf das Archipel gebracht). Nachdem europäische Seefahrer die Inseln wiederholt gesichtet hatten, nahmen die Briten erstmals 1789 von den Andamanen Besitz, verließen sie jedoch bereits sieben Jahre später wieder. 1857, nach dem Sepoy-Aufstand, erinnerte sich man der Insel als gut geeignet für eine Strafkolonie für rebellische Inder. Nun wurde der Hafen von Fort Blair errichtet, und die Insel bevölkerte sich mit den Meuterern aus den britisch-indischen Hilfstruppen. Die Strafgefangenen wurden planmäßig zur Kultivierung der Insel eingesetzt. Dafür war vor allem die Ostküste geeignet. Hier lebten die Stämme der Groß-Andamaner. Durch die Berührung mit Weißen und Indern fielen viele den eingeschleppten Krankheiten zum Opfer, denen ihr Immunsystem keinen Widerstand leisten konnte. Auch verstanden es die Kolonialbehörden, die Groß-Andamaner gegen die Jarawa, die einen Kleinkrieg gegen die Besatzung führten, aufzuhetzen. Wiederholt kam es, oft wegen geringfügiger Diebstähle oder auch, weil entflohene Sträflinge bei den Jarawa Unterschlupf gesucht hatten, zu Strafexpeditionen in den Urwald. Noch 1925 wurden im Zuge einer solchen Strafaktion 37 Jarawa getötet. Dennoch hat diesen der Widerstand bis heute das Überleben gesichert, während die einst noch Tausende zählenden Groß-Andamaner fast ausgestorben sind.

Indischer Verwaltungsbeamter – ein Riese gegenüber den Jarawa-Frauen

Noch bis zum Zweiten Weltkrieg waren die Andamanen bevorzugter Verbannungsort für mißliebige indische Nationalisten. 1942 wurden sie, ebenso wie die südlich davon gelegenen Nikobaren (von einer malaiischen Mischbevölkerung bewohnt und bis 1856 kurioserweise als „Friedrichsinseln" eine dänische Kolonie), von den Japanern besetzt. Diese schüchterten die Ureinwohner durch Bombenabwürfe im Dschungelgebiet ein. Die beiden Inselgruppen selbst übergaben sie 1943 dem von ihnen protegierten Nationalistenführer Subhas Chandra Bose als erstes Territorium eines „Freien Indien"; er benannte die Andamanen in Shahid-(„Märtyrer"-)Inseln um.
Als Indien 1947 wirklich unabhängig wurde, stieß sehr bald eine gewaltige Welle von Neusiedlern zu den bereits auf den Andamanen lebenden Abkömmlingen der früheren Verbannten: Die indische Regierung siedelte auf den Inseln Hindu-Flüchtlinge aus dem pakistanisch gewordenen Teil Bengalens (heute Bangladesch) an. So stieg die Zahl der Inselbewohner sprunghaft an, und der Lebensraum der Ureinwohner wurde weiter eingeengt. Doch sorgten die indischen Behörden immerhin dafür, daß den Jarawa die Dschungel an der Westküste von Mittel- und Süd-Andaman blieben. Hier sind sie jedenfalls Harrer als einem mit seiner herkömmlichen Lebensweise noch durchaus vertrautes Völkchen erschienen, dem bisher ein gewisser Austauschkontakt mit der Siedlernachbarschaft und die Fürsorge indischer Beamter keinen Abbruch taten. Die Insel Nord-Sentinel ist bis jetzt ganz ihren den Kontakt mit der Außenwelt scheuenden Bewohnern überlassen geblieben. Die Ethnologin Lydia Icke-Schwalbe vermerkt zu den Zukunftsaussichten dieser winzigen Menschengruppe: „Die Ausbeutung des Regenwaldgebietes durch Farmer, die Anlage von Plantagen mit eingeführten Pflanzen und die städtische Entwicklung haben auf den kleinen Inseln nicht nur die benötigten Schweifgebiete der Jäger und Sammler drastisch reduziert, sondern auch die Lebensbedingungen der Jagdtiere und Pflanzen verändert ... Die andamanischen Stämme unterstehen besonderen Gesetzen der indischen Regierung, die gegen die zahlreichen wirtschaftlichen Unternehmungen ver-

sucht, der autochthonen Bevölkerung ihr Wohn- und Lebensgebiet zu erhalten.“ Da die einschneidenden Veränderungen der Naturräume und die Zerstörung des sensiblen Regenwaldbestandes auch den mehr als hunderttausend Neusiedlern einen harten Existenzkampf abverlangen, ist freilich fraglich, ob solche Schutzbestimmungen auf Dauer dem Druck einer ständig wachsenden Kolonistenbevölkerung werden standhalten können.

Literatur: Heinrich Harrer, Die letzten Fünfhundert. Ullstein, Berlin 1977. – Lydia Icke-Schwalbe, Überleben im andamanischen Urwald. In: Inga Rogg, Eckard Schuster (Hg.), Die Völker der Erde. Bertelsmann Lexikon Verlag, München 1992.

Onge-Frauen formieren sich zum Fruchtbarkeitstanz

Bergvölker in Bangladesch

Von der Welt kaum beachtet, tobt in den Bergen im östlichen Grenzgebiet von Bangladesch ein Konflikt, in dem einer Million von Stammesangehörigen der Untergang droht.

Vor dreiundzwanzig Jahren ging ein Bild um die Welt, das erschütterte. Es kam aus Bangladesch, das eben seine Unabhängigkeit ausgerufen hatte, und zeigte von einer gaffenden Menge umringte, auf dem Boden liegende, gefesselte Männer, auf die andere Männer in Kampfanzügen mit ihren auf die Karabiner aufgepflanzten Bajonetten einstachen. Der Text besagte, daß bengalische Freiheitskämpfer auf diese Weise mit Biharen verfuhren, die während des Aufstands der pakistanischen Regierung die Treue gehalten hatten.

Die Erinnerung an dieses Photo wird nicht deshalb wach, weil Kriege und Bürgerkriege seither weniger grausam geworden sind (wir brauchen da gar nicht ins ferne Asien zu schauen). Es blieb wohl so unvergessen, weil hier mit der Kameralinse ein Geschehen dokumentiert wurde, das uns die Reporter sonst in dieser äußersten Konsequenz doch ersparen, vielleicht auch nur, weil die Täter solche dokumentarischen Zeugnisse nicht sehr schätzen. Es soll damit in keiner Weise auch nur vermutet werden, daß etwa die Bengalen zu besonderer Brutalität fähig wären. Daß der Mensch dem Menschen ein Wolf sein kann, wenn Haß, aus welchen Gründen immer, zügellos wird, gilt für den gesamten Erdkreis – genauso, daß Haß und Gewalt nur zu oft aus der Not geboren werden. Leider hat dies auch heute noch für Bangladesch seine Gültigkeit. Bangladesch ist bekanntlich eines der ärmsten und eines der dichtbesiedeltsten Länder der Erde. Auf einer Fläche, kleiner als Österreich und Bayern zusammengenommen, leben 110 Millionen Menschen. 98 Prozent von ihnen sind Bengalen, dazu kommen 1,2 Millionen Biharen und knapp eine Million verschiedener tibetobirmanischer Ethnien. Während die Biharen wie das Staatsvolk zum ganz überwiegenden Teil Moslems sind und als Indo-Arier demselben Sprach- und Kulturkreis angehören, sind die zwölf Bergvölker an der Grenze zu Myanmar (Birma) meist Buddhisten. Und ihre Existenz ist seit der Gründung Pakistans, aber noch bedrohlicher seit der Unabhängigkeit Bangladeschs und der Errichtung eines Militärregimes in dem neuen Staat extrem gefährdet.

Die Stammesbevölkerung lebt nicht in den großen Ebenen des Ganges und Brahmaputra, die den Großteil des – von Flutkatastrophen permanent gefährdeten – ostbengalischen Staates einnehmen. Ihre Wohngebiete liegen in den Gebirgsgegenden nördlich, östlich und südlich der Hafenstadt Chittagong, einem relativ schmalen Streifen Landes, der im Norden an Indien, im Süden an Birma grenzt. Die Briten nannten dieses Gebiet Chittagong Hill Tracts. Das größte dort lebende Volk sind die Chakma, etwa die Hälfte der Stammesbevölkerung, gefolgt von den Marma/Mogh, weiter den Tripura, die im benachbarten Indien in einem eigenen, gleichnamigen Bundesstaat leben, und den Mrŭ ganz im Süden.

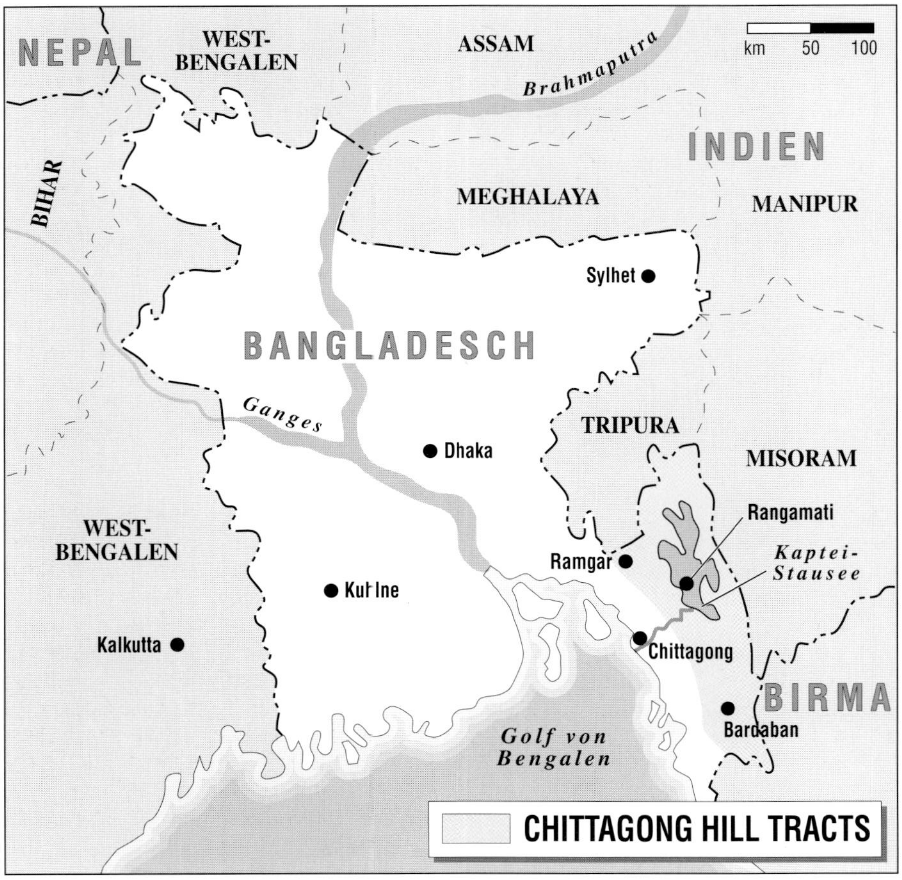

Während der britischen Kolonialzeit war das entlegene, dichtbewaldete Bergland wirtschaftlich kaum interessant. Die Waldstämme bewirtschafteten die Berghänge im Brandrodungsbau, Chakma und Tripura bauten auch Reis in den Talsenken entlang der Flüsse an. Als sich zeigte, daß bengalische Händler bei den bis dahin ganz auf Eigenwirtschaft eingestellten Bergvölkern mit Industriewaren ungerechtfertigte Gewinne machten, sperrte die englische Kolonialverwaltung das Gebiet für den allgemeinen Zuzug und teilte es in drei „Circles", in denen die Stämme autonom leben konnten: den Mong/Marma Circle im Nordwesten mit Ramgar, den Chakma Circle mit Rangamati und den Bohmong/Mru Circle im Süden mit Bardaban als Zentrum.

Bei der Aufteilung des früheren Britisch-Indien auf die Staaten Indien und Pakistan wäre das Gebiet der Chittagong Hills wegen seiner nichtislamischen Bevölkerung Indien zugefallen, doch wurde es zum Tauschobjekt, weil Kalkutta mit seiner starken moslemischen Minderheit indisch wurde. Für den jungen Staat Pakistan wurde das Territorium der Bergvölker zum „Entwicklungsgebiet", zumal dort auch Bodenschätze vermutet wurden, was sich bestätigen sollte. 1959 wurde mit amerikanischer Hilfe am Fluß Karnafuli ein Staudamm errichtet, der den riesigen Kaptai-Stausee speiste. Dadurch wurden 40 Prozent des von den Chakma bebauten Landes unter Wasser gesetzt. Zum Teil sollen die Bewohner von der Überflutung gar nicht informiert worden sein. Ganze Dörfer versanken im Wasser, etwa 100.000 Menschen verloren ihren Heimatboden, die Lebensbedingungen veränderten sich für sie grundlegend.

1964 löste die pakistanische Regierung den Sonderstatus der Bergvölker auf. Nun begann eine intensive Zuwanderung aus dem dichtbevölkerten Bengalen. In einigen Jahren stieg der Anteil der bengalischen Bevölkerung in dem Territorium beträchtlich. Mit dem Abfall Bangladeschs von Pakistan, den die Bergstämme unterstützt hatten, hofften sie auf mehr Verständnis für ihren Wunsch nach Erhaltung ihrer besonderen Lebensart. Zunächst wurde der Sonderstatus der drei Verwaltungsbezirke auch in der Form wiederhergestellt, daß diese je einen einheimischen Verwaltungschef (Raja) bekamen, der jedoch an die Weisungen des Regierungsbevollmächtigten in Rangamati gebunden war. Spezielle Minderheitenrechte sah die neue Verfassung aber nicht vor. Die Chakma gründeten eine „Solidarische Vereinigung der Bergvölker", die in dem Gebiet bei den Wahlen die Mehrheit erhielt; doch ihre Autonomiewünsche blieben in Dhaka ohne Echo.

Eine Mru-Frau beim Korbflechten

Mit der Machtübernahme des Militärs durch den Putsch im Jahr 1975 verschlimmerte sich die Situation der Bergvölker drastisch. Für General Zia ur-Rahman war die völlige Unterwerfung der Bergvölker Programm. Sie wurde auf zweierlei Wegen eingeleitet: durch eine Massenansiedlung von Bengalen und durch militärische Gewalt. Die Armeesoldaten hausten ärger als in Feindesland. Es kam zu Massakern, zur systematischen Vergewaltigung von Frauen, zur Zerstörung vieler Dörfer, zur Vertreibung ihrer Bewohner, die oft in Sammellager gesteckt wurden. „Eine Schreckensherrschaft machte sich in dem ganzen Gebiet breit", berichtet Uprendra Lal Chakma, ein Führer der Bergvölker. „Die vertriebenen Stammesangehörigen wagen es nicht, in ihre zerstörten und verwüsteten Dörfer zurückzukommen. Totschlag, Brandstiftung, Plünderung und Bedrohung durch die Siedler dauern an."
Der Terror führte zur Flucht von Zehntausenden nach Indien, aber auch zum Widerstand einer bewaffneten Gruppe, der Shanti Bahini (Friedenskämpfer). Die Guerillabewegung erhielt eine Zeitlang Unterstützung aus Indien, gab aber den Militärbehörden auch die Möglichkeit, ihre Terrormaßnahmen zu legalisieren: 1981 wurde ein Gesetz erlassen, das den Sicherheitskräften erlaubte, jeden ohne Gerichtsverfahren zu erschießen, der „staatsfeindlicher Aktivitäten" verdächtigt wurde.

Der Kampf zog zweifellos auch die bengalischen Siedler in Mitleidenschaft und bekam dadurch eine besonders tragische Note: Die verfolgten Bergvölker und die Neuankömmlinge, oft die Ärmsten der Armen aus dem übervölkerten Ostbengalen, wurden zu erbitterten Feinden. Was die Regierung den Siedlern als beschlagnahmtes oder herrenloses Land zur Verfügung stellte, bedeutete für die Ureinwohner krassen Landraub. Da die Siedler zudem mit den Anbaumethoden, die den natürlichen Gegebenheiten angepaßt waren, nicht vertraut waren und zu wenig fruchtbares Land vorfanden, hielten sie sich häufig an den Produkten und Vorräten der Bergbewohner schadlos. Die Armee unterschied deutlich zwischen den Siedlern, als deren Beschützer sie auftrat, und den „primitiven" Bergvölkern, deren Schicksal entweder totale Assimilation oder Ausrottung sein sollte. Ein hoher Armeeoffizier sagte es bei einer Kundgebung ganz deutlich: „Wir wollen das Land, nicht die Menschen der Chittagong-Berge!"
Dieses Programm scheint Erfolg zu haben: Die Zahl der Bengalen in den Chittagong Hill Tracts dürfte inzwischen von höchstens 10 Prozent zu Beginn der Unabhängigkeit Pakistans auf fast die Hälfte der Bevölkerung des Gebiets gestiegen sein. Angesichts der Überschwemmungskatastrophen, die die Küste von Bangladesch in den letzten Jahren heimgesucht haben, kann man freilich solchen Wanderungströmen nicht verständnislos gegenüberstehen.
Der frühere indische Ministerpräsident Rajiv Gandhi versuchte zu vermitteln, weil sich Indien aus historischen Gründen für die Bergbewohner verantwortlich fühlte, wohl aber auch, weil die Versorgung der Flüchtlinge in einem Grenzgebiet, das Indien ohnehin wegen der separatistischen Bewegungen der Stammesbevölkerung Sorgen genug bereitete, schwierig war. Es kam 1987 zwar zu einem Friedensvertrag zwischen Vertretern der Bergvölker und der Siedler, aber die Auseinandersetzungen gingen bald wieder unverändert weiter, nachdem es zu neuen Massakern gekommen war.
1991 wurde nach einem Wahlsieg der Oppositionsparteien Begum Khaleda Zia Ministerpräsidentin von Bangladesch. Die Rückkehr zu halbwegs demokratischen Verhältnissen schien auch für die Bergvölker neue Hoffnung zu bringen. 1993 lud die bengalische Regierung die Repräsentanten der an die 60.000 nach dem indischen Tripura geflohenen Bergbewohner zu einer Besichtigung ihrer Heimat ein. Es wurde ihnen versprochen, daß das Militär abgezogen und ein Teil der Siedler rückgeführt werden würden. Doch sahen die Delegierten keinerlei Anzeichen für eine solche Änderung der Bedingungen. Sie stellten ihrer-

Die Baumwollernte wird von Frauen eingebracht

seits einen Forderungskatalog an die Regierung in Dhaka. Darin wird unter anderem Schutz für Leben und Eigentum, Entschädigung für illegal besetztes Land, eine Amnestie und das Ende der Islamisierung und bengalischen Unterwanderung der Bergvölker gefordert.

Auch in Indien scheint eine Haltungsänderung eingetreten. Die fühlbar schlechtere Versorgung der Flüchtlingslager wird von den Vertretern der Bergvölker als Druck empfunden, möglichst viele zur Repatriierung nach Bangladesch zu bringen. Dies wird mit dem indischen Interesse in Zusammenhang gebracht, den Hafen Chittagong und die von den Briten errichtete Bahnlinie nach Norden für Transporte von Waffen verwenden zu können, die gegen die Separatisten im Nordostwinkel Indiens eingesetzt werden sollen.

Uprendra Lal Chamka sieht die Situation denn auch eher pessimistisch: „Ich glaube nicht, daß sich die Politik gegenüber der Stammesbevölkerung wesentlich ändern wird, wenn nicht Druck von außen die Regierung dazu zwingt." Dafür gibt es aber kaum Aussichten, denn die westlichen Mächte, die das Armenhaus Bangladesch schon unterstützten, als es ganz von der Armee beherrscht wurde, werden wohl zu Recht auf diese Hilfe nicht verzichten, wenn nun liberalere Kräfte regieren. Und die Bevölkerungsverhältnisse sowie die gesamte Situation dieses menschenreichen, so eng begrenzten Staates sind zu unausgewogen, als daß gegenüber weit über hundert Millionen, auf die pro Kopf ein Bruttosozialprodukt von 210 Dollar jährlich (Österreich: 19.060 Dollar) entfällt, einige hunderttausend Stammesangehörige eine Sonderstellung auf Dauer werden behaupten können. Auch wenn die weitere Entwicklung – worauf die Völkergemeinschaft bestehen sollte – sich ganz ohne Gewalt vollzieht.

Literatur: Art Davidson, Verlorene Völker? Köln 1993. – Klemens Ludwig, Bedrohte Völker. München 1994.

Seit einem halben Jahrhundert führt das Volk der Karen seinen Widerstandskampf gegen die Zentralregierung Birmas. Die Karen, und wie sie auch andere Bergstämme, wollen statt der nominellen eine echte Autonomie in der „Union Myanmar".

Das verläßlichste Transportmittel im Dschungel sind die Elefanten

Name ist Schall und Rauch, wußte Goethe. Seit 1989 heißt Birma offiziell Myanmar. Das Militärregime, durch die Opposition in große Schwierigkeiten geraten, begründete die Namensänderung damit, daß sich der Name Birma nur auf die Bevölkerungsmehrheit der Birmanen bezog und nicht auf die zahlreichen anderen ethnischen Gruppen des Landes. Mit der Namensänderung war es dann auch freilich schon getan. An den Auseinandersetzungen mit den Minderheiten, vor allem den Bergvölkern in den Randgebieten des Staates, änderte sich nichts. Dennoch dienten diese Volksgruppen den Generälen als zynische Ausrede, um der Opposition die Übernahme der Regierung zu verweigern; die Demokratiebewegung hatte 1990 bei den Wahlen 397 von 485 Parlamentsmandaten errungen (obwohl die spätere Nobelpreisträgerin Aung San Suu Kyi als deren prominenteste Vertreterin nicht kandidieren durfte und seit damals unter Hausarrest steht). Doch der starke Mann Myanmars, General Saw Maung, erklärte: Erst wenn eine neue Verfassung ausgearbeitet und von allen (135!) ethnischen Gruppen des Landes genehmigt sei, könne den Demokraten die Macht überlassen werden. Vorerst aber sei die Armee, die 1988 das Kriegsrecht über das Land verhängt hatte und an die Stelle der Staatsorgane das „State Law and Order Restoration Council" (SLORC) setzte, der einzige Garant für die Aufrechterhaltung der staatlichen Einheit.

Diese Armee führt nun schon seit Jahrzehnten einen wenig erfolgreichen Kampf gegen die diversen Befreiungsbewegungen der Minoritäten. Als ihre härtesten Gegner erwiesen sich dabei die Karen, deren Siedlungsgebiet im mittleren Saluen-Tal und den Gebirgen entlang der Grenze zu Thailand liegt. Welche Bedeutung der seit Jahren zäh verteidigten Karen-Republik auch seitens der demokratischen Opposition beigemessen wird, geht daraus hervor, daß die Oppositionsparteien Ende 1990 im Karen-Hauptquartier Manerplaw eine Gegenregierung installierten; die Militärs antworteten darauf mit dem Verbot der „Partei für nationale Demokratie" (PND), verschärften ihre Maßnahmen gegen Oppositionelle und verstärkten den militärischen Druck auf die Karen.

Die Karen sind ein Volk von etwa acht Millionen; rund die Hälfte von ihnen lebt in Birma und bildet dort etwa 7 Prozent der Bevölkerung (die übrigen wohnen in Thailand, Laos, Kambodscha). Das Bewußtsein um ihre ethnische Einheit erwachte bei den Karen-Stämmen erst in der Zeit der japanischen Besetzung Birmas. Dazu trug zweifellos die britische Kolonialmacht bei, die in den Karen verbündete Dschungelkämpfer fand, die als Partisanen gegen die Japaner kämpften. Das verschärfte auch den Gegensatz zu den Birmanen, deren Nationalbewegung mit der Besatzungsmacht kollaborierte und dafür 1943 mit der formellen staatlichen Unabhängigkeit belohnt wurde. Die Birmanen verstanden es, rechtzeitig vor der Niederlage Japans umzuschwenken, und bald nach Kriegsende gewährte die Regierung Attlee Birma die Unabhängigkeit.

Mitglied der Karen-Befreiungsarmee

Die Karen aber waren – wie etwa auch die Bewohner der im Norden an ihr Gebiet grenzenden Schan-Staaten und andere Minderheiten – keineswegs besonders interessiert an diesem neuen Staat, da sie, wie sich zeigte, zurecht, um ihre hergebrachte Lebensweise und ihre nationale Identität fürchten mußten. Zwar wurde Birma als „Union" konstruiert, und neben den Provinzen (Divisions) der vom Mehrheitsvolk bewohnten Gebiete bestehen sieben Staaten (States) nationaler Minderheiten. Doch um dieses Gebilde zu einer Vereinigung gleichberechtigter Völker zu machen, hätte es des großzügigen Charakters eines Aung San (des Vaters der Friedensnobelpreisträgerin) bedurft, der die Unabhängigkeitsverhandlungen mit London geführt hatte, jedoch 1947 von Rechtsextremisten ermordet worden war.

Nach dieser Bluttat begannen für Birma Jahre blutiger Bürgerkriegswirren. Die Fronten in diesen permanenten Konflikten waren häufig nicht klar, die diversen Gruppierungen bekämpften nicht nur die Regierung, sondern bekriegten auch einander; so wechselten zwei kommunistische Parteien („Weiße" und „Rote Fahne") wiederholt die Fronten. Dazu kam im Norden Birmas das Einsickern der geschlagenen Kuomintang-Truppen, die sich des Opiumhandels bemächtigten. Als Birma vollends zu zerfallen drohte, übernahm 1962 General Ne Win die Macht und proklamierte den „birmanischen Weg zum Sozialismus". Die von ihm verkündete Gleichberechtigung aller Volksgruppen blieb aus, hingegen führte die

Wirtschaftspolitik in ein Desaster, das Birma zu einem der ärmsten Länder der Welt gemacht hat.

In all diesen Jahren spielten die Karen eine bedeutende Rolle. Ihre politischen Vertreter, durch die vorangegangenen Kriegsereignisse eng mit der früheren Kolonialmacht liiert, wären am liebsten aus der birmanischen Union ausgeschieden. Sie, und auch die Schan, hätten einen Kleinstaat unter britischem Protektorat vorgezogen. Eine Delegation der Karen fuhr sogar nach London, doch Dankbarkeit erwies sich auch dort als eine der Politik fremde Kategorie. Es wurde ihnen erklärt, sie müßten ihre Autonomiewünsche im Rahmen Birmas „kraftvoll" zu verwirklichen suchen.

Als U Nu nach seinem Amtsantritt den Buddhismus zur Staatsreligion erklärt hatte, war den Karen, teils Christen, teils Animisten, vollends klar, wie wenig Rechte sie von dem neuen Staat zu erwarten hatten. Ihre Karen National Liberation Army (KNLA) wurde zu einer der Bürgerkriegsparteien. Sie hatte in den ersten Jahren des jungen Staates beträchtliche Erfolge. Nachdem im Zentrum des Karen-Landes eine eigene Regierung gebildet worden war, besetzten die Karentruppen eine Reihe wichtiger Städte, unter anderen Papun, Thaton und Moulmein, kurze Zeit sogar Mandalay. U Nu versuchte in Verhandlungen, den Autonomiewünschen der Karen entgegenzukommen, doch wurde dies von seiner eigenen, nationalistischen Umgebung, die die Karen wegen ihrer Haltung während der japanischen Zeit als Kollaborateure der Kolonialmacht betrachteten, hintertrieben. Daß sich die Regierungspartei als „Anti-Fascist People's Freedom League" zusammengefunden hatte und dennoch den Karen ihren antijapanischen Kampf nachtrug, störte diese seltsamen Antifaschisten nicht.

Es kam zu fürchterlichen Exzessen der Regierungstruppen im Karen-Gebiet und zu ebenso grausamen Racheakten der KNLA. Schließlich wurde anfangs der fünfziger Jahre die politische Bewegung der Karen, die Karen National Defence Organisation (KNDO), für illegal erklärt. Da es zwischen den einzelnen aufständischen Volksgruppen keine Koordination gab, gerieten die Karen in die Defensive, mußten ihre zeitweilige Hauptstadt Toungoo räumen und sich in die gebirgigen Dschungelgebiete an der Grenze zu Thailand zurückziehen. Auch die Machtübernahme durch Ne Win änderte wenig an der Situation. Der General versuchte, gegen die Separatisten hart durchzugreifen, aber seine Truppen hatten dabei wenig Erfolg. Im zentralen Karen-Gebiet bildete sich eine Rebellen-Republik, die eine eigene Regierung mit General Saw Bo-Mya als Präsidenten ausrief. Sie steht seit Jahren im bewaffneten Kampf mit der Zentralregierung Birmas.

Die Karen-Stämme sind, wie die anderen Völker, die man zur sino-tibetischen Sprachgruppe rechnet (also auch die Birmanen) erst im Zuge der großen Völkerwanderungen in Südostasien in den ersten Jahrhunderten unserer Zeitrechnung in Hinterindien eingewandert. Sie behaupten sogar, als erste in diese Gebiete gekommen und gewissermaßen die Vorreiter für die Birmanen gespielt zu haben. Wo die Urheimat liegt, aus der sie aufbrachen, ist fraglich. Der österreichische Journalist Fritz Sitte, der sich in den späten siebziger Jahren in die Karen-Republik durchschlug, berichtet von einer Stammessage, die in Liedform auf die große Wanderung, die möglicherweise infolge der Bedrängung der Karen durch die Mongolen ausgelöst wurde, Bezug nimmt: „Wir sind von einem Land im Norden gekommen. Ein Land aus Sand, den der Wind wie ein Meer bewegt. Aber es war ein schönes Land. Es gab sogar Blumen und Wasser. Nur waren Wasser und Blumen schwer zu finden. Und du mußtest genau wissen, wo du zu suchen hast …"

Der jahrelange Partisanenkrieg zeichnet die Gesichter der Rebellen

Die Karen zerfallen in etliche Stämme; eine Sonderstellung unter ihnen nehmen die Karenni oder „roten Karen" (wegen ihrer Vorliebe für rote Kleidung, früher auch Tätowierungen, so genannt) ein, denen die Staatsverfassung Birmas auch einen eigenen Khayah-Staat zuerkannte. Als einfache Ackerbauern bildete für die Karen das Dorf die eigentliche, gemeinschaftliche Lebenseinheit, Zusammenschlüsse darüber hinaus waren selten und nur vorübergehend. Das Dorfoberhaupt war zugleich Repräsentant der Gemeinschaft und deren Priester. In politischen Fragen mußte er aber den Konsens mit dem Rat der Dorfältesten suchen.

„Ein vergleichbares Bestreben nach Harmonie regelt zum Teil bis heute die Beziehungen zur Umwelt, die, wie der Mensch, einem Vitalitätsprinzip unterliegt, das vereinfacht mit der Vorstellung von »Beseeltheit« charakterisiert werden kann", stellt ein Ethnologe die Karen-Vorstellungswelt dar. Ihre Empfänglichkeit für Erlösungsvorstellungen, dazu ihre strenge Ehemoral, machten es baptistischen Missionaren leicht, unter ihnen das Christentum zu verbreiten; allerdings bedeutete dies keineswegs, daß die Karen damit ihrem Geisterglauben und ihrer Ahnenverehrung abschworen.

Die enge Verbundenheit mit der beseelt gedachten Umwelt könnte für die Karen neuerdings zum nationalen Desaster werden, weil die Zentralregierung zu Maßnahmen übergegangen ist, die die Existenz der Karen-Republik rascher gefährden könnten als der offenbar ungewinnbare Dschungelkrieg. Seit 1988 vergibt der birmanische Staat die Schlägerungsrechte in den an Edelhölzern reichen Grenzwäldern an thailändische Holzunternehmen. Diese Wälder werden von den Bergstämmen als ihr uralter Besitz betrachtet, den sie mit Maßen zu nutzen verstanden. Die Karen-Republik, deren Regierung – wie Fritz Sitte jedenfalls behauptet – es ablehnte, dem Beispiel anderer Bergvölker zu folgen und ihren Guerillakrieg mit Opium-Export zu finanzieren, bezog ihre Einnahmen vor allem aus dem Holzverkauf. Nun rücken die industriell organisierten thailändischen Holzfällerbriga-

den in die Urwälder ein und zerstören sie systematisch. „Wenn das so ungehindert weitergeht, wird unser Wald innerhalb der nächsten fünf Jahre für immer vergangen sein," klagte der Karen-Führer Dr. Em Marta 1990 in einem Bericht an die Vereinten Nationen. „Wenn unsere Wälder verloren sind, werden die Karen und andere Volksstämme ebenfalls dahinschwinden."

Mit dem Geld aus Thailand kauft die Regierung in Rangun, die seit ihrer Ablehnung, die demokratische Entscheidung der Wähler anzuerkennen, und seit der Inhaftierung der Friedensnobelpreisträgerin auf dem internationalen Parkett ziemlich isoliert dasteht, Waffen zum Kampf gegen die Karen und die anderen Bergvölker, die sich nicht beugen wollen. Aus jenen Gebieten, in die die birmanische Armee vordringt, werden die Dorfbewohner vertrieben und in Umsiedlungslagern zusammengepfercht, in denen Hunger und Seuchen grassieren. Die Exilvertretung der Karen berichtete, daß allein im März 1992 20.000 Menschen aus 76 Dörfern vertrieben wurden. Die alten Siedlungen der Karen werden nach der Aussiedlung in Brand gesteckt. Die Armee zwingt, wie Amnesty International berichtet, viele Stammesangehörige auch dazu, ihr als Träger im Kampfgebiet zu dienen, wer nicht mehr mitkann, wird erschossen oder einfach liegen gelassen. Besonders teuflisch ist die Verwendung von Zwangsrekrutierten als „menschliche Minensuchgeräte", die den vorrückenden Truppen in den Partisanengebieten vorausgeschickt werden. Verständlich, daß viele Karen, aber auch birmanische Oppositionelle, ins benachbarte Thailand fliehen; dort halten sich bereits mehr als 70.000 Flüchtlinge aus Myanmar auf. Dennoch scheint das Militärregime den Widerstand der Karen-Partisanen nicht brechen zu können. Anfang 1992 begann eine Offensive der Regierungstruppen mit dem Ziel, das karische Hauptquartier Manerplaw einzunehmen. Dann, im März wurde General Saw Maung durch General Than Shwe abgelöst, der in den ersten Monaten seiner Amtszeit die Restriktionen etwas lockerte und den aufständischen Karen einen Waffenstillstand anbot. Ob deren durch Jahrzehnte geleisteter Widerstand letztlich doch ein erträgliches Nebeneinander der Völker in der Union Myanmar erreichen kann, bleibt freilich zumindest so lange fraglich, als das Militär dort weiter das Sagen hat.

In der Karen-Befreiungsarmee gibt es auch Frauenbataillone

Literatur: Fritz Sitte, Rebellenstaat im Burma-Dschungel. Graz 1979. – Art Davidson, Verlorene Völker? Köln 1993.

Im Jahr 1994 hat Peking lautstark gegen eine Begegnung von US-Präsident Clinton mit dem Dalai Lama, der Ehrendoktor der Columbia Universität wurde, protestiert. Der Zwangsassimilation des Maoismus ist der schleichende Druck der „Modernisierung“ inTibet gefolgt.

Die Volkszählungen der Chinesischen Volksrepublik sind bei der Aufzählung der nationalen Minderheiten, die im Lande leben, nicht kleinlich, und könnten mit ihren detaillierten Angaben für manche europäischen Länder – etwa Griechenland oder auch Frankreich – ein Vorbild sein. Über die wirkliche Lage der Volksgruppen sagen solche Statistiken dennoch wenig aus.

Bei einer Zahl von 1.042 Millionen Han-Chinesen, des Staatsvolks, wäre freilich Großzügigkeit nicht nur in Zahlenspielen am Platz. Immerhin: Rund 8 Prozent der Bevölkerung Chinas gehören nationalen Minderheiten an. Die zahlenmäßig größten unter ihnen sind die Chuang (Zhuang), ein Thai-Volk in Südchina, mit 15 Millionen Angehörigen, weiter die Mandschuren, die sich, obwohl weitgehend sinisiert, noch immer als eigene Volksgruppe fühlen (10 Millionen), die islamischen Hui (8,6 Millionen), die Miao (7 Millionen), die turktatarischen Uiguren (7 Millionen), die Tibeter (4,6 Millionen) und die ihnen verwandten Yi (6,5 Millionen) und Tujia (5,7 Millionen) und die Mongolen (4,8 Millionen). Die Liste in der Volkszählungsstatistik nennt noch etliche Millionenvölker und geht hinunter bis zu kleinen Gruppen mit einigen Tausend Sprechern. Fünf der aufgezählten Nationalitäten wohnen in autonomen Regionen: die Tibeter, die Uiguren (das Hauptvolk in der Provinz Sinkiang/Qinjiang Uygur), die Mongolen, die Chuang und die Hui. Daneben gibt es für einzelne Nationalitäten autonome Distrikte innerhalb der Provinzen.

Leider entspricht die Praxis der kommunistischen Nationalitätenpolitik keineswegs dem scheinbar den Volksgruppen so entgegenkommenden Bekenntnisprinzip der Sprachzugehörigkeit und den ihre Wohngebiete berücksichtigenden Verwaltungsgrenzen. Es drängt sich ein Vergleich mit der früheren Sowjetunion auf, die in ihrer Verfassung allerdings noch weiter ging als China, indem sie dem Staat theoretisch ein föderalistisches Prinzip zugrundelegte und den einzelnen Teilrepubliken formell ein Austrittsrecht aus der Union zugestand. Als dann, um ein berühmtes Marx-Zitat zu paraphrasieren, den versteinerten Verhältnisse ihre eigene Melodie vorgespielt wurde, um sie zum Tanzen zu bringen, zerfiel die Sowjetunion konsequenterweise. Diese Entwicklung vor Augen, sind die Chinesen vielleicht heute noch viel ängstlicher auf die Einheit ihres Staates bedacht und wittern hinter jeder nationalen Regung bei den Minderheiten bedrohlichen Separatismus.

Genauso wie Lenin und Stalin in ihren Schriften vor ihrer Machtergreifung, haben auch die chinesischen Kommunisten vor dem Sieg ihrer Revolution den anderssprachigen Nationalitäten die Selbstbestimmung versprochen. Nach Tisch las man's freilich sehr bald anders und stieg mit dem Anspruch auf die damals nur zu einem sehr geringen Anteil von Chinesen bewohnten, großflächigen Randgebiete durchaus in die Fußstapfen der Kaiser und des Tschiangkaischek-Regimes. Weder die Bewohner Ost-Turkestans (Sinkiang) noch der Inneren Mongolei konnten auch nur daran denken, nationale Selbstbestimmung auszuüben, sei es auch nur, um innerhalb der Volksrepublik, ähnlich wie in der benachbarten UdSSR, Einheiten zu bilden, die über den Status bloß formaler Autonomie hinausgingen. Und wie schon die Kuomintang, so beanspruchte auch Mao die Oberhoheit über Tibet, das zwar seit 1911, seit dem Ende des Kaiserreichs, eine Quasi-Unabhängigkeit besaß, sich aber nie um deren internationale Anerkennung bemüht hatte.

Im Jahre 1914 war auf der Konferenz von Simla zwischen Engländern, Chinesen und Tibetern eine Autonomie für das „äußere Tibet“, den Westteil des von Tibetern bewohnten Territoriums mit Lhasa, dem Sitz des Dalai Lama, als Hauptstadt, vereinbart worden. Die östlichen Gebiete blieben weiterhin direkt unter chinesischer Verwaltung. An dieser Einteilung hat sich auch nach der Besetzung Tibets durch Maos Volksarmee im Jahr 1950, gegen die es zwar westliche Proteste, aber – infolge der strittigen völkerrechtlichen Situation, und weil in der UNO noch immer die Repräsentanten Tschiangkaischeks saßen, der in dieser Frage mit den Kommunisten übereinstimmte – keine Sanktionen gab, nichts Grundlegendes geändert. So kommt es, daß nach der jüngsten chinesischen Volkszählung das autonome Gebiet Tibet nur 2,2 Millionen Einwohner aufweist (davon offiziell 96,9 Prozent tibetischer Nationalität, aber die Zahl enthält nicht die Angehörigen der Volksarmee), insgesamt für China aber 4,6 Millionen Tibeter angegeben werden. Mindestens die Hälfte von ihnen bewohnt die östlichen Gebiete des Hochlandes: die Provinz Qinghai (Tsinghai, tibetisch Amdo) mit 4,4 Millionen Einwohner, wohl zu größerem Teil Han-Chinesen, sowie die autonomen tibetischen Präfekturen am Rande des tibetischen Siedlungsraums, in den westlichen Grenzgebieten der Provinzen Gansu, Sichuan (Szechuan) und Yünnan.

Ein Mönch setzt die Gebetsmühlen in Gang

Als dieTruppen der Volksrepublik die Grenze des „äußeren Tibet“ überschritten hatten und nach einem kurzen Gefecht mit der kleinen Armee des Dalai Lama Verhandlungen begannen, schien es, daß Peking sich vor allem der strategisch bedeutsamen Position dieses zentralasiatischen Hochlandes versichern wollte; sah sich das kommunistische China doch vor allem vom Westen und dessen indischem Partner bedroht. In dem von Ngapo, einem Abkömmling der alttibetischen Königsfamilie, im Auftrag des Dalai Lama ausgehandelte Vertrag sicherte Peking Tibet den Weiterbestand seines politischen Systems und Religionsfreiheit zu und versprach keine Zwangsausübung bei der Durchführung von Reformen.

Nun war das politische System in Tibet sicherlich weder modern noch demokratisch. Tibet war eine Theokratie, ihr oberster Repräsentant der Dalai Lama, der als Wiedergeburt des ersten in diese im 16. Jahrhundert entstandene Funktion Erwählten angesehen wurde. Die buddhistische Geistlichkeit, die im Lauf der Jahrhunderte an die 3.000 Klöster errichtet hatte, und eine eher geringe Anzahl adeliger Großgrundbesitzer herrschten über eine Masse leibeigener Bauern und die in den unwirtlicheren Gegenden des kargen Landes umherschweifenden Hirtennomaden. Der Zusammenstoß zwischen dieser mittelalterlichen Gesellschaft und einer Bewegung, die sich als die höchste Stufe des gesellschaftlichen Fortschritts betrachtete, war wohl unvermeidlich. Das Problem dabei war freilich, daß die Kommunisten mit ihrer Propaganda für eine grundlegende Veränderung der Gesellschaftsstrukturen, für die Befreiung „einer Million tibetischer Leibeigener“ von der Mönchsherrschaft bei den so Angesprochenen wenig Widerhall fanden. In dem auch im 20. Jahrhundert gegenüber Einflüssen von außen abgeschlossenen Land waren den in tiefer Religiosität gehaltenen Bewohnern solche Gedanken fremd. Dafür zeigten wieder die Kommunisten wenig Verständnis. Als Mao in den fünfziger Jahren den „großen Sprung vorwärts“, verbunden mit der Kollektivierung der Landwirtschaft, propagierte, regte sich zuerst im „inneren“, chinesischen Tibet bei den Khampa-Stämmen Widerstand. Die übereilt vorgenommene Sozialisierung und der Bau von Straßen, der dem chinesischen Militär breiten Zugang öffnete, beunruhigte auch den Dalai Lama und seine Umgebung. 1959 kam es zu den bekannten Ereignissen des tibetischen Aufstandes, der mit der blutigen Niederschlagung und der Flucht des Dalai Lama und hunderttausend seiner Landsleute nach Indien endete. Tibet wurde nun einem Militärgouverneur unterstellt; eine kommunistische, aus Tibetern und Chinesen bestehende Regierung führte mit aller Härte jene sozialistischen Reformen durch, die im übrigen China bereits vollzogen waren. Während im „inneren“ Tibet ein forcierter Zuzug chinesischer Siedler einsetzte, war es in der nur noch dem Namen nach autonomen Region hauptsächlich das Militär und das Verwaltungspersonal, das sich aus dem Han-Volk rekrutierte.

Die schlimmste Zeit brach für Tibet mit der sogenannten Kulturrevolution an. In den Jahren 1966 bis 1969 wurden von den von Mao inspirierten Jugendbanden der Roten Garden Hunderte von Klöstern zerstört, die Mönche und Nonnen gewaltsam ins Arbeitsleben eingegliedert, auch zur Heirat gezwungen, es kam zu Folterungen und Morden. Durch die Installierung eines fast ausschließlich von Han-Chinesen besetzten Revolutionskomitees wurde die Autonomie de facto aufgehoben. Die tibetische Sprache wurde aus den (erst vom kommunistischen Regime eingerichteten) öffentlichen Schulen und dem Verkehr mit Behörden verbannt, eine unprofessionelle Umwandlung von Weiden in Ackerland zerstörte die Lebensweise der Hirten und führte zu Produktionsrückgängen mit darauffolgenden Hungersnöten. Durch Ansiedlung von Betrieben sollte eine assimilierte „tibetische Arbeiterklasse“, natürlich unter der Leitung von Chinesen, geschaffen werden. Den Aufständen und dem Terrorregime dürfte insgesamt eine Million Tibeter zum Opfer gefallen sein.

Nach dem Tod Maos und der Ausschaltung der „Viererbande“ kam es auch in Chinas Minderheitenpolitik zu einem neuen Kurs. Tibet wurde zuerst für Journalisten und bald auch für ausländische Touristen geöffnet. Mangels entsprechender Sprachkenntnisse waren und sind sie jedoch zumeist auf politisch geschulte Führer angewiesen und können sich kaum über die wirkliche Lebenssituation und Gedankenwelt der Bevölkerung informieren. Auf der anderen Seite neigen die Exiltibeter verständlicherweise zu einer extrem negativen Darstellung der Verhältnisse, wobei insbesondere schwer zu unterscheiden ist, welche Maßnahmen der kommunistischen Diktatur mehr oder weniger von allen Bewohnern Chinas getragen werden müssen und welche vor allem die Minderheiten oder speziell die so schwer „umerziehbaren“ Tibeter treffen

Tibetische Pilgerin mit ihrer Gebetsmühle

sollen. Bezeichnenderweise ignoriert das Regime in Peking alle Vorwürfe von Menschenrechtsverletzungen in Tibet und lehnt Untersuchungen durch Ausländer als Einmischung in die inneren Angelegenheiten ab, wie es im Vorjahr auch zu jenen gehörte, die bei der Menschenrechtskonferenz in Wien sich am heftigsten gegen die Kodifizierung von Minderheiten- und Indigenenrechten wehrten. Auch die Verleihung des Friedensnobelpreises an den Dalai Lama wurde als unfreundlicher Akt bezeichnet.

Nach einem Jahrzehnt einer für chinesische Verhältnisse relativ liberalen Tibetpolitik wurde nach Mönchsdemonstrationen für die Unabhängigkeit und blutigen Unruhen in Lhasa von 1987 bis 1990 der Ausnahmezustand verhängt. Eng damit verbunden waren verstärkte militärische Präsenz und chinesische Zuwanderung, restriktive Maßnahmen gegen die Religionsausübung, härteste Verfolgung von Dissidenten und auch eine Rücknahme der Bestimmung, die die Minderheiten im Unterschied zu den Han nicht auf das Zweikindersystem festlegen; es soll sogar zu Zwangssterilisationen an Tibeterinnen gekommen sein.

Die Tibeter sind also heute durchaus im Status eines „bedrohten Volkes". Zum ersten deshalb, weil sie in ihren Siedlungsgebieten, in verstärktem Ausmaß in dem außerhalb der autonomen Region liegenden Ostteil, gegenüber den Han in die Minderheit geraten.

Aber auch ihre nationale Identität – selbst wenn die tibetische Sprache nicht mehr den früheren Repressionen ausgesetzt, aber perfekte Kenntnis des Chinesischen für den sozialen Aufstieg unabdingbar ist – ist dadurch bedroht, daß die so eng mit dem religiösen Leben verbundene eigenständige Kultur teils ganz bewußt, teils auch durch die Umstrukturierung des gesamten Wirtschaftslebens, früher als sozialistischer Fortschritt, heute als Modernisierung und Entwicklung verkauft, zerstört wird. Und diese Vorgänge werden von den Tibetern nicht als von ihnen getragene, sondern von außen erzwungene erlebt. Wenn auch das Regime in Peking westliche Appelle für die Einhaltung der Menschenrechte im allgemeinen und für die Erhaltung der tibetischen Kultur und Identität im besonderen brüsk zurückweist, so zeigt die in Politikerreden immer wieder zum Ausdruck kommende Angst vor Separatismus doch, wie wichtig es ist, daß die demokratische Welt über den großen, gewinnträchtigen Markt Chinas hinaus das Eintreten für die Rechte seiner Minderheiten nicht vergißt.

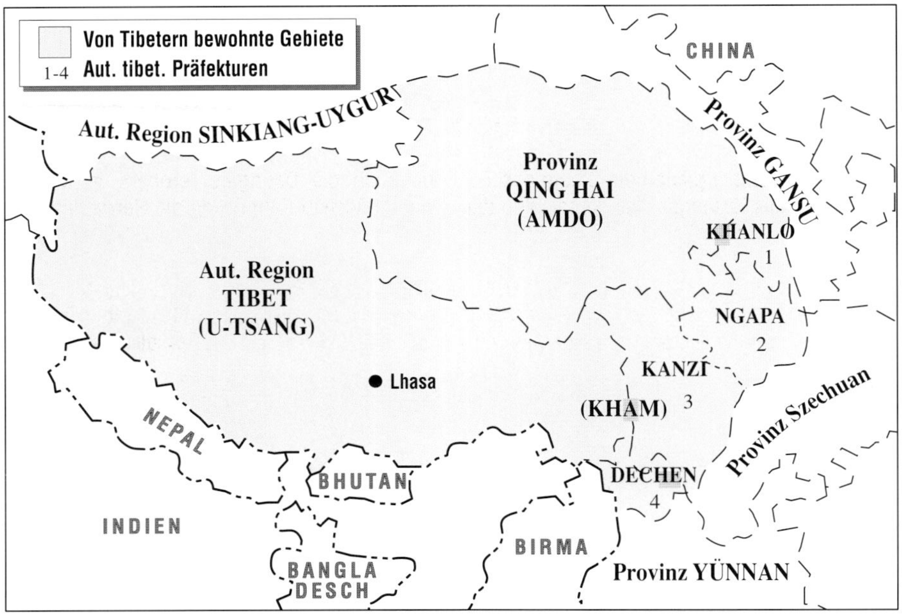

Tibetische Frau mit Kind

Literatur: Karl-Heinz Everding, Tibet. Köln 1993. – International Commission of Jurists, The Question of Tibet and the Rule of Law. Genf 1959. – Zahlenangaben aus „Multinationales China", Zeitschrift „pogrom" Nr. 175/1994.

Auch ein Mehr an Freiheit kann die Existenz von Völkern bedrohen. Das müssen seit einigen Jahren die Uiguren und die anderen Volksgruppen der chinesischen „Autonomen Uigurischen Region Xinjiang" (früher Sinkiang geschrieben, vordem Ost-Turkestan genannt) erfahren.

Gerade die Wirtschaftsliberalität, die in China Einzug gehalten hat, gefährdet die nationale Identität der Nationalitäten stärker, als es kommunistische Gleichschaltung zuvor je vermochte. Das wieder führt zu einer Radikalisierung dieser Völker gegenüber dem Pekinger Zentralismus, der bisher die Lösung der Probleme der im Verhältnis zu der Milliarde Han-Chinesen kleinen übrigen Ethnien des Landes nur in Unterdrückung und Assimilierung gesehen hat.

Die islamischen Turkvölker, um die es sich in der Hauptsache bei den Bewohnern Xinjiangs handelt, sind Uiguren (7 Millionen), Kasachen (eine Million), Kirgisen (150.000) und einige kleinere Gruppen. Dazu kommen rund 170.000 tungusische Xibe. Durch die besonders in den letzten Jahren forcierte Zuwanderung von Han-Chinesen droht die indigene Bevölkerung Ost-Turkestans in die Minderheit zu geraten.

Die Auseinandersetzung mit den chinesischen Nachbarn begann für die türkischen Bewohner des Tarim-Beckens und der nördlich des bis zu 7.000 Meter hohen Tienschan-Gebirges liegenden Dsungarei schon vor mehr als zweitausend Jahren. Im zweiten Jahrhundert vor Christus gelang es den Chinesen zum ersten Mal, die Oasenbewohner von Kaschgar, und westlich davon von Kokand, im heutigen Usbekistan, zu unterwerfen. Doch wurde die Oberherrschaft bald wieder abgeschüttelt, und nun begann die Blütezeit des Uigurenreichs. In der Österreichischen Nationalbibliothek wird die Handschrift „Kudatku Bilik" aus dem Jahr 1069 aufbewahrt, das älteste, eben uigurische Zeugnis für eine Turksprache. Für religiöse Bewegungen, die ihren alten Schamanenglauben verdrängten, scheinen die Uiguren sehr offen gewesen zu sein: Der persische Zoroasterglaube, der Buddhismus und das nestorianische Christentum fand Eingang in ihr Reich, und vom letzteren übernahmen sie die syrische Schrift. Nach Berührung mit den Arabern nahm der in Kaschgar regierende Fürst Satuk um die Mitte des 10. Jahrhunderts den Islam an, und ihm sind die Bewohner Turkestans bis heute treu geblieben. Erst der Mongolensturm Dschingis Chans zerstörte das Reich der Uiguren. Selbst ihr Name drohte in Vergessenheit zu geraten; bis in die zwanziger Jahre unseres Jahrhunderts waren die Bewohner Ost-Turkestans als Tarantschen bekannt – erst der sowjetische, dann von der Volksrepublik China übernommene Sprachgebrauch führte „Uiguren" wieder ein.

Im Jahr 1757 besetzten die Chinesen unter ungeheurem Blutvergießen die Städte des Tarimbeckens bis Kaschgar, das damals von der islamischen Geistlichkeit, den Chodscha, beherrscht wurde. Diese Elite flüchtete ins benachbarte Chanat von Kokand (heute in Usbekistan) und schürte von dort den Widerstand gegen die Fremdherrschaft. Im Folgejahr wurde auch die Dsungarei erobert, in der die mongolischen Kalmücken die Herrschaft ausgeübt hatten. Nun wurde das ganze Gebiet zum Streitobjekt zwischen den von der einheimischen Bevölkerung unterstützten usbekischen Herrschern und China. Die frühesten europäischen Berichte über das Land kamen

Frauen beim Abwasch am Bach

von dem bayrischen Geographen und Forschungsreisenden Adolf von Schlagintweit, der als erster Europäer Kaschgar von Indien aus erreichte; in den Kriegswirren wurde er gefangengenommen und 1857 als Spion enthauptet.

Den Ost-Turkestanern bot sich eine große Chance, ihre Selbständigkeit wiederzuerlangen, als sich die Dunganen (Hui), die chinesischen Moslems in Kansu, gegen den Mandschu-Kaiser erhoben; zugleich erklärte Rascheddin-Chodscha von Kokand aus den Chinesen den „Heiligen Krieg". Der Aufstand hatte solchen Erfolg, daß nahezu alle chinesischen Garnisonen erobert wurden. Dem aus Taschkent stammenden Jakub Beg, der in seiner Heimat zunächst gegen die vordringenden Russen gekämpft hatte, gelang mit seiner Soldatenschar die Einigung fast ganz Xinjiangs. Von den Bewohnern Kaschgars wurde er begeistert begrüßt und als „Atalik Ghazi" (Verteidiger des Glaubens) zum Herrscher gemacht, dann eroberte er auch die Stadt Urumtschi und das Land nördlich des Tienschan. Nachdem er auch gegen die Dunganen die Grenze abgesichert hatte, wurde er von Großbritannien und dem Osmanischen Reich als Chan Kaschgariens anerkannt. Nach seinem Tod (1877) stritten seine drei Söhne um die Herrschaft; das machte es für die Chinesen, die schon die Dunganen gezähmt hatten, leicht, auch Xinjiang wieder zu unterwerfen.
Um die Jahrhundertwende, als die europäischen Mächte nach Niederwerfung des Boxeraufstandes China ihre Bedingungen diktierten, wurde Tibet britische, Xinjiang und die Mongolei wurden russische Einflußzone. Die Revolution von 1911, in der der letzte Kaiser abgesetzt wurde, nutzten die Außengebiete des Chinesischen Reichs, sich selbständig zu machen. Xinjiang wurde de facto autonom, die republikanische Regierung hatte hier durch fast drei Jahrzehnte keinen Einfluß, hingegen wurden seine Machthaber von den benachbarten Sowjets abhängig. Erst 1944, als Marschall Tschiang Kai-schek darauf drängte, die Oberhoheit Chinas auch über Xinjiang wiederherzustellen, gab Stalin das Gebiet frei, und es wurde als Provinz in die Republik eingegliedert. Die siegreichen Kommunisten Maos lösten ihr Versprechen der Selbstbestimmung für die Nationalitäten so ein, daß Xinjiang Uygur Zizhiqu, so der offizielle chinesische Name, zur autonomen Region erklärt wurde.
Xinjiang wurde für die Machthaber in Peking von großer strategischer Bedeutung, als der Wonnemond zwischen ihnen und den Sowjets verflossen war. Weil man sich dieses Grenzgebietes wegen seiner islamischen, mit den turkestanischen Nachbarn eng verwandten Bewohner nie sicher sein konnte, begann die große Migration von Han-Chinesen in den Nordwesten, in der Zeit der Kulturrevolution durch Zwangsumsiedlung noch forciert. Hatte der Anteil der Han 1953 noch 6,2 Prozent der Bevölkerung des Gebiets betragen, so war er 1973 schon auf fast 40 Prozent angewachsen. Trug die Umwelt infolge der Umwandlung der durch Jahrtausende als Weideland genutzten Erde in Ackerland durch Austrocknung der Gewässer und Versalzung der Böden schweren Schaden davon, so wurde die Errichtung des Kernwaffenversuchsgeländes von Lop Nor zur gesundheitlichen Katastrophe für einen weiten Landstrich.
War es unter Mao die Ideologie des „Klassenkampfes", der sich auch die Sonderinteressen der Nationalitäten zu beugen hatten, so sind es im China von heute, das sich trotz seines diktatorischen Systems die kapitalistische Wirtschaftsweise aneignet, die Schlagworte „Entwicklung" und „Modernisierung", mit denen die Uiguren und die anderen ostturkestanischen Völker ihrer kulturellen Eigenständigkeit beraubt werden. Für die Einheimischen brachte der wirtschaftliche Aufschwung der letzten Jahre dabei wenig. Die Privatfirmen, die nach der Wirtschaftsreform entstanden, wurden zumeist an Han vergeben, und diese wieder lassen lieber chinesische Arbeiter kommen, als daß sie Uiguren oder Kasachen anstellen, was zum Teil auf rassistischen Vorurteilen beruht, zum Teil aber auch darauf, daß die Ausbildung bei den Nationalitäten durch all die Jahre der kommunistischen Herrschaft nicht jene Höhe erreichte, die die Propaganda weismachen wollte, sondern das Analphabetentum bei schätzungsweise 60 Prozent beließ.

Vor den dichten Grenzen, die Xinjiang viele Jahre hindurch von der Außenwelt abschlossen, machte der islamische Fundamentalismus nicht halt. Insbesondere die afghanischen Mudschaheddin scheinen zu versuchen, ihre Ideologie im Nachbarland zu ver-

Eine Uigurenfamilie fährt zum Markt

Am Himmelsteich bei Urumtschi

breiten, und von einem Teil der Bevölkerung wird das bewußte Bekenntnis zum Islam als der geeignetste Widerstand gegen Peking verstanden. Seit 1989 kam es immer wieder zu Unruhen in Xinjiang. Sie entzündeten sich, wie Amnesty International berichtet, an der Schließung oder dem Verbot des Neubaus von Moscheen. So kam es im April 1990 in der Stadt Baren zu einem Aufstand, den die Chinesen erst mit Waffengewalt niederwerfen mußten; dabei gab es unter den Demonstranten zahlreiche Tote, und eine Verhaftungswelle ging über die Region. Die Behörden erließen für die Mullahs neue Richtlinien, in denen es heißt: „Berufsmäßige Religionsführer müssen die Führung der Kommunistischen Partei unterstützen und nationalen Separatismus bekämpfen." Sie müssen fortan ihre Amtsführung alljährlich einer „demokratischen Untersuchung" unterziehen lassen, wobei ihnen die Beglaubigung entzogen werden kann. Auch an anderen Orten kam es zu Unruhen, einmal, als gläubige Moslems sich durch ein Comic-Buch verunglimpft sahen, ein anderes Mal, als in einer Schrift ihr Sexualverhalten kritisiert wurde. Seit 1988 gilt auch für Chinas Nationalitäten die für die Han schon seit langem eingeführte Geburtenbeschränkung auf zwei Kinder, was den islamischen Religionsgrundsätzen frontal widerspricht. Allerdings ist diese neue Bestimmung für die Uiguren zweischneidig: Einerseits hat ihr Kinderreichtum bisher zur Verarmung der Bevölkerung beigetragen, andererseits sind sie nun erst recht dem gewaltigen Bevölkerungsdruck des Staatsvolkes ausgeliefert und diesem gegenüber in ihrer Heimat vielleicht schon jetzt in die Minderheit geraten.

Neuen Auftrieb gab dem ostturkestanischen Widerstand die Entwicklung in der Sowjetunion: Deren Zerbrechen und die Proklamierung der Selbständigkeit der benachbarten Moslemrepubliken wurden für Nationalisten, die um die Erhaltung ihres Volkes bangen, zum ersehnten Vorbild. Nach Angaben des chinesischen Sicherheitsministers sind in Xinjiang heute schon zwölf „Befreiungsbewegungen" im Untergrund tätig. Sie nennen sich nicht uigurisch, sondern „türkisch" oder „pantürkisch" und haben Verbindungen in die zentralasiatischen Nachbarländer und sogar in die Türkei; mit dieser herrscht ja seit der wirtschaftlichen Öffnung Chinas ein reger Handelsverkehr, und die türkische Fluglinie fliegt wöchentlich die Regionshauptstadt Urumtschi an. In der kasachischen Hauptstadt Alma-Ata wurde 1992 eine „Internationale Union der Uiguren" gegründet, die die „Befreiung Ostturkestans" zum Ziel hat. Peking setzt diesen Bestrebungen eine noch stärkere Militärpräsenz in der Region entgegen. Auch gibt es Pläne, im Zusammenhang mit einem großen Dammprojekt eine halbe Million chinesischer Bauern in der Gegend von Kaschgar anzusiedeln. Allerdings hemmen die neuen Entwicklungen solche Planungen, denn die chinesischen Bauern gehen freiwillig nur ungern in die ihnen fremden Außengebiete, und Zwangsumsiedlungen wie zu Maos Zeiten stehen derzeit nicht auf dem Programm.

Schon in den achtziger Jahren haben Vertreter der chinesischen Nationalitäten im Exil die Notwendigkeit erkannt, ihre Aktivitäten zu koordinieren und haben das „Vereinte Komitee der Völker Ostturkestans, Tibets und der Inneren Mongolei" gegründet. Ende 1993 gaben sie bei einer Zusammenkunft in der bayrischen Hauptstadt die „Münchner Erklärung" ab, in der Präsident Clinton, aber auch die Führungen der zentralasiatischen Republiken um Unterstützung für ihren friedlichen Kampf um Wiederherstellung der Demokratie in ihren Regionen ersucht wurden. Solche Regungen des Widerstands mit dem Ziel, die Minorisierung und Assimilierung der alteingesesseenen Nationalitäten zu unterbinden, machen der Regierung in Peking, die dahinter stets das Gespenst des Separatismus sieht, zunehmend Sorgen.

Literatur (über die moderne Entwicklung): Multinationales China. Zeitschrift „pogrom" Nr. 175/1994.

Taiwan-Malaien

Taiwan, zu einem der jungen Wirtschaftsriesen Südostasiens gewachsen, gilt als das „andere China". Aber die Präsenz von Chinesen auf der Insel zählt bestenfalls tausend Jahre, die der Ureinwohner hingegen viele Jahrtausende.

Die Insel Taiwan, von den Portugiesen einst Isla Formosa, die „schöne Insel", genannt, heute als Zufluchtsort des von den Kommunisten verjagten Tschiang Kai-schek noch immer offiziell „Republik China", beherbergt nicht nur 20 Millionen Chinesen. Im gebirgigen Ostteil der Insel leben auch die wenigen Überlebenden der einstigen Urbevölkerung, Stämme mit zusammen etwa 350.000 Angehörigen, die von den Ethnologen der sogenannten austronesischen Sprachfamilie zugerechnet werden – wahrscheinlich die ältesten, der Urheimat am nächsten gebliebenen Vertreter jener Völker, die sich über die Halbinsel Malakka und die Inselwelt Indonesiens und der Philippinen ausgebreitet haben.

Woher diese „altmalaiischen" Ureinwohner, die sich durch das Fehlen der „Mongolenfalte" als stammesgeschichtlich ältere asiatische Bevölkerungsschicht ausweisen, kamen, ist in der Wissenschaft noch umstritten. Eindeutig belegt hingegen ist der Weg der chinesischen Besiedlung, und sie erfolgte in mehreren großen Wellen. Schon vor tausend Jahren suchten die Hakka, ein im Reich der Mitte verfolgter Stamm, Zuflucht auf Taiwan. Sie verdrängten die eingeborenen „Barbaren" von den fruchtbaren Küstenebenen ins Landesinnere. An der Wende zur Neuzeit wurde die Insel der Oberhoheit des Kaisers unterworfen, und sehr bald kamen auch neue Einwanderer aus der Provinz Fukien übers Meer; sie verdrängten nun ihrerseits die Hakka von den guten Böden. Nach dem Zwischenspiel der japanischen Herrschaft (von 1895 bis 1945) erreichten schließlich jene in die Millionen gehenden Flüchtlinge das rettende Taiwan, die im Bürgerkrieg vor den siegreichen Kommunisten auf das letzte Refugium „Nationalchinas" zurückwichen.

Für die indigene Bevölkerung ist da nicht mehr viel Platz auf einer Insel, die nicht einmal halb so groß wie Österreich ist, aber das Dreifache an Einwohnern trägt. Soweit sie nicht schon in den früheren Einwanderungswellen aufgegangen waren, hatten die Stämme in ihren Rückzugsgebieten bis ins späte 19. Jahrhundert hinein ihre von der chinesischen Hochkultur völlig verschiedene Eigenart bewahren können. Als die ersten europäischen Forschungsreisenden und Missionare auch in die Wälder des gebirgigen Inselinneren vordrangen, stießen sie auf Menschen, die noch mit Pfeil und Bogen auf die Jagd gingen, einfachen Hackbau betrieben und in einer Gesellschaftsordnung lebten, in der die Frauen eine sehr starke Position hatten, zum Teil sogar die Funktionen von Häuptlingen und Schamanen ausübten. Die Bewährungsprobe bei den Jungmännern war die Kopfjagd im Kampf mit anderen Stämmen.

Die strenge Kolonialherrschaft der Japaner machte mit den Stammesfehden und der Kopfjagd Schluß. Andererseits suchte sie das indigene Element als ein gewisses Gegengewicht gegen die schon damals bestehende große chinesische Mehrheit zu bewahren. Den Bergstämmen wurden Reservate zugestanden. Die Orchideen-Insel vor der Südostküste Taiwans, wo der Stamm der Yami lebt, wurde sogar als eine Art anthropologisches Museum von Außeneinflüssen abgeschirmt. Bei den Yami waren und sind zum Teil bis heute die matriarchalischen Elemente der Gesellschaftsordnung besonders ausgeprägt. Die jungen Männer mußten sich einer „Probezeit" im Haushalt der Mütter ihrer Bräute unterziehen und dort in den für das urtümliche Leben notwendigen Fertigkeiten bewähren; fiel das Urteil negativ aus, mußten sie das Haus wieder verlassen. Erst der Kandidat, der sich bewährte, wurde als Ehemann akzeptiert und durfte bleiben, doch konnte sich die Frau auch wieder scheiden lassen, was den Hinauswurf des Gatten zur Folge hatte. Seit dem gewaltigen Wirtschftsboom, der Taiwan erfaßt hat, ist allerdings auch auf der Orchideen-Insel alles anders geworden. Sie wurde zu einem bevorzugten Fremdenverkehrsgebiet, Flugzeuge bringen die Touristen in die neuerrichteten Hotels, und die jungen Yami, abhängig geworden von den Verführungen des materiellen Wohlstands, halten nicht mehr viel von dem traditionellen Sozialgefüge ihres Volkes.

Auf der Hauptinsel existieren heute noch acht Stämme der Ureinwohner. Im Nor-

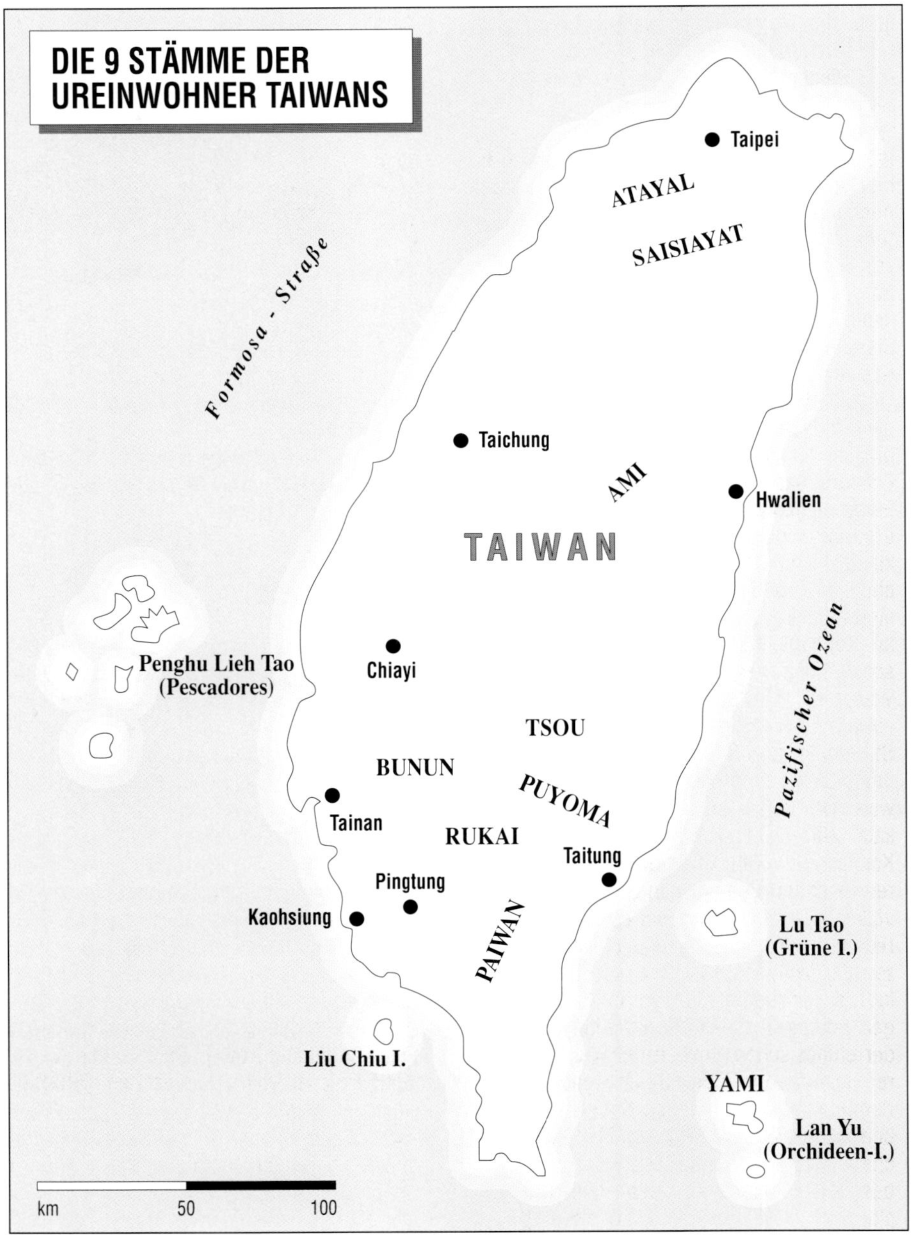

den, im Bergland südlich von Taipei, sind es die Atayal und Saisiayat. Für die rund 80.000 Atayal brachte gerade die Nähe zur Hauptstadt freilich Probleme. Die Täler um die heißen Quellen von Lushan, ihrem Wohngebiet, wurden von reichen Chinesen aufgekauft, und die Ureinwohner sind in den Kurhotels Hilfsarbeiter auf dem Boden, der früher ihr Besitz war. Dabei waren die Atayal jenes Volk, das den japanischen Kolonisatoren am längsten und erbittertsten, bis hinein in die zwanziger Jahre unseres Jahrhunderts, Widerstand geleistet hatte. Die Tschiang Kai-schek-Behörden fanden eine mildere Gangart für die letztlich wohl in Assimilation mündende Integration der Atayal: Sie förderten die christliche Missionierung, sodaß bei diesem Stamm der Grad der Christianisierung zumindest nominell überdurchschnittlich hoch ist.

Weitere Gaoschan-Völker auf Taiwan sind: die Ami, mit 130.000 Angehörigen das größte der indigenen Völker Formosas, im zentralen Gebirge westlich der Stadt Hwalien; sie sind zum überwiegenden Teil Bauern und feiern im Sommer farbenprächtige Erntedankfeste. Weiter im Südosten leben die Tsou, Puyoma, Rukai und Paiwan. Die rund 60.000 Paiwan haben eine interessante Mythologie, die heute noch ihre Folklore bestimmt. Ihre Oberschicht führte sich genealogisch auf die Verbindung von Sonnen-Ei und Schlange zurück. Deshalb ist das Schlangenmotiv auch in ihrer bemerkenswerten Schnitzkunst allgegenwärtig, und diese wie auch der „Todestanz der Schlange", dessen Teilnehmer nach hundert Schritten „tot" umfallen, sind zu Touristenattraktionen geworden. Schließlich sind noch die Bunun östlich der Stadt Tainan zu erwähnen. Ihre Folklore hat auf die Han-Chinesen solchen Eindruck gemacht, daß sie deren (freilich ihrer ursprünglich rituellen Bedeutung längst entkleideten) nächtliche Feiern begeistert mitmachen; die dabei geopferten Schweinsköpfe sind glücklicherweise längst an die Stelle der in Kopfjagdzeiten verwendeten Menschenschädel getreten.

Waren es in früheren Jahrhunderten Versklavung, Vertreibung und Ausrottung, die die Stammeskulturen bedrohten, so sind diese heute durch andere Faktoren womöglich noch weit mehr gefährdet. Da ist vor allem der radikale Wirtschaftswandel, dessen expansiver Kapitalismus Taiwan natürlich auch im Inneren verändert und vor den Gebieten der Bergvölker nicht haltmacht; sei es, daß die Landrechtspolitik der Regierung etwa das Abholzen der Wälder fördert, sei es, daß die Sogkraft der Industriestädte an der Küste die jungen Leuten aus den Dörfern holt und sie in der chinesischen Umwelt den Traditionen ihrer Heimat entfremdet. Da ist weiter der Tourismus, der die indigenen Stämme, ihre Lebensweise, ihre Lieder und Tänze zu käuflichen Schauobjekten herabwürdigt und so im besten Fall äußere Formen am Leben erhält – aber das ist letzten Endes ja wohl in den taiwanesischen Bergen nicht anders als etwa im Zillertal. Dazu kommen seit dem Ende der japanischen Herrschaft die Bemühungen christlicher Missionen speziell um diese „Bergheiden", wobei nicht immer verständnisvoll auf die in Ahnenkult und Götterglauben verwurzelten Traditionen, die ja auch einen Teil der Identität dieser Völker ausmachen, Rücksicht genommen wird.

Tätowierte Frau vom Stamm der Atayal

Wie in anderen Gegenden der Welt, wächst neuerdings auch bei den Stämmen in Taiwan das Bewußtsein, daß die eigene, von den Vorvätern und -müttern übernommene Kultur durchaus ihre Werte hat – gerade zusammen mit der Erkenntnis der großen Verletzbarkeit dieser Kultur. So sind insbesondere Bemühungen um die Erhaltung der eigenen Sprache zu verzeichnen – denn wenn sie ersatzlos gegen das „Taiwanesische" der Region Fukien oder gegen das Mandarin der chinesischen Hochsprache eingetauscht wird, verschwinden ja nicht nur die Bezeichnungen für Pflanzen, Tiere, Umwelt, soziale Strukturen, sondern auch die Erinnerungen an Herkunft und (bisher nur mündlich überlieferte) Geschichte, an handwerkliche Fertigkeiten und überlieferte Heilmethoden. Nicht nur, daß nun gerade Menschen, die in beiden Kulturen leben, beginnen, die Werte der Kultur ihrer Herkunft zu schätzen und bei den Alten in den Bergen die Lieder, Geschichten und Mythen zu sammeln (wie einst in Europa in den Zeiten der Romantik), auch Leute wie der Dichter Monaneng aus dem Paiwan-Volk zeigen, daß die eigene Sprache durchaus lebendig ist. In einem Gedicht, das zugleich eine Liebeserklärung an sein Land und an ein Mädchen, das von seiner verarmten Familie als Gattin an einen Militärpensionisten verkauft wurde, heißt es: „Den Korb auf dem Rücken, / gefüllt mit Hirse und Taro, / umgürte ich meine Taille, / binde das gekrümmte Messer um, / ererbt von meinem Großvater, / bin unterwegs zu den Bergen ... Shawumi, komm zurück! / Laß mich ein Taro-Blatt aufnehmen, / gefüllt mit glitzernden Tautropfen / als Verlobungsgeschenk, / laß mich einen Krug süßen Hirseweins brauen. / Wir werden aus einem gemeinsamen Becher trinken / die ganze Nacht."

Aber es geht auch um handfestere Dinge als Märchensammeln und Gedichte schreiben. So berichtete etwa der Lehrer Atayal Walis Jugan in der englischsprachigen „China Times" über die Bemühungen des Rukai-Volkes – das übrigens hervorragende Marathonläufer und Bogenschützen stellt – um Rückkehr in seine alten Wohnsitze. Infolge eines Regierungsbeschlusses aus dem Jahr 1974 sollte ein Rukai-Clan aus seinen

Mädchen vom Stamm der Ami

Wohnsitzen im südlichen Bergland in die Ebene umgesiedelt werden. Man wollte die Bergwälder ausbeuten und daher auch die Anbauflächen der Rukai, die zu deren Selbstversorgung dienten, aufforsten. Sie mußten den Ort Kochaponjan („Altes gutes Tee-Dorf") verlassen, die Regierung errichtete Betonhäuser, welche die Umsiedler aber nicht umsonst bekamen, sondern abzahlen mußten. Dadurch wurden viele zur Lohnarbeit in den Städten gezwungen. Trotz dieser offenbar nicht ganz freiwilligen „Integration" bewahrte der Clan seine kulturelle Identität, und als Pläne bekanntwurden, daß auch die neue Siedlung Hsinchaponjan („Neues gutes Tee-Dorf") einer Talsperre weichen sollte, beschlossen die Rukai, in ihr altes Dorf zurückzuziehen. In Taipei zeigte man daraufhin Einsicht und erklärte die alte Siedlung zum Schutzgebiet.

Der kritische Betrachter Jugan meldet jedenfalls seine Zweifel an: „Taiwans Tourismusindustrie vermarktet das Stereotyp des ‚glücklichen Wilden'. Sie hat die Stammesvölker in eine Aura des Exotismus gehüllt, eine gefährliche Begleiterscheinung von Tourismus. Taiwan muß einen den Stammesvölkern gegenüber fairen Tourismus erst noch entwickeln." Freilich lassen auch Jugans Anregungen, die er mit der gebildeten Rukai-Jugend teilt, Zweifel offen. Man stellt sich vor, durch einen „Alternativ-Tourismus" den Bergbewohnern ein Zusatzeinkommen zu verschaffen und dennoch zugleich ihre alte Lebensart in die neue Zeit hinüberzuretten. Und zwar, indem die fremden Besucher zwar aus dem Tal nach Kochaponjan heraufgebracht und dort über Geschichte und Kultur der Rukai informiert werden, aber den Ort noch am gleichen Tag wieder verlassen müssen. Der Beigeschmack des Freilichtmuseums bleibt. Ob das den Bewohnern die Bewahrung ihrer Identität erhalten kann, bleibt fraglich. Von den Stammesangehörigen Taiwans leben heute schon schätzungsweise 80.000, das ist rund ein Viertel, ständig oder auf Zeit in den Städten. Daß dies vor allem die jungen und tatkräftigeren Leute sind, liegt auf der Hand. Ob gerade dort, zugleich mit der höheren Bildung, die Einsicht wächst, daß die Erhaltung der Vielfalt der Überlieferungen und Sprachen ein Wert ist, der auch die Mehrheitsbevölkerung und das ganze Land bereichert, bleibt abzuwarten.

Literatur: David F. Reid (Hg.), Taiwan. APA-Guides, Berlin 1994. – Zeitschrift „pogrom" Nr. 170/1993.

Die Ureinwohner Japans sind heute eine verschwindende Minorität. Die rund 20.000 Ainu auf der japanischen Nordinsel Hokkaido sind eher pittoreske Touristenattatraktion als ethnische Minderheit.

Als 1972 die Olympischen Winterspiele in Sapporo auf Japans Nordinsel Hokkaido stattfanden, hieß es in einer Festrede unwidersprochen, die Insel sei noch einige Jahrhunderte zuvor unbewohnt gewesen. Entweder hatte der Mann, der solches kundtat, verdrängt, daß die vorjapanischen Ureinwohner, die Ainu, hier seit langer Zeit ihre Heimat hatten – oder er setzte Menschen einfach mit Japanern gleich. Dabei war ihm wohl nicht bewußt, daß er sich dabei der gleichen Ausdrucksweise bediente wie das „Barbaren"-Volk, das er „vergessen" hatte: Denn „Ainu" bedeutet in dessen Sprache (wie dies in den Sprachen vieler sogenannter Naturvölker üblich ist) nichts anderes als „Mensch".

Die Ethnogenese, die Entstehung des japanischen Volkes, ist für die Wissenschaft noch immer ein Rätsel, und die bis 1945 gültige offizielle Festlegung der Gründung des ersten japanischen Reiches durch den Sohn der Sonnengöttin auf das Jahr 660 v. Chr. läßt sich aus Bodenfunden kaum bestätigen. Als sicher aber wird heute angenommen, daß die vom asiatischen Festland einwandernden Vorväter der Japaner auf Ureinwohner, vermutlich Ainu, stießen und sich im Lauf der Zeit mit diesen vermischten. Im Namen des Fuji, des höchsten Berges Japans, beispielsweise erkennt man ein Ainu-Wort für „Feuer".

Eine chinesische Chronik aus der Zeit um Christi Geburt berichtet, daß der Norden Nippons von stark behaarten, wilden und kriegerischen Menschen bewohnt werde. Im 8. nachchristlichen Jahrhundert, als die japanische Geschichtsschreibung einsetzte, begann auch das schrittweise Vordringen des japanischen Feudalstaates in den Norden der Hauptinsel Honshu. Die Japaner stießen dort auf ein Volk von Jägern und Fischern, das sie Emishi nannten; es dürfte mit den Ainu identisch oder verwandt gewesen sein.

Als eigentliche Heimat der Ainu aber begegnete den Japanern Hokkaido, das damals – und bis ins 19. Jahrhundert – Ezo (Jeso) hieß. Möglicherweise war ein beträchtlicher Teil dieser Ainu von der Hauptinsel dem Druck der Japaner ausgewichen, denn Ezo scheinen sie erst im 7. Jahrhundert erreicht zu haben. Die Ainu von Ezo waren ein relativ großes Volk, in zahlreiche Clans gegliedert und körperlich wie sprachlich von den Japanern sehr verschieden. Ihr Äußeres kam eher dem europiden Typus gleich, worauf sowohl die Hautfarbe als auch der starke Haarwuchs und das häufige Fehlen der Mongolenfalte hinweisen; ob die Ainu aus dem sibirischen Raum oder gar aus der Südsee kamen, ist eine wissenschaftliche Streitfrage. Jedenfalls waren ihnen die Japaner im 15. Jahrhundert, als es zu den ersten engeren Kontakten kam, in der materiellen Kultur überlegen: Den Jägern und Sammlern stand eine Feudalgesellschaft gegenüber, deren Träger nicht nur einen regen Fernhandel betrieben, sondern auch erste Burgen auf Ezo zunächst als Außenposten, dann als Zentren neuerworbenen Landbesitzes errichteten.

Die Ainu wurden nicht gefragt, als ihre Insel der Verwaltung einer mächtigen Adelssippe aus Nord-Honshu unterstellt wurde. Als jedoch immer mehr japanische Fischer und Siedler sich an den Küsten von Ezo festsetzten, wuchsen die Gegensätze. Zum ersten Mal voll zum Ausbruch kamen sie, als ein japanischer Schmied im Jahre 1456 bei Hakodate einen Ainu im Streit erstach. Was mit einem Massaker der Sippe des Ermordeten unter den in der Umgebung ansässigen Japanern begann, wuchs sich im Jahr darauf zu einem großen Aufstand aus. Die Ainu unter ihrem Anführer Koshamain eroberten zehn der zwölf von den japanischen Adelsherren errichteten Burgen. Erst List und Gewalt warfen die Ainu nieder, doch bezwungen waren sie noch lange nicht. Zwei Jahrhunderte dauerten die Kämpfe zwischen den anfangs zahlenmäßig überlegenen Ainu und den japanischen Kolonisatoren. 1550 mußten die Japaner den Ainu in einem Friedensvertrag beträchtliche Zugeständnisse, etwa im Hinblick auf die Aufteilung der Handelszölle, machen. Allerdings anerkannten die Ainu damals auch ein kleines Territorium auf Ezo als japanisch, neben „Ezo-chi" (Ainu-Land) gab es nun „Wajin-chi" (Japaner-Land), bald ein Pfahl im Fleisch des Ainu-Siedlungsgebietes. Die Feudalherren erfanden das „Bas-

Der Bär spielte eine wichtige Rollen in den Ritualen der Ainu

ho"-System, das darauf beruhte, daß sie ihre Vasallen mit Handelsrechten belehnten, die sie selbst gar nicht besaßen, und die dennoch zu einer Quelle der Unterdrückung der Ainu wurden. Der Wendepunkt, von dem an die Japaner, trotz vereinzelter späterer Aufstände, die Herren der Insel waren, trat 1699 ein, als der Ainu-Häuptling Shakushain, zu Friedensverhandlungen geladen, heimtückisch ermordet wurde. Von da an verwandelte sich der Krieg zwischen zwei wenn auch waffentechnisch sehr unterschiedlich gerüsteten Völkern in gelegentliche, grausame Strafexpeditionen der Sieger. Für die als Barbaren betrachteten Ainu begannen schlimme Zeiten; sie wurden von ihren Feudalherren zumeist als Sklaven behandelt, und ihr urtümliches Gesellschaftssystem löste sich auf. Der Süden der Insel Sachalin und die Kurilen-Inseln waren die Rückzugsgebiete, in denen sich einige Ainu-Gruppen dem Zugriff der Japaner vorerst entziehen konnten.

So stellt sich die Geschichte der Eroberung von Hokkaido als älteste japanische Kolonialgeschichte dar. Japanische Historiker halten ihrem Volk zugute, daß es nicht zu Genozid-Massakern kam, wie etwa an den amerikanischen Indianern. Doch das Verhalten der japanischen Kaufleute im Basho-System tendierte dennoch in Richtung Ausrottung. Wenn man die Ainu auch nicht wie die Indianer in Nordamerika brutal niederschoß, so gab man doch auch nicht viel auf deren Leben. Ihre Arbeitskraft wurde bis zum äußersten eingesetzt, und wenn Erschöpfung oder Krankheit sie dahinrafften, holte man japanische Arbeiter ins Land. So wurden die Ainu immer mehr an den Rand gedrängt, und zudem begegnete man ihnen verständnislos und mit rassistischen Vorurteilen. Das späte 19. und das 20. Jahrhundert brachten die Überflutung durch große Wellen japanischer Siedler: 1873 zählte Ainu-Moshiri, wie die Ureinwohner ihr Land jetzt nennen, noch 33 Prozent Ainu – heute sind es knapp 1 Prozent.

Im Jahr 1899 erließ die kaiserliche Regierung das „Gesetz über den Schutz der früheren Eingeborenen"; das „frühere" war bewußt gewählt, weil die Intentionen der Regierung auf totale Assimilation gerichtet waren. Sogar japanische Namen mußten die Ainu annehmen. Durch das Gesetz wurden sie auch ihrer Jagd- und Fischereirechte beraubt und sollten zu Bauern umgeschult werden. Allerdings bekamen sie die schlechtesten Böden zugewiesen, und wenn sie das Land nicht bewirtschafteten, wurde es beschlagnahmt.

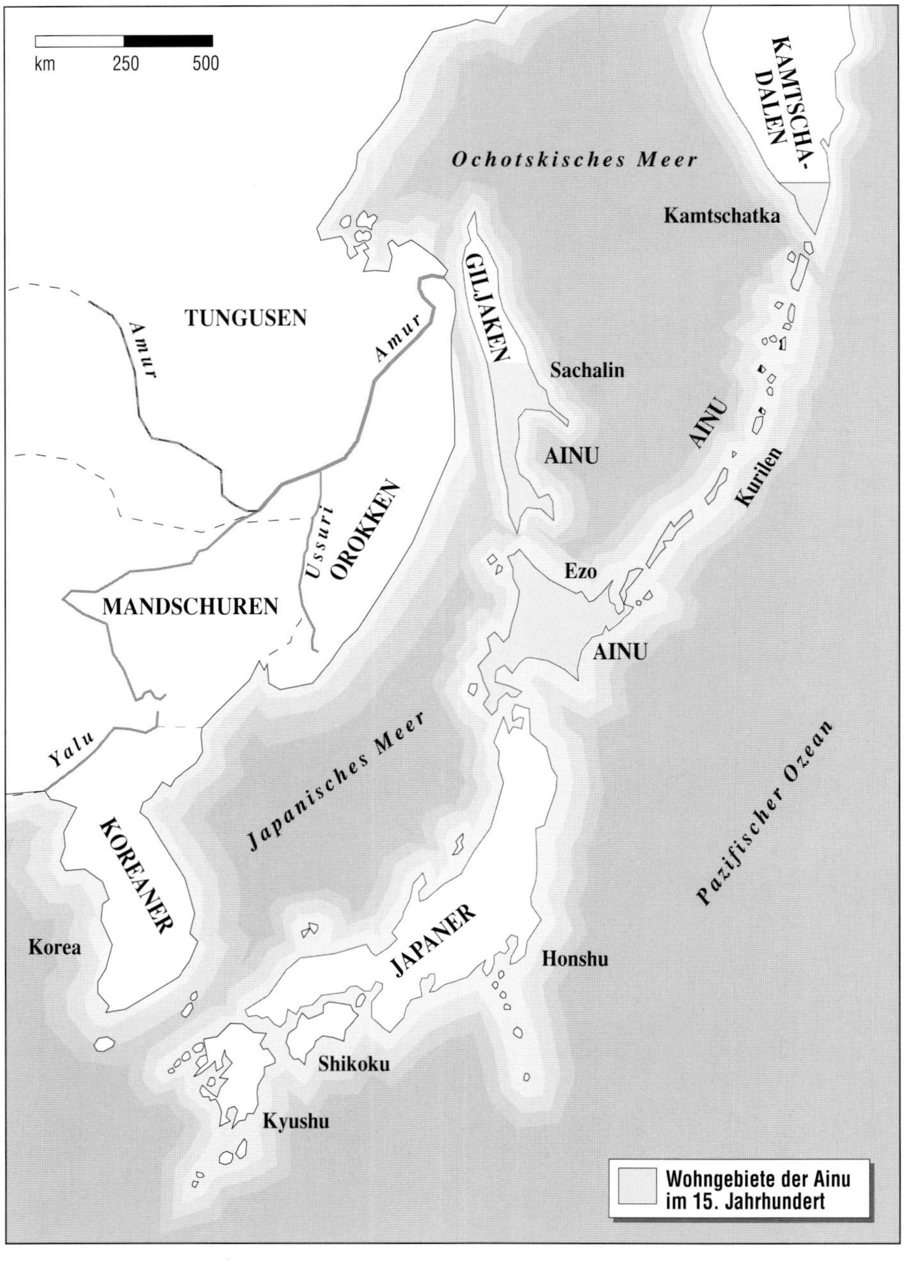

In den letzten Jahren versuchen die Vertreter der letzten Ainu, dieses „Schutzgesetz" durch die Anerkennung der Ainu als indigene Minderheit ersetzen zu lassen, wodurch diesen zumindest theoretisch gewisse von der UNO verlangte Rechte auf Wahrung ihrer Identität sowie auf Rückgabe von Land zustehen würden. Doch Japan steht vor den internationalen Organisationen auf dem Standpunkt: Minderheiten, wie sie das Übereinkommen über die Menschenrechte definiert, existieren in Japan nicht. Erst 1991 erkannte Tokio zwar die Ainu als ethnische Minderheit an, aber die Anerkennung als Indigene, als Ureinwohner, wird weiter verweigert. Als Indigene aber hätten sie einen Rechtsanspruch auf den Schutz und Erhalt ihrer kulturellen und religiösen Werte.

Konkrete Ausformung bekam dieser Anspruch jüngst durch den Kampf der Ainu gegen ein Staudammprojekt, das bei Biratori im Süden von Hokkaido ein Gebiet betreffen würde, das ihnen im Jahr 1899 zugesprochen wurde. In ihm liegen auch einige ihnen heilige Stätten, die durch den geplanten Stausee unter Wasser gesetzt würden. Mit einer Klage wird nun der Enteignungsbeschluß von Ainu-Vertretern bekämpft. Das Verfahren scheint auch zu einer Art Prüfstein dafür zu werden, wie Japan sich in Zukunft zu seinen Ureinwohnern stellt.

Wie weit die religiösen Vorstellungen der Ainu noch tatsächlich gelebtes Glaubensgut sind, darf freilich dahingestellt bleiben. Ein zentrales Thema ihres Schamanismus war der Bärenkult. Die Bären galten als die Gottheiten der Berge. Der Kult entsprang der (überraschenderweise an das Höhlengleichnis Platons erinnernden) Vorstellung, daß alle Dinge der Welt im Götterland als göttliche Wesen leben und in irdischer Gestalt auf der Erde erscheinen, um von den Ainu verbraucht zu werden. Junge Bären wurden gefangen und wie Kinder aufgezogen, um schließlich, ausgewachsen, beim Bärenfest geopfert zu werden. Das Opfer wurde dabei um Entschuldigung gebeten und nach seiner Tötung mit der Bitte ins „Reich der Väter und Mütter" geschickt, um dort zu berichten, daß es ihm zeitlebens bei den Ainu an nichts gefehlt habe. Heute freilich scheint das Bärenfest zu einer Touristenattraktion verkommen, genauso, wie sich die Ainu ihre alten, handgemachten Trachten nur noch anziehen, wenn sie für die Besucher gegen das gern gespendete „Teegeld" als Photomodelle posieren. Geblieben aber ist vielen Ainu die Naturverbundenheit, die sie einst die Ressourcen nur sparsam nutzen ließ und die heute eine Mahnung ist gegen die Verschwendungssucht und Rücksichtslosigkeit gegenüber der Umwelt, die auch die japanische Industriegesellschaft charakterisiert.

Merkwürdig berührt, daß ein Volk von 120 Millionen sich so beharrlich weigert, sich gegenüber einer so winzigen Minderheit großzügig zu zeigen. Der amerikanische Kämpfer für die Rechte bedrohter Völker, Art Davidson, meint dazu: „Die Furcht der Japaner vor den Ainu wird auf einer tieferen und weniger greifbaren Ebene wirksam. Eine Anerkennung der Ainu als eingeborene Menschen würde den Mythos der ‚Gleichheit' der Japaner, ihr ‚Wir-Japaner-Syndrom' beeinträchtigen. Und wirklich auf die Einwände der Ainu zu hören, würde bedeuten, mehr als 300 Jahren systematischer Versuche ihrer Beseitigung ins Auge zu blicken. Die Wände der Verleugnung sind niemals leicht niederzureißen. Ihre Sorge um die Ehre und die Wahrung des Gesichtes machen es den Japanern erst recht schwierig."

Literatur: Heinz Hugo Alber, Die Aufstände der Ainu und deren geschichtlicher Hintergrund. Wien 1977. – Paul Wirz, Die Ainu. Friedrich Reinhardt, Basel 1955.

Ainu beim Fest zu Ehren der Seepflanzen

Das Bärenfest der Ainu in einer japanischen Darstellung

Penan und Punan

Die Zerstörung des Regenwaldes raubt den Ureinwohnern der Insel Borneo ihre Identität und der Welt ökologische Ressourcen. Obwohl international unterstützt, erscheint der Widerstand der Penan und Dayak vergeblich.

Diese Punan-Gruppe wurde unter dem Einfluß der Missionare seßhaft

Noch vor einem halben Jahrhundert galt Borneo (indonesisch Kalimantan), eine Insel fast zehnmal so groß wie Österreich, als kaum erschlossenes Gebiet, dessen Nordteil britisches Kolonialgebiet, der größere Süden Teil Niederländisch-Indiens war. Die große Insel war erst relativ spät unter die direkte Herrschaft der Kolonialmächte gelangt. Im Norden beherrschten seit 1842 der „weiße Radscha von Sarawak", James Brooke, und dessen Nachfolger die Küste, der islamische Sultan von Brunei stellte sich unter britischen Schutz. Im Süden konnten die Holländer erst nach blutigen Kriegen ihre Position um die Mitte des 19. Jahrhunderts festigen. Wirtschaftlich interessant wurde Borneo für die Europäer erst um die Jahrhundertwende durch die Anlage von Gummiplantagen und dann durch die großen Erdölfunde, deren Förderung bald in den Händen der „Royal Dutch Shell" lag.

Die Bewohner der Insel, unter dem Sammelnamen Dayak zusammengefaßt, einst gefürchtete Kopfjäger, waren erst unter dem Einfluß der Kolonialbehörden und der einsetzenden Christianisierung zu einer friedlicheren Lebensweise übergegangen. In den Küstengebieten kam es zur Zuwanderung von Chinesen im Norden und von Javanern im Süden. Auf die japanische Besetzung der Insel im Zweiten Weltkrieg folgte die Entkolonialisierung. Heute ist der Norden – mit Ausnahme des erdölreichen, kleinen Sultanats Brunei – ein Teil von Malaysia, der Süden gehört zu Indonesien. Durch Zuwanderung, vor allem durch die „Transmigration" im indonesischen Teil, sind die Dayak in die Minderheit geraten und machen heute nur noch ein Viertel der 12 Millionen Einwohner von Borneo aus. Aber nicht nur der Bevölkerungszuwachs hat die Strukturen der Insel verändert. Es ist vor allem die Vernichtung des Regenwaldes durch Holzexportkompanien, die die Lebensweise der Dayak-Stämme, die als Reis- und Gemüsebauern (Land-Dayak) und als Fischer (See-Dayak) leben, zerstören.

Im Unterschied zu den Punan waren die Dayak Kopfjäger

Die Beseitigung des tropischen Urwalds hat vor allem die noch als Waldnomaden lebenden kleinen Stämme der mutmaßlich ersten Bewohner Borneos, der Penan und Punan, der Gefahr des Aussterbens ausgeliefert. In der Ethnologie wurden diese Stämme als „Primitiv-Malaien" bezeichnet, und es ist strittig, ob sie als eine frühe Bevölkerungsschicht, die ihre urtümliche Lebensweise durch Jahrtausende beibehalten hat, oder als in Rückzugsgebiete abgedrängte und sich dort den natürlichen Verhältnissen anpassende Vorbewohner zu gelten haben. Jedenfalls lebten und leben diese Menschen zum Teil noch heute als Jäger und Sammler, betreiben daneben auch Brandrodungsfeldbau, wie er dem sensiblen Ökosystem des Regenwaldes kaum Schaden zufügt: Es wird nur ein kleiner, überschaubarer Teil des Waldes gerodet und kultiviert, wenn das Feld keine Erträge mehr bringt, wird es dem Dschungel zur Regeneration überlassen.

Der Widerstand der Penan von Sarawak, unterstützt von manchen Dayak-Gruppen, wurde in den letzten Jahren zum Symbol des Kampfes gegen die Regenwaldzerstörung. Der Schweizer Feldforscher Bruno Manser, der sechs Jahre unter den Penan Sarawaks lebte und auf den die malaysische Polizei eine Kopfprämie aussetzte, gehört zu jenen Mutigen, die die Welt über die Vorgänge in Borneos Regenwald aufzuklären versuchten. Doch auch Einheimische selbst erhoben ihre Stimme: Mutang Urud aus dem Dayak-Volk der Kelabit, der 1992 vor der Umweltkonferenz in Rio und 1993 zum Jahr der Indigenen vor den Vereinten Nationen sprach, führt den Kampf von seinem kanadischen Exil aus.

Schon im Jahr 1958 hatte die Regierung alle

traditionellen Ureinwohnergebiete, die nicht durch Rodung kultiviert worden sind, zum Staatsbesitz erklärt; das bedeutete, daß faktisch der gesamte Regenwald in Staatseigentum übergegangen war. Doch erst zu Beginn der siebziger Jahre setzte die industrielle Holzfällerei im großen Stil ein. Dabei spielte das Interesse hoher Regierungsfunktionäre, die sich oder ihren Familien die Lizenzen für die Nutzung des Regenwaldes zuspielten, eine bedeutende Rolle. Eine der größten Abholzkonzessionen besitzt ausgerechnet der sarawakische Minister für Umweltschutz und Tourismus, James Wong. Hauptabnehmer des Tropenholzes ist Japan, das davon mehr bezieht als alle anderen Industriestaaten zusammen. Im letzten Vierteljahrhundert wurden mit wachsender Geschwindigkeit dreißig Prozent des Urwaldes in Sarawak abgeholzt. Erosion mit nachfolgenden Überschwemmungen, Dürreperioden, Versteppung und gewaltige Brandkatastrophen waren die Folge (im indonesischen Teil Borneos ging dabei der einzige natürliche Orchideenpark der Welt bei Kutai zugrunde).

Mit Beginn der achtziger Jahre setzte der Widerstand der Ureinwohner, der Penan-Nomaden wie auch einzelner „Langhäuser" (benannt nach den traditionellen Gemeinschaftswohnstätten der Dayak), ein. Zwar hat sich Malaysia bis zu einem gewissen Grad die liberalen Traditionen der britischen Kolonialverwaltung bewahrt; der Widerstand wird nicht mit der blutigen Gewalttätigkeit gebrochen, die in anderen postkolonialen, autoritär geführten Staaten häufig vorkommt, doch die Polizeieinsätze mit nachfolgenden Verhaftungen sollten dem „Recht" im Behördenverständnis Nachdruck verleihen.
Die Penan waren bei der Regenwald-Gesetzgebung völlig außer acht gelassen worden. Nach Interpretation der Regierung werden ihnen, im Unterschied zu den Dayak, überhaupt keine Rechte am Boden zugestanden, weil sie aufgrund ihrer Lebensweise nie Land für die dauernde Bebauung gerodet haben. Deshalb wurde ihnen auch die Erfüllung ihres Wunsches nach Überlassung von Reservaten verweigert. Die Regierung verfolgt gegenüber der Urbevölkerung eine gänzlich andere Politik, wie aus von Bruno Maser aufgelisteten Äußerungen ihrer Vertreter hervorgeht:
– „Die Penan haben keinerelei gesetzlichen Anspruch auf den Wald. Der Wald gehört der Regierung. Wenn wir für die Penan ein Reservat schaffen würden, kämen andere ethnische Gruppen mit ähnlichen Forderungen."
– Die Penan haben ein Waldreservat verlangt, doch das ist nicht möglich, da dies heißen würde, daß sie im Dschungel bleiben und sich ihr Lebensstil nicht verbessert."
– „Es ist nötig, all die weit über das Land verstreuten Dörfer in naher Zukunft in neuen Wachstumszentren anzusiedeln. Solche Zentren könnten ein reiches Angebot an Arbeitskräften liefern, um die industriellen Bedürfnisse des Staates zu stillen."
– „Die Regierung öffnet Gebiete, um die Penan in festen Häusern anzusiedeln. Wir geben ihnen weitere Möglichkeiten, ihren Lebensstil zu verbessern. Wir wissen, daß dies hart ist für sie, doch wir sind zuversichtlich, daß sie sich mit den Änderungen abfinden werden."
– „Die Regierung kann ihrem Volk nicht sagen, es müsse arm bleiben, nur damit die Regenwälder für das Wohl der Erde erhalten bleiben."
Und dazu noch die jüngste Aussage der Außenhandelsministerin Rafidah Aziz:
– „Wir wollen die Penan aus dem Urwald holen, ihnen ein ordentliches Leben ermöglichen. Ich meine, wir reden hier über 1992. Wir reden über das 21. Jahrhundert. Wir können uns nicht leisten, daß einige unserer Bürger im Wald Affen jagen."

Bedarfsgegenstände werden großteils noch selbst hergestellt

Anfang 1987 kam es zur ersten großen Blockadewelle gegen die Abholzung. 4.700 Menschen aus 26 Penan-Dörfern und 6 Dayak-Langhäusern stoppten in ihrem Gebiet acht Monate lang das Vorrücken einer Holzfällerkompanie, bestehend aus 1.600 Arbeitern und 210 Maschinen. Schließlich wurde die Blockade teils mit Versprechungen und Zahlungen, teils gewaltsam aufgelöst. Da es bis dahin nur kurzfristige Inhaftierungen gegeben hatte und die Gerichte etliche Penan wegen ihrer Vorgangsweise sogar freigesprochen hatten, wurde im Herbst 1987 ein neues Ge-

setz beschlossen. Es sieht vor, daß jede Behinderung der Holzarbeiten im Regenwald mit Gefängnis bis zu zwei Jahren bestraft werden kann.
Inzwischen war die internationale Öffentlichkeit auf die Vorgänge aufmerksam geworden. Dazu trug zweifellos auch Bruno Manser bei, der verschiedene Zeitungen darüber informiert hatte. Er wurde nun von den malaysischen Behörden verdächtigt, der Hauptinitiator der Blockaden zu sein, und man nannte ihn einen „Anstifter, gefährlicher als Kommunisten". Der Minister für industrielle Entwicklung verlautbarte: „Manser ist nun gesucht als subversives Element. Er hat verzerrte Informationen an ausländische Magazine geliefert. Entsprechende Maßnahmen werden gegen ihn ergriffen, sowie gegen gewisse Organisationen, wenn ein Hinweis besteht, daß sie mit ihm das Volk gegen die Regierung aufwiegeln. Maßnahmen werden auch gegen lokale Einwohner ergriffen, die Manser Obdach gewähren." Einmal gelang es der Polizei sogar, des Schweizers habhaft zu werden, doch er konnte – unter Zurücklassung seiner Fotoausrüstung und eines Teils seiner Aufzeichnungen – entkommen und wieder bei seinen Penan-Freunden im Urwald untertauchen; erst 1990 kehrte er in die Schweiz zurück und lieferte mit seinem Tagebuch eine Chronik der Zerstörung des Regenwaldes und der Verdrängung seiner ursprünglichen Bewohner.

Inzwischen zeigten die aufrüttelnden Berichte aus Malaysia ihre Wirkung auf die Welt. Das Europäische Parlament stimmte einer Resolution über Einfuhrbeschränkungen für malaysische Hölzer zu, „bis erwiesen ist, daß sie aus Konzessionen stammen, die keine unakzeptablen ökologischen Schäden verursachen und die nicht die Existenz der einheimischen Bevölkerung bedrohen." Der US-Kongreß faßte eine Entschließung im Sinne der Urvölker Sarawaks. Die Proteste von Umweltschutzorganisationen, insbesondere aus Australien, häuften sich. In verschiedenen europäischen Ländern kam es zu Kranblockaden von Umweltschützern. In Malaysia selbst wurde die Organisation „Sahabat Alam Malaysia" (Freunde der Erde Malaysias) ins Leben gerufen. Vertreter der indigenen Bevölkerung wurden ins Ausland entsandt, um vor Parlamentariern und bei Kongressen um Unterstützung zu appellieren. Nach neuerlichen, von der Polizei gewaltsam aufgelösten Blockaden „verfaßten" die Sippen von 40 Penan-Dörfern ein – von vielen mit Daumenabdrücken unterzeichnetes – Dokument, das den Chiefminister von Sarawak aufforderte, die Lizenzen für die Holzfirmen zurückzunehmen, und das sich an Japan wandte, Holzimport, der die Landrechte der Penan beeinträchtigte, einzustellen.
Indes ging die Holzfällerei unvermindert weiter, und die malaysische Regierung verstand es, Staaten, die Importverbote erlassen wollten – damit auch Österreich –, durch Androhung wirtschaftlicher Gegenmaßnahmen einzuschüchtern. Der Widerstand der Ureinwohner wird langsam zermürbt. Da die Vernichtung des Regenwaldes sie von ihren Lebensressourcen abschneidet, sehen sich die Penan zunehmend gezwungen, das Ansiedlungsangebot der Behörden zu akzeptieren. Die Frage Mutang Uruds, die er 1993 zum „Jahr der Indigenen" vor der UNO stellte – „Wir haben trotz aller Gewalt niemals Gegengewalt gebraucht – warum hört diese Organisation, die dem Frieden dienen will, nicht auf die verzweifelten Hilferufe eines friedlichen Volkes?" –, dürfte im Winde verhallen.

Literatur: Bruno Manser, Stimmen aus dem Regenwald. Zytglogge, Bern 1992. – Heinrich Harrer (Hg), Borneo. Pinguin, Innsbruck 1988.

Zwei Jahrzehnte der gewaltsamen Annexion haben die Bewohner von Ost-Timor nicht zu Indonesiern gemacht; Djakartas schlechtes Gewissen äußerte sich jüngst wieder durch Druck auf Manila, eine Menschenrechtskonferenz zu verhindern.

Ein Timorese mit seinem Sohn, der in der Widerstandsbewegung Ost-Timors kämpft

Die Frau des französischen Präsidenten, Danielle Mitterrand, ließ man erst gar nicht einreisen, und die irische Friedensnobelpreisträgerin Mairead Maguire wurde kurzerhand aus Manila abgeschoben: Sie hätten 1994 an einer Menschenrechtskonferenz teilnehmen sollen, die sich mit der Lage in dem von Indonesien besetzten, früher portugiesischen Ost-Timor befassen wollte. Die philippinische Regierung hat sich damit dem Druck des großen Nachbarn Indonesien gebeugt; Djakarta protestierte gegen die Konferenz als Einmischung in seine inneren Angelegenheiten. Wie gewisse Staaten die Menschenrechte interpretieren, zu deren Beachtung sie sich als UN-Mitglieder eigentlich verpflichteten, ist hinlänglich seit der Wiener UNO-Menschenrechtskonferenz bekannt, bei der Indonesien zu jenen Staaten gehörte, die jede wirksame Kontrolle und jede Möglichkeit, die betroffenen Minderheiten selbst Parteienstellung gibt, abblockten.
Die Liebedienerei der philippinischen Regierung gegenüber Djakarta, welche möglicherweise auch deshalb so eilfertig handelte, weil sie im eigenen Land beträchtliche Probleme mit Minderheiten hat, wäre noch weiter gegangen, würde das Land nicht über einen eigenständigen Obersten Gerichtshof verfügen. Dieser hob ein von der Regierung verhängtes Verbot der Konferenz auf. Doch gegen die Anordnung von Staatspräsident Fidel Ramos, Ausländern die Teilnahme an dem Treffen zu verwehren, gab es keinen Einspruch. Die Ausweisung bereits in Manila eingetroffener, ausländischer Gäste und die Verhinderung der Einreise so Prominenter wie der mutigen französischen Präsidentengattin hat freilich dazu beigetragen, daß das fast schon vergessene Ost-Timor nun erst recht wieder in den Blickwinkel der Weltöffentlichkeit geraten ist. Indonesiens Machthaber stehen nun da als „tyrannisches Regime, das Manila regelrecht erpreßt", wie Frau Mitterrand es ausdrückte.

Timor, die östlichste der kleinen Sunda-Inseln, war jahrhundertelang zwischen den Kolonialmächten Niederlande und Portugal geteilt. Über die Grenze gab es lange Streitigkeiten, erst 1904 wurde sie exakt gezogen, wobei die Gebiete der einzelnen auf der Insel existierenden einheimischen Fürstentümer berücksichtigt wurden. Portugal behauptete den Ostteil der Insel, dazu die Enklave Ocussi an der Küste des niederländischen West-Timor.

Die 2,5 Millionen Bewohner der Insel sind, wie die ganz Indonesiens (Neuguinea ausgenommen), Malaien. Doch haben sich zwei Stämme herausgebildet: die Tetum (auch Maubere) im Osten und die Atoni im Westen. Die koloniale Zugehörigkeit zu unterschiedlichen europäischen Mutterländern trug zusätzlich zu einer eigenständigen Entwicklung auf den beiden Inselhälften bei. Portugal hatte sich in der Hauptsache damit begnügt, die Ost-Timoresen schon zu einem frühen Zeitpunkt katholisch zu missionieren, die Kolonialverwaltung, die vom Gouverneurssitz Dili aus regierte, ließ den Bewohnern viel Freiheit, zumal sich das Mutterland um die ferne und wirtschaftlich wenig ergiebige Insel kaum kümmerte.
Der Sturz des Salazar-Regimes im Jahr 1974 setzte dem portugiesischen Kolonialreich ein

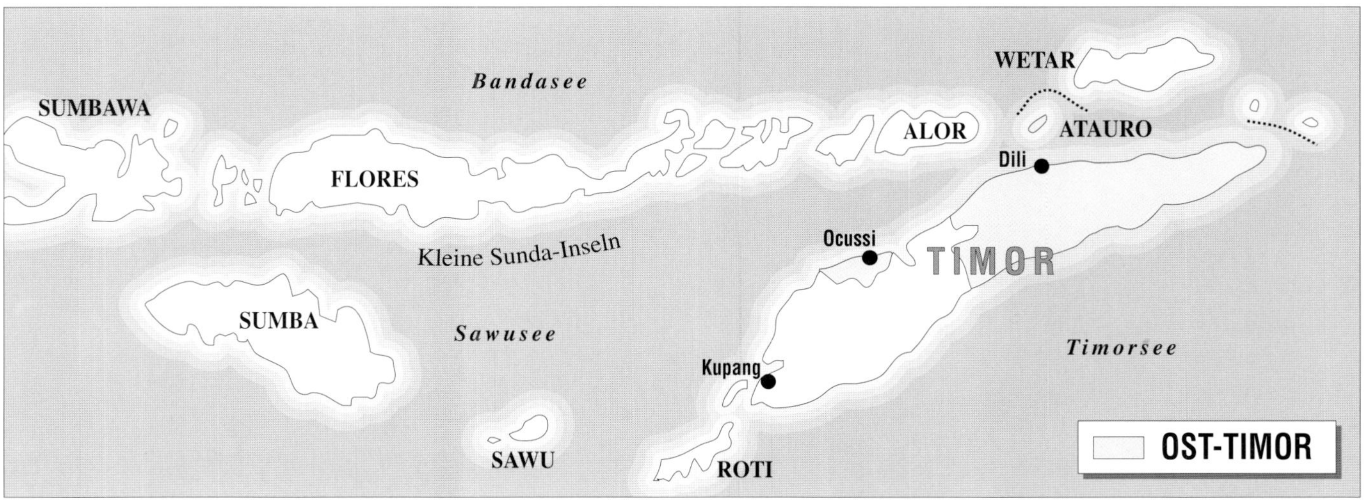

Ende. Auch wenn es in Ost-Timor, im Unterschied zu den afrikanischen Kolonien, kaum Widerstand gegen Portugal gegeben hatte, schienen nun die Tage der Kolonialherrschaft gezählt. Zugleich wurde den Ost-Timoresen bewußt, daß ihre Heimat nun, ohne europäischen Schutz, in den Sog des übermächtigen Nachbarn Indonesien geraten würde. Es bildeten sich politische Parteien, die verschiedene Konzepte für die Zukunft Ost-Timors hatten: Die Demokratische Union Timors (UDT) trat für eine Föderation mit dem portugiesischen Mutterland ein, die Revolutionäre Front für ein unabhängiges Ost-Timor (FRETILIN) setzte sich die Unabhängigkeit zum Ziel. Eine dritte Gruppierung, die Demokratische Volksvereinigung (APODETI), trat für den Anschluß an Indonesien unter Beibehaltung eines Autonomiestatus ein, hatte aber nur wenige Anhänger.

Zunächst schienen die eher konservative UDT und die linksstehende FRETILIN einig in der Verteidigung des Landes gegen indonesische Ansprüche. Im Jänner 1975 schlossen sie eine Koalition. Doch nach fünf Monaten kam es zum Bruch, als die UDT auch die indonesienfreundliche APODETI in Verhandlungen mit Portugal einbezog. Dabei wurde eine zweijährige Übergangsregierung und danach ein Plebiszit über die Zukunft des Landes vorgesehen. Im Sommer 1975, nach für FRETILIN erfolgreichen Kommunalwahlen, überstürzten sich die Ereignisse: Die UDT putschte, besetzte die Verwaltungsstellen in Dili und verlangte von Portugal die sofortige Unabhängigkeit, der portugiesische Gouverneur flüchtete auf die Timor vorgelagerte kleine Insel Atauro, und die FRETILIN gewann in einem kurzen Bürgerkrieg die Oberhand.

Da sich die Portugiesen weigerten, der Aufforderung der FRETILIN, nach Dili zurückzukehren, zu folgen, gleichzeitig aber auf Fortdauer ihrer Oberhoheit bestanden, begann FRETILIN mit der eigenständigen Verwaltung der Insel. Sie setzte ihre schon in der Koalition begonnene Alphabetisierungskampagne in der Landessprache Tetum und den Ausbau des Gesundheitswesens fort. Indonesien und die nun diesem hörigen UDT-Führer verteufelten die FRETILIN als kommunistisch, diese rief am 28. November 1975 die Unabhängigkeit aus; sie wurde aber nur von Tansania, Algerien, Angola und Mosambik anerkannt.

Ob kommunistisch oder nicht – den USA und Australien schien ein Kleinstaat in strategisch bedeutsamer Lage ein zu labiler Faktor, und Indonesien konnte damit rechnen, daß sich gegen eine Militäraktion seinerseits kein ernsthafter Widerstand erheben würde. Am 7. Dezember 1975 marschierten indonesische Truppen über die Grenze und besetzten Dili. Nach bewährtem Rezept behauptete Djakarta, es handle sich um „Freiwillige", vor allem Flüchtlinge aus Ost-Timor. Der Abbruch der diplomatischen Beziehungen Lissabons mit Djakarta mußte ein rein formaler Protest bleiben, auch wenn sich Portugal die Entkolonialisierung Ost-Timors anders vorgestellt hatte. Ebenso vergeblich blieben UN-Resolutionen, die den Abzug der Indonesier forderten, aber keine Sanktionen folgen ließen. Zwar wurden alle Staaten aufgerufen, „die territoriale Unversehrtheit von Ost-Timor zu respektieren, wie auch das unübertragbare Recht seiner Menschen auf Selbstbestimmung", doch dabei blieb es. Obwohl eigentlich die Situation genau die gleiche war wie jene anderthalb Jahrzehnte später in Kuweit, dachte niemand an eine „Befreiungsaktion", offenbar, weil erstens kein Erdöl im Spiel war und zweitens solches nicht im Interesse der USA gelegen gewesen wäre. Der amerikanische Menschenrechtskämpfer Art Davidson, der sich besonders der bedrohten Ureinwohner annimmt, schreibt über diese Vorgänge:

„Nur zwölf Stunden vor der Invasion in Ost-Timor kam US-Präsident Gerald Ford in Indonesien an. Offiziell wurde gesagt, daß sein Besuch nichts mit der bevorstehenden Attacke zu tun hatte ... Der US-Botschafter wiederum erzählte Kollegen, daß die Vereinigten Staaten hofften, Indonesien würde seine Invasion ‚wirksam und schnell beenden und keine US-Waffen gebrauchen.' Doch die Waffen der USA wurden von Anfang an eingesetzt, und Brandbombenangriffe mit amerikanischen Flugzeugen richteten in Dörfern und auf Feldern Verwüstungen an. US-Beamte behaupteten, daß amerikanische Waffen nicht zu Angriffszwecken gebraucht wurden, was eine Übertretung von US-Gesetzen gewesen wäre. Später bekannte George Aldrich, ein Rechtsberater des Außenministeriums, daß die Indonesier ‚ungefähr zu 90 Prozent aus unserer Ausrüstung bewaffnet waren'."

Versammlung der osttimoresischen Rebellenbewegung Fretilin

Die indonesischen Invasoren führten nicht nur einen Krieg gegen die FRETILIN, sondern gegen die ganze Bevölkerung. Ihr Vorgehen trug alle Anzeichen eines beabsichtigten Genozids. Es kam zu zahlreichen Massakern an Zivilisten, die Insel wurde von der Außenwelt abgeriegelt, die Felder und Vorräte wurden gezielt zerstört. Der letzte australische Konsul in Ost-Timor berichtete, daß schon in den ersten anderthalb Jahren der indonesischen Besetzung schätzungsweise 100.000 Menschen umgebracht worden seien oder verhungerten (inzwischen soll sich die Zahl verdoppelt haben). Freilich hatten die Okkupanten auch ihre Kollaborateure. Aus ihrer Mitte ernannten sie 28 „Volksvertreter", die am 31. Mai 1976 einhellig um Angliederung Ost-Timors an Indonesien ersuchten; Djakarta nahm es gnädig als 27. Provinz in die Republik auf.

Durch Hunger und Terror geschwächt, gab ein Teil der FRETILIN-Kämpfer den Widerstand auf. Im schwer zugänglichen, gebirgigen Landesinneren aber kämpfte die Guerilla weiter. Um die Bevölkerung von ihr zu trennen, wurden an die 200.000 Einwohner in sogenannte „strategische Dörfer" umgesiedelt, in denen Not, Seuchen und Gewalt herrschten. Von 1979 bis 1983 wurden Hilfsaktionen karitativer katholischer Organisationen und des Roten Kreuzes zugelassen. Obwohl dies ohnehin nur in ausgesuchten Gebieten möglich war, bot sich ihnen ein schreckliches Bild. „Ich bin seit 13 Jahren in Asien, ich war in Bangladesch und Vietnam, doch so etwas habe ich noch nie erlebt", charakterisierte der Leiter des Hilfsprogramms die Situation der von Unterernährung und schweren Krankheiten gezeichneten Überlebenden in den Lagern. Im Jahre 1983 wurden die Hilfsprogramme gestoppt, denn die indonesische Armee startete eine neue Offensive gegen die Guerillakämpfer; wieder war sie von Terrorakten und Vertreibungen der Bevölkerung begleitet, doch erreichte sie ihr Ziel ebensowenig wie drei Jahre später die „Operation Auslöschung". Dennoch wurden Verhandlungen mit der FRE-

Protest der Australischen Anhänger der Osttimoresischen Freiheitsbewegung vor dem Indonesischen Konsulat in Sydney (Nov. 92) gegen die Gefangennahme des Guerilla-Führers Xanana Gusmao

TILIN abgelehnt. Die indonesischen Behörden hatten indes zu einem weiteren Mittel der Beseitigung timoresischer Sonderwünsche gegriffen (wie es auch in West-Neuguinea angewendet wird): Durch das sogenannte „Transmigrations"-Programm wurden Zehntausende Javaner als Neusiedler in den Ostteil der Insel gebracht. Aber die Welt betrachtete die Ost-Timor-Frage offenbar als abgehakt, die Stimme des portugiesischen Staatspräsidenten Mário Soares, der vor dem Europäischen Parlament in Straßburg die verzweifelte Lage der einstigen Kolonie darlegte, verhallte im Protest Indonesiens gegen die „Einmischung in innere Angelegenheiten".

Als Papst Johannes Paul II. 1989 Dili besuchte, vermied er es, den Boden wie anderswo zu küssen, was in Djakarta als Anerkennung des Anschlusses ausgelegt wurde. Dennoch kam es zu Demonstrationen der Ost-Timoresen für ihr Recht auf Selbstbestimmung. Über ihre tatsächliche Lage wurde die Weltöffentlichkeit informiert, als ein britisches Kamerateam 1991 heimlich Aufnahmen von einem Massaker auf einem Friedhof machte, bei dem die Armee 279 der Trauergäste ermordete. Die Stornierung der Entwicklungshilfe durch einige Staaten daraufhin aber blieb wirkungslos, weil die USA und auch Deutschland sich offenbar an den Vorgängen nicht stießen und letzteres im Vorjahr sogar 39 Kriegsschiffe der ehemaligen DDR-Armee an Indonesien zu einem Spottpreis verkaufte.

Der aussichtslose militärische Widerstand der FRETILIN erlahmte weitgehend, als Ende 1992 der Führer der Unabhängigkeitsbewegung, Xanana Gusmao, gefangengenommen wurde. In einem Schauprozeß wurde er zu lebenslanger Haft verurteilt. Inzwischen hat sich das Selbstbestimmungsstreben der Ost-Timoresen auf eine andere Form des Widerstandes verlagert, die vor allem in den Städten durch Demonstrationen ihren Ausdruck findet. Unter dem Eindruck der brutalen Annexion und ihrer verheerenden Auswirkungen haben auch die beiden großen osttimoresischen Parteien wieder zusammengefunden. Daß es Indonesien in keiner Weise gelungen ist, das Vertrauen der Bevölkerungsmehrheit zu gewinnen, hat erst 1994 wieder der Druck bewiesen, den es auf die Philippinen ausübte, um die Menschenrechtskonferenz in Manila zu verhindern.

Literatur: Art Davidson, Verlorene Völker? Köln 1993. – Klemens Ludwig, Bedrohte Völker. München 1994.

Neokolonialismus hat viele Gesichter, und keineswegs nur weiße. Indonesiens Regime ist drauf und dran, die Papua in West-Neuguinea zur Minderheit in ihrer Heimat zu machen.

Die Leute verurteilen Apartheid, wenn es um Weiß gegen Schwarz geht. Aber nicht, wenn es Gelb gegen Schwarz oder Schwarz gegen Schwarz ist. Wie kommt das? Diskriminierung ist Diskriminierung."

Diese anklagenden Worte sprach Viktor Kaisiepo, ein im holländischen Exil lebender Papua aus dem von Indonesien verwalteten Westteil der Rieseninsel Neuguinea, 1992 bei der Weltkonferenz der indigenen Völker in Rio de Janeiro (zitiert von A. Davidson). Sie erinnern daran, daß sich seit dem Gang der früheren Kolonien in die Unabhängigkeit eine neue Spielart des Kolonialismus entwickelt hat, von dem die Regierungen der Dritte-Welt-Staaten nichts hören wollen. Sie sind nicht nur die Erben von Ländern, deren Grenzen durch die weißen Kolonialherren willkürlich und ohne Rücksicht auf eigenständige Kulturen und Ethnien, gezogen worden waren; auch die Geisteshaltung der herrschenden Schichten in diesen Ländern trägt in vielem europäische Züge. Im Streben nach dem Einheitsstaat, der keine Minoritäten und Autonomien dulden will, in grenzenloser wirtschaftlicher Ausbeutung der natürlichen Ressourcen und in einem fundamentalistischen Sendungsbewußtsein, das sich als Träger einer „höheren" Zivilisation glaubt, die andersartigen traditionellen Kulturen mehr oder weniger gewaltsam aufzudrängen sei.

Ein tragisches Beispiel für diese Politik liefert seit Jahrzehnten das unabhängige Indonesien in seinem Verhältnis zu den Papua von West-Neuguinea (und auch zu anderen Volksgruppen des großen Inselstaates). Dieses rund 422.000 Quadratkilometer große Gebiet bildete seit 1828 einen Teil von Niederländisch-Indien. Als die Holländer nach der japanischen Besetzung den Kolonialkrieg gegen die aufständischen Indonesier verloren und 1949 die Unabhängigkeit der jungen Republik anerkennen mußten, blieb West-Neuguinea niederländisches Protektorat. Doch Indonesien beanspruchte das gesamte Gebiet der früheren Kolonie für sich. Um die linke Sukarno-Regierung nicht in den Ostblock abgleiten zu lassen und auch mit dem Blick auf die reichen, noch kaum gehobenen Bodenschätze der Insel, übten die USA zunehmend Druck auf Holland aus, bis es das Land den Vereinten Nationen übergab, und diese die Verwaltung am 1. Mai 1963 in indonesische Hände übergehen ließen. Die Auflage, freie Wahlen über die Zukunft West-Papuas durchführen zu lassen, war für Sukarno nichts anderes als eine „Einmischung in innere Angelegenheiten". Nach seinem Sturz setzte die rechte Suharto-Regierung diese Politik nahtlos fort; sie gab der Einverleibung des Landes jedoch ein demokratisches Mäntelchen, indem sie 1.035 gekaufte oder eingeschüchterte Repräsentanten der Papua – die sie in ihrer Masse als noch nicht reif für eine Volksabstimmung erklärte – dem „Anschluß" zustimmen ließ. West-Papua wurde zur indonesischen Provinz Irian Jaya.

Für die rund eine Million Einheimischen, die sich in viele Stämme mit unterschiedlichen Sprachen, aber mit einer in großen Zügen gemeinsamen melanesischen Kultur gliedern, trat an die Stelle der niederländischen die indonesisch-islamische Fremdbestimmung. Politisch bewußte Gruppen gründeten die „Organisation Papua Merdeka" (Freies Papua, OPM), die 1971, von der Weltöffentlichkeit ignoriert und von den Indonesiern verfolgt, die Selbständigkeit des Landes proklamierte. Im schwer zugänglichen Inneren des Landes begannen Guerillaaktionen, die die indonesische Armee mit Terror beantwortete, durch den die Papua-Bevölkerung von Sympathien für die OPM abgeschreckt werden sollte. Mitte der achtziger Jahre wurden die Kämpfe so heftig, das Tausende Bewohner über die Ostgrenze in das benachbarte, inzwischen unabhängig gewordene Papua-Neuguinea flohen. Der schwache, junge Staat konnte die Verwandten im Westen freilich nicht unterstützen; der Druck des mächtigen Nachbarn erreichte sogar, daß Papua-Neuguinea den OPM-Führer Melkianus Salosa 1991 – in den sicheren Tod – auslieferte.

Daß die Welt die Unterdrückung der Papua in Irian weitgehend ignoriert, hat seinen Grund im großen Reichtum der Insel an Bodenschätzen und an Tropenhölzern. Die Regierung in Djakarta hat neben der von Indonesien selbst betriebenen Ausbeutung der Ressourcen auch amerikanischen, kanadischen und japanischen Konzernen weitreichende Konzessionen gewährt. Wie in anderen Teilen der Welt, wird auch hier der tropische Regenwald rücksichtslos geschlägert, und damit werden viele Papua-Stämme ihres Lebensraums beraubt. Das gemeinsame Interesse der Regierung und der ausländischen Firmen liegt darin, diesen Abbau der Reichtümer, der als „Entwicklung" bezeichnet wird, möglichst ungestört von Widerstandsbewegungen vorantreiben zu können. „Unser Selbstbestimmungsrecht wird der Gier multinationaler Konzerne und der Regierungen der Industriestaaten geopfert", klagen die Papuas in einem der UNO überreichten Papier.

Festlich geschmückter Dani-Krieger

Schlimmes weiß die amerikanische Menschenrechtsorganisation „Cultural Survival" aus West-Papua zu berichten. Sie behauptet, die indonesische Armee habe einigen Stämmen mit dem Schweinebandwurm infizierte Schweine als „Gastgeschenke" gebracht und dadurch tödliche Seuchen verursacht. Der Schweizer Missionspilot Theo Frey hat diese Angaben bestätigt und wirft überdies den Missionsgesellschaften vor, in ihrer Sorge ausschließlich um das Seelenheil der zu bekehrenden Papuas mit der Armee zu kollaborieren. Die Behörden suchen kritische ausländische Besucher von dem Land fernzuhalten. Ein schwedischer Fernsehjournalist, der versuchte, die papuanische Unabhängigkeitsbewegung zu dokumentieren, wurde ermordet aufgefunden, seine Geld war unberührt, aber seine Videobänder waren weg.

Die schärfste Waffe der Regierung aber ist die vom Staat durchgeführte „transmigrasi", die hemmungslose Einwanderung aus den dichtbesiedelten Gebieten Javas und seiner Nachbarinseln. Durch diese Einwanderung sollen die Papua zur Minderheit im eigenen Land gemacht werden. Bereits 400.000 Neuankömmlinge haben sich im Laufe dieses Programms, das als „Entwicklungshilfeprojekt" von der Weltbank unterstützt wird, in Neuguinea, insbesondere als billige Arbeitskräfte für die Holzindustrie, niedergelassen. Einwanderer haben auch alle politischen und wirtschaftlichen Führungspositionen inne und behandeln die Papua mit rassistischem Hochmut. Gleichzeitig geht die terroristische Einschüchterung der einheimischen Bevölkerung unvermindert weiter. Die „West Papua People's Front", eine Teilorganisation der OPM, die beim Indigenen-Ausschuß der UNO die Einhaltung der Menschenrechte forderte, hält in ihrer Erklärung auch fest, mit welchem Zynismus Indonesiens Präsident dazu Stellung nimmt. „Eine Durchsetzung von Menschenrechten, die auf uns fremden Wertvorstellungen basieren, kann nicht gelingen und entspräche einer Verletzung der Souveränität dieser Nation und der Menschenrechte ihrer Bevölkerung", weist der seit 1968 an der Spitze des Staates stehende ehemalige General Suharto solche Ansprüche zurück. Integration

Der Missionar studierte mit den Jali-Männern ein biblisches Thema in traditionellem Rahmen ein

bedeutet für die indonesische Politik Assimilation. Das machte der zuständige Minister für die Transmigration deutlich: „Die verschiedenen ethnischen Gruppen werden bei dieser Form der Integration auf kurz oder lang verschwinden, und dann gibt es nur noch ein Volk." Schon jetzt ist es den Papuas verboten, sich als solche zu bezeichnen, für die Indonesier sind ihre Sitten und Bräuche primitiv und rückständig – das sind die gleichen Vorurteile und das gleiche Unverständnis, die die Weißen in der Zeit des imperialistischen Kolonialismus angewendet haben, um ihre Herrschaft zu rechtfertigen.

Zweifellos stellt sich auch für aufgeschlossene Europäer, die meinen, die Probleme der Erhaltung und Entwicklung autochthoner Gemeinschaften müßten jedenfalls unter der freien Mitwirkung der Betroffenen gelöst werden, die Frage, ob eine Kultur, die in 50.000 Jahren eine ganz andere Entwicklung nahm als die heute global bestimmende des industriellen Westens, noch eine Chance des Überlebens hat. Menschen, die ihre Körper zur Abwehr gegen die Geister der Verstorbenen mit Lehm beschmieren, die gemeinsam mit den Schweinen und den Hühnern auf dem Erdboden eines einzigen Raums schlafen, Männer, die ihre Alltagsnacktheit einzig mit einem Penisfutteral kleiden, sich mit durch die Nasen gezogenen Eberzähnen schmücken und womöglich mit Pfeil und Bogen gegen die Maschinenpistolen der Armee kämpfen, Frauen, die Ferkel wie Babys säugen – die Papua mögen uns als Vertreter einer urtümlichen Welt erscheinen, die dem nivellierenden Trend der Zivilisation nicht standhalten kann.

Viktor Kaisiepo, der in Holland die Zeitschrift „Suara Papua" (Stimme Papuas) herausgibt, die nach Indonesien nur geschmuggelt werden kann, sieht das als Kämpfer um die Selbstbestimmung seines Volkes anders. Er kann auf die egalitäre Gesellschaft der Papua-Völker verweisen und darf bezweifeln, ob die strengen Hierarchien, die die Indonesier einführen, das bessere Gesellschaftsmodell sind. Heute werden die (möglichst willfährigen) Dorfoberen, die früher „Erste unter Gleichen" waren, von den Behörden bestimmt, und so die traditionellen sozialen Strukturen zerstört. In diesen war das Land Gemeinschaftseigentum; nun werden die Dorfältesten von Firmen und Behörden zum Abschluß von Kaufverträgen gebracht. Als Entschädigung dürfen die Dorfbewohner dann in die neuerrichteten Siedlungen der „Transmigranten" ziehen –

NEUGUINEA, HEIMAT DER PAPUA

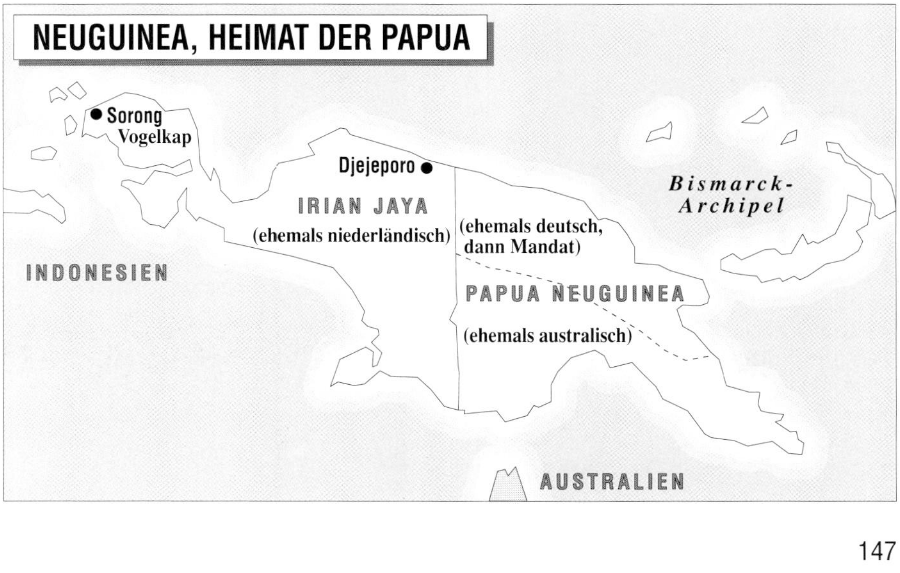

aber dort ist der Papua-Bevölkerungsanteil mit 30 Prozent beschränkt. „Ihr werdet erkennen, daß ihr mit dem Verlust des Landes fast alles verloren habt", mahnt ein alter Häuptling seine Dorfgenossen. Zwar erklärt die indonesische Regierung, daß alles Land den Einheimischen gehört. „Das klingt gut, aber die Sache hat einen Haken", weiß Viktor Kaisiepo. „Das Land gehört uns nur so lange, bis die Regierung es braucht. Dann gehört es dem Staat."

Es läßt sich leicht ermessen, wie schwierig es für Minoritäten ist, ihre Rechte in einem Staat durchzusetzen, der de facto ein Militärregime ist, das schon jeden Gedanken an eine Autonomie als „Subversion" verfolgt. Der politische Arm der OPM setzt auf Durchhalten. „Wo ist die Sowjetunion jetzt?" fragt Kaisiepo. „Es mag zehn Jahre dauern oder dreißig. Wir dürfen die Hoffnung nicht verlieren."

Literatur: Art Davidson, Verlorene Völker. Köln 1993. – Roland Garve, Irian Jaya. Die verlorene Steinzeit. Weimar 1991. – Der Kampf der „West Papua People's Front". In: Land ist Leben. Wien 1993.

Die Sitte des Mumifizierens bedeutender Toter ist noch nicht ausgestorben

Der Widerstand der Igorot, der Bergstämme auf der Philippineninsel Luzon, brachte ein Mega-Staudammprojekt des Diktators Marcos zu Fall. Doch der Sturz der Diktatur hat ihre Hoffnungen nicht erfüllt; sie sehen weiter ihre Lebensweise und ihre Umwelt bedroht.

Die Rede der zarten, schwarzhaarigen Frau mit den Mandelaugen, die im Vorjahr im Wiener Austria Center sprach, war eine einzige Anklage. „Während ich hier zu euch spreche", sagte sie, „wird in meiner Heimat Krieg geführt und werden unsere kollektiven Rechte als indigene Völker und unsere individuellen Menschenrechte systematisch verletzt. Wir klagen die philippinische Regierung des Ethnozids an den Völkern der Cordillera an ... Es ist die sogenannte Entwicklungspolitik, die uns Indigenen das Land und die Rohstoffe raubt, und so unseren Lebensstil und unsere kulturelle Identität ausradiert."

Joanna Carino sprach im Namen der „Cordillera Peoples' Alliance" (CPA), in der sich die sogenannten Igorot, die indigenen Völker der Bergregion im Norden der philippinischen Hauptinsel Luzon, zusammengeschlossen haben. Die Hoffnungen, die sie mit dem Fall der Marcos-Diktatur verbanden, wurden bald enttäuscht. Für sie haben die politischen Veränderungen auf den Philippinen kaum Verbesserungen ihrer Situation gebracht.

Igorot, die Sammelbezeichnung für die Bergbewohner Nord-Luzons, ist eigentlich ein Spottwort, das die Spanier – fast vier Jahrhunderte lang die Kolonialherren der Philippinen – prägten; es bedeutet „Hinterwäldler". Damit bezeichneten die Spanier die Bergstämme, die sich nicht so widerstandslos katholisieren ließen wie die Philippinos an der Küste. Die Gesamtzahl der Igorot liegt bei etwa einer Million Menschen (die Philippinen zählen heute mehr als 60 Millionen Einwohner). Die Igorot gliedern sich in etliche Stämme, von denen die Ibaloi, Kankanai, Bontok, Ifuago und Kalinga die größten sind. Sie sind Malaien wie auch fast alle anderen Bewohner der Inselgruppe, gehören aber vermutlich der ältesten Einwandererschicht an, die hier auf die dunkelhäutigen Ureinwohner (von den Spaniern Negritos genannt) stießen. Die Igorot, in Stammesdialekt und Kultur verschieden, konnten ihre in die prähistorische Vergangenheit zurückreichenden Wurzeln sowohl gegenüber den Arabern, die die Philippinen im ausgehenden Mittelalter zu islamisieren versuchten, als auch gegenüber den Spaniern und den von ihnen akkulturierten Philippinos weitgehend bewahren.

Was die Igorot in Anpassung an die natürliche Umgebung des Berglandes geschaffen haben, ist einmalig (und wird heute auch als touristische Attraktion vorgeführt). Ihr hochentwickeltes Agrarsystem beruht auf den kunstvollen Terrassen, die im Lauf von Jahrhunderten in mühevoller Arbeit errichtet wurden und durch die jedes Fleckchen Erde für den Naßreisbau genützt werden kann. Allein die Steinmauern, die das Volk der Ifuago für diese Terrassen errichteten, haben die sagenhafte Länge von 19.000 Kilometern.

Die Spanier ließen die Igorot relativ unbehelligt, obwohl Goldfunde sie zu gelegentlichen Raubzügen ins Bergland lockten; doch der Widerstand der Bewohner ließ einen Eroberungsversuch als zu aufwendig erscheinen. 1898 mußte Spanien die Philippinen an die Vereinigten Staaten abtreten. Das setzte die Cordillera sehr bald einer rasch zunehmenden Erschließung aus. Zunächst ging es den amerikanischen Gesellschaften vor allem um die Ausbeutung der Bodenschätze, die vordem auch schon die eingeborenen Bewohner gekannt und (jedoch nur zum Eigengebrauch) genutzt hatten. Seit der Jahrhundertwende schürfen fremde Bergbauunternehmen im Igorot-Land Gold, Silber, Kupfer, und ein großer Teil der Bodenschätze ist bereits abgebaut.

Ansonsten blieb das Leben der Dorfgemeinden zunächst noch wenig von der Anwesenheit der neuen Kolonialherren beeinflußt, und als die Japaner das Land besetzten, leisteten die Igorot Widerstand. Der bedrohliche Einbruch in die durch Jahrtausende organisch gewachsene Umwelt der Igorot begann mit der Unabhängigkeit der Philippinen, als die Regierenden in dem Bergland mit seinen wasserreichen Flüssen, ungeachtet der Bedürfnisse seiner Bewohner, nur einen Energielieferanten sahen. Die Ibaloi mußten von einem Großteil ihrer Siedlungsgebiete weichen, als in der Provinz Benuet zwei große Staudämme errichtet wurden; das Land wurde ihnen entschädigungslos genommen, Reisterrassen,

Die philippinischen Bergvölker leben vom Reisbau auf den Terrassenfeldern

Hütte einer Familie der Bontoc-Igorot

die durch Jahrhunderte die Lebensgrundlage der Bauern gebildet hatten, versanken im Wasser.

Ein Teil der Bauern, die auf diese Weise ihre Heimat verloren hatten, wurde auf die ihnen völlig fremde Insel Palawan im Südwesten der Philippinen zwangsumgesiedelt. Die Gegend eignet sich nicht für den Reisbau, wie sie ihn gewohnt waren, und die verzweifelten Menschen versuchten nach Luzon zurückzukehren. Viele von ihnen leben jetzt dort in den Slums von Manila.

„Aber die Erfahrungen der Vertriebenen haben den Widerstand der Cordilleravölker geweckt", sagt Joanna Carino, die selbst aus dem Stamm der Ibaloi kommt. Die Igorot waren vorgewarnt, als die Regierung des Diktators Marcos mit Kredithilfen der Weltbank ein gewaltiges Staudammsystem im Chico-Tal errichten wollte. Für Marcos' „größten Staudamm Asiens" hätten zwei Igorotvölker, die 130.000 Bontok und die 90.000 Kalinga, in die sumpfige Tiefebene von Luzon umgesiedelt werden sollen. Gleichzeitig sollten 200.000 Hektar Wald abgeholzt werden. Nach altem Vorbild beschworen daraufhin die verschiedenen Igorot-Gemeinden einen Friedenspakt, „bodong" genannt, in dem sich, mit Unterstützung auch des örtlichen Bischofs, die Opposition über Stammesgrenzen hinweg gegen die Großprojekte formierte.

Marcos wollte das Projekt mit Gewalt durchsetzen. Als Vermessungs- und Bautrupps verjagt wurden, setzte er Militär ein. Doch als Soldaten den Igorot-Führer Macliing Dulag ermordeten, antworteten die Bewohner mit offener Gewalt. Der anhaltende Widerstand ließ die Regierung einlenken: Man wollte sich nur mit zwei statt der geplanten vier Staudämme begnügen. Doch das war bereits ein Schwächezeichen und verleitete die Igorot um so weniger zum Nachgeben, als auch in ihrem Gebiet bereits die linken Guerilleros der „New People's Army" (NPA), die den Sturz des Marcos-Regimes zum Ziel hatte, zu operieren begannen. Anfang der achtziger Jahre verzichtete die – auch finanziell in Schwierigkeiten geratene – Regierung zur Gänze auf das Chico-Projekt. Der Staudamm war zu Fall gebracht – doch die Igorot wollten weiter auf der Hut bleiben: Die indigenen Organisationen schlossen sich 1984 zur „Cordillera Peoples' Alliance" (CPA) zusammen.

Im Februar 1986 wurde Marcos gestürzt. „Wir teilten die Freude über den Fall der Diktatur und die Hoffnung auf Demokratie mit der übrigen Bevölkerung des Landes", berichtete Joanna Carino. „Kurz nach ihrer Wahl lud Cory Aquino uns zu einer Unterredung in den Regierungspalast nach Manila ein. Unsere Delegation präsentierte unsere Forderungen, unter anderem sollten die großen Dammbau- und Abholzungsprojekte und die Militarisierung, die so vielen Indigenen das Leben gekostet hatte, gestoppt, politische Gefangene freigelassen, regionale Autonomie und Landrechte anerkannt werden."

Doch die Hoffnungen der Igorot blieben unerfüllt. Die Regierung hatte in der „Cordillera Peoples' Liberation Army", einer von der NPA abgespaltenen, bewaffneten Splittergruppe, die in die philippinische Armee eingegliedert wurde, Helfershelfer für die Wiederaufnahme der alten zentralistischen Politik gefunden. Mit ihnen wurde eine „Autonomie" ausgehandelt, die die Rechte der Igorot in Wirklichkeit reduziert. Widerstand soll durch einen „totalen Krieg", der offiziell allerdings den versprengten Resten der NPA gilt, aber zumeist die Bevölkerung trifft, und zu dem sich Aquino und ihr Nachfolger Fidel Ramos bekennen, gebrochen werden. Im Bergland wurden fünf Brigaden mit 10.000 Mann Soldaten stationiert. „Soldaten betreten einfach unsere Dörfer, ohne im geringsten unsere Sitten zu respektieren; sie beschlagnahmen Häuser, um dort zu leben, und was am schlimmsten ist, sie terrorisieren die Bevölkerung. Entlang der Bergflanken bombardieren sie weite Gebiete in der Peripherie der Dörfer ... Den Menschen wird verboten, in die Berge zu gehen und die Felder zu bestellen. Ganze Dörfer werden eva-

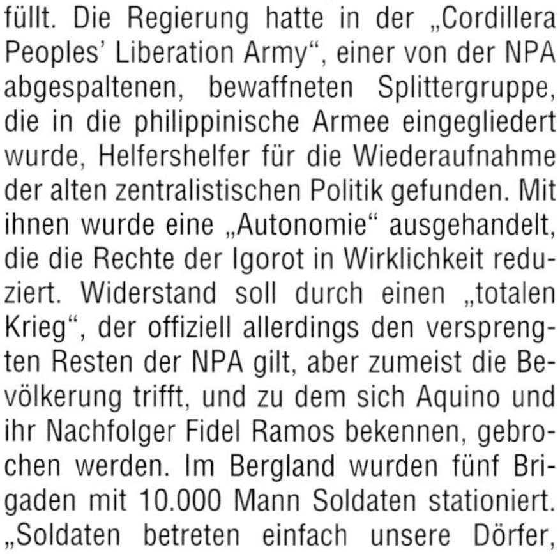

Eine Igorot-Frau mit Taro-Knollen im Korb

kuiert, eine Rückkehr wird unmöglich gemacht. Zur Zeit sind etwa 10.000 Menschen unter dem Vorwand der Aufstandbekämpfung ausgesiedelt worden." (Joanna Carino)

Zwischen den Regierungstruppen und den NPA-Guerrilleros droht die bäuerliche Bevölkerung aufgerieben zu werden. Sie sucht einen Weg vor allem in regionalen Entwicklungsstrategien, die auf Selbsthilfe und umweltfreundlichen Methoden beruhen. Die „Cordillera Peoples' Alliance" wird dabei vor allem von Frauen getragen. Auch Joanna Carino ist durchaus nicht prinzipiell gegen die Nutzung der Wasserkraft (eine für die Philippinen unumgängliche Notwendigkeit). Was sie und ihre Mitstreiterinnen erreichen wollen, ist, daß dabei die Rechte der Igorot-Stämme gewahrt bleiben und ökologische Zerstörung weitgehend vermieden wird.

Die Ernennung des Präsidenten des Minenkonzerns Benguet Corporation zum Finanzminister müssen die Igorot freilich als kontraproduktiv zu diesen Wünschen empfinden. Denn dieser Konzern ist verantwortlich für einen zerstörerischen Raubbau an Bodenschätzen; dem Tagbau, durch den ganze Berge abgetragen werden, müssen immer wieder bäuerliche Gemeinden weichen. Auch das ist „Ethnozid", meinen die CPA-Vertreter; denn nicht nur, daß die Einheimischen von dieser Art der „Entwicklungspolitik" keinerlei Nutzen haben, sie müssen auch unmittelbar deren katastrophale Folgen tragen.

Vor allem aber, das wünschen die Menschen dort, muß die unerträgliche Militarisierung des gesamten Lebens in der Region – unter der gerade die Frauen durch die zahlreichen Vergewaltigungen besonders leiden – ein Ende finden.

Literatur: Zeitschrift „Bedrohte Völker", Heft 33/1983. – Klemens Ludwig, Bedrohte Völker. München 1994.

Auch Rußland hat seine „Indianer“: Die Russifizierung unter Stalin und seinen Nachfolgern und die Industrialisierung Sibiriens haben die kleinen Völker des Nordens in eine Situation „fünf Minuten vor Zwölf“ gebracht.

Laut der letzten sowjetischen Volkszählung (im Jahr 1989) lebten auf dem Territorium der UdSSR 183.700 Angehörige sogenannter „Nordvölker“, 0,06 Prozent der Gesamtbevölkerung. Unter dieser Bezeichnung faßte man in Rußland die zahlreichen kleinen Völkerschaften zusammen, die im Norden Sibiriens ihre Heimat haben. Obwohl es sich dabei um Völker und Stämme sehr verschiedener Sprachfamilien handelt – uralische, turktatarische, altaische und die isolierten paläoasiatischen – waren sie in ihrer von den harten Bedingungen eines extremen Klimas und einer kargen Natur bestimmten Lebensweise und als Clan- und Stammesgesellschaften bis zu ihrer Berührung mit den Europäern einander sehr ähnlich.

Die russische Eroberung der riesigen Landfläche jenseits des Ural begann schon sehr früh. Um 1550 stießen die ersten Pelzhändler und Kosaken in die sibirischen Weiten vor, und im Laufe eines Jahrhunderts hatten die Russen die Pazifikküste erreicht. Danach begann, entlang der großen Ströme Sibiriens, die Besiedlung durch russische Bauern, Jäger und Kaufleute. Die Beziehungen zu der einheimischen Bevölkerung bestanden zunächst im Warenaustausch. Das Interesse der Russen an Fellen und zunehmend auch an der Versorgung der Einwanderer führte dazu, daß die auf Selbstversorgung ausgerichtete Wirtschaftsweise der sibirischen Völker allmählich marktwirtschaftliche Züge bekam: Die Jäger wurden zu Fallenstellern, und die Rentierherden wuchsen.

Der russische Kolonialismus in Sibirien unterschied sich wenig von dem anderer europäischer Staaten und zielte letztlich auf Unterwerfung der Eingeborenen ab. Manche Stämme, vor allem, wenn sie Schutz gegen feindliche Nachbarn suchten, schlossen sich freiwillig dem Zarenreich an und ließen sich auch zum orthodoxen Christentum bekehren, andere leisteten – rasch gebrochenen – Widerstand oder zogen sich von den Wäldern der Taiga in die unwirtliche Tundra zurück. Wie anderswo auch, äußerte sich auch in Sibirien europäisches Überlegenheitsgefühl in rassistischen Vorurteilen. Willkür und Gewalt gegenüber den Eingeborenen durch Geschäftemacher und bestechliche Beamte nahmen so zu, daß bereits unter Alexander I. 1822 eine Reform versucht wurde, die die Urbevölkerung rechtlich mit den Russen gleichstellte und ihr zugleich größeren Schutz gewähren sollte. Die diversen Anordnungen wurden 1892 in einem „Statut der eingeborenen Völker“ zusammengefaßt, das allerdings ein Stück Papier blieb, weil es die Nordvölker weder vor dem Verlust ihres Bodens infolge des Zustroms russischer Siedler noch vor der Ausbeutung durch Händler schützen konnte.

Die Bolschewiken versprachen, alles besser zu machen. Lenins „Deklaration der Rechte der Völker Rußlands“ sollte die freie Entwicklung und volle Gleichberechtigung auch noch der kleinsten ethnischen Minderheiten garantieren. Es dauerte eine Weile, bis diese schönen Prinzipien auch im hohen Norden zum Tragen kamen. Noch 1923 stellte der Jenissej-Sowjet fest: „Die Eingeborenen leben von der Ausbeutung der Tierwelt, und die Russen leben von der Ausbeutung der Eingeborenen. Die eingeborene Bevölkerung des Nordens lebt außerhalb der Verfassung der Russischen Republik.“

Tofalaren-Frauen vor ihrer Hütte

Der Wille des jungen Sowjetstaates, das zu ändern, war vorhanden, und 1924 wurde ein „Komitee für die Unterstützung der Völker des Fernen Nordens“, kurz „Nordkomitee“ ge-

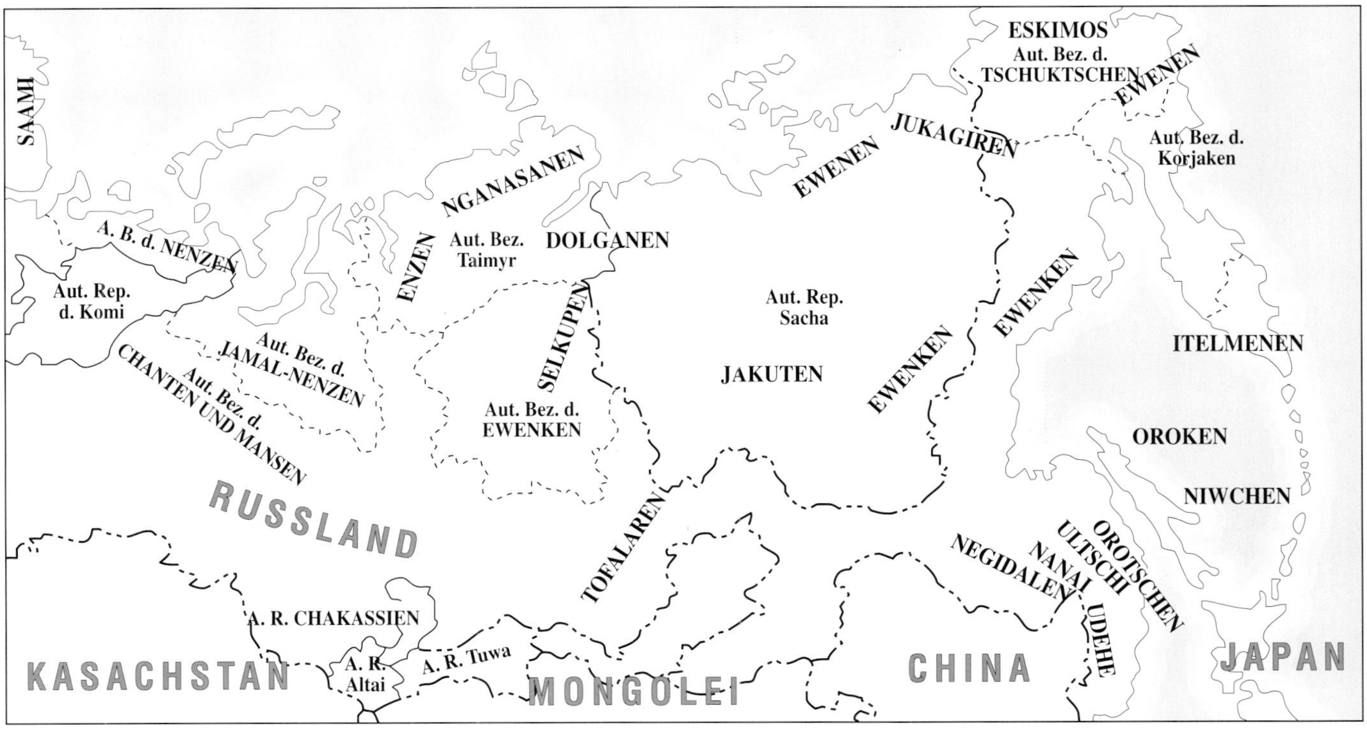

nannt, gegründet. In ihm sollten Regierungsbeamte und Gelehrte, vor allem Ethnologen, den sibirischen Völkern bei ihrer ökonomischen Entwicklung helfen, Maßnahmen gegen ihre Ausbeutung treffen und ein ihnen angepaßtes Schul-, Verwaltungs- und Rechtssystem entwickeln. Anfangs hatten die Wissenschaftler großen Einfluß auf die Tätigkeit des Komitees und die sich daraus ergebende Politik. Allerdings gab es von Anfang an zwei Meinungen darüber, wie diese Entwicklung vor sich gehen sollte: Die „Konservativen" traten dafür ein, Sprache, Kultur und Lebensweise der Nordvölker trotz allmählicher Anpassung an die Vorzüge der Zivilisation zu erhalten. Für die „Radikalen", die immer mehr die Haltung der Kommunistischen Partei bestimmten, hatte der Klassenkampf Vorrang vor nationaler Selbstbehauptung, weil sie ja auf das Endziel eines neuen, transnationalen „Sowjetvolks" zusteuern wollten.

Anfangs konnten die konservativen Ethnologen einige ihrer Vorstellungen durchsetzen. Mit den Radikalen waren sie bezüglich der Beseitigung des Analphabetismus grundsätzlich einer Meinung, doch sollte dies auf der Grundlage der Erhaltung der Nationalsprachen passieren. Dies erforderte die Ausbildung einheimischer Lehrer und die Schaffung eines geeigneten Schriftsystems für die mehr als ein Dutzend Völker des Nordens. Zunächst wurden diese Schriften auf der Grundlage des lateinischen Alphabets entwickelt. Die ins Leben gerufenen „Nomadenschulen" wurden mit ersten Fibeln beliefert; das Zentrum dieser wissenschaftlichen Betreuung der Nordvölker war Leningrad, wo später auch das Institut der Völker des Nordens gegründet wurde.

Nachdem Stalin die volle Macht im Sowjetstaat erlangt hatte, änderten sich die Bedingungen auch für die Nordvölker grundlegend. Immer mehr bestimmten nun jene Radikalen die Vorgangsweise, die keine „speziellen Bedingungen" für die Entwicklung dieser Völker anerkennen wollten und im Zuge der einsetzenden Kollektivierungspolitik die Kampagne gegen „Kulaken" führten (worunter im hohen Norden vor allem die Besitzer größerer Rentierherden verstanden wurden) und als einen Teil der atheistischen Propaganda den Kampf gegen die Schamanen. Zugleich sollten die Nordvölker durch eine neue administrative Einteilung besser erfaßt werden. So wurden die Mitte der zwanziger Jahre gegründeten „Stammessowjets" sukzessive durch territoriale Einheiten, sogenannte Nationalbezirke und Nationalrayons, ersetzt. Dem als ersten 1929 gegründeten Nationalbezirk der Nenzen folgten bis 1932 acht weitere Nationalbezirke und 38 Rayons. In den meisten dieser Gebiete aber war die Urbevölkerung gegenüber den Russen entweder von vornherein in der Minderheit oder wurde im Zuge der nun einsetzenden gewaltigen, zum Teil durch Massen von herbeigeholten Zwangsarbeitern bewerkstelligten Industrialisierung rasch zu einer solchen. Die großen staatlichen Industriekonzerne benahmen sich häufig wie siegreiche Armeen in einem besetzten Land. Durch ihren Monopolanspruch auf Fischfang und Jagd machten sie die Einheimischen zu „Wilderern". Die Staatsfarmen beanspruchten für ihre Rentierzucht die besten der ohnehin kargen Weidegründe, und entgegen früheren Anordnungen wurden, wie in Zarenzeiten, den Pelztierjägern ihre Lieferungen mit Alkohol abgegolten. Die Kollektivierung, die auch vor den Rentierherden nicht Halt machte, zerstörte das soziale Gefüge der Stämme. Widerstand dagegen wurde mit brutaler Gewalt gebrochen. 1938 übernahm der NKWD die oberste Leitung der „Administration für die Entwicklung des Fernen Nordens" („Dalstroy"), und das GULAG-System der Zwangsarbeit breitete sich über viele bis dahin unerschlossene Gebiete aus. Etliche Vertreter des „Nordkomitees" mußten nach dessen Auflösung (1935) ihr Sibirien nun aus dieser Perspektive kennenlernen.

Die Sowjetherrschaft hinterließ bei den Bewohnern Sibiriens große Not

Durch die Stalinsche Verfassung des Jahres 1936 wurden die Nationalbezirke festgeschrieben, die nationalen Rayone hingegen verschwanden. Zwei Nordvölker, Jakuten und Komi, bekamen aufgrund ihrer zahlenmäßigen Stärke autonome Republiken; sie werden in den offiziellen Statistiken der übrigen Nordvölker seither ausgeklammert. Diese wiesen bei etlichen vor allem kleineren Gruppen in der Volkszählung von 1959 einen Rückgang gegenüber 1936 auf. 1989 ist bei den meisten Zahlen eine leichte Aufwärtsentwicklung zu verzeichnen. Die Volkszählung 1989 machte für die Nordvölker folgende Angaben:

Aleuten	702
Chanten (Ostjaken)	22.521
Dolganen (Sacha)	6.932
Enzen (Jenissej-Samojeden)	209
Eskimos (Yuit)	1.719
Ewenken (Tungusen)	30.163
Ewenen (Lamuten)	17.199
Itelmenen (Kamtschadalen)	2.481
Jukagiren (Odulen)	1.142
Keten (Jenissej-Ostjaken)	1.113
Korjaken (Nymylan)	9.242
Mansen (Wogulen)	8.461
Nanai (Golden)	12.023
Negidalen (Elkembey)	622
Nenzen (Samojeden)	34.665
Nganasanen (Tawgy-Samojeden)	1.278
Niwchen (Giljaken)	4.673
Oroken (Ultscha)	190
Orotschen (Nani)	915
Sàmi (Lappen)	1.890
Selkupen (Ostjak-Samojeden)	3.621
Tofalaren (Karagassen)	600
Udehe	2.011
Ultschi (Nani)	3.233
Tschuktschen (Luorawetlan)	15.184
Tschuwanen	1.511

Der Schamanismus ist trotz Verfolgungen nicht verschwunden

Allerdings sind im gleichen Zeitraum die Angehörigen der diversen Nationalitäten gegenüber den Russen in eine hoffnungslose Minderheit geraten. So waren beispielsweise im Nationalbezirk der Tschuktschen 1926 noch 93,4 Prozent der rund 15.000 Bewohner Indigene. Bereits 1937 war ihr Anteil mit dem Anwachsen der Bevölkerung auf 35.000 auf 47 Prozent gesunken. Heute sind von weit über 100.000 Einwohnern nur noch rund 15.000 Tschuktschen.

Mit der Erschließung des Nordens, die Hand in Hand mit schweren ökologischen Eingriffen ging und weiter geht, wie der Abholzung großer Teile der Taiga, begann eine neue Politik der Russifizierung, die sich mit der Abkehr von den theoretischen Positionen des Internationalismus im Zweiten Weltkrieg noch verschärfte und schließlich ihren Höhepunkt überraschenderweise in der Zeit Chruschtschows und Breschnjews erreichte. Schon 1938 war die arktische Region unter den zentralen Ministerien aufgeteilt worden, und es gab nun keine zentrale Körperschaft mehr, die die Kolonisation des Nordens hätte kontrollieren können. Zugleich wurden die Weichen für die Russifizierung durch die Ablösung der lateinischen Schriften der Nordvölkersprachen durch das kyrillische Alphabet gestellt. Nach und nach wurde der Unterricht in der Muttersprache der Minoritäten aufgegeben. 1970 wurde nur noch das Nenzische in den Volksschulen neben dem Russischen verwendet. Das immer häufiger praktizierte Internatssystem tat ein übriges, um die Kinder der Minoritäten der Sprache und Lebensweise ihrer Eltern zu entfremden.

Chruschtschows Projekt von der Zusammenfassung der Dorfbewohner in „Agrarstädten" hatte im hohen Norden verheerende Auswirkungen. Die Umsiedlung der häufig noch halbnomadisch lebenden Stammesvölker wurde mit aller Rücksichtslosigkeit und Verständnislosigkeit, die ein totalitäres System charakterisieren, durchgeführt. „Die Kampagne, für die die Russifizierung nur ein Wegbereiter war, hatte das utopische Ideal zur Grundlage, die Region und speziell die Minderheiten des Nordens so schnell wie möglich der modernen sozialistischen Zivilisation einzuverleiben" faßt der russische Linguist Nikolai Vakhin diese schlimmste Katastrophe in der Existenz der Nordvölker zusammen. In den seit 1980 als „Autonome Bezirke" bezeichneten Nationalbezirken – von einem Überwiegen „nationaler" Minderheiten konnte ja nun kaum noch die Rede sein – leben „gebrochene Generationen" der Ureinwohner, dem Alkoholismus verfallen, in Einkommen wie Lebenserwartung den russischen Einwanderern weit unterlegen, mit hohen Selbstmord- und Kriminalitätsraten. Erst Gorbatschows „Glasnost" hat hier wieder Hoffnung auf eine Wende in letzter Minute gegeben. Doch die wirtschaftliche Misere, die ganz Rußland erfaßt hat, traf die Angehörigen der Nordvölker mit besonderer Härte.

Literatur: Nikolai Vakhtin, Native Peoples of the Russian North. Manchester 1992.

Nenzen

Die Nenzen im hohen Norden Rußlands müssen sich heute fragen, ob das Ende der Sowjetherrschaft ihrem nationalen Bestand Auftrieb oder das engültige Aus bringen wird.

Eigentlich verdienen sie die Bewunderung der Menschheit: jene Völker, die am Rande der Ökumene – wo die Klimabedingungen den Erdboden fast das ganze Jahr hindurch unter der schmalen Kruste gefroren belassen, wo der Sommer höchstens zwei Monate dauert, wo die eisigen Stürme über die baumlose Tundra fegen, wo sich die Polarnacht unendlich lange über das Land legt – ihre diesen Bedingungen angepaßten Kulturen entwickelt haben. Eines dieser arktischen Völker sind die Samojeden oder, wie sie sich selbst bezeichnen, Nenzen, die den eurasischen Nordrand des Eismeers zwischen Archangelsk und der gewaltigen Fläche der Taimyr-Halbinsel bevölkern.

Die Samojeden bilden einen Zweig der uralischen Sprachfamilie (deren westlichste Vertreter die Finnen sind); ihre Zahl wird mit rund 40.000 Sprechern beziffert, von denen die europäischen Samojeden mit 35.000 die weitaus größte Gruppe sind. Unter der Sowjetherrschaft kam die Eigenbezeichnung dieses arktischen Volkes, Nenzen („Menschen"), wieder zu Ehren. Das Wort Samojeden (russisch „Selbstesser") hatte den üblen Beigeschmack des Kannibalismus, obwohl ein solcher bei den Nenzen nie aufgetreten ist. Man nimmt deshalb an, daß der Ausdruck eine Verballhornung entweder des bodenständigen Namens von Lappland, Samejedna, oder der Benennung Sjomgojed, „Lachsesser", sein könnte. Neben den Jurak-Nenzen im europäischen Teil Rußlands zählen die kleinen Volksgruppen der Jamal-Nenzen, Nganasanen (Tawgy-Samojeden), der Selkupen (Ostjak-Samojeden) und Enzen (Jenissej-Samojeden) am Nordrand Sibiriens zu dieser Sprachfamilie.

Die Nenzen haben nicht immer in der arktischen Einöde gelebt. Ihre heutige Heimat ist offensichtlich ein Rückzugsgebiet. Dorthin wurden sie vermutlich seit dem 10. Jahrhundert aus ihren alten Wohngebieten zwischen Altai und Baikalsee von türkischen Stämmen verdrängt. Sie trafen ihrerseits im hohen Norden schon auf eine arktische Vorbevölkerung, die vom Fischfang und von der Jagd auf wilde Rentiere und auf Meeressäuger lebte.

Als *die* bedeutende Kulturleistung der Samojeden wird die Rentierzucht angesehen. Sie bildete fortan die nenzische Lebensgrundlage. An die 85 Prozent der Nahrung kam vom Ren (wobei überraschenderweise die Rentiermilch als Lebensmittel verschmäht wurde). Das Ren lieferte mit seinem Fell die Kleidung, den Schlafsack und die Wände des Tschum, des Stangenzelts des nomadisch lebenden Volkes. Die Knochen wurden zu Geräten, die Sehnen zu festem Garn verarbeitet. Die Nenzen lebten in Wandergemeinschaften einer oder mehrerer patriarchalischer Sippen, die gemeinsame Sprache erlaubte dennoch ein gewisses Gemeinschaftsbewußtsein, das sich in den Abwehrversuchen gegen das Vordringen der russischen Kolonisatoren äußerte.

Die Russen zeigten sich, gemeinsam mit den südlichen Nachbarn der Samojeden, den finnischen Komi (Syrjänen), die sich die Moskauer Fürsten schon im 14. Jahrhundert unterworfen hatten, vom Beginn der Neuzeit an zunehmend an den reichen Jagdgründen des hohen Nordens interessiert. Um die Pelztierjagd zu sichern, errichteten die Russen befestigte Posten an den Tundra-Flüssen. Es dauerte nicht lange, bis Moskau die Oberhoheit über das gesamte Gebiet beanspruchte. Den Samojeden wurden nun Tributzahlungen sozusagen dafür, daß sie die Tundren als Wohn- und Wirtschaftsraum verwenden durften, auferlegt. Der Tribut (Jassak) wurde als „Bogenabgabe" eingehoben: pro Bogen mußte der Besitzer zwei Polarfuchsfelle oder einen Zobel abliefern. Das löste Widerstand aus. Russische Forts wurden belagert, eine Erkundungsexpedition wurde von den „blutdürstigen Samojeden", wie die arktischen „Wilden" nun bezeichnet wurden, vernichtet. In der Regel kämpften die nenzischen Krieger in diesen Konflikten im Falle der Niederlage bis zum letzten Mann. Sie wollten nicht das Los jener ihrer Frauen und Kinder teilen, die, von russischen oder syrjänischen Waldbauern geraubt, als Sklaven verwendet wurden.

Zar Iwan der Schreckliche zeigte ein gewisses Verständnis für die Beschwerden der Polarbewohner. 1545 bestätigte er den Nenzen ihre Jagd- und Fischereirechte und verbot den Syrjänen, diese Rechte anzutasten. Auch erließ er Schutzdekrete gegen die Willkür russischer Aufseher. Aber „Rußland ist groß, und der Zar ist weit", wie ein altes russisches Sprichwort sagt. In den folgenden Jahrhunderten nahm die Belastung durch das Eindringen russischer und syrjänischer Kolonisten und durch die von Moskau den Steuerpächtern überlassene Eintreibung der Zahlungen immer mehr zu. Deren Willkür wurde begleitet vom verantwortungslosen Verkauf von Alkohol an die damit nicht vertrauten Ureinwohner. Die alte Sippenordnung geriet ins Wanken, orthodoxe Missionare verdrängten zunehmend die Schamanen und begannen mit der Zerstörung des nenzischen Weltbilds. Dieses war von einem Kosmos von Göttern und Geistern bevölkert, an deren Spitze der Himmelsgott Num, die Erdgöttin und der Totengott standen. Der Schamane, Tadibeij, war der Vermittler zu den Himmelsgeistern (Tadib), seine medialen „Austrittserlebnisse" schilderten die Reisen der Seele in andere Welten, zugleich verstand er sich auf uralte Heilpraktiken.

Nach den napoleonischen Kriegen versuchte die russische Regierung, den Mißständen im hohen Norden durch das „Samojedische Reglement" Einhalt zu Gebieten. Darin wurde ein Verkaufsverbot für Alkohol erlassen und den Nenzen ein Anflug von Selbstverwaltung, unter Berufung auf ihr Gewohnheitsrecht, zugestanden. Der zeitgenössische finnische Gelehrte Castrén, der sich um die Sammlung samojedischer Volksdichtung sehr verdient gemacht hat, charakterisierte das Reglement als „Ideal der Vollkommenheit", aber: „Es versteht sich von selbst, daß das Auge des Gesetzes, wie wachsam es auch wäre, nicht alles sehen kann, was in den Einöden der samojedischen Wüsteneien tatsächlich geschieht."

An die Stelle des offenen Raubes trat nun der Betrug unter Berufung auf Rechtsverhältnisse, der auf die völlig anders geartete samojedische Gesellschaft weiter verheerende Auswirkungen hatte. Die Folgen zeigten sich rasch: Um die Mitte des 19. Jahrhunderts hatte die Hälfte der Nenzen keine Rentiere mehr, die Herden waren in den Besitz der fremden Ausbeuter übergegangen. Für die meisten der samojedischen Familien, die noch Rentiere besaßen, reichte die Größe der Herden nicht mehr zur Sicherung des Lebensunterhaltes. Die besten Weiden waren ihnen zudem von Russen oder Syrjänen weggenommen worden. Ins Elend getriebene Ureinwohner vegetierten in wachsender Zahl als „Bettel-Samojeden" in Archangelsk und anderen größeren Siedlungen. Die Zwangsansiedlung von Samojeden auf Nowaja Semlja – die Zarenregierung wollte damit norwegischen Ansprüchen auf die Insel zuvorkommen – brachte den Betroffenen weitere Mühsal. Den Nenzen schien der Lebensmut verlorenzugehen. Ihre Bevölkerungszahl nahm ab – nicht nur relativ zur Masse der Neusiedler, die aus ihnen eine schrumpfende Minderheit machten – sondern auch absolut.

Die Oktoberrevolution schien den Nenzen eine neue Chance zu geben. Lenins anfängliche Ablehnung des großrussischen Chauvinismus trug zunächst zu mehr Verständnis für die kleinen Völker des Nordens bei. 1920 trat in Petschora das „1. Samojedische Vollzugskomitee" zusammen. Zunächst wurde die administrative Ordnung entsprechend den Clan- und Stammesorganisationen geregelt, „Sippenräte" wurden ins Leben gerufen. 1929/30 ging Moskau zur Aufteilung in territoriale Einheiten über. Es wurden für Gebiete, in denen die autochthone Bevölkerung bereits stark in der Minderheit war, sogenannte „Nationalbezirke" (okrug) gebildet. Das samojedische Siedlungsgebiet wurde durch die Nationalbezirke der Nenzen (177.000 qkm), der Jamal-Nenzen (750.000 qkm) und der Dolganen und Nenzen, früher Taimyr (862.000 qkm) erfaßt. Zugleich mit diesen Änderungen begann die Kollektivierung, eine für die Rentierzucht denkbar unsinnige Wirtschaftsform, in der die „Hütebrigaden" die Selbstversorgung durch Ablieferungsquoten zu ersetzen hatten.

Ein Nenzen-Mädchen, zu Besuch aus einem benachbarten Nomadenlager (Nord-Ural, März 1990)

Auch das Nomadenleben war den Stalinisten ein Dorn im Auge. Man übte Druck aus, die Nenzen in russischen Blockhäusern seßhaft zu machen. Dies brachte auch eine Umstellung in der Ernährung, weil die Bewohner der Hütten nun durch Anbau von Kartoffeln und Kohl das rar gewordene Fleisch ersetzten. Die wachsende Ausbeutung der Bodenschätze des hohen Nordens, die Errichtung riesiger Straflager wie jener im Raum Workuta und der geförderte Zustrom von Arbeitskräften aus dem ganzen Sowjetreich, verbunden mit der Gründung städtischer Siedlungen, brachten einen zunehmenden Russifizierungsdruck.

Im ersten Jahrzehnt der Sowjetherrschaft war das Interesse an der eigenständigen Entwicklung der vielen nationalen Minderheiten und Völkersplitter groß. Ein eigenes „Nordkomitee", in dem vor allem Ethnologen das Sagen hatten, bemühte sich um die sibirischen Indigenen. Auch der Sprache der Nenzen und ihrer eigenartigen Volksdichtung wurde große Aufmerksamkeit geschenkt. Vor der Herausbildung einer Schriftsprache, zu der die Wissenschafter Geburtshilfe leisteten, war die Dichtung der Samojeden ausschließlich mündliche Überlieferung und aufs engste mit dem Gesang verbunden. Die Helden- und Klagelieder wurden von den Sängern weitergegeben und nicht selten durch Improvisationen verändert. Sie gaben ein Bild von der vaterrechtlich organisierten Stammesgesellschaft und ihren mythischen Vorstellungen. Diese freilich wurden, wo sie noch lebendig waren, bekämpft: Wie jede Religion, wurde der Schamanismus genauso abgelehnt wie die Bilder des hl. Nikolaus, die die oberflächliche Christianisierung in den Nomadenzelten hinterlassen hatte.

Nenzen-Junge in einer Rentierherde

Erst spät, insbesondere in den Jahren nach dem XX. Parteitag, entwickelte sich eine nenzische Literatur. „Ihre Lebhaftigkeit, Derbheit und Offenheit sind untrügliche Zeichen ihrer Jugend", bemerkt ein ungarischer Sprachwissenschafter, „ihre Sprache, ihre Bilder sind ungekünstelt, schlicht, poetisch und durch all dies manchmal verblüffend ungewohnt." Zu einem Rückschlag kam es 1977, als die Nationalbezirke in „Autonome Bezirke" umgewandelt wurden und durch eine Wahlrechtsänderung, die für diese Gebiete, in denen die Autochthonen längst zu kleinen Minderheiten geworden waren, nicht mehr absicherte, daß ihre Repräsentanten im Nationalitätensowjet vertreten waren. Im Unterschied zu den meisten anderen kleinen Völkern des Nordens, denen damals auch in den Elementarschulen der Unterricht in der Muttersprache genommen wurde, konnten sich die europäischen Nenzen wenigstens dieses Recht erhalten.

Nenzen

Zur Hochzeit seiner Tochter fertigt der Rentierführer einen Schlitten an

Erst in den Tagen der Perestrojka und dann nach dem Zusammenbruch der kommunistischen Herrschaft konnte auch im Hohen Norden offen über die verheerenden Umweltschäden gesprochen werden, die durch die rücksichtslose Ausbeutung aller Ressourcen und die Verseuchung des Bodens und der Gewässer durch die Industrialisierung eingetreten waren. Die Vertreter der Indigenen sehen sich dabei freilich oft in einen fast hoffnungslosen Abwehrkampf gegen die Arbeitsplatz-Interessen der nichtnenzischen Bevölkerungsmehrheit und gegen die neuerdings auftretenden in- und ausländischen Kapitalgruppen verstrickt. Im gemeinsamen Auftreten der sibirischen Nordvölker und in deren mahnenden Appellen an die russische Regierung und an die Weltöffentlichkeit wird allerdings eine gewisse Chance gesehen. Speziell die Nenzen haben hinsichtlich der Selbstverwaltung und von Ausnahmebestimmungen bei der industriellen Nutzung von Teilen ihrer Bezirke bereits Erfolge verbuchen können.

Literatur: Hans Findeisen, Die europäischen Samojeden – Vergangenheit und Gegenwart. Rengsdorf 1965.

Die Tschuktschen, am äußersten Ende Nordasiens, sind vom Untergang bedroht. Alkoholismus und Russifizierung haben vielen von ihnen in den letzten Jahrzehnten Sprache und kulturelle Identität geraubt.

Vor hundert Jahren war ein Buch für die Tschuktschen, die jene östliche Halbinsel buchstäblich „am Ende der Welt" (wenn man unser gängiges Kartenbild vor Augen hat) bewohnten, „ein unergründliches Wunder, solide zusammengebundene Seiten gutgegerbten Leders irgendeines geheimnisvollen Tiers." Der Tschuktschendichter Juri Rytcheu, dessen Werke auch in westliche Sprachen übersetzt worden sind, hat wesentlich zum Abbau dieser Vorstellungen beigetragen. In der Sowjetzeit war Rytcheu ein beliebtes „Vorzeigeobjekt" als Beweis für den Aufstieg, den die kleinen Völker des sibirischen Nordens unter der kommunistischen Herrschaft genommen hätten. Das ist die eine Seite.

Die andere Seite ist die Realität des Lebens der noch rund 15.000 Tschuktschen, die heute, gegenüber zugewanderten Russen längst zur Minderheit geworden, den rund 738.000 Quadratkilometer großen Autonomen Bezirk der Tschuktschen bewohnen. Der französische Ethnologe Charles Weinstein, der, seit die Wende dies möglich machte, auf der Tschukotka lebt, schlägt Alarm: „Die Tschuktschen sind vom Aussterben bedroht. Die Männer haben eine durchschnittliche Lebenserwartung von lediglich 45 Jahren. Sie trinken von Kindheit an Wodka und haben ihre eigene Kultur völlig verloren."

Die Tschuktschen sind – alles ist relativ – das größte unter den sogenannten paläoasiatischen Völkern, die durch viele Jahrhunderte ohne Kontakt mit der Außenwelt die riesigen Weiten der arktischen Tundren am Rande der bewohnbaren Welt durchstreiften. Sie selbst nannten sich Luorawetlan, was soviel wie „echte Menschen" bedeutet. Ihre Sprache ist mit keiner anderen verwandt, ausgenommen jener der benachbarten Korjaken (Nymyllan) und der Kamtschadalen (Itelmen). Ihr Zahlensystem wies die Merkwürdigkeit auf, daß es auf einem Vigesimalsystem (zum Unterschied von unserem Dezimalsystem nach der Zahl 20 ausgerichtet) beruhte.

Seit alten Zeiten unterschieden sich die Tschuktschen nach ihrer Tätigkeit und ihrer Wohnweise in zwei Gruppen: Die Rentier-Tschuktschen zogen als Nomaden mit ihren Herden durch die Tundra. Sie lebten – und leben zum Teil heute noch – in „Jaranga" genannten Zelten aus Rentierhäuten. Die Küsten-Tschuktschen hatten feste Wohnsitze am Rand des Eismeers; sie betrieben Fischfang und Jagd auf Meeressäuger. Wann die Tschuktschen aus weiter südlich liegenden Gebieten in ihre unwirtliche heutige Heimat abgedrängt worden sind, ist unbekannt. Zum Unterschied von den nicht einmal 2.000 Eskimo der Tschukotka, die sich auf der russischen Seite der Beringstraße Yuit nennen, zeigen die Tschuktschen kaum mongolide Gesichtszüge. „Bei den jungen Weibern ist die Haut nahezu ebenso weiß und rot wie bei den Europäern", heißt es in einem Forschungsbericht aus dem 19. Jahrhundert. „Trotz der größten Unsauberkeit am Körper und in ihren Behausungen erfreuen sie sich guter Gesundheitsverhältnisse." Der Kampf mit der harten Natur, die sie einem achtmonatigen Polarwinter aussetzte, wie die Tatsache, daß eine einzelne Rentierherde eine riesige Fläche des kargen Tundrenmooses benötigt, machte die Tschuktschen für größere Stammeszusammenschlüsse ungeeignet; sie lebten in Familienverbänden zusammen und kannten keine Herrschaftsstrukturen.

Als die Russen schließlich auch in den äußersten Nordosten des Kontinents vordrangen, kam es immer wieder zu Kämpfen mit tschuktschischen Sippen. Anders als sonst in Sibirien, gelang es den Kosaken hier nur ausnahmsweise, von den Einheimischen den „Jasak", den Pelztiertribut, einzufordern. Bis in die späte Zarenzeit standen die Küsten-

Tschuktische Rentier-Hirten an der Bering-See

Tschuktschen viel eher in Verbindung mit den Amerikanern; die von diesen begehrten Walroßzähne bildeten den Hauptartikel in den Handelsbeziehungen, die als erste dazu beitrugen, die traditionellen Knochen- und Steinwerkzeuge und -waffen durch europäische zu ersetzen, aber auch das teuflische Zivilisationsprodukt Alkohol ins Land brachten.
Die relative Unberührtheit der Tschuktschen-Halbinsel fand mit dem Einzug der Bolschewiki in den Kreml bald ihr Ende. Zunächst zeigten sich die Kommunisten ehrlich bemüht, die sibirischen Völker von der Ausbeutung durch Händler und Steuereintreiber zu befreien und sie an die Höhen zivilisatorischen Fortschritts, wie sie ihn verstanden, heranzuführen. Unumgänglich war dafür die Alphabetisierung, und sie sollte zunächst zur Wahrung der Eigenständigkeit der kleinen Nordvölker beitragen. Doch in die Vorstellungen der Kommunisten paßte weder das Nomadenleben noch der Familienbesitz der Rentierherden. Mit deren Überleitung in Kollektivfarmen, mit der Zusammenfassung der Fischer in Tierfangkolchosen wurde auch hier jene Gleichmacherei eingeleitet, die zum Debakel für die sowjetische Landwirtschaft werden sollte. Die bolschewistische Religionsfeindlichkeit richtete sich natürlich auch gegen die Schamanen, deren Praktiken als verdummend und gesundheitsschädlich verboten und die oft persönlich verfolgt wurden. Daß dabei auch alte Volksweisheiten und Naturkenntnisse verloren gingen, kümmerte niemanden. Für die Repräsentanten zum Ersten Sowjetkongreß 1927 wurden zumindest jene Leute ausgewählt, die aufgrund ihres Besitzes oder ihrer Erfahrung einen gewissen Einfluß hatten, und unter Stalin kamen sie überhaupt als „Kulaken“ in Verruf.

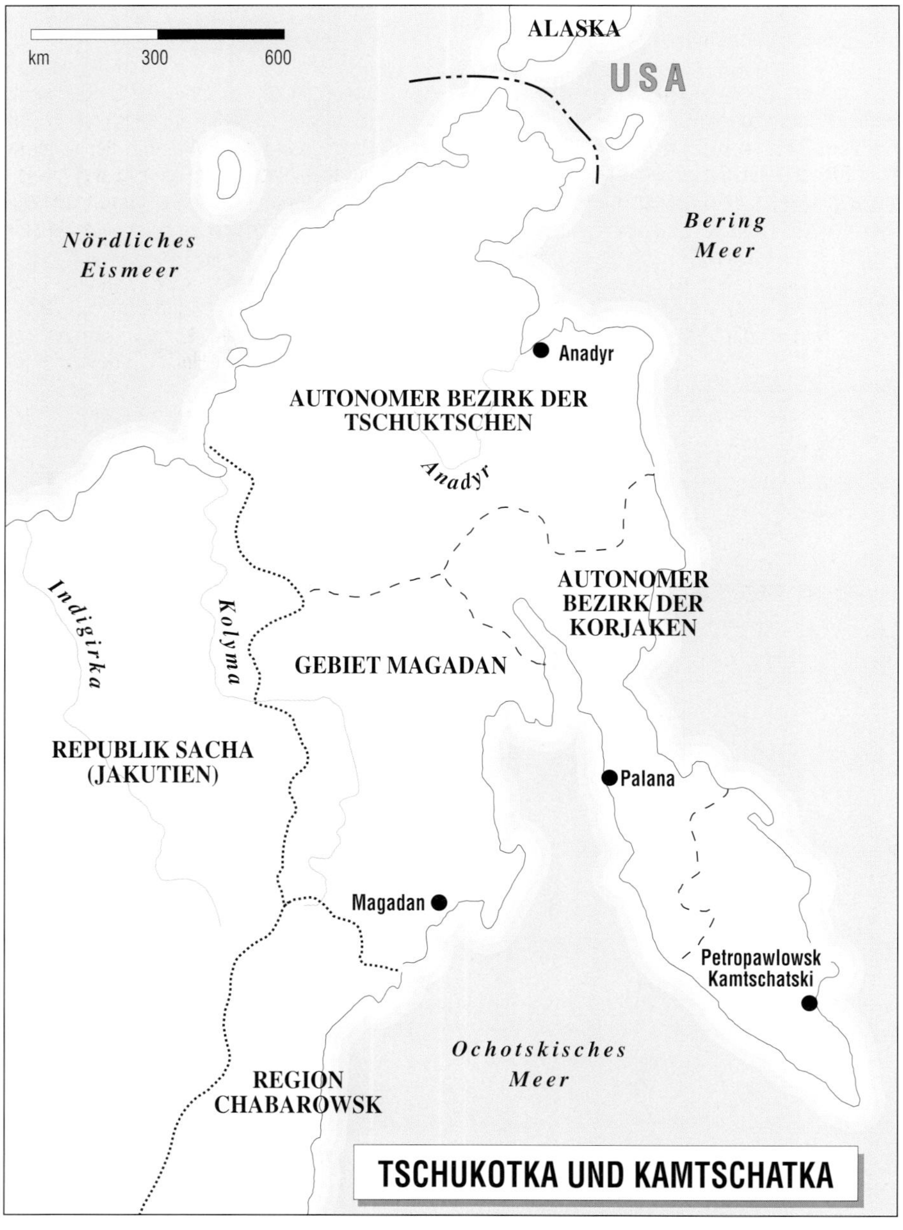

TSCHUKOTKA UND KAMTSCHATKA

Mit Stalin kam es auch in der Bildungspolitik zu einer Wende. Das Ziel, den neuen „Sowjetmenschen“ zu erziehen, sollte bei den indigenen Völkern dadurch erreicht werden, daß die Kinder ihren Eltern für den Großteil des Jahres weggenommen und in Internate gesteckt wurden. Die Muttersprache, für die zunächst ein lateinisches Alphabet entwickelt worden war, mußte nun kyrillisch geschrieben werden und trat gegenüber dem Russischen in den Hintergrund. War zunächst die Russifizierung der Jugend einfach das Ergebnis des Bestrebens, fügsame Sowjetbürger und eine willfährige Intelligentsia heranzubilden, so wurde sie mehr noch in der Breschnjew-Zeit zum ganz bewußt angepeilten Ziel.
Im Jahr 1932 war der Nationalbezirk der Tschuktschen mit dem Ort Anadyr als Verwaltungszentrum gegründet worden. Die sowjetische Propaganda schilderte die Entwicklung des riesigen Gebiets in rosigen Farben. In einer Publikation des Jahres 1950 heißt es: „Die Bevölkerung ist heute in der Lage, das ganze gesellschaftliche, wirtschaftliche und kulturelle Leben ihres Kreises selbst zu leiten. Das Kreisvollzugskomitee des Sowjets der Deputierten Werktätigen leitet der Genosse Otke, ein Tschuktsche, der in Leningrad studiert hat … Unter der Leitung der Sowjetregierung und der Partei schreiten die Völker des Tschuktschenlandes schnell in ihrer wirtschaftlichen und kulturellen Entwicklung vorwärts.“
Worüber der Jubelbericht nicht spricht, das war die in der Stalinzeit einsetzende massenhafte Zuwanderung von Russen und Ukrainern. Zunächst waren es vor allem Zwangsarbeiter, mit deren Schweiß und Blut im Rayon Magadan, von dem der Tschuktschen-Bezirk einen Teil bildet, die ersten Basen für die künftige Erschließung errichtet wurden. Nach Stalins Tod wurden Zehntausende mit dem Versprechen höherer Löhne in das an Bodenschätzen reiche „Neuland“ gelockt. Sie brachten auch einen rassistischen Hochmut mit, der nun durch die Maßnahmen der Behörden eher gefördert als gehemmt wurde. Tschuktschen wurden als faul und dumm betrachtet, meist wurden ihnen nur die niedrigsten Arbeiten zugeteilt. Die Regierungspolitik fand unter anderem darin ihren Ausdruck, daß nun die Muttersprache aus den Schulen völlig verbannt wurde. Den Kindern mußten russische Vornamen gegeben werden. Von den rund 15.000, die sich bei der Volkszählung 1989 als Tschuktschen eintrugen (nur noch 10 Prozent der Bevölkerung des nunmehr „Autonomen Bezirks“), waren nur noch zwei Drittel auch der Muttersprache mächtig; insbesondere unter der Jugend war sie stark im Schwinden. Für die Heirat von Russen mit einheimischen Frauen gab es Prämien. Da die russischen Männer alle besseren Posten besetzten und Frauenmangel herrschte, fand so mancher Tschuktsche keine Partnerin mehr und suchte den Ausgleich in der Wodkaflasche.

Diese teils durch Zwang, teils durch die ökonomischen Verhältnisse in die Wege geleitete Assimilation hatte aber bei den Zugewanderten keineswegs das Ergebnis, ihren Rassismus aufzugeben. Seit dem Zusammenbruch des kommunistischen Systems scheut man auch nicht mehr davor zurück, offen auszusprechen, was früher zumindest die offizielle Sprachregelung verboten hat. So etwa kann eine Schuldirektorin, seit 25 Jahren im Amt, dem deutschen Magazin „Focus" 1994 im Brustton der Überzeugung erklären: „Tschuktschen- und Eskimokinder sind genetisch und physiologisch unfähig, denselben Stoff in der Schule zu begreifen wie russische Kinder. Das ist der Grund, weshalb nur russische Kinder die achte und neunte Klasse besuchen und die anderen nach den sieben obligatorischen Jahren austreten."

Rentierfelle bilden ein wichtiges Handelsgut

Die Wende im Osten und die dadurch eintretenden oft chaotischen Verhältnisse in der Versorgung der Bevölkerung, die für das Gebiet längst zu groß geworden war, um sich von dessen natürlichen Ressourcen zu ernähren, hatten zur Folge, daß Russen nun abzuwandern begannen. Andererseits war jetzt wieder private Tierhaltung erlaubt, und so manche tschuktschische Familie riskiert es, das halbnomadische Leben der Rentierzüchter wieder aufzunehmen. Doch für die ausgepowerten und dem Alkohol verfallenen Bewohner der heruntergekommenen, von den Sowjets gegründeten Orte – nicht selten waren Einheimische hierher aus ihren Dörfern zwangsumgesiedelt worden – eröffnet sich diese Möglichkeit kaum. Ausländische Besucher sehen sich nun, nach Jahrzehnten der Propaganda über die liebevolle Fürsorge, die Moskau den kleinen Nordvölkern angeblich angedeihen ließ, mit einer Realität konfrontiert, die um den Weiterbestand des Tschuktschenvolkes fürchten läßt. Und ein ähnlicher Verfall ist auch bei den anderen, kleineren paläoasiatischen Völkern festzustellen. Er erscheint dort sogar weiter fortgeschritten, weil bei Korjaken und Kamtschadalen, Niwchen (Giljaken) und Jukagiren der Prozentsatz derer, denen ihre Muttersprache noch vertraut ist, noch wesentlich geringer ist.

Ob die in den allerletzten Jahren entstandenen Organisationen der arktischen Völker Rußlands dem noch gegensteuern können, ist fraglich. Die Hoffnungen setzen auf politische Aktivitäten, durch die die russische Regierung zu Schutzmaßnahmen aufgefordert und die Welt auf die Problematik aufmerksam gemacht werden soll. In dieser Situation ist es bedeutsamer denn je, daß jene wenigen Intellektuellen, die im Sowjetsystem, und sei es um den Preis von Zugeständnissen an die Machthaber, bestehen konnten, nun das mühevolle Werk der Renaissance ihres Volkstums nicht scheuen.

So ist Juri Rytcheu der Ansicht, daß die Märchen und Mythen seines Tschuktschenvolkes nicht nur als „Konserven" einer untergegangenen Welt in den Archiven der Ethnologen

Nur noch wenige Nomaden leben in Zelten

und Linguisten zu bewahren sind. Er selbst hat, noch in der späten Sowjetzeit, als neben der Verherrlichung der Partei und der Arbeitskollektive auch andere Themen in der Literatur wieder geduldet wurden, begonnen, die mündliche Überlieferung seines Volkes in seine Werke einfließen zu lassen.

„Ich lernte die Märchen und Legenden der Tschuktschen aus dem Munde meiner Großeltern, die mich erzogen, kennen", erinnert er sich. „Mit pochendem Herzen hörte ich jeweils, unter meiner Rentierdecke liegend, zu, wenn ein vorüberziehender Reisender, der sich an unserem Herd erwärmte, eine mir noch unbekannte Geschichte zu erzählen begann." Und Rytcheu schließt aus seinen frühen Erfahrungen: „Kein Menschenwerk atmet solche Freude und solchen Optimismus, solchen Glauben an den Sieg des Guten über das Böse, solch feinen Humor und solch feinfühliges Verständnis für soziale Harmonie und Gerechtigkeit, wie wir sie in der mündlich überlieferten Volksdichtung finden. Dies sind, glaube ich, die Eigenschaften, welche während Jahrhunderten die mündliche Überlieferung befähigten, das geistige Kleid der einander folgenden Geschlechter zu bestimmen."

Die Frage, ob es heute dafür nicht zu spät geworden ist, muß offen bleiben.

Literatur: Tichon Semuskin, Im Land der Tschuktschen. Wien 1954. – Juri Rytcheu, Kinder des Wales. In: „Unesco-Kurier" 2/1976.

Chanten und Mansen

Erdöl- und Erdgasfunde wurden zum Verhängnis für die westsibirischen Chanten und Mansen, besser bekannt als Ostjaken und Wogulen, den nächsten Sprachverwandten der Magyaren.

Chanten-Frau an einem Schlitten mit Truhe. Diese Schlittenart dient zum Transport und zur Aufbewahrung von Salz, Zucker und trockenem Brot (Südliche Halbinsel Yamal, August 1989)

Seit Mitte des vorigen Jahrhunderts haben ungarische Linguisten, Ethnologen und Folkloristen ein bevorzugtes Forschungsgebiet: immer wieder haben sie – neben finnischen Kollegen – Sprache, Lebensweise, Mythen und Volksdichtung der Chanten (von den Russen Ostjaken genannt) und Mansen (Wogulen) im Gebiet um den mittleren Ob-Strom in Sibirien untersucht. Der Grund dafür ist, daß diese sogenannten ob-ugrischen Völker die nächsten Sprachverwandten der Magyaren sind. Während diese aus unbekannter Ursache südwärts zogen und nach Zwischenaufenthalten an der Wolga und am Don in Pannonien einbrachen und dort ihr Königreich gründeten, wurden Chanten und Mansen aus ihren ursprünglichen Wohnsitzen diesseits des Mittel-Urals im Lauf des Mittelalters immer weiter nach Osten verdrängt. Sie müssen heute zu den bedrohten kleinen Völkern des sibirischen Nordens gerechnet werden. Die letzte sowjetische Volkszählung (1989) wies rund 23.000 Chanten und 8.000 Mansen aus, von denen aber nur noch etwa 60 Prozent ihre Muttersprache benutzten.

Chanten und Mansen hatten bis ins 20. Jahrhundert keine geschriebene Geschichte. Quellen für ihre Vergangenheit sind lediglich russische Chroniken, aus der Sicht des Feindes geschrieben, oder die seit dem vorigen Jahrhundert von ungarischen, finnischen, russischen Sammlern aufgezeichneten Heldenlieder. Die Gewährsleute trugen diese oft mehrere tausend Verse umfassenden Epen, aus denen eine große poetische Ausdruckskraft spricht, auswendig vor – was selbstverständlich Veränderungen durch den Volkssänger einschließt, aber den durch Jahrhunderte weitergegebenen Grundinhalt durchaus erhalten hat (worauf viele archaische Bezüge hinweisen). Die Kämpfer der Vorzeit haben sich darin in mythische, mit übernatürlichen Kräften begabte Heroen verwandelt, mit dem „Goldenen Fürstenheld" als der zentralen Gestalt der ob-ugrischen Mythologie. Und die Selbstachtung dieser Völker hat sich dabei offenbar häufig aus der Niederlage, die sie letzten Endes erleiden mußten, zumindest Zwischensiege im Abwehrkampf gegen russische wie tatarische Übermacht erdichtet.

Die Chanten und Mansen waren nicht immer die in elenden Dörfern lebenden, dem Alkohol ergebenen Halbwilden, als die sie den europäischen Forschern des vorigen Jahrhunderts bei der ersten Begegnung erscheinen mußten. Aus russischen Chroniken, aber auch aus ihren Epen geht hervor, daß die Chanten und Mansen den Nowgoroder und Moskauer Fürsten, als diese mit ihrem Eroberungszug begannen, beachtliche Heere entgegenstellen konnten, was auf eine nationale Organisation schließen läßt. Sie wohnten in Jugria, ihrer Heimat diesseits des Ural, in um eine Holzburg angelegten Städten, von deren glanzvollen Fürstenhöfen die Heldenlieder Wundersames zu berichten wissen (im Distrikt Obdorsk hat man noch Reste solcher Siedlungen gefunden). Allein bei dem 1501 unternommenen Kriegszug zerstörten die Russen 41 dieser Orte. Ihrer zahlenmäßigen Stärke – „der Grashalm ist zu dick, um dort Platz zu haben, so viele kommen herein", beschreibt sie der Volksdichter – hatten Ostjaken und Wogulen auf Dauer nichts entgegenzusetzen. Es blieb nur der Rückzug in die weite Taiga Sibiriens und schließlich 1552 die formelle Unterwerfung unter den Zaren Iwan III., der der mächtigen Handelsfamilie der Stroganow die Lehensherrschaft über das Gebiet anvertraute. Aufflammender Widerstand wurde mit blutiger Gewalt gebrochen, die Kosaken rotteten die Bevölkerung ganzer Landstriche aus und errichteten Garnisonen an den Handelswegen. Die Einheimischen wurden zu Lieferanten der begehrten Pelze, für die sie schlecht und nur zu häufig mit Wodka entlohnt wurden. Die rücksichtslose Ausbeutung der Jagd- und Fischfangressourcen hatte zudem zur Folge, daß sich die Stämme untereinander oder mit den Nenzen (Samojeden) im Norden erbitterte Kämpfe um die Reviere lieferten.

Der Widerstand gegen die Kolonialherren nahm eine neue Form an, als die Zaren orthodoxe Missionare schickten, um die Chanten und Mansen ihrem schamanistischen Heidentum abschwören zu lassen. Es waren zumeist keineswegs die besten Vertreter des christlichen Glaubens, die hier als Bekehrer auftraten, sondern häufig strafversetzte Priester. Dieser Anschauungsunterricht trug dazu bei, daß die „Heiden" dem Christengott gegenüber reserviert blieben, die Taufe zwar über sich ergehen ließen, aber sonst ihrem alten Väterglauben anhingen. Sie versteckten ihre hölzernen Götzenbilder in den Jurten und Erdhütten und trafen sich weiterhin bei heiligen Bäumen, um ihren Ahnen zu opfern und die Maskentänze des Bärenkults zu begehen, der in der feierlichen Tötung des gefangenen Bären, Kind des Himmelsgottes Torem, und seiner Einverleibung durch die Gläubigen in Form eines Bärenfleischmahls gipfelte.

Den Forschern des vorigen Jahrhunderts bot sich da eine Fundgrube, die ihnen Rückschlüsse auf die Vorzeit ihrer eigenen, längst zivilisierten finnisch-ugrischen Völker bot. Neben den Heldenliedern waren noch Zaubersprüche lebendig, wie etwa die Beschwörung bei der Niederkunft, in der eine „Schutzgöttin mit dem Blutopfer der Mitternacht, unsere Mutter, mädchenhafte Türschutzgöttin mit der silbernen Tür" gebeten wird, die Qualen des Gebärens durch „ein weiter laufendes Mädchen, einen weiter laufenden Jungen" zu belohnen; oder das Blutopfer eines dem Alkohol Verfallenen, der Schnaps mit seinem Blut im Glas mischt, es dem Feuer, der „siebenzüngigen Fürstin der Vernichtung" überantwortet und dazu den als „Goldene Sonnenhand" angesprochenen Gott bittet, ihm Schonung angedeihen zu lassen, „damit ich mich nicht mehr mit dem fröhlichen Kopf des Bierwassers (= Branntwein) drehe".

Die Oktoberrevolution von 1917 machte zunächst der Ausbeutung der Indigenen durch Kaufleute, zaristische Steuereintreiber und mit ihnen kollaborierende Ortsmächtige ein Ende. Die neue Nationalitätenpolitik nahm sich der kleinen Völker des Nordens an. Chanten und Mansen, denen nun das Recht der Benennung mit den eigenen Volksnamen offiziell anerkannt wurde, bekamen ihre eigenen Literatursprachen. Die Neugliederung der Verwaltungsgebiete der Sowjetunion nach vorwiegend ethnischen Gesichtspunkten brachte den Ob-Ugriern 1930 den vorerst noch dünn besiedelten Nationalbezirk der Chanten und Mansen, mit 523.000 Quadratkilometern von gewaltiger Ausdehnung. Sein Hauptort, zunächst Ostjako-Wogulsk, wurde in Chanty-Mansijsk umbenannt. Die Gründung von Fisch- und Fleischkonservenfabriken schien einen der Ökologie angepaßten, schrittweisen Fortschritt zu garantieren.
Selbst die Stalinsche Kollektivierung konnte der Urbevölkerung, die in Familienverbänden das riesige Territorium bewirtschafteten wenig anhaben. (Übrigens waren die Stämme bis in die neueste Zeit in zwei sogenannte Fratrien, die Sippengruppen der „Mos" und „Por", geteilt, Heiraten waren nur zwischen Menschen der jeweils anderen Sippe erlaubt). Die ihr Volkstum wirklich bedrohende Zeit brach mit der Anfang der sechziger Jahre einsetzenden Aufschließung der gewaltigen Erdöl- und Erdgasfelder im Gebiet von Tjumen, zu dem das 1978 von National- in Autonomer Bezirk umbenannte Territorium gehört. Nun wurden Straßen gebaut, riesige Dämme errichtet, Wälder abgeholzt und neben den gewaltigen Industriekomplexen Städte in Fertigbauweise aus dem Boden gestampft. Durch den Zuzug von Hunderttausenden aus Rußland und anderen Teilen der Sowjetunion – allein die neue Stadt Nischne-Wartowsk beherbergt 150.000 Einwohner – geriet die Urbevölkerung in eine hoffnungslose Minderheit. 1989 betrug der Anteil der Chanten und Mansen in „ihrem" Bezirk nur noch 1,4 Prozent. Ihr Leben in der Taiga änderte sich von Grund auf. Abholzung und Umweltschäden ließen den Fisch- und Wildreichtum schwinden, viele Indigene wurden entweder zwangsweise umgesiedelt, wenn auf ihrem Gebiet Erdöl entdeckt wurde, oder mußten wegen des Verlustes ihrer Lebensgrundlagen in die Städte ziehen. Die erst durch die Bemühungen am Beginn des Sowjetsystems entstandene chantische und mansische Intelligenzija begann sich zu assimilieren, entwurzelte Männer, die sich dem Alkohol ergaben, fanden keine jungen Frauen mehr, weil diese in der Hoffnung auf sozialen Aufstieg lieber Russen heirateten.

Chanten-Ehepaar

In den Zeiten Breschnjews, dessen Politik auf Industrialisierung und Russifizierung ganz Sibiriens eingestellt war, konnte an Widerstand gegen diese Entwicklung nicht gedacht werden. Erst der Zerfall der Sowjetunion erlaubt auch jenen Vertretern der kleinen Völker, denen die Erhaltung von deren Identität noch ein Anliegen ist, sich zu artikulieren. Insbesondere das von der UNO ausgerufene „Jahr der indigenen Völker" (1993) gab auch den Ureinwohnern Sibiriens Hoffnung und erlaubte ihnen erste Ansätze zur Selbstorganisation. Im November 1993 fand in Moskau eine Konferenz der „Vereinigung der Kleinen Völker des Nordens, Sibiriens und des Fernen Ostens" statt. Zu deren Präsidenten wurde

Chanten-Familie beim Essen: Es gibt frisches, rohes Rentierfleisch, die Lieblingsspeise der Chanten

Chanten und Mansen

Das Bärenfest, zentraler Bestandteil der Chanten-Kultur

dort – bedauerlicherweise nach internen Streitereien – ein Chante gewählt: der Schriftsteller Jeremej Danilowitsch Aipin, der früher auch Mitglied des Parlaments der Russischen Föderation war. Zumindest dem Gesetzesbuchstaben nach nimmt die Jelzin'sche Verfassung, die durch das Referendum im Dezember 1993 in Kraft getreten ist, auf die Indigenen „in Übereinstimmung mit den Normen des Internationalen Rechts" Rücksicht. So heißt es darin: „Der Schutz der Umwelt und der traditionellen Lebensweise kleiner ethnischer Gruppen unterliegt der gemeinsamen Verantwortung der Russischen Föderation und der regionalen Verwaltungen."

Um diesem Paragraphen Leben einzuhauchen, begannen Chanten und Mansen, zur Selbsthilfe zu greifen. Der Folklore wird wieder mehr Beachtung geschenkt, verschiedentlich werden die Kinder wieder in ihrer Muttersprache unterrichtet, und man veranstaltet für sie in der Taiga Ferienlager, damit sie die traditionelle Lebensweise der Vorväter kennenlernen. Vor allem wird versucht, das an sich den Bewohnern verbriefte Recht, daß auf von ihnen genutztem Land kein Bohrturm errichtet werden darf, durchzusetzen. Gegenläufig wirken sich dabei freilich die Bemühungen der nunmehr auch von ausländischem Kapital gestützten neuen Erdölfirmen aus, die Einheimischen durch Geld- und Aktienangebote zu korrumpieren. Die chaotischen Verhältnisse im heutigen Rußland, der häufig praktizierte Manchesterliberalismus und das Sinken des Lebensstandards geben solchen Bemühungen Chancen und lassen die Vertreter der Indigenen zweifeln, ob es möglich sein wird, „die weltweite öffentliche Meinung über die Tragödie von drei sterbenden Völkern in Westsibirien zu informieren" und so „Überlebenswege für die Chanten, Mansen und Nenzen" zu finden.

Jeremej Aipin hat den Kampf aufgenommen. Er hofft darauf, daß die von ihm formulierten Fragen seines Vaters, eines Jägers, Antwort in einer Berücksichtigung der Wünsche der Ureinwohner, und sei es nur in der Errichtung von Schutzgebieten, finden: „Warum holzen sie den Fichtenwald ab, obwohl die Stämme noch immer aufgeschichtet nutzlos verrotten? Warum knebeln Maschinen die kleinen Flüsse mit Röhren und Sandbänken, was Fischer wie Fische daran hindert, durchzukommen? Warum pumpen sie Öl aus der Erde, wenn sie es dann zwei Finger dick auf dem Fluß Agan treiben lassen und damit alles Leben töten …?"

Literatur: István Erdélyi (Hg.), Ostjakische Heldenlieder. Budapest 1972. – Artturi Kannisto, Wogulische Volksdichtung. Helsinki 1951. – Janos Gulya, Sibirische Märchen I – Ostjaken und Wogulen. Düsseldorf 1968. – Zeitschrift „pogrom" Nr. 180/1994.

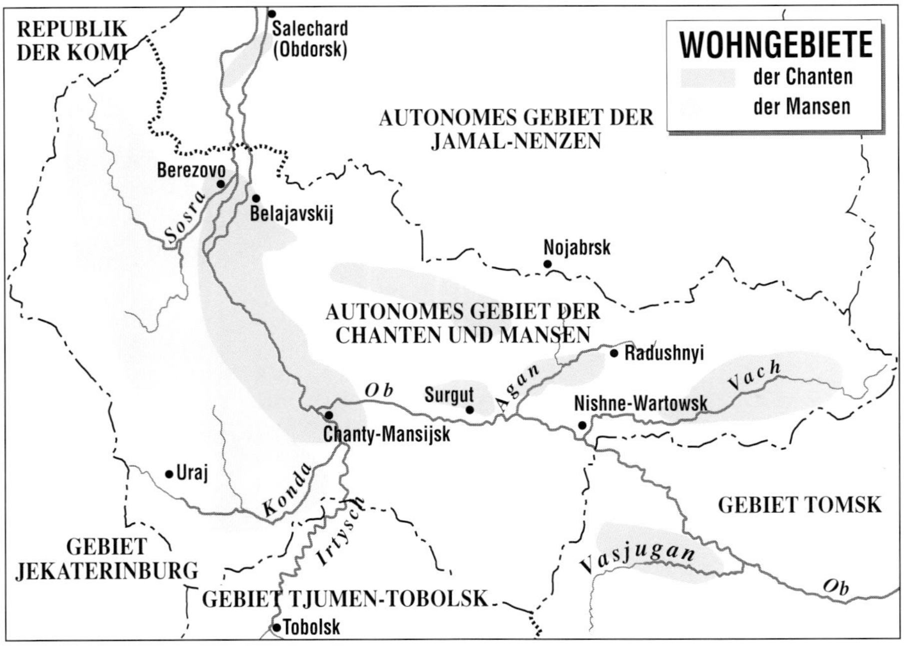

EUROPA

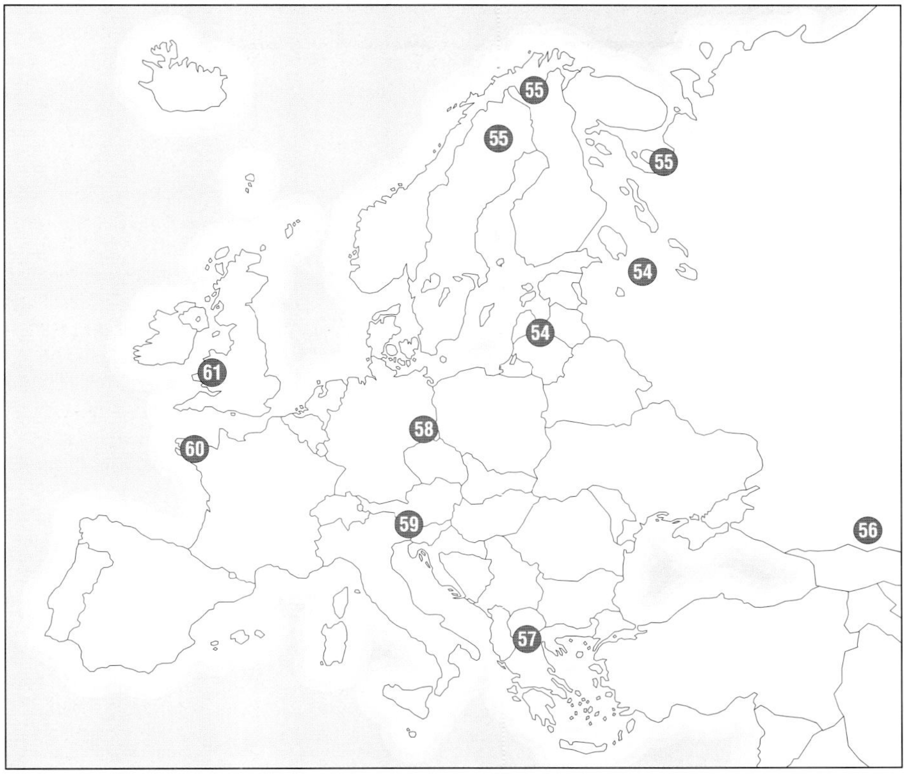

54 Wepsen, Woten, Ingern, Liven – 55 Samen – 56 Tschetschenen – 57 Aromunen 58 Sorben – 59 Ladiner – 60 Bretonen – 61 Waliser

KP-Politik und Indigene

Der Zusammenbruch des Kommunismus beendete auch – mitunter in tragischer Weise – die oft zwiespältige und für Machtzwecke instrumentalisierte kommunistische Nationalitätenpolitik. Zwar konnten sich die größeren Völker der Vereinnahmung durch das größte Volk entziehen, doch bedroht der neue Nationalismus nun erst recht so manche Minderheit in ihrer Existenz.

Das Ende des kommunistischen Systems machte auch dessen Scheitern auf dem Gebiet der Nationalitätenpolitik offenbar. Die von der Diktatur durch Jahrzehnte propagierte „Völkerfreundschaft“ erwies sich als Trugbild, insbesondere in den Vielvölkerstaaten. Ihr Zerbrechen vollzog sich in der sanften Form des gegenseitigen Einverständnisses zur Trennung in Tschechien und die Slowakei, führte in weiten Teilen der früheren Sowjetunion zu blutigen Auseinandersetzungen, insbesondere in Kaukasien, bescherte den neuen Staaten die konfliktträchtige Last großer russischer Minderheiten (Baltikum, Moldowa, Ukraine, Kasachstan) und erreichte in der noch immer nicht ausgestandenen Tragödie des ehemaligen Jugoslawien ihren menschenmordenden Tiefpunkt.

Dem ging ein Jahrhundert voran, in dem marxistische Theorie und deren – oft um taktische Kehrtwendungen unbekümmerte – Instrumentalisierung für die Machtpolitik langfristig den Scherbenhaufen vorprogrammierte, den der Kommunismus auch auf diesem Gebiet hinterlassen hat. Seine Urväter Marx und Engels hatten, obwohl sie unter Bezugnahme auf Iren und Polen sich zu der Ansicht bekannten, daß Nationen nicht frei sein können, solange sie andere unterdrücken, für die „Völkersplitter“ im europäischen Südosten wenig Verständnis. Die Austromarxisten Karl Renner und Otto Bauer wollten in ihren frühen Schriften die Integrität Österreich-Ungarns nicht in Frage stellen und vertraten daher die personenbezogene, national-kulturelle Autonomie als Lösung des Nationalitätenproblems. Dem stellten Lenin und Stalin noch im Exil – dieser in seiner in Wien gegen Bauer und Renner verfaßten Schrift „Marxismus und die nationale Frage“ – das Prinzip der Gebietsautonomie, mit letzter Konsequenz die Selbstbestimmung, gegenüber. (Das Selbstbestimmungsrecht war also keine „Erfindung“ Wilsons, der mit ihm die Aufteilung Österreich-Ungarns rechtfertigte und dann bei den Friedensschlüssen hilflos den Machtansprüchen seiner europäischen Alliierten nachgab.) Gleichzeitig aber bestanden die Bolschewiki auf den „proletarischen Internationalismus“ ihrer Parteiorganisation und stellten das Klasseninteresse über die nationalen Ansprüche – eine These, die von Beginn ihrer Machtübernahme an ein bequemes Instrument des Zudeckens der Widersprüche zwischen Theorie und Praxis werden sollte. Der Theorie wurde zunächst durch die föderalistische Struktur der Sowjetunion – gegründet 1922 als Bund Rußlands, der Ukraine, Weißrußlands und Transkaukasiens – Genüge getan; die Praxis zeigte sich in der blutigen Unterwerfung des sozialdemokratischen Georgien und in der Beseitigung des islamischen Widerstands in Turkestan. Als die Kommunisten überall im Land die Macht errungen hatten, wurde das Verwaltungssystem konsequent nach dem Nationalitätenprinzip – abgestuft nach der zahlenmäßigen Stärke der Völker als Unionsrepubliken, autonome Republiken, autonome Gebiete und Nationalbezirke – aufgebaut, und die Sowjetmacht zeigte sich insbesondere um die Entwicklung der zahlreichen kleinen, schriftlosen Ethnien in Asien bemüht. Hatte Lenin noch gegen den großrussischen Chauvinismus gewettert, so wurde dieser für den Georgier Stalin ein Mittel zur Ausschaltung seiner Gegner. Zugleich mit der Zwangskollektivierung richtete sich eine erste große Verfolgungswelle gegen den „bürgerlichen Nationalismus“ in den kommunistischen Kadern, der nun zu einem todeswürdigen Verbrechen wurde. Jene Bestimmung der Stalinschen Verfassung von 1936, die den nun auf elf aufgestockten Unionsrepubliken das Recht auf Austritt aus der Union zubilligte, mußte für alle, die das nicht in kommunistischer „Dialektik“ als ein für eine „sozialistische Nation“ denkunmögliches Vorgehen zu betrachten vermochten, als blanker Hohn erscheinen. Die Russifizierung der Union nahm mannigfache Formen an: von der Zähmung der Ukraine durch Hunger über die den Turkvölkern und den eben erst alphabetisierten Völkerschaften des Nordens aufgezwungene Kyrillisierung ihres Alphabets bis zu der Deportation ganzer Nationalitäten – Kaukasier, Krimtataren, Wolgadeutsche – aus ihren „autonomen“ Gebieten nach Sibirien. Aus den dank dem Pakt mit Hitler annektierten baltischen Ländern wanderten Zehntausende in die Lager des Ostens, während gleichzeitig durch die Ansiedlung Hunderttausender Russen die autochthone Bevölkerung in die Minderheit gedrängt werden sollte (was heute im Gegenzug die Diskriminierung der russischsprachigen Bevölkerung in den drei wiedergeborenen Staaten zur Folge hat). In seiner letzten Schrift zu „Marxismus und Sprachwissenschaft“ nahm Stalin kurz vor seinem Tod die weitere, von ihm kräftig geförderte Entwicklung vorweg, indem er das Aussterben der einzelnen Nationalsprachen zu Gunsten des Russischen prognostizierte. Die Breschnjew-Zeit war auf diesem Gebiet keine der „Stagnation“, weil dieser Vorgang durch administrative Maßnahmen (wie Einstellung des muttersprachlichen Unterrichts für etliche kleine Völker) beschleunigt wurde.

Die Politik der Parteien der Komintern hatte sich in den zwanziger und dreißiger Jahren den Schwankungen Moskaus auch auf dem Gebiet der Nationalitätenfrage beflissen angepaßt. Im ersten Jahrzehnt, als die Bekämpfung des „Versailler Systems“ als imperialistisches Diktat im Vordergrund stand, wurde die Nationalitätenfrage als Vehikel im Kampf gegen die Vorfeldstaaten der Entente, insbesondere gegen die neuen Vielvölkerstaaten Polen, Tschechoslowakei und Jugoslawien, gebraucht. So trat die KP der Tschechoslowakei bis zum Aufstieg Hitlers für die Selbstbestimmung der Sudetendeutschen, und sei es um den Preis ihres Ausscheidens aus dem Staatsverband, ein. Die KP Jugoslawiens wandte sich gegen „die Unterdrückungspolitik der großserbischen Bourgeoisie, diesen Stützpfeiler der Konterrevolution auf dem Balkan“ und betonte „das Recht

Sarajewo 1878 – einst ein Ort des Zusammenlebens der Völker

auf freie Abtrennung und Bildung eines eigenen Staates bzw. auf den Anschluß an den eigenen nationalen Staat", letzteres insbesondere ein Hinweis auf die Haltung gegenüber den Kosovo-Albanern. Diese 1924 beschlossene Resolution war für elf Jahre politische Leitlinie, und Tito sollte ihr noch insofern wieder folgen, als er die Gegensätze durch die Föderalisierung Jugoslawiens zu überbrücken suchte. Mit der Machtübernahme Hitlers, im Zuge der von Moskau eingeleiteten Volksfrontpolitik, hatte man sich von diesen Thesen abgewandt. Durch die Volksdemokratisierung Osteuropas wurden die nationalen Gegensätze durch Jahrzehnte überdeckt, wobei sich in Rumänien insofern eine Anpassung an russische Verhältnisse anbahnte, als gerade der (auch gegen Moskau mitunter unbotmäßige) Nationalismus des Staatsvolks die „mitbewohnenden Nationalitäten" unter Assimilierungsdruck setzte. In Jugoslawien wiederum versuchte Tito wiederholt – einmal gegen den großserbischen Innenminister Rankovic, dann wieder gegen den „Kroatischen Frühling" – überbordende nationalistische Ansprüche im Zaum zu halten, auch mit Blick auf Moskau, das in deren geheimer Förderung und mit gelegentlichem Wohlwollen für Bulgariens mazedonische Wünsche ein Disziplinierungsmittel gegen den „verlorenen Sohn" parathielt.

Jedenfalls hatte, in der Sowjetunion wie in Jugoslawien, die kommunistische Staatsmacht Grenzen geschaffen, die in der Zeit ihrer Herrschaft kaum über die Bedeutung bloßer Verwaltungsgrenzen hinausgingen, auch wenn sie nominell Territorien der „sozialistischen Nationen" waren. Wie auswechselbar solche unter Stalin waren, zeigte sich übrigens, als nach dem „Winterkrieg" des Jahres 1940 die eine „Karelo-Finnische Republik" zum 16. Bundesstaat der Sowjetunion erhoben wurde, welche von Chruschtschow 1956 wieder in den Status einer autonomen Republik Karelien zurückversetzt wurde, als der „Wink mit dem Zaunpfahl" einer Einverleibung ganz Finnlands in das Sowjetreich nicht mehr opportun war. Die nach der Annexion des rumänischen Bessarabien gegründete Unionsrepublik Moldawien hingegen blieb erhalten. Die Grenzen dieser Territorien waren weitgehend festgefroren, auch wenn sich da und dort die Bevölkerungsverhältnisse grundlegend verändert hatten, wie etwa am Ostufer des Dnjestr in Moldawien oder insbesondere in Kasachstan, in dessen Nordteil die „Neuland"-Gewinnung vor allem Russen ins Land gebracht hatte, die bereits in den siebziger Jahren die Bevölkerungsmehrheit stellten. Das Selbstverständnis der großrussischen Moskauer Allmacht ließ offenbar solche Revisionen für überflüssig erscheinen, und als die Perestrojka die Entwicklung in eine bis dahin unvorstellbare neue Richtung trieb, blieb dafür keine Zeit mehr. Nun trat ein, was Karl Marx (in ganz anderem Zusammenhang) in dem schönen Bild von den versteinerten Verhältnissen,

Sarajewo 1993 – Einwohner auf der Flucht vor Heckenschützen

denen man ihre eigene Melodie vorspielen müsse, um sie zum Tanzen zu bringen, ausgedrückt hatte. Das Recht auf Austritt aus der Union der sozialistischen Sowjetrepubliken wurde aus einer unverbindlichen Verfassungsfloskel zu einem Vehikel des Zerfalls des Reichs, auch wenn elf der fünfzehn Staaten, die nun ihre eigenen Flaggen hißten, sehr bald auf die Sinnhaftigkeit eines gewissen Zusammenhalts in der GUS zurückkamen (und Georgien nach blutigen Bürgerkriegen nachfolgte). Die baltischen Länder hatten ja die Annexion von 1940 durch den kompromißlosen Abschied aus der Union rückgängig gemacht.

In Jugoslawien war die serbische Führungsschicht, und das offenbar mit Unterstützung einer Mehrheit des serbischen Volkes, dem im Austausch gegen den Rückgang der nun infolge des Wegfalls des russischen Supermacht-Kontrahenten nicht mehr für zweckmäßig gehaltenen wirtschaftlichen Subventionierung Chauvinismus als Zubrot geboten wurde, nicht so einfach bereit, ihre Hegemonie aufzugeben. Als dies in der Knebelung der Albaner im bis dahin autonomen Kosovo reale machtpolitische Form annahm, sahen die nichtserbischen Teilrepubliken die Stunde der Auflösung des gemeinsamen Staates gekommen; nicht zuletzt aus der verständlichen Furcht, daß das Kosovo-Beispiel Schule machen könnte. Da Serbien, anders als Rußland, nicht bereit war, die Vereinnahmung serbischer Minderheiten durch andere Staaten hinzunehmen (was nach den Erfahrungen mit dem Ustascha-Staat im Zweiten Weltkrieg nicht ganz unverständlich war), begann der jugoslawische Krieg, der insbesondere in Bosnien, wo die ethnische Gemengelage eine säuberliche Trennung zwischen Serben, Kroaten und moslemischen Bosniaken ganz besonders schwierig macht, grausamste Formen annahm. Der Wahnwitz der „ethnischen Säuberungen", die ein geschlossenes serbisches Staatsgebiet ermöglichen sollten, mußte Europa insoferne mit Entsetzen erfüllen, als er sich nicht nur in einem bis dahin scheinbar ein halbes Jahrhundert lang friedlichen Kontinent vollzog, sondern auch mit den vordem praktizierten Vertreibungs-„Vorbildern" so schwer vergleichbar ist, weil Vertreiber und Vertriebene die gleiche Sprache sprechen. (Auf die ebenso brutale wie eindrucksvolle Bestätigung dafür, daß Sprache und Nation keineswegs identisch sein müssen, hätten auch wir Österreicher, denen im Prinzip an einer solchen Feststellung liegen muß, zweifellos gern verzichtet).

Zieht man die Bilanz der Folgen des Zusammenbruchs des Kommunismus auf die nationale Vielfalt in Osteuropa und Nordasien, so bleibt als vorläufiges Ergebnis, daß deren Bedrohung insofern geringer wurde, als die Vereinnahmung der größeren Völker durch die bisherigen Hauptträger der Staaten gestoppt wurde. Für viele kleinere Gruppen aber ist die Bedrohung womöglich verstärkt worden; nicht nur durch den Nationalismus der neuen Staaten, sondern auch durch die nun einsetzende, auf maximale Exploitation gerichtete Wirtschaftsweise, die insbesondere die kleinen sibirischen Völker vollends ihrer Identität zu berauben droht. Doch sind auch andere Minderheiten – man denke an Osseten, Abchasier, Inguschen im kaukasischen Raum oder an die blutige Vertreibung der Mescheten aus Usbekistan, sowie in Ex-Jugoslawien an die Lage der Albaner – in ihrer Existenz bedroht. Ein ebenso trauriges Kapitel ist die Diskriminierung der Roma in Tschechien, der Slowakei und Rumänien, nachdem die kommunistischen Versuche, ihre Lebensweise zu ändern, nur von zweifelhaften Erfolgen der „Seßhaftmachung" begleitet waren.

Auf andere Weise gefährdet ist übrigens auch eine Minderheit, die aus dem DDR-Erbe an das nun wiedervereinigte Deutschland gefallen ist: die unter dem SED-Regime vorbildlich geförderten Sorben der Lausitz, denen ein eigenes Kapitel gewidmet ist.

Die Fotos der skandinavischen Touristenwerbung zeigen gern Lappen in malerischen Trachten am Rentierschlitten; für die meisten Menschen dieses kleinen Volkes ist das längst Vergangenheit.

Man hat nicht gehört, daß die Samen irgendwoher gekommen sein sollen", schreibt der aus den norwegischen Finnmarken stammende Johan Turi, der Klassiker der sehr jungen samischen Literatur (die Lappen nennen sich selbst Samit und halten das vom finnischen „Lappalainen", Ödlandbewohner, abgeleitete „Lappi" für beleidigend). „Der Same ist überall in Lappland Einwohner gewesen, und als die Samen sich hier an der Meeresküste aufgehalten haben, da sind da keine anderen Bewohner gewesen, auch nicht ein einziger an der Meeresküste, und damals war es für die Samen gut zu leben. Und die Samen haben auch auf der schwedischen Seite überall gelebt. Und damals waren da nirgendwo Ansässige; die Samen wußten nicht, daß es andere Menschen gab als sie."

Auch die Wissenschaft ist sich nicht sicher, woher und wann die Lappen in ihre heutigen Wohngebiete im nördlichen Skandinavien und auf der Halbinsel Kola kamen. Wie die Finnen, Esten, Magyaren und etliche Nationalitäten beiderseits des Ural gehören sie zur Sprachfamilie der Finno-Ugrier; doch klaffen Sprachverwandtschaft und Kulturentwicklung dieser Völker weit auseinander.

Unbestritten ist jedenfalls, daß die Samen die ältesten Bewohner des nördlichsten Europa waren, und daß ihr Territorium besonders im Osten beträchtlich größer war als heute. Es reichte dort bis zum Onega-See, und die Sagen, die von den Konflikten der Lappen mit den Tschuden (den finnischen Stämmen der Woten und Wepsen) berichten, bestätigen die allmähliche Abdrängung der Samen in das karge Nordland. In diesen „Rückzugsgebieten" bewahrten sie bis weit ins 19. Jahrhundert ihre angestammte Lebensweise; erst unsere Zeit brachte die Eingliederung des größeren Teils dieses Volkes in die Gesellschaft der vier Staaten – Norwegen, Schweden, Finnland und Rußland –, in denen sie leben. Heute wird die Zahl der Lappen (nach der Sprachzugehörigkeit) auf maximal 60.000 geschätzt: 35.000 in Norwegen, 18.000 in Schweden, 5.000 in Finnland und 2.000 in Rußland.

Die Samen sind unter den Völkern unseres Kontinents zweifellos einzigartig. Bis in die jüngste Zeit fehlte ihnen das Bewußtsein der nationalen Zusammengehörigkeit und gemeinsamen Geschichte ebenso wie eine nennenswerte soziale Gliederung. „Dieses begabte, bewegliche und hochspezialisierte Volk kann entwicklungsgeschichtlich nicht mit anderen Völkern Europas verglichen werden. Den Lappen eignet nach Aussehen, Wesen, Sprache, Lebensformen und Einzelzügen ihrer materiellen Kultur eine unverwechselbare Individualität " (Wolfgang Schlachter). Das harte Leben in der arktischen Natur in „Sápmi" (Lappland), der letzten wirklichen Wildnis Europas, aber auch Zwangsbekehrungen, die vor der Tötung widerspenstiger Schamanen nicht zurückscheuten, haben die Fäden zur Vorzeit zerrissen – nur vom Bärenkult der Polarvölker finden sich Reste – und an ihre Stelle ein kühl-realistisches, abschätzendes, durchaus diesseitiges Denken treten lassen.

Die Kolonisierung Lapplands im 17. Jahrhundert hatte einen weniger vom Christentum als von brutaler Ausbeutung bestimmten Wandel zur Folge. Die bäuerlichen Neusiedler schränkten die nomadische, auf Rentierzucht ausgerichtete Lebensweise der Lappen zunehmend ein. Viele von ihnen wurden als Arbeitskräfte für die schwedischen Silberminen herangezogen. Der Alkoholismus wurde zu einer Volksseuche, die schließlich die Regierungen zu Sondergesetzen veranlaßte, die den Schnapsverkauf an Lappen verboten. Der pietistische Geistliche Lars Levi Laestadius gab den Samen durch seine religiöse Erweckungsbewegung neues Selbstbewußtsein, Bibelübersetzungen ins Lappische wurden zu ersten schriftlichen Zeugnissen für ihre Sprache.

Bis zum Einbruch der modernen Industriegesellschaft teilte man die Samen nach ihrer Lebensweise in Rentier- oder Berg-Lappen, Wald-Lappen und Fischer- oder Küsten-Lappen ein. Bis ins 16. Jahrhundert waren so gut wie alle Lappen als Jäger und/oder als Fischer tätig; erst der Preisverfall im Pelzhandel durch neue Konkurrenz aus Nordamerika und Sibirien sowie die Dezimierung der wilden Rentierherden durch skandinavische Jäger ließ die Lappen zu Rentierzüchtern werden. Für die Berg-Lappen wurden die Rentierherden der einzige Reichtum, die Tiere lieferten alles, was sie für Nahrung und Kleidung brauchten. Allerdings konnte erst eine Herde von hundert Stück eine Familie ernähren, für eine gewisse Wohlhabenheit bedurfte es Herden von 400 bis 500 Stück. Wer weniger hatte, schloß sich gegen Dienstverpflichtungen reicheren Herdenbesitzern an. Die mit dem Vordringen bäuerlicher Siedler zunehmende Begrenzung der Gebiete, durch die die Lappen-Nomaden mit ihren Herden zogen, veranlaßte viele von ihnen, seßhaft zu werden und den Wechsel zwischen dem mit Rentierfellen

Same aus Norwegen

Heute ersetzt der Motorschlitten zusehends den Rentierschlitten

gedeckten Stangenzelt im Sommer und den Erdhütten im Winter gegen Ansässigkeit in festen Holzhäusern einzutauschen. In ihrer Lebensweise unterscheiden sie sich heute kaum noch von der sie umgebenden schwedischen oder norwegischen Bevölkerung. Heute leben nur noch rund 10 Prozent der Lappen von der Rentierhaltung, und mit den Herden wandern nicht mehr die ganzen Familien, sondern mit Motorschlitten, Jeeps und sogar Flugzeugen ausgerüstete Hirten.

Der schwedische Staat war seit Mitte des 18. Jahrhunderts bemüht, die Lappen – lange Zeit freilich in durchaus patriarchalischer Weise, also ohne deren Mitsprache – zu schützen. Er legte die Grenzen der „Lappmarken" fest, in denen das Recht der Samen, frei fischen und jagen zu dürfen, sichergestellt wurde. Durch einen Vertrag mit Dänemark, das damals mit Norwegen vereint war, wurde die Erlaubnis zu ungehinderter Überquerung der Grenzen für die Rentiernomaden und ihre Herden vereinbart. Die staatlichen Schutzbestimmungen waren bis weit in unser Jahrhundert hinein durch ihren konservativ-erhaltenden Charakter gekennzeichnet und auf die traditionelle Eigenständigkeit der Bergnomaden-Familien abgestellt. Das hatte zur Folge, daß die Zusammenarbeit zwischen den Lappen-Gemeinden unterentwickelt blieb. Bei den Wald-Lappen, die mit ihren Herden nicht auf Wanderschaft gingen, entwickelte sich die Rentierzucht durch Gründung von Genossenschaften viel besser.

Erst in der zweiten Hälfte unseres Jahrhunderts wurde in Schweden einerseits der prekären wirtschaftlichen Lage vieler Berg-Lappen durch Subventionen entgegengewirkt, andererseits zeigte man auch wachsendes Verständnis für den Wunsch der Samen nach Erhaltung ihrer Sprache und Kultur. Diese Bestrebungen fanden in der Gründung von Vereinigungen wie der „Nationalen Union der schwedischen Samen" und des mehr auf Vertretung der wirtschaftlichen Interessen ausgerichteten „Reichsverbands der schwedischen Samen" ihren Ausdruck. Die samische Sprache hat zwar in Schweden keine Rechtsstellung, doch wird sie in den Schulen, die von Lappenkindern besucht werden, neben dem Schwedischen verwendet. Auch die Wiederbelebung lappischer Volkskunst hat – nicht nur aus touristischem Interesse – bemerkenswerte Erfolge erzielt. Die im 19. Jahrhundert begonnene Sammeltätigkeit samischer Sagen und Märchen wurde zielgerichtet fortgesetzt. Seit 1919 haben die schwedischen Lappen eine eigene, zweisprachige Zeitung, „Samefolket". Die dialektale Aufsplitterung der Samen wurde durch die Heraushebung des nordlappischen Dialekts als Schriftsprache, die an den Universitäten Uppsala und Oslo gelehrt wird, zu überwinden gesucht. Allerdings legen Familien, denen am sozialen Aufstieg gelegen ist, häufig größeren Wert auf weitgehende Assimilation ihrer Kinder; auch viele gemischte Ehen tragen zum Aufgehen der Lappen in der Mehrheitsbevölkerung bei.

Die Samen in der Finnmark, der nördlichsten Grafschaft Norwegens, hatten am Beginn der 1905 erlangten vollen Unabhängigkeit des Landes beträchtlich unter unverhüllter Diskriminierung zu leiden. Ein Gesetz, das den Verkauf von Land an Lappen, die nicht eine Form der beiden Sprachen Norwegens sprachen, lesen und schreiben konnten, verbot, war bis 1965 in Kraft. Bis 1955 war die Lappensprache auch aus den Schulen verbannt, erst seither kann der Unterricht der Kinder, falls die Eltern dies wünschen, in der Grundschule auf samisch erfolgen. Im Herbst 1990 wurde in Norwegen das samische Sprachgesetz erlassen. In den sechs wichtigsten Gemeinden mit samischer Bevölkerung wurde deren Sprache dem Norwegischen gleichgestellt. Auch zwei Zeitschriften in samischer Sprache erscheinen schon seit längerem. 1989 wurde das „Samithing" gegründet, eine Art Parlament, das wenigstens beratenden Charakter in allen die Lappen betreffenden Angelegenheiten hat. Der Großteil der Lappen in der Finnmark leidet aber insbesondere unter der wirtschaftlichen

Sami-Frauen kommen von der Messe

Rückständigkeit dieses kargen Grenzgebiets. Dazu wurde die Rentierzucht durch die Atomwerkskatastrophe von Tschernobyl (1986) aufs schwerste getroffen. Der Großteil des Fleisches der geschlachteten Tiere mußte vernichtet werden, und auch in den Folgejahren war das Fleisch noch radioaktiv verseucht.
Abgesehen von den rentierzüchtenden Lappensippen im Grenzgebiet zu Norwegen, war ein Teil der finnischen Samen bis 1945 im Gebiet von Petsamo/Petschenga beheimatet. Als diese einzige finnische Hafenstadt am Polarmeer an die Sowjetunion abgetreten werden mußte, wurden diese Skolten genannten Samen in das Gebiet um den Inari-See umgesiedelt. Die finnischen Lappen sind eine sehr kleine Gruppe, ihr Aufgehen in der finnischen Bevölkerung ist auch aufgrund der Sprachverwandtschaft kaum noch vermeidbar. Dennoch gibt es eine vierzehntägig erscheinende Zeitschrift „Sabmelai" (Der Lappe), Radiosendungen und Bemühungen junger Intellektueller um Literatur in samischer Sprache. Am schlechtesten ist zweifellos die Lage der Samen auf der russischen Halbinsel Kola. Sie teilen dies mit der Bevölkerung dort im allgemeinen und mit der tristen Situation der kleinen Nordvölker im einstigen Sowjetreich im besonderen. Auch hier bilden die Lappen, wie in Finnland, nur eine verschwindende Minderheit. Das hat übrigens Stalin nicht gehindert, gegen Ende des Zweiten Weltkriegs das Gespenst einer „Sowjetrepublik Lappland" als bedrohliche Idee für die Nachkriegsgestaltung Europas geistern zu lassen. Sehr real hingegen waren die schrecklichen Zerstörungen, die die deutschen Truppen nach dem Sonderfrieden Finnlands mit Rußland in Finnisch-Lappland und der Finnmark hinterlassen haben.

Seit den fünfziger Jahren gibt es in den skandinavischen Ländern Bestrebungen, die Lappenpolitik zu koordinieren. 1956 wurde der „Nordiska Sameradet" in Norwegen ins Leben gerufen – mit dem Ziel, „über die wirtschaftlichen, sozialen und kulturellen Interessen der Lappen in einer Weise zu wachen, die mit ihren verschiedenen Staatsangehörigkeiten vereinbar ist". Seither haben schon mehrmals Konferenzen dieses „Nordischen Lappenrates" stattgefunden. So wurde 1965 die Einsetzung eines gemeinsamen Ausschusses der Regierungen von Norwegen, Schweden und Finnland beschlossen. Er appellierte an die Samen, mehr an der gemeinsamen Arbeit teilzunehmen und insbesondere in den Jugendorganisationen ihre Meinung einzubringen. Etliche Empfehlungen des Lappenrates fielen bei den Regierungen auf fruchtbaren Boden. Der „Sámiráddi" wurde 1976 auch Mitglied des „World Council of Indigenous Peoples".
Der lappische Dichter Aslak Guttorm hat den Appell an seine Landsleute, ihre ethnische Identität nicht aufzugeben, in Verse gefaßt: „Samensprache – Goldsprache / weshalb schläfst du? / Weshalb bist du so mutlos? / Verstumme nicht, Muttersprache! / Selbst wenn fremde Sprachen, fremdes Gedankengut / schon ein Grab für dich graben, / selbst wenn du noch nicht in voller Blüte / ausgeschlagen hast und die Knospe / noch nicht aufgesprungen ist ..."

Literatur: Johan Turi, Erzählung von dem Leben der Lappen. Klett-Cotta, Stuttgart/Helsinki 1982. – Meic Stephens, Minderheiten in Westeuropa. Matthiesen-Verlag, Husum 1979. – Wolfgang Schlachter, Die lappische Literatur. In: Kindlers Literatur Lexikon, Zürich 1964.

Vergessene kleine Völker im Nordosten Europas: Wepsen, Woten, Ingern und Liven sind kaum noch dem Namen nach bekannt. In wenigen Jahrzehnten werden sie verschwunden sein.

Noch vor tausend Jahren war die gewaltige Landfläche zwischen sibirischem Ob, dem Polarmeer, dem südlichen Ural und der Ostsee von Völkern der finnisch-ugrischen Sprachfamilie besiedelt. Erst seit damals unterliegen diese Ethnien einem permanenten Erosionsprozeß durch das mit staatsbildender Kraft ausgestattete Russentum, einem Prozeß, der in einigen Gebieten bis heute nicht abgeschlossen ist. Noch vor seinem Einsetzen konnten sich, vor der Jahrtausendwende, die Magyaren dem entziehen, indem sie von ihrer uralischen Urheimat in den Südwesten aufbrachen und in der pannonischen Ebene ihr Königreich gründeten. Dann drangen die russischen Fürsten immer weiter nach Norden vor, übernahmen im Neuland von den Vorbewohnern manches. So können die finnischen Mari beanspruchen, die Namensgeber des als russisches Grenzfort 1147 erstmals erwähnten Moskau zu sein: „Maska Ava" bedeutet nichts anderes als „Mutter der Bärin" und weist auf den allen arktischen Völkern eigentümlichen Bärenkult hin.

Im Lauf der Jahrhunderte wurden so gut wie alle finnisch-ugrischen Siedlungsgebiete Teile des Zarenreichs. In neuerer Zeit hielten nur noch die Finnen der Bedrängung aus West und Ost, von Schweden und Russen, stand. Für die Esten kam die Rettung ihrer Identität durch den Zerfall der Sowjetunion fünf vor zwölf, drohten sie doch schon, in ihrem eigenen Land zur Minderheit zu werden. Ein Schicksal, das die östlichen Karelier schon – verschärft durch die Situation nach dem Sowjetisch-Finnischen Winterkrieg 1939/40 – ereilt hat und von dem Mordwinen, Udmurten (russisch Wotjaken), Mari (Tscheremissen) und Komi (Syrjänen) nach wie vor bedroht sind.

Doch nicht von diesen noch relativ großen Völkern, die im Rahmen der Russischen Föderation immerhin ihre von der Sowjetmacht zugestandene Autonomie zumindest formell bewahren konnten, soll hier die Rede sein. Als unmittelbar bedrohte, ja zum Teil buchstäblich im Aussterben begriffene Völker sind vielmehr vier kleine ostseefinnische Ethnien zu betrachten, deren Sprachen in einem rasanten Assimilisationsprozeß völlig zu verschwinden drohen. Es handelt sich dabei um die Wepsen (russisch Tschuden) im Gebiet zwischen Ladoga- und Onega-See, die Ingern und Woten im einstigen Ingermanland (der Region um St. Petersburg) und die Liven an der Nordspitze des lettischen Kurland.

Die größte dieser Ethnien sind die Wepsen (Vepsja) geblieben, aber auch ihre Zahl ist im Schwinden begriffen. Die sowjetische Volkszählung von 1926 wies noch rund 32.800 Wepsen aus, 1989 waren es nur noch 13.300. Ihr Siedlungsgebiet ist heute in drei Teile gespalten: Im Norden sind es fünf Dörfer am Onega-See, deren Bewohner sich als Lüden bezeichnen, die Mittel-Wepsen wohnen am Fluß Ojat, und eine südwestliche Gruppe ist noch im Bereich der Waldai-Höhen zu finden.

Die Wepsen haben eine große Geschichte hinter sich. Sie beherrschten noch im Hochmittelalter den nordeuropäischen Raum vom Ladoga-See bis zu den Komi; das finnische Sprachgebiet war damals noch nicht unterbrochen. Die altrussischen Chroniken erwähnen die „Wesj" oder Tschuden als Gegner, mit denen mancher Kampf auszutragen war. In den Sagen der Lappen erscheinen sie als fast dämonische Feinde, denen mitunter mit Bauernschläue beizukommen war, ohne daß jedoch die Abdrängung der Lappen nach Norden dadurch zu verhindern war. Schließlich wurden sie von Nowgorod abhängig und von dort zum orthodoxen Christentum bekehrt. Von den Russen übernahmen sie auch den Ackerbau, soweit der karge Boden des Nordens dafür geeignet war, blieben aber, was sie seit jeher waren: Jäger, Fischer, Meister der Holzverarbeitung. Ihre Dörfer wurden zu ausgesprochenen Rückzugsgebieten, in die der technische Fortschritt noch bis zu Beginn des 20. Jahrhunderts kaum Einzug gehalten hatte. Als der finnische Sprachforscher Kettunen das oft nicht einmal mit dem Fuhrwerk erreichbare Wepsenland 1917 durchwanderte, fühlte er sich in ein „urfinnisches Zauberland" versetzt, in dem noch der Spinnrocken (statt des unbekannten Spinnrades) verwendet, die Wäsche in den eiskalten Flüssen und Seen mit zwei Knüttel gereinigt und Schuhe aus Baumrinde angefertigt wurden. Auch die finnische Errungenschaft des Schwitzbades war hier in ihrer archaischen Form erhalten: Man kroch dazu in eine in den Stubenofen eingebaute Höhlung.

Bauern aus dem Ingermanland belieferten St. Petersburg mit den begehrten Moosbeeren

Die neue Zeit kam erst mit der Revolution auch ins Wepsenland. Schon Siegmund von Herberstein, von Kaiser Karl V. in diplomatischer Mission nach Rußland entsandt, hatte in seinen „Rerum Moscoviticarum Commentarii" berichtet, daß die Tschuden zweisprachig geworden seien und auch das Russische beherrschten. Die Bolschewiken, zunächst vom Geist der Befreiung aller Völker von der zaristischen Unterdrückung beseelt, wollten auch die wepsische Sprache retten. Bis dahin literaturlos, wurde nun das Wepsische in Lateinschrift geschrieben. Für Stalin, der – von Moldawien bis ins ferne Kirgisien – die Lateinbuchstaben wieder abschaffte, war es das Wepsische nicht wert, in kyrillische Lettern übertragen zu werden. Die Schriftsprache verschwand wieder, die Wepsen bedienten sich außerhalb ihrer Dörfer nur noch des Russischen. Ihre totale Assimilation ist, wie aus den angeführten Sprecherzahlen hervorgeht, voll im Gang.

Diesen Prozeß haben die Woten und Ingern (russisch Ischoren) im Ingermanland schon fast hinter sich. Die Woten (Vaddjalaiset), deren letzte Reste im westlichen Ingermanland, in der Umgebung des Städtchens Jamburg (Kingissepp) an der unteren Luga wohnen, waren früher ein bedeutender westfinnischer Stamm. Als Gefolgsleute der schwedischen Waräger nahmen sie an der Gründung des Russischen Reiches teil. Im 11. Jahrhundert setzten sie auf die falsche Karte, als sie dem Fürsten von Polozk gegen Nowgorod zu Hilfe kamen. Die Nowgoroder siegten, unternahmen eine Strafexpedition gegen die Woten und verleibten sich deren Land als „wotisches Fünftel" ein. Der Papst verbot in einer Bulle, den „crudeles pagani Carelie, Ingrie et Vatlandie" (den rohen Heiden Kareliens, Ingermanlands und Wotlands) Waffen zu verkaufen. Der Deutsche Ritterorden siedelte kampferprobte wotische Kriegsgefangene als „Krewinen" an der Grenze im Süden Lettlands an.

Schon in dieser frühen Zeit begann die Russifizierung der Woten. 1617, als Ingermanland nach langen Kämpfen durch den Frieden von Stolbova an Schweden fiel, fühlten sich viele Woten dem orthodoxen Glauben so verbunden, daß sie lieber ins Zarenreich auswanderten. Sie wurden durch einen Strom von Neusiedlern aus Finnland ersetzt. Innerhalb weniger Jahrzehnte hatten die Neuankömmlinge, vor allem aus Finnland, aber auch Deutsche, die ingermanländische Ureinwohnerschaft auf ein Viertel der Bevölkerung herabgedrückt. Und auch davon machten die Woten bald nur noch einen Bruchteil aus. In der Volkszählung von 1926 waren sie mit 700 Sprechern nur noch ein gutes Zehntel der Zahl von 1848.

1941 raste der Krieg über das Land, viele Dörfer gingen durch deutsche Angriffe oder Partisanenaktionen in Flammen auf. Dennoch fanden Gelehrte der estnischen Universität Tartu 1943 noch die Möglichkeit, bei alten Gewährsleuten wotisches Sprachgut aufzuneh-

Wepsen, Woten, Ingern und Liven

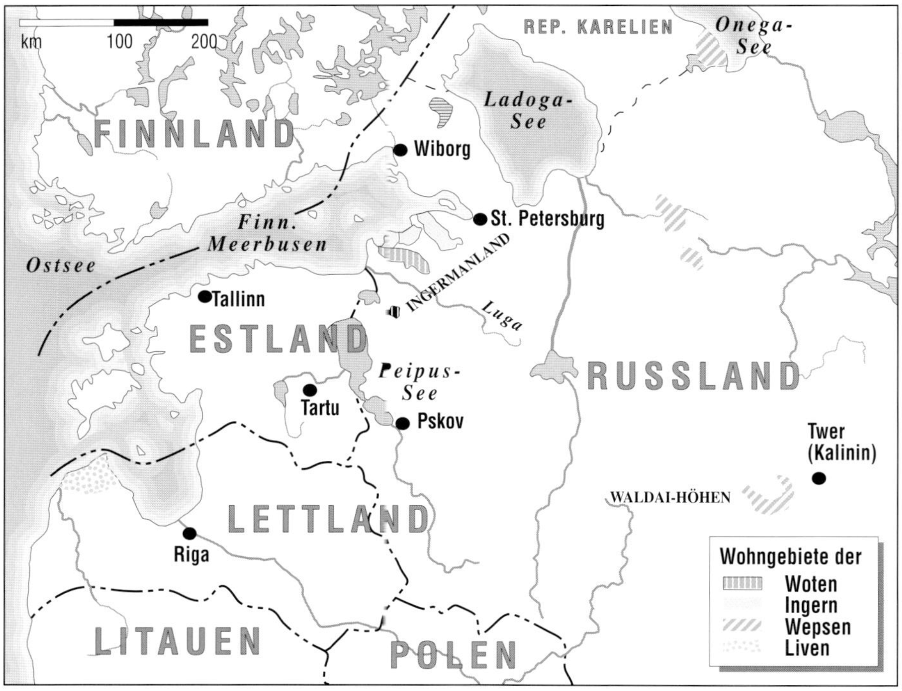

men. „Ich habe drei Kinder, der Sohn ist von den Roten eingezogen worden", berichtete die 66jährige Serafina Morosowa. „Bei uns sprechen die Kinder russisch." Und Ignati Markow ergänzt: „Dann sprechen wir auf unsere Art, damit die Jungen nicht verstehen, worüber wir sprechen." Etliche der letzten Woten flüchteten mit den deutschen Truppen. Der sowjetische Zensus von 1979 weist Woten, Ingern und Liven nicht mehr aus. Das Frühlingslied der den Birkensaft einsammelnden wotischen Frauen, „Höret zu, ihr Woten, ich verkünde euch ein großes Wunder: Die Birke schläft nicht mehr, sie hat schon Knospen angesetzt ..." ist verklungen.

Die Ingern (Inkerot), von denen 1926 noch mehr als 16.000 gezählt wurden, sind infolge der Assimilierung und der Kriegsereignisse, unter denen das Gebiet um Leningrad ganz besonders zu leiden hatte, ebenfalls unter die Tausendermarke gesunken. Sie siedelten zuletzt im östlichen Ingermanland – ihre schwedische Bezeichnung gab dem Landstrich den Namen – südlich von Petersburg. Als Peter der Große durch den Frieden von Uusikaupunki (1721) Ingermanland wieder dem Russischen Reich einverleiben konnte und beschloß, am Finnischen Meerbusen seine neue Hauptstadt zu errichten, war die Russifizierung der autochthonen Ingermanländer und auch der eingewanderten Finnen vorprogrammiert. Die mit den Kareliern eng verwandten Ingern hatten im frühen Mittelalter die Woten westwärts gedrängt; auch sie kamen unter die Botmäßigkeit Nowgorods und kämpften in dessen Heer gegen die deutschen Ordensritter, denen Fürst Alexander Newski in der Schlacht auf dem Eis des Peipussees 1242 eine schwere Niederlage bereitete. Den Ingern war das Christentum nur mühsam beizubringen; noch im 16. Jahrhundert beklagte Erzbischof Makari ihr Festhalten am Heidentum und dessen „abergläubischen" Bräuchen. In der Folklore hat sich davon bis ins 20. Jahrhundert viel erhalten. Kirchliche Würdenträger ordneten an, daß die „heiligen Haine", die die Naturverbundenheit des altfinnischen Glaubens bezeugten, zu fällen seien – aber noch anfang des 20. Jahrhunderts waren Reste dieser Kultplätze und Lieder, die den Naturkräften und dem auf den Feldern vollzogenen Fruchtbarkeitsritus der „heiligen Hochzeit" gewidmet waren, hier aufzuspüren. Sowohl sowjetische Forscher, vor allem in den zwanziger Jahren, als auch – noch 1944 – finnische Volkskundler haben hier urtümliche Volksdichtung, vor allem die charakteristischen ingrischen Totenklagen, aufgezeichnet. In diesen Klageliedern, in denen der Verstorbene direkt angesprochen wurde, hat sich Archaisches erhalten, wie es kaum anderswo in Europa zu finden ist: „Ich wollte, du wärest zärtlicher gewesen, die du mich brachtest in deinen Schoß, zärtlicher zu mir Schwachen und Bedrückten, ich wollte, du wärest freundlicher gewesen, meine Gebärerin, meine lockige Schnur ... Oder denkst du, daß dies in einem Tag abgetan ist, meine Kämmerin, denkst du, daß das eine freudige Sache ist, meine Säugerin ..." (nämlich der Tod der Mutter).

Die Liven waren der südlichste Zweig der Ostseefinnen, und der Name Livland bezeugt, wo ihr früheres Siedlungsgebiet lag. Heute sind bestenfalls noch zwei- bis dreihundert Menschen in zwölf Dörfern an der Nordküste Kurlands des Livischen mächtig. Die Liven wurden vom Deutschen Orden unterworfen und christianisiert; vergeblich versuchten sie in einem Aufstand, die von den Deutschen gegründete Stadt Riga zu erobern. Allmählich gingen sie, zu Lutheranern geworden, in den Letten (die zum Unterschied von ihnen eine indogermanische, baltische Sprache sprechen) auf. Ein Aderlaß an den damals noch etwa 4000 Liven erfolgte, als sie im Ersten Weltkrieg von den russischen Behörden ins Binnenland evakuiert wurden. Danach, mit der Selbständigkeit der baltischen Staaten, waren vor allem Geistliche bemüht, das Livische zu erhalten. Auch der Name „Liven" wurde den einfachen Fischern und Bauern nun erst wieder bewußt, sie selbst hatten sich „Randalist" (Strandbewohner) genannt. Sie wurden in diesem späten nationalen Erwachen von dem sprachverwandten Estland unterstützt, was man in Lettland eher mit Mißtrauen registrierte. Vieles aus dem altertümlichen Brauchtum und den Volksmärchen wurde in dieser Zeit noch aufgezeichnet. Heute stellen die Liven im wiedergeborenen Lettland zweifellos kein Minderheitenproblem dar.

Literatur: Ilmari Manninen, Die finnisch-ugrischen Völker. Leipzig 1932. – Julius Maegiste, Woten erzählen. Helsinki 1959. – Aili Nenola-Kallio, Studies in Ingrian Laments. Helsinki 1982.

Von den Zaren in langen Kämpfen unterworfen, von Stalin nach Innerasien deportiert, von Jelzin mit einem grausamen Krieg überzogen: Die Tschetschenen im Nordkaukasus ringen seit zweihundert Jahren mit dem mächtigen Rußland um ihre Freiheit.

Ein tschetschenischer Bauer rettet sein Vieh aus dem zerstörten Dorf

Vom Bergvolk der Tschetschenen hat der russische Präsident Jelzin die erste Schlappe in seiner Regierungsfunktion hinnehmen müssen, und er hat ihm das offenbar nicht verziehen. Ende 1994 setzte er die Sowjetarmee gegen das kleine Bergland, mit 19.000 Quadratkilometern so groß wie Niederösterreich, in Marsch. Nur mit gewaltigem Einsatz gelang es ihr, die Hauptstadt Grosny zu erobern.

Der russisch-tschetschenische Krieg war keineswegs der erste Konflikt zwischen dem Kaukasusvolk und den Russen; mit Unterbrechungen währt er nun schon fast zweihundert Jahre. Im Grunde ist es ein Kolonialkrieg zwischen einer imperialen Großmacht und einem freiheitsliebenden kleinen Bergvolk.

Die Tschetschenen und die ihnen eng verwandten Inguschen (Galgai) gehören zur Nordostgruppe der – unter den Sprachen der Welt isoliert dastehenden – kaukasischen Sprachfamilie. Nur Stammessagen deuten darauf hin, daß sie vor vielen Jahrhunderten aus dem Süden in ihre heutigen Wohngebiete gezogen sind. Ihr allgemein üblicher, zuerst von den Russen verwendeter Volksname kommt vom Dorf Tschetschna, 15 Kilometer südlich von Grosny. In ihrer eigenen Sprache nennen sie sich Nachtschoi. Zahlenmäßig lassen sich die Tschetschenen nicht unter „Völkersplitter“ einordnen: Auf dem Gebiet der ehemaligen Sowjetunion wurden zuletzt mehr als 900.000 gezählt, zwei Drittel davon bildeten die Hälfte der Bevölkerung der Tschetschenischen Republik.

„Die Tschetschenen gelten bei den Russen als das wildeste, unzuverlässigste, räuberischste Bergvolk“, schrieb Bruno Plaetschke, der das Gebiet 1927/28 noch frei durchwandern konnte – und das, obwohl er neun Jahre zuvor auf Seiten der Bergvölker gegen die Bolschewiken als Militärberater tätig war (so relativ zugänglich war die Sowjetunion noch in den Anfängen der Stalin-Diktatur). Siebzig Jahre zuvor behauptete der Reisende Bergé: „Als Mohammedaner enthalten sie sich des Weines, dafür trinken sie desto mehr Branntwein. Etwas Feldbau und Viehzucht sind die einzigen friedlichen Beschäftigungen.“

Im Unterschied zu den meisten ihrer kaukasischen Nachbarn waren die Tschetschenen bis ins 19. Jahrhundert hinein ein urdemokratisches Volk ohne Ständegliederung geblieben. Sie lebten in Clans und bestenfalls kleinen Stämmen, die zwar die gleiche Sprache sprachen, aber noch kein Nationalbewußtsein entwickelt hatten. Die Dörfer hörten auf ihren Ältestenrat; Fürsten gab es nicht. Die wilde Natur ihrer schluchtenreichen, gebirgigen Heimat ließ sie von fremden Eroberern weitgehend ungeschoren. Auch die ersten Berührungen mit den Kosaken gegen Ende des 16. Jahrhunderts waren derart, daß sich diese wieder hinter den Fluß Terek zurückzogen.

Die Bekehrung zum Islam, vom benachbarten Daghestan ausgehend, erfolgte spät, erst im 18. Jahrhundert, nachdem das georgische Christentum von den alten Bergheiden nur höchst oberflächlich angenommen worden war. Doch sollte der neue Glaube bald zum Kern des Widerstandes gegen die aus dem Norden anbrandenden russischen Eroberer werden.

Die Russen hatten, als Georgien 1783 Protektorat und 1803 annektiert wurde, wohlweislich die Gebiete der Bergvölker umgangen; lediglich die christlichen Osseten sahen in ihnen eine Schutzmacht gegen die muslimischen Nachbarn. Erst 1816 begann der neue Oberbefehlshaber General Jermolow mit deren Unterwerfung, konnten sie doch die Paßstraßen, die nach Transkaukasien führten, jederzeit sperren und waren den Russen durch räuberische Überfälle lästig. Während die Inguschen bald ihren Frieden mit den übermächtigen Eroberern schließen mußten, wehrten sich die Bewohner Tschetscheniens nach Kräften. Sie büßten das mit der Verwüstung vieler ihrer Dörfer durch die Soldaten des Zaren.

Der Angriff der Kolonisatoren machte den Tschetschenen erst ihre Zusammengehörigkeit als Volk bewußt. Noch mehr aber trug eine von Daghestan ausgehende Glaubensbewegung, der Müridismus, zum Widerstand bei. Getragen von religiöser Begeisterung, wurde der „Heilige Krieg“ gegen die Ungläubi-

REPUBLIKEN IN NORDKAUKASIEN

gen verkündet und die heterogenen Völkerschaften des Nordkaukasus gegen die Russen geeint. 1824 kam es unter Kasi Molla zum ersten großen Aufstand, doch erst als der Daghestaner Schamil als „Müride" (islamischer Geistlicher) despotischer Oberbefehlshaber der Rebellen wurde, begann der Krieg gegen die Russen überall auszubrechen. Diese hatten die größte Mühe, die Bergfesten der Tschetschenen und Daghestaner zu erobern. Immer wieder entkam Imam Schamil den Angreifern auf eine Weise, die im Kaukasus Legende wurde. Während des Krimkrieges, als ihm die Gegner Rußlands Waffen lieferten, faßte er neuen Mut. Doch schließlich mußte er sich 1859 ergeben. Kaluga wurde ihm als Verbannungsort zugewiesen, aber 1870 durfte er nach Mekka ausreisen.

Die unterworfenen Völker wurden, nun Untertanen des Zaren geworden, nicht so schonend behandelt. Ein Teil der Tschetschenen wollte sich der Militäradministration, die Zwangsumsiedlungen aus den Bergdörfern in die leichter kontrollierbare Ebene durchführte, nicht beugen und wanderte in die Türkei aus. Die Versprechungen des Sultans, ihnen als Glaubenskämpfer Vorrechte zu gewähren, blieben unerfüllt, und die in Not geratenen Tschetschenen machten daraufhin als gefürchtete Räuber die Straßen Türkisch-Armeniens unsicher. Manchen gelang die Rückkehr in die alte Heimat.

Mit dem Ende des Zarenreichs erinnerten sich die nordkaukasischen Völker der Einheit, die sie stark gemacht hatte. Im Mai 1917 beschlossen ihre Vertreter in Wladikawkas (Nordossetien) die politische Einigung als „Bund der nordkaukasischen Völker und Daghestans". Von der Kerenski-Regierung verlangte man Autonomie, und als Lenin in Petrograd die Macht ergriff, erklärte sich der Bund am 11. Mai 1918 für unabhängig. Motor dieser Nordkaukasischen Republik, die manche auch als Emirat bezeichneten, war der Tschetschene Dischninski, der sich den Titel Großwesir zulegte.

Zunächst mußten die Nordkaukasier die bolschewistischen Elemente in ihrem Gebiet, die sich hauptsächlich aus den dort ansässig gewordenen Russen rekrutierten, zerschlagen. Die Wirren des Bürgerkriegs brachten es aber bald mit sich, daß sie sich dann auch der Angriffe des „weißen" Generals Denikin und seiner Kosaken, die schon immer die gefürchtetsten Gegner der Bergstämme gewesen waren, erwehren mußten. Der Spruch „Der Feind meines Feindes ist mein Freund" erwies sich hier als falsch. Als die Bolschewiki die Oberhand über Denikin gewonnen hatten, setzten sie zur Eroberung Nordkaukasiens an. Im September 1920 hatte der verbissene Widerstand der Tschetschenen und Daghestaner noch Erfolg – aber im Februar 1921 mußten sie der Übermacht weichen. Die Flucht des nordkaukasischen Parlaments nach Tiflis konnte die Georgier, die um militärische Hilfe angefleht wurden, nicht umstimmen; zwei Jahre später freilich mußten sie selbst erkennen, was die ihnen von Moskau gegebene Unabhängigkeitsgarantie wert war – auch Georgien wurde brutal unterworfen.

Die kommunistische Doktrin bekannte sich damals zum Schutz der kleineren Völker des Reichs vor dem großrussischen Chauvinismus. Doch die Einheit der kaukasischen Bergvölker war gefährlich. Nachdem man ihre Führer und Geistlichen vertrieben oder liquidiert hatte, wurde unter Berufung auf die Heterogenität des kaukasischen Völkerbabels nach dem Prinzip „Divide et impera" gehandelt. Die Bergvölker wurden administrativ nach Ethnien getrennt. 1924 bekamen auch Tschetschenen und Inguschen eigene autonome Gebiete innerhalb der RSFSR (Russische Föderative Sozialistische Sowjetrepublik). 1934 wurden sie zusammengelegt und 1936 im Zuge der Stalin'schen Verfassung zur Autonomen Sowjetrepublik (ASSR) erhoben. Die Entwicklung der Erdölindustrie um Grosny, den Hauptort der Republik, brachte eine starke russische Zuwanderung. Der antireligiöse Kampf der Bolschewiki, die Kollektivierung und die Besetzung der wichtigsten Posten durch Russen ließen unter den Tschetschenen keine Sympathie für das System aufkommen, obwohl es auf kulturellem Gebiet Fortschritte gab, insbesondere durch die Einführung eines zuerst lateinischen, dann – auf Stalins Anordnung – kyrillischen Alphabets und den Beginn eines tschetschenischen und inguschischen Schrifttums.

1942 drang die deutsche Wehrmacht in das Kaukasusgebiet vor und stieß bis Grosny. Die nichtrussische moslemische Bevölkerung wurde von den Deutschen freundlicher behandelt als sonst im Besatzungsgebiet üblich, und es gab zweifellos Kollaborateure, wie es auch gelang, Hilfstruppen zu rekrutieren. 1944 brach das Strafgericht Stalins über die unbotmäßigen Bergvölker herein. Neben anderen wurde auch die Republik der Tschetschenen und Inguschen aufgelöst. Alle Angehörigen der beiden Völker wurden nach Zentralasien deportiert, viele, insbesondere alte Leute und Kinder, kamen dabei ums Leben. Erst unter Chruschtschow wurden die Opfer dieses Kollektivschuld-Denkens rehabilitiert und durften in ihre wiedergegründete Republik zurückkehren; ein kleinerer Teil der beiden Völker blieb in Kasachstan.

Der Freiheitswille der Tschetschenen war trotz der Leiden, die sie durchmachen mußten, ungebrochen. Die Auflösung der Sowjetunion schien ihnen der geeignete Augenblick, sich aus Rußland zu verabschieden. Der frühere Sowjetgeneral Dschochar Dudajew ließ sich zum Präsidenten Tschetscheno-Inguschiens ausrufen und verkündete die Souveränität der Republik. Im Unterschied zu den anderen nordkaukasischen Gebieten trat sie nicht dem Föderationsvertrag mit Rußland bei. Jelzins erster Versuch, Tschetschenien 1991 mit Gewaltmaßnahmen in die Föderation zu zwingen, wurde durch das russische Parlament verhindert.

Die Inguschen waren mehrheitlich gegen die Trennung von Moskau. Sie riefen 1992 ihre eigene Republik mit Ruslan Aschujew als Präsident aus. Das Problem dabei war, daß keine klare Grenze zwischen Inguschien (Inguschetien) und Tschetschenien festgelegt wurde.

Tschetschenische Moslem-Kämpfer beim Gebet

Aber auch die Westgrenze der Zwergrepublik blieb ungesichert. Stalin hatte einen Teil des inguschischen Siedlungsgebietes der Republik Nordossetien zugeteilt (das sich übrigens, in Erinnerung an seine Vorfahren, die von hier zur Völkerwanderung aufbrachen, jetzt Alanien nennt). Die Inguschen forderten den 39 Dörfer umfassenden Gebietsstreifen Pregorod östlich Wladikawkas zurück, und es kam 1992/93 zu blutigen Auseinandersetzungen mit Hunderten Toten; an die 50.000 Inguschen wurden aus ihren Heimstätten vertrieben. Jelzin verhängte den Ausnahmezustand über die Konfliktzone.

Noch steht Grosny: Tschetschene in Nationaltracht ruft zum Widerstand auf (1994)

Dudajew sah sich in Tschetschenien einer zunehmenden Opposition gegenüber; 1993 löste er das Parlament in Grosny auf. Die Region Nadtereschni, in der Ebene am Terek-Fluß gelegen und mehrheitlich von Russen bewohnt, suchte sich abzuspalten. Es kam immer häufiger zu Kämpfen mit oppositionellen Kräften, die von Rußland heimlich unterstützt wurden. Einem Bombenattentat entging Dudajew nur knapp. 1994 trat auch der ehemalige russische Parlamentspräsident Ruslan Chasbulatow, 1993 führend beim sogenannten Parlamentsputsch gegen Jelzin, gegen Dudajew auf und forderte zu dessen Sturz auf. Ein Angriff einer bewaffneten Oppositionsstreitmacht auf Grosny scheiterte. Als alle diese von Rußland unterstützten Umsturzversuche ergebnislos blieben, ordnete Präsident Jelzin Ende 1994 den Angriff der Sowjetarmee auf die nunmehr als „bewaffnete Banden" bezeichneten tschetschenischen Streitkräfte an. Diese leisteten, zum Teil mit Waffen aus den Beständen der 1991 abgezogenen Sowjettruppen ausgerüstet, heldenhaften Widerstand. Erst die Zerstörung Grosnys durch Bombenangriffe und Artilleriebeschuß brachte die Ruinen der Hauptstadt in die Hand der Russen. Die sowjetische Armeeführung mußte schwere Vorwürfe über ihre Kampfesweise, unter der insbesondere die Zivilbevölkerung zu leiden hatte und in deren Verlauf es zu zahlreichen Menschenrechtsverletzungen, vor allem durch die Polizeitruppen des Innenministeriums, kam, einstecken. In der russischen Bevölkerung kam es zu zahlreichen Protesten gegen den sinnlosen Krieg und den Einsatz frischeinberufener Rekruten, unter denen es hohe Verluste gab. Jelzins Motive für den Eroberungsbefehl waren zweifellos vielschichtig: Einerseits ging es um die Ölfelder von Grosny, andererseits wollte der Präsident vor allem gegenüber seinen Kritikern auf der extremen Rechten unter Beweis stellen, daß er die Einheit Rußlands wahren könne. Zudem beschuldigte er Dudajews Republik, ein Zufluchtsort für die „russische Mafia" zu sein, in der in der Tat unverhältnismäßig viele Tschetschenen kriminellen Aktivitäten nachgehen.

Der Tschetschenienkrieg führte für Rußland, seinen Präsidenten und seine Armee international zu einem Verlust an Ansehen. Dudajew, der sich mit seinen Soldaten in die schwer zugänglichen Gebirge Südtschetscheniens zurückzog, von Freischärlern aus Daghestan und anderen Gebieten unterstützt wurde und Rußland mit dem Hinaustragen von Kriegshandlungen auf dessen Territorium drohte, war jedenfalls noch im Frühjahr 1995 nicht zum Aufgeben bereit. Unter der tschetschenischen Bevölkerung hatte der Krieg bis dahin bereits große Opfer – man sprach von 25.000 Toten, weitgehend Zivilisten – gefordert. Daß der Wiederaufbau Grosnys mit weiterem russischen Zuzug und Verdrängung der tschetschenischen Bevölkerung einhergehen wird, ist zu befürchten.

Literatur: A. Sanders (= Alexander Nikuradse), Kaukasien. München 1942. – Bruno Paeschke, Die Tschetschenen. Berlin 1929.

Kürzlich hat Rumäniens Präsident Ion Iliescu für seinen serbischen Amtskollegen Slobodan Milosevic in Bukarest den roten Teppich ausrollen lassen. Ob diese Freundschaftsbekundung auch für die Angehörigen der rumänischen Volksgruppe in Serbien Verbesserungen bringt, oder ob im Gegenteil das völlige Desinteresse Bukarests an den Sprachbrüdern jenseits der Grenze bekundet wurde, läßt sich heute noch nicht sagen.

Daß die Walachen in Nordost-Serbien, auf dem rechten Donauufer zwischen den Flüssen Morawa und Timok, eine in ihrer ethnischen Identität ebenso bedrohte Volksgruppe sind wie die weiter im Süden, in Mazedonien, Griechenland und Albanien lebenden, ebenfalls romanischen Aromunen, wird aus den offiziellen Volkszählungen in Jugoslawien offenkundig. Läßt man die Vorkriegszeit mit noch weit höheren Zahlen weg, so ergibt sich aus den Zählungen in Tito-Jugoslawien eine sehr merkwürdige Zahlenreihe: Für 1948 wurde die Zahl der Rumänen in Serbien mit 93.440 angegeben, 1953 – inzwischen war der Bruch mit der Kominform erfolgt – waren es überraschenderweise nur noch 28.002. Damals wurden auch die einzige rumänischsprachige Zeitung des Gebiets, „Vorba noastra" (Unser Wort) und die rumänischen Radiosendungen verboten. Der rasante Bevölkerungsschwund ging weiter auf nur noch 1.330 im Jahr 1961, während 1972 die Volksgruppe auf wunderbare Weise wieder auf 14.653 angewachsen war. Eine in Belgrad erscheinende Fachzeitschrift, „Jugoslavija – istorijski casopis" kam 1966, Heft Nr.3/4, auf ganz andere Angaben: Dragoliub Petrovic schätzte dort die Zahl der Timok-Rumänen auf ca. 220.000.

Die Rumänen wurden in Titos Staat unterschiedlich behandelt, je nachdem, ob sie am linken oder am rechten Donauufer zu Hause waren. Linksufrig lag ja die autonome Provinz Vojvodina, im jugoslawischen Teil des Banat. Dort waren (und sind sie jedenfalls formell auch heute noch) die Rumänen als Minderheit anerkannt und hatten einige Rechte im kulturellen Bereich, im Schul- und Kirchenwesen, bei Print- und elektronischen Medien. Ihre Zahl wird mit rund 40.000 angegeben.

All dies war den Timok-Walachen in der serbischen Teilrepublik auch zu Titos Zeiten verwehrt. In dieser Beziehung wurde im Grunde nur die Politik fortgesetzt, wie sie von Serbien seit der Unabhängigkeitserklärung 1878, als Ausdruck des überall im 19. Jahrhundert erwachten Nationalismus, betrieben wurde. Unter der türkischen Herrschaft war im Walachengebiet der Gebrauch der rumänischen Sprache in der Kirche und in den Schulen (soweit es solche gab) durchaus üblich, und die Menschen hatten selbstverständlich ihre rumänischen Vor- und Familiennamen. Das änderte sich, als das junge Königreich sich anschickte, seine nichtserbischen Bewohner zu slawisieren. In den orthodoxen Gotteshäusern wurde die altslawische Kirchensprache eingeführt, und die Familiennamen wurden mit serbischen Endungen versehen. Die walachische Bauernbevölkerung nahm dies geduldig hin und blieb dem serbischen Staat gegenüber auch in den Wechselfällen der Geschichte loyal. Nicht einmal im Zweiten Weltkrieg, als Hitler den jugoslawischen Staat zerschlug, gab es eine walachische Irredenta, die den Appetit des Antonescu-Regimes, sich auch einen Teil der Beute zu holen, hätte anregen können.

Heute findet zumindest ein seiner Identität bewußter Teil der Timok-Walachen, daß diese Loyalität schlecht gelohnt wurde. Die nationale Bewegung, die sich mit dem Zerfall des Kommunismus in ganz Osteuropa bemerkbar machte, zeigte sich in maßvollen Ausläufern auch bei dieser Volksgruppe. Im Dezember 1991 wurde, obwohl von den Behörden mit Mißfallen betrachtet, im Ort Zajecar ein Verein mit Namen „Miscarea Valahilor si Romanilor in Jugoslavia" (Walachen- und Rumänen-Bewegung in Jugoslawien) gegründet. Dies ist ein Kulturverein, der sich laut Statut für alle Walachen bzw. Rumänen in Nordost-Serbien einsetzen will und als seinen Hauptzweck die Erhaltung von deren nationaler Identität, die Bewußtmachung ihres historischen Rechts auf ihr Siedlungsgebiet sowie dem Schutz vor Zwangsassimilierung angibt und die freie Ausübung aller kulturellen Rechte sowie die Gewährleistung aller Menschenrechte verlangt, wie sie für andere Minderheiten in Jugoslawien gesetzlich verankert war.

In diesem Sinn hat der Präsident des Vereins, Dimitrio Craciunovici, mehrmals schriftlich an die zuständigen serbischen Behörden appelliert. Im einzelnen ersuchte er darin unter anderem um Anerkennung der Walachen als nationale Minderheit, Unterrichtsstunden in der eigenen Muttersprache (neben dem offiziellen Serbisch), Gottesdienste in der Muttersprache, Ausweitung der Empfangsmöglichkeiten der rumänischsprachigen Radio- und TV-Sendungen des Senders Novi Sad (Vojvodina) auf das Timok-Gebiet, eigensprachliche Zeitungen und Bücher sowie die Zusicherung, daß das Eintreten für die Menschenrechte der Walachen nicht mehr mit Kerker bestraft würde, wie dies vor 1989 der Fall war.

Bedauerlicherweise sind alle diese Appelle erfolglos geblieben. Daraufhin hat sich der Verein, als dessen in Wien lebender Repräsentant der österreichische Staatsbürger rumänischer Abstammung Trintu Maran auftritt (von dem auch das Gros dieser Angaben stammt), an die Föderalistische Union Europäischer Volksgruppen in Flensburg mit der Bitte um Intervention bei den Belgrader Behörden gewandt.

Auch bei der Wiener UNO-Menschenrechtskonferenz im Juni 1993 war der Walachen-Verein unter den „NGOs" vertreten. Auch der serbische Patriarch Pavle in Wien wurde unter Hinweis auf die Loyalität der Walachen zur orthodoxen Kirche um Unterstützung gebeten. Bisher waren jedoch alle Appelle und Interventionen vergebens.

Gaben die Walachen wenigstens in jüngster Zeit diese Lebenszeichen von sich, so hat sich über die Aromunen auf der südlichen Balkan-Halbinsel, die noch am Beginn unseres Jahrhunderts die Staatskanzleien im Rahmen der Balkankonflikte ausgiebig beschäftigten, ein Mantel des Schweigens gesenkt, der auf eine weitgehende, zumindest in mangelnder Möglichkeit zum Bekennen des eigenen Volkstums beruhende Assimilierung hinweist. Im Unterschied zu den meisten anderen Volksgruppen und Minderheiten auf dem Balkan sind sie nicht nur in allen Staaten, in denen sie leben, eine kleine Minderheit, sondern ihre Siedlungsgebiete grenzen auch nicht an das geschlossene Territorium ihrer nächsten sprachlichen Verwandten, der Rumänen. Wie die Dako-Rumänen, können auch sie zu den ältesten Bewohnern der Balkan-Halbinsel gezählt werden und gelten als Überrest der romanisierten thrakischen Urbevölkerung, die jedenfalls lange vor Slawen und Bulgaren hier ihre Heimat hatte. Der Name Aromunen wurde für sie erst – in Anlehnung auf Eigenbezeichnungen – durch Sprachwissenschaftler geschaffen und ersetzte die häufig gebrauchte Sammelbezeichnung Mazedo-Rumänen. Die Bulgaren und Griechen nennen sie Vlasi bzw. Wlachoi, die Türken Ulah; offenbar alles Anlehnungen an den Namen Walachen, der letztlich auf die germanische Bezeichnung für alle „Welschen" (Romanen und Kelten) zurückgeht. Spottnamen sind die griechische Bezeichnung Kutzowalachen und der serbische Name Zinzaren. Teilgruppen sind unter anderen die Megleno-Rumänen im mazedonisch-griechischen Grenzgebiet und die Pindos- und Olympo-Walachen.
In den sechziger Jahren gaben die Lexika die Gesamtzahl der Aromunen mit rund 400.000 an, in früheren Jahrhunderten war ihre Verbreitung zweifellos größer, doch seit zwei Jahrhunderten stellte sich eine fortschreitende Entnationalisierung ein. Daran ist nicht nur die Bildung der Balkan-Nationalstaaten mit ihren Vereinheitlichungsbestrebungen schuld. Die traditionelle Lebensweise eines Großteils des Volkes war (und ist) die von halbnomadischen Viehzüchtern, die mit ihren Schaf- und Ziegenherden im Sommer in den Gebirgen umherziehen und im Winter die Ebenen aufsuchen. Dadurch ist bei ihnen kaum ein echtes Minderheitenbewußtsein entstanden. Nur im Mittelalter bildeten die Aromunen staatliche Strukturen aus, die jedoch durch den Aufstieg der Nachbarn wieder verschwanden. Zu einem aromunischen Handels- und Kulturzentrum entwickelte sich dann die Stadt Voskopoj am Ochrid-See. Aromunische Kaufleute wurden zu Handelspartnern italienischer und österreichischer Städte. Die Stadt wurde allerdings 1788 im Verlauf von Unruhen von islamischen Albanern zerstört. Im letzten Drittel des 19. Jahrhunderts wurde der Lehrer Apostol Margarit zum Begründer einer aromunischen Nationalbewegung. Er gründete im damals noch türkischen Mazedonien (das sowohl die heutige slawische Republik als auch die griechische Provinz umfaßte) Schulen, in denen die aromunischen Kinder in ihrer Muttersprache unterrichtet wurden. Einen schweren Schlag für die aromunische Nationalbewegung bedeutete die Grenzziehung durch den Berliner Kongreß (1878). Nachdem die übrigen Großmächte Rußlands Projekt eines Großbulgarien, das auch den größten Teil beider Mazedonien umfaßt hätte, scheitern ließen, wurde mit der Abtretung Thessaliens und von Teilen des Epirus an Griechenland das rein aromunische Siedlungsgebiet am Pindos in zwei Teile gespalten.

Die Aromunen – seit alters ein Volk von Hirten

Sehr bald leistete Rumänien für die „versprengten Brüder" finanzielle Hilfe, vor allem auf dem Gebiet des Schulwesens, an dem auch Frankreich als Schutzherrin der Romanen ein gewisses Interesse zeigte. Kaufleute aromunischer Abstammung gab es auch in Wien, und einer von ihnen, der Großhändler Nikolaus Dumba, wurde sogar Reichsratsabgeordneter. Österreichs Interesse an einem unabhängigen Albanien warf erneut die „aromunische Frage" auf. 1898 wurde in politischen Kreisen die Schaffung eines „Albano-Mazedonien" diskutiert, in dem skipetarische und aromunische Siedlungsgebiete vereint werden sollten. Die Griechen allerdings waren gegenüber solchen Vorschlägen höchst mißtrauisch, und angesichts der Gemengelage der Sprachgruppen in Mazedonien sagte der spätere österreichische Außenminister Aehrenthal in weiser Voraussicht: „Eine eventuelle Autonomie würde sich bald in eine gegenseitige Anatomie in vivo verwandeln." Dennoch gewährte Sultan Abdul Hamid den Aromunen gewisse Autonomierechte, was sehr bald Überfälle griechischer Banden zur Folge hatte. Die Erregung darüber war in Rumänien besonders groß, und 1906 wurden sogar die Beziehungen zu Athen vorübergehend abgebrochen. Die Griechen ihrerseits beschuldigten die aromunische Nationalbewegung, von Rußland gekauft zu sein. Auch intern gab es unter den politisch aktiven Aromunen – ohnedies nur eine kleine Minderheit in dem Hirtenvolk – permanent Streit, der sich politisch so auswirkte, daß ein Teil möglichst viel Autonomie im Osmanischen Reich oder Kooperation mit Bulgarien anstrebte, ein anderer den griechischen Drang nach Mazedonien unterstützte. Dennoch schien das aromunische Kulturleben aufzublühen: 1912 gab es 106 aromunische Volksschulen in 81 Gemeinden, ein Gymnasium, eine Handelsschule und eine Lehrerbildungsanstalt auf türkischem Gebiet. Vor den Balkankriegen engagierte sich Österreich-Ungarn, um seinem damaligen Bündnispartner Rumänien gefällig zu sein, diplomatisch wiederholt in der Aromunenfrage.

Durch den Ausgang der Balkankriege wurde diese Entwicklung jäh unterbrochen. Mit dem Frieden von Bukarest (1913) waren die Siedlungsgebiete der Aromunen auf vier Länder – Serbien, Albanien, Griechenland (mit dem größten Anteil) und Bulgarien – aufgeteilt. Bukarest erreichte zwar eine formelle Anerkennung der aromunischen Minderheitenrechte durch die Nachfolgestaaten des Osmanischen Reichs, aber die nationalstaatliche Eigengesetzlichkeit und die Veränderungen auf allen Gebieten des Lebens setzten dem aromunischen Eigenleben hart zu. In Jugoslawien wurden bereits 1918 die aromunischen Schulen geschlossen. Ein Teil der Volksgruppe wanderte nach Rumänien aus und wurde in der Dobrudscha angesiedelt. Griechenland erlaubte die Schulen noch bis zum Bürgerkrieg nach dem Zweiten Weltkrieg. Heute scheinen die Aromunen (wie auch Albaner und Slawen) in den griechischen Bevölkerungsstatistiken kaum noch auf. Dennoch spielen hellenisierte Aromunen im Handwerk und im Tourismus eine beachtliche Rolle.

Literatur: Max Demeter Peyfuss, Die Aromunische Frage. Wien 1974.

Die Sorben in der deutschen Lausitz sind vom Aussterben bedroht: Ihre gewaltlose Assimilierung hat durch die Wiedervereinigung zusätzlichen Auftrieb erhalten.

Mit der Wiedervereinigung des Jahres 1990 kam auch eine autochthone Minderheit unter das gemeinsame Dach des neuen Deutschland: die Sorben der Lausitz. Wie durch ein Wunder konnten sie sich, im Unterschied zu all den slawischen Stämmen, die noch um das Jahr 1000 den Raum bis zur Elbe (und teilweise darüber hinaus, bis nach Oberfranken, Thüringen und in die Lüneburger Heide) bewohnten, ihre Sprache bis in die Gegenwart erhalten. Freilich sind sie seit Jahrhunderten einem starken Germanisierungsprozeß unterworfen, der durch das Industriezeitalter forciert und im Dritten Reich auch gewaltsam betrieben wurde. Die Förderung, die sie in der DDR genossen hatten, konnte den Schrumpfungsprozeß nicht aufhalten, und heute sehen manche ihrer Vertreter die Existenz dieses kleinsten slawischen Volkes Europas gefährdet. Die Zahlen sprechen denn auch eine deutliche Sprache: errechneten die Volkszählungen um 1900 noch eine Gesamtzahl von rund 140.000 „Wenden" (wie die Sorben damals von den Deutschen mit der alten Bezeichnung für die Slawen, auch in Österreich war ja „Windisch" für die Slowenen gebräuchlich, genannt wurden), so sind es heute knapp 60.000 durchwegs zweisprachige Sorben, die im Osten der Bundesländer Sachsen und Brandenburg leben. Die Eigenbezeichnung „Serbjo", von deren latinisierter Form „Sorabi" das heute übliche „Sorben" abgeleitet ist, entspricht der des gleichnamigen südslawischen Volkes und bedeutet „Stammesverwandte".
Eine zerrissene Sprachinsel, in der die Städte längst deutsch geworden sind und auch die Dörfer nur noch in der Minderzahl sorbische Mehrheiten aufweisen: Das ist vom einst großen sorbischen Sprachraum geblieben, der vor tausend Jahren von der Saale im Westen bis an den (heute polnischen) Bober im Osten, von der Havel im Norden bis an das Erzgebirge im Süden reichte. Die sorbische Stammesgliederung in Lusitzer und Milzener wirkte insofern bis in die Gegenwart fort, als sich – seit der Reformation – zwei Schriftsprachen, das Ober- und das Niedersorbische, entwickelten. Das hat seine Ursache wohl darin, daß die Sorben, noch ehe sie zur politischen Einheit finden konnten, bereits dem deutschen König Heinrich I. 929 tributpflichtig und von seinem Sohn Otto I. christianisiert wurden. Die Teilung in Ober- und Niederlausitz und deren Vergabe an deutsche Lehensherren bewirkte das Vordringen deutscher Siedler. Die Kolonisierung von Erzgebirge und Sudeten trennte die Sorben von den ihnen nächstverwandten Slawen, den Tschechen. Unter den Luxemburger Kaisern fiel die gesamte Lausitz an die böhmische Krone und wurde 1526, zusammen mit Schlesien, Böhmen, Mähren und Ungarn, österreichisch. Jedoch im Dreißigjährigen Krieg verpfändeten die Habsburger das Land an den Kurfürsten von Sachsen, und bei diesem verblieb es bis zum Wiener Kongreß. 1815 neuerlich geteilt, kam die Niederlausitz mit dem Zentrum Cottbus an Preußen, der größere Teil der Oberlausitz mit Bautzen blieb sächsisch.
Das Verdienst der Erhaltung der sorbischen Volkssprache kommt in erster Linie der Geistlichkeit zu. In der Reformationszeit machten protestantische Pastoren mit Kirchenliedern und Bibelübersetzungen den Anfang, die Katholiken folgten nach, und obwohl in der Minderzahl, sind heute die katholischen Sorben in Sachsen jene, die die Eigenständigkeit des Volkes am besten bewahrt haben. Dann kam es unter dem Einfluß der Romantik auch bei den Sorben zu einer „nationalen Wiedergeburt". Sie fand ihren Ausdruck im Sammeln von Volksliedern und Märchen, in der Vereinheitlichung der Rechtschreibung, im Aufstieg einer weltlichen Literatur und 1847 in der Gründung des Kulturvereins „Macica Serbska". 1912 bildete sich die „Domowina" als Dachverband aller sorbischen Vereinigungen. Deren Bestrebungen stand freilich die gesellschaftliche Entwicklung entgegen: Auch das sorbische Bauernland kam in den Sog der Industrialisierung, der Verstädterung und des einheitlichen deutschen Schulwesens. Gab die amtliche Statistik des Deutschen Reichs noch 1900 an, daß mehr als 93.000 seiner Bürger nur sorbisch sprachen, so waren ein Vierteljahrhundert später mehr als 90 Prozent der Sorben bereits zweisprachig.
Den Nazis ging auch dieser gewaltlose Germanisierungsprozeß zu langsam, und eine slawische Sprachinsel inmitten des deutschen Sprachgebiets war ihnen ein Dorn im Auge. Insbesondere konnten sie dem vormaligen Domowina-Vorsitzenden und Schriftsteller Arnost Bart nicht vergessen, daß er sich bei den Friedensverhandlungen in Versailles für einen Anschluß der Lausitz an die Tschechoslowakei ausgesprochen hatte. Die Domowina und alle Tätigkeiten im Sinne der Erhaltung des Sorbentums wurden verboten, etliche Vertreter der sorbischen Intelligenz kamen ins Konzentrationslager, bei weniger „gefährlichen" behalf man sich mit der Versetzung dieser Lehrer und Geistlichen in andere Gebiete des Reichs.

Katholische Trauertracht der Sorben in der Lausitz

Nach Kriegsende wurde die Domowina neu gegründet und von der SED sehr bald für die von ihr beherrschte sogenannte „Nationale Front" instrumentalisiert. Der Wunsch einiger Sorbenführer nach territorialer Autonomie ging zwar nicht in Erfüllung, wohl weil die Realität der inzwischen weitgehend deutschsprachig gewordenen Städte das nicht mehr sinnvoll erscheinen ließ, doch erhielten die Sorben weitgehende kulturelle Autonomierechte, einschließlich der offiziellen Zweisprachigkeit in ihrem Gebiet. Sorbisches Schulwesen, sorbische Literatur – Aushängeschild für den „sozialistischen Realismus" war vor allem der Schriftsteller Jurij Brezan – und sorbische Folklore wurden gefördert, und die zweisprachigen Ortstafeln des Gebiets erfaßten nicht nur die Dörfer, in denen es noch Sorbischsprachige gab, sondern auch Städte wie Bautzen/Budysin oder Bischofswerda/Biskopicy. Sogar die slawisch weiß-rot-blaue Sorbenfahne konnte gleichberechtigt neben der Staatsfahne gehißt werden. Eigene Gesetze zur Wahrung der Rechte der sorbischen Bevölkerung wurden beschlossen. Der Preis für diese Förderung war allerdings die völlige Vereinnahmung der zu einer Massenorganisation umgewandelten Domowina durch die Kommunisten und bestand nicht zuletzt im Aufbau einer aufgeblähten, von der Partei gegängelten sorbischen Bürokratie. Wie in der übrigen Bevölkerung der DDR, blieb jedoch auch im Sorbenland die Mehrheit der Bewohner in „innerer Emigration" zum Regime. Das bedeutete im konkreten Fall der Situation dieser kleinen Minderheit aber auch, daß die durch die Förderungen ermöglichte Herausbildung einer neuen sorbischen Identität in der Ablehnung des SED-Staates letztlich konterkariert wurde.
Das Hinscheiden der DDR wurde für die bis dahin zwar gehätschelte, aber streng im Zaum einer keinen Millimeter von der SED-Politik abweichenden Regimetreue gehaltenen Minderheit zu einer existentiellen Bedrohung. Obwohl Bundespräsident Richard von Weizsäcker die sorbische Minderheit in der Lausitz bald nach der Wiedervereinigung demonstrativ besucht und dabei die Notwendigkeit betont hat, für den Schutz der sorbischen Eigenart und Kultur rechtliche und praktische Maßnahmen zu treffen, häufen sich Klagen über die Benachteiligung der slawischen Volksgruppe, die sich insbesondere im Versiegen der bis zum Ende der DDR so reichlich geflossenen Subventionen ausdrückt.

Dazu kommt, daß innerhalb der Minderheitenvertretung die Abrechnung mit der von den Kommunisten durchdrungenen Domowina ein einheitliches Vorgehen behinderte. Die ersten Angriffe auf den Apparat der Domowina kamen von katholischer Seite. Doch noch im November 1989 bildete auch der Pastor Jan Malink sorbische Initiativgruppen, die sich gegen die durch ihre Verbindung mit dem KP-Regime diskreditierten Funktionäre stellten. Zusammen mit anderen Intellektuellen rief er eine antikommunistische „sorbische Volksversammlung" ins Leben, die der nunmehr wieder verstärkt zu befürchtenden Assimilierung entgegentreten sollte. Unter anderem sprach sie sich auch für eine Angliederung der sorbischen Gebiete Brandenburgs an Sachsen aus, ein Wunsch, der nicht erfüllt wurde. Bei der „Ent-SEDisierung" wurde allerdings außer acht gelassen, daß natürlich viele der bisherigen Minderheitsvertreter keineswegs geeichte Kommunisten waren, sondern durch ihre Loyalität zum Regime ein Maximum für die Volksgruppe herausholen wollten. Aber Faktum blieb, daß die Domowina auch von der Mehrheit der Sorben als Instrument der nun gestürzten KP-Macht angesehen wurde. Bezeichnenderweise traten bereits 1990 rund 5.000 von den bis dahin 15.000 Mitgliedern aus der Vereinigung aus.

Während die westdeutschen Firmen, die in den Städten der Lausitz einziehen, auf die bislang strikt eingehaltene Zweisprachigkeit der Geschäftsaufschriften keinen Wert mehr legen, wird der Besucher noch immer durch die zweisprachigen Ortstafeln auf die Existenz der Volksgruppe aufmerksam gemacht. Und in Bautzen/Budysin, für alle Sorben, auch die brandenburgischen, noch immer „mesto", ihre Stadt, gibt es ein Haus der Sorben, ein Sorbisches Museum, ein Deutsch-Sorbisches Volkstheater, ein Sorbisches Institut für Lehrerbildung, aber: „All diesen Hinweisen auf die Anwesenheit der ethnischen Minorität haftet etwas Behördliches an: eine fatale Geste administrativer Achtung. Nach einem Ort sorbischen Lebens hingegen hält der Reisende in Bautzen vergebens

Trachten in der sächsischen Lausitz

Ausschau" (Wolfgang Hegewald im „Merian"-Heft Sachsen). Um jenes kennenzulernen, muß er sich in die Dörfer begeben. Sorbisches Brauchtum hat sich am besten in den katholischen Gebieten, im Kamenzer Kreis, erhalten. Freilich besteht die Gefahr, daß es zu einem touristischen Schnörksel wird, zu Ostern und zu Fronleichnam für die Kameras der Besucher vorgeführt. „Unsere Identität besteht ja nicht im Eiermalen", merkt ein Sorbenvertreter dazu sarkastisch an.

Durch die Entwicklung, die sich in den „neuen Bundesländern" in den letzten fünf Jahren vollzogen hat, wird die kleine Volksgruppe in ihrer Existenz mitunter stärker betroffen als die früheren DDR-Bürger im allgemeinen. Der Mangel an Arbeitsplätzen insbesondere in der Landwirtschaft führt dazu, daß eine ganze Generation aus dem Minderheitsgebiet abzuwandern droht. Dazu kommt die Schließung von Kindergärten, die gerade im Gebiet der Volksgruppe für die Erhaltung der Muttersprache von besonderer Bedeutung waren. Noch warten die Sorben darauf, daß die nationalen Minderheiten unter den besonderen Schutz der bundesdeutschen Verfassung gestellt werden – die bloße Gleichstellung mit den Deutschen wirkt sich im Alltag de facto häufig als Benachteiligung aus (eine Erfahrung, die die Sorben zweifellos mit vielen anderen Minderheiten teilen; nur sind sie ein eigenes, das kleinste westslawische Volk, das kein „Muttervolk" auswärts hat).

Dem vereinigten Deutschland sollte mit den Sorben eine Aufgabe erwachsen sein, an der sich zeigen wird, ob Großzügigkeit ein kleines Volk, das in keiner Weise eine nationale Bedrohung darstellt, am Leben erhalten werden kann. Voraussetzung dafür ist freilich auch, daß die Sorben das selbst wollen.

Literatur: Reinhold Trautmann, Die slawischen Völker und Sprachen. Leipzig 1948. – Paul Nedo, Sorbische Volksmärchen, Bautzen 1956. – Zeitschrift „Pogrom" Nr. 179/1994.

Seit dem Ende der Österreichisch-Ungarischen Monarchie gehören die Täler der Dolomiten-Ladiner zu Italien. Verwaltungsmäßig dreifach geteilt, sieht sich das kleine Volk in seinem Bestand unterschiedlich gefährdet.

Im Sommer 1985 feierte man in den Dolomitentälern ein großes Fest unter dem Titel „2000 Jahre Ladinien“. Damit wollten die Rätoromanen Südtirols in Erinnerung rufen, daß sie sich als eigenständige Volksgruppe verstehen, die sich weder von den Deutschtirolern noch von den Italienern vereinnahmen läßt. Diese Demonstration ethnischen Selbstbewußtseins war keineswegs als Absage an die Romanität gedacht – das wäre ja im Gegensatz zum historischen Anlaß des Festes gestanden. Denn dieses bezog sich auf die Unterwerfung Rätiens durch die Augustus-Söhne Tiberius und Drusus im Jahr 15 v. Chr.: Damit begann der Latinisierungsprozeß der Räter und anderer Stämme des Alpenraums. Das dadurch entstandene rätoromanische Sprachgebiet, das von der Schweiz bis in die Julischen Alpen reichte, wurde Jahrhunderte später durch das Vordringen von Alemannen, Bajuwaren und Slawen gespalten. Die romanischen Alpenbauern mußten sich ihren deutschen oder italienischen Herren anpassen. Zwischen den romanischen Tälern Graubündens im Westen und Friaul im Osten konnten die Ladiner als zentrale, aber kleinste rätoromanische Ethnie bislang nicht erreichen, ihrem Sprachgebiet wenigstens die nach dem Ersten Weltkrieg zerstörte Einheit in einem Verwaltungsgebiet zu erhalten.

Hinter der Anerkennung des Rätoromanischen als eigenständiger romanischer Sprache steht ein jahrzehntelanger Gelehrtenstreit, in dem auch politische Momente eine Rolle spielten. Erst um die Mitte des 19. Jahrhunderts machten Linguisten auf die Gemeinsamkeiten der räumlich voneinander getrennten Dialektgruppen aufmerksam und definierten sie mit dem Kunstnamen „Rätoromanisch“ als zwar kleines, aber den anderen romanischen Sprachen ebenbürtiges Kind der Mutter Latein. Vor allem in Italien wollte man diese Erkenntnis lange nicht akzeptieren, vereinnahmte die Rätoromanen als italienische Dialektgruppe und mutmaßte hinter dem (auch von italienischen Gelehrten als berechtigt befundenen) Anspruch auf Eigenständigkeit des Rätoromanischen eine „invenzione politica austriaca“ (eine politische Erfindung Österreichs) mit dem Ziel, den italienischen Irredentismus zu verwirren. Das war um so unglaubwürdiger, als die österreichischen Behörden bei den Volkszählungen sowohl Ladiner als auch Friauler nicht gesondert auswiesen, sondern den Italienern zurechneten.

Die ladinischen Täler wurden noch im Mittelalter mit dem übrigen Tirol habsburgisch oder unterstanden den Fürstbischöfen von Brixen bzw. Trient. Sie lebten und leben heute noch in den vier Tälern um die Sella-Gruppe der Dolomiten (Grödnertal/Val Gardena und Gadertal mit Enneberg/Maró im Rautal und Abtei/Badia) im obersten Gadertal, weiter außerhalb Südtirols im Tal von Buchenstein/Livinallongo und in Ampezzo sowie in Fassa und Moena; Judicarien und der Nonsberg, Gebiete westlich der Etsch, sowie das Fleimstal (das Deutschösterreich 1918 noch als Grenzland beanspruchte) sind heute nicht mehr ladinisch. Die historisch gewachsene Gemeinsamkeit ließ die Ladiner sich als Tiroler fühlen. Kurz vor dem Zusammenbruch der Donaumonarchie, im Oktober 1918, bekannten die Ladiner denn auch in einem Aufruf: „Wir sind keine Italiener, wollten seit jeher nicht zu ihnen gezählt werden und wollen auch in Zukunft keine Italiener sein. Das Schicksal der Deutschtiroler ist auch unser Schicksal!“

Die Friedensmacher von Saint-Germain wollten es anders. Das von ihnen propagierte Selbstbestimmungsrecht blieb in diesem Fall – wie in anderen Gebieten auch – leere Phrase. Natürlich war Italien weit entfernt davon, die Ladiner als Minderheit anzuerkennen – das hatte ja nicht einmal die Monarchie getan. Weil sie sich der Einordnung in die „Italianità“ widersetzten, teilte der faschistische Staat ihr Sprachgebiet auf drei Provinzen auf: Das Gröden- und das Gadertal blieben bei Bozen, Buchenstein (Fodom) und Ampezzo wurden Belluno zugeteilt, die Fassa-Ladiner kamen zur Provinz Trient. Offensichtliches Ziel dieser Aufteilung war die rasche Assimilierung der Ladiner. Die Volksbezeichnung wurde überhaupt verboten. Als 1938 in der Schweiz das Rätoromanische als vierte Landessprache anerkannt wurde, kritisierten das die Faschisten als unfreundlichen Akt.

Das Scheitern dieser Politik wurde sichtbar, als im Jahre 1939 das faschistische Italien die Ladiner zu „Fremdstämmigen“ erklärte, indem es sie in das von Hitler und Mussolini ausgehandelte Optionsabkommen einbezog. Unter Verleugnung ihrer Identität mußten sich die Ladiner damals zwischen Deutschland und Italien entscheiden: 6.200 sprachen sich für Deutschland, 5.200 für Italien aus. Rund 2.000 Ladiner verließen dann – bis zum Stopp der Umsiedlung im Jahre 1943 – auch tatsächlich ihre Heimat.

Nach dem Zweiten Weltkrieg hofften die Ladiner mit den deutschen Südtirolern auf eine Rückkehr des Landes zu Österreich, und mit diesen wurden sie darin enttäuscht. Beim Abschluß des Pariser Vertrags zwischen Italien und Österreich, durch den den Südtirolern Autonomie zugesagt wurde, widersetzte sich die italienische Delegation der Einbeziehung der Ladiner in dieses Abkommen, wie die Vertreter der Südtiroler Volkspartei und Österreich es gewünscht hatten. Auch die von Österreich angeregte Rückgliederung von Buchenstein und Ampezzo in die Provinz Bozen wurde ignoriert. Österreich konnte nur in seinem eigenen Bereich an der Gleichstellung von deutsch- und ladinischsprachigen Südtirolern mit Österreichern, zum Beispiel auf dem Gebiet des Studiums, festhalten. Und die

Die ladinischen Bergbauern führen ein hartes Leben

Rückkehr heimkehrwilliger Optanten mußte Italien natürlich auch den Ladinern gewähren. Das 1948 für die Region Trentino-Alto Adige erlassene Autonomiestatut gestattete im Artikel 87 den Unterricht im Ladinischen im ersten Jahr der Grundschule; dies wurde aber zunächst nur in der Provinz Bozen durchgeführt und ausgeweitet, erst viel später in der Provinz Trient. Die Provinz Belluno lag außerhalb der autonomen Region, so daß dort das Gesetz überhaupt nicht angewendet werden konnte. So blieb den Ladinern im Fassatal und in Buchenstein-Ampezzo der Schulunterricht in ihrer Sprache vorenthalten, was die Italianisierung förderte. Aber auch in den Schulen in der Provinz Bozen wurde vor allem abwechselnd in Deutsch oder Italienisch unterrichtet, das Ladinische diente meist nur als Behelfssprache.

Nur in Südtirol/Alto Adige wurden die Ladiner als Volksgruppe anerkannt. Durch ihre Einbindung in die Autonomie Südtirols und durch ihre offizielle Anerkennung als Sprachgruppe haben die Ladiner der Provinz Bozen ein Anrecht auf den Proporz bei der Vergabe der öffentlichen Stellen und der Mittel für den Volkswohnbau. Sie haben ihre Schulen, das Recht auf eine politische Vertretung im Landtag und auf erhebliche Kultursubventionen aus dem Landeshaushalt. Im Radio und im Fernsehen sind ladinische Sendezeiten festgelegt. Der strenge ethnische Proporz wirkt sich allerdings für die rund 18.500 Ladiner in Südtirol, die gegenüber den rund 288.000 Deutschen und 117.000 Italienern (Zählung 1991) eine sehr kleine Minderheit bilden, bei der Vergabe von öffentlichen Posten restriktiv aus. Anders als 1956–60, als der Ladiner Alois Pupp Landeshauptmann war, kann nach den Regeln des 1976 beschlossenen Proporzdekrets kein Ladiner Landeshauptmann oder Mitglied der Landesregierung werden, selbst zu einem Chefarztposten reicht es nicht. Da die Angabe über die ethnische Zugehörigkeit bei den jeweiligen Volkszählungen eine rein persönliche Angelegenheit ist, tragen die Karriereinteressen des einzelnen wohl zum Rückgang der Zahl von Personen, vor allem in den Städten, deren Einwohner sich als Ladiner bekennen, bei.
Das Gros der Ladiner hielt sich bis zu den Wahlen von 1993 politisch an die Südtiroler Volkspartei, die sich seit ihrer Gründung als Sammelpartei der Deutschen und Ladiner verstand. In ihrem Statut waren ausdrücklich Schutz und Förderung der ladinischen Volksgruppe vorgesehen. Einer der Parteiobmann-Stellvertreter und einer der für die SVP gewählten Abgeordneten war – eine Geste der Sammelpartei – immer ein Ladiner, doch wurde das zunehmend als Alibifunktion betrachtet. Schon 1967 forderte eine Delegation unter der Führung von Alois Pupp, damals Präsident des Regionalrats, die Schaffung eines Wahlbezirkes Ladinien; dies wurde von Rom

Gehöft im ladinischen Gadertal

abgelehnt. Im selben Jahr wurde die Vereinigung „Union di Ladins" gegründet, die sich um die Vereinheitlichung der ladinischen Mundarten in einer gemeinsamen Schriftsprache und um Verstärkung der Rundfunksendungen in ladinischer Sprache bemühte. Die ständige Gefahr der Assimilierung vor Augen, wurden die Ladiner aktiver. 1983 beschlossen 400 Delegierte aus allen Teilen Ladiniens eine Resolution, in der die Verwendung des Ladinischen als Amtssprache (1989 in Südtirol durchgeführt) und der ladinische Unterricht in den Schulen der Täler in allen drei Provinzen gefordert wurden. Das gewachsene Selbstbewußtsein der Südtiroler Ladiner kam schließlich darin zum Ausdruck, daß sie bei den Landtagswahlen 1993 zum ersten Mal mit einer eigenen Liste antraten. Deren Spitzenkandidat, Carlo Willeit aus St. Vigil im Gadertal, verdrängte den ladinischen SVP-Kandidaten und zog in den Landtag ein.

Unter diesen Umständen schauen die Ladiner in den Provinzen Trient und Belluno mit einem gewissen Neid auf die Rechte ihrer Brüder in Südtirol. In diesen Provinzen wurde die ladinische Minderheit – schätzungsweise 13.000 Menschen – weitgehend ignoriert. Erst nachdem im Jahre 1972 die Gemeinden des Fassatales den Anschluß an die Provinz Bozen gefordert hatten, um die Diskriminierung der Ladiner zu beseitigen, bequemte sich die Landesregierung des Trentino zur Errichtung einer ladinischen Bezirksgemeinschaft. Im Jahre 1977 folgte die Einführung der ladinischen Sprache in den Kindergärten. Ein geplantes Verfassungsgesetz zugunsten der Fassa-Ladiner versandete in den Mechanismen der römischen Bürokratie. In der Provinz Belluno ist Cortina d'Ampezzo, zum internationalen Wintersport- und Olympiadeort aufgestiegen, zum Zentrum einer fortschreitenden Aushöhlung des ladinischen Volkstums geworden. In die-

Küche in einem alten Bergbauernhaus

ser Provinz, die vom Pariser Abkommen nicht berührt wird, gibt es keinerlei Schutzbestimmungen für die Volksgruppe.

Haben schon Wünsche, die italienischen Provinzgrenzen zu ändern, wenig Aussicht auf Erfolg, so trägt die Uneinigkeit der Ladiner in dieser Frage zusätzlich dazu bei, daß sie leicht weggeschoben werden kann. Südtiroler Ladiner befürchten nämlich, daß eine solche Gebietsänderung auch eine größere Anzahl von Italienern in einen ladinischen Verwaltungsbezirk, wie ihn das „Movimento Ladini" vorgeschlagenen hat, mit sich brächte und so ihren prozentuellen Anteil an der Bevölkerung verringern würde. Trotzdem drängt die Dachorganisation „Union Generale de Ladins" auf enge Zusammenarbeit der Täler. „Die Ladiner sind erwachsen geworden", sagt die Vorsitzende der Union, Hilda Pizzinini aus St. Kassian. „Sie haben erkannt, daß sie auf ihre Sprache und Kultur stolz sein können." Überraschenderweise scheint der Tourismus den Zusammenhalt gefestigt zu haben, weil viele Junge nun nicht mehr aus den Tälern, deren karger Boden die Ladiner seit langem auch zu Nebenerwerben durch Holzsschnitzkunst und Spitzenklöppelei zwang, auswandern müssen.

Schon 1912 schrieb der Grödner Arcangiul Lardschneider: „Wir Grödner, Gadertaler, Fassaner, Buchensteiner und Ampezzaner gehören zusammen und sollten uns zusammenschließen, es weder mit den Deutschen noch mit den Italienern halten, sondern eine eigene Nation bilden." Daran erinnerte 1985 der Ladinervertreter Bepe Richebuono, als er eine Bilanz der 2000-Jahr-Feiern, an denen auch rätoromanische Delegationen aus Graubünden und Friaul teilgenommen hatten, zog. „Leider hört man und liest man jetzt noch die Meinung von Ladinern, die eine Annäherung der fünf Dolomitentäler ablehnen. Nur die Befürworter der Assimilierung haben eine Freude daran, denn es dürfte wohl jedem klar sein, daß ein einzelnes Tal heutzutage nicht imstande ist, dem gewaltigen Druck der deutschen oder italienischen Massenmedien standzuhalten. Wehe, wenn ein jedes Tal von den anderen nichts wissen wollte! Uns wohlgesinnte Leute in Österreich, der Schweiz und Deutschland schütteln den Kopf über die Kirchturmpolitik der Dolomitentäler und begreifen einfach nicht, warum sich die Ladiner nicht enger zusammenschließen, um ihr Überleben zu sichern." Und der Autor zitiert Matthäus 12, 25: „Kein Haus, das in sich uneins ist, kann Bestand haben."

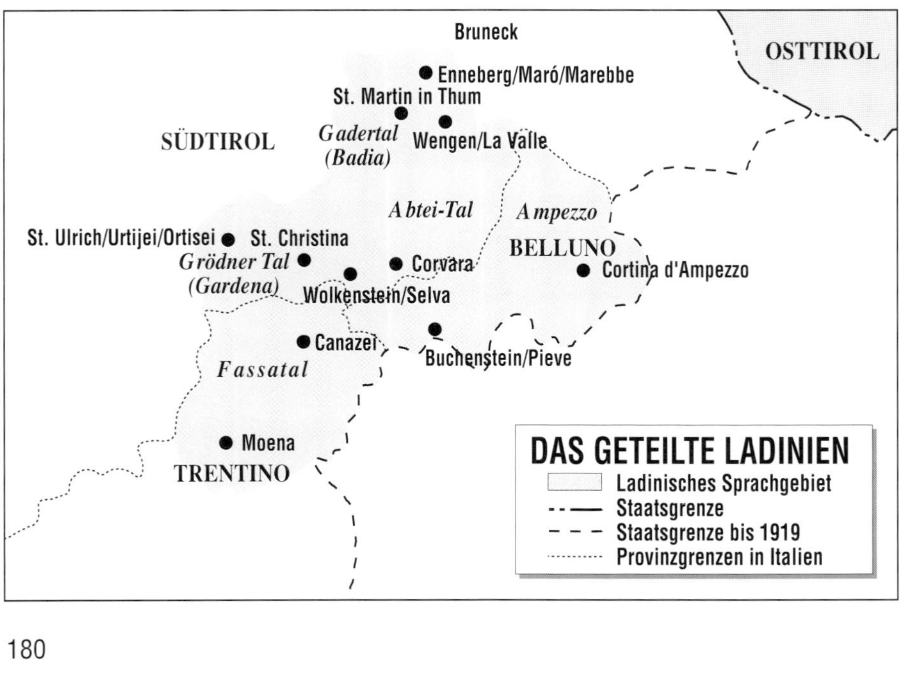

Literatur: Gunther Langes, Ladinien. Bozen 1970. – Felix Ermacora, Südtirol und das Vaterland Österreich. Wien–München 1984.

Das keltische Bretonentum unterliegt einem permanenten Schrumpfungsprozeß. Frankreich anerkennt nach wie vor keine „nationalen Minderheiten“.

Nach jahrelangen Bemühungen wurde Anfang November 1994 vom Europarat in Straßburg eine Rahmenkonvention zum Schutz nationaler Minderheiten verabschiedet. Allerdings hat diese Übereinkunft einen gravierenden Schönheitsfehler: Sie vermeidet eine Definition, was nationale Minderheiten sind. Dagegen haben sich vor allem Frankreich und die Türkei gesträubt; Staaten, die die Existenz von nationalen Minderheiten auf ihrem Territorium bestreiten, wobei sie von der strikten Auffassung der Gleichsetzung von Nation und Staat ausgehen und nur eine einheitliche Staatssprache anerkennen.
Unter den sechs autochthonen Volksgruppen, die in Frankreich seit Jahrhunderten im Gebrauch ihrer Muttersprache eingeengt werden, sind es die Bretonen, die als die letzte keltische Ethnie auf dem europäischen Festland von der Gefahr des Verschwindens ihrer Sprache ernsthaft bedroht sind. Im Wettlauf zwischen dem Bemühen um die Erhaltung dieser uralten Sprache und einer Entwicklung, die heute nicht einmal der in früheren Jahrzehnten praktizierten Unterdrückung durch den Zentralstaat bedarf, geraten die Bewahrer immer mehr ins Hintertreffen. Unverständlich bleibt, daß einem zentralstaatlichen Nationalismus wie dem französischen nicht einleuchtet, welcher Eigenwert darin liegt, Bestrebungen zu fördern, die, auch sprachlich, ein Volkstum am Leben erhalten wollen, dem die europäische Kultur einiges zu verdanken hat. Noch dazu, da bei den Bretonen ja nicht einmal die Befürchtung aufkommen muß, sie könnten infolge eines gestärkten Nationalbewußtseins nach einem „Anschluß“ an eine stammverwandte Nachbarnation schielen, wie das etwa – reine Theorie – bei Elsässern oder Katalanen der Fall sein könnte.

Die Bretonen sind Kelten, aber nicht die Nachkommen der ebenfalls keltischen alten Gallier. Diese waren schon romanisiert, als die keltischen Briten im 5. und 6. Jahrhundert, auf der Flucht vor der Invasion der Angeln und Sachsen, die damals noch Armorica genannte Halbinsel besiedelten. In Erinnerung an ihre Inselherkunft nannten sie die neue Heimat Breiz, englisch wurde daraus Britanny und französisch Bretagne. Noch gegen Karl den Großen konnten sie ihre politische Selbständigkeit und ihr Volkstum bewahren, aber nach dem Tod des Herzogs Conan IV. (1171) kamen normannisch-französische Adelsgeschlechter ans Ruder, wodurch die Oberschicht der keltischen Volkssprache entfremdet wurde. Nach dem vergeblichen Versuch des Habsburger-Kaisers Maximilian I., sich durch die Heirat mit der letzten Erbtochter der Herzöge der Bretagne in deren Besitz zu setzen, kam das Land 1532 an die französische Krone. Auf dem Weg zum Absolutismus ersetzten die Könige Frankreichs um 1600 in allen ihren Landen die lateinische Verwaltungs- und Gerichtssprache durch das Französische. Das traf damals neben dem Okzitanischen in Südfrankreich vor allem das Bretonische. In der Französischen Revolution setzten sich die Jakobiner gegen tolerante Vorschläge der Anerkennung der anderen Volkssprachen mit ihrem Grundsatz „Eine Nation, eine Sprache“ durch. Schon damals wurde das Bretonische aus den Schulen verbannt, und die Kirche wurde unter Druck gesetzt, auf seinen Gebrauch zu verzichten. Daß die Französische Revolution das Recht auf die Muttersprache keineswegs zu den von ihr verkündeten allgemeinen Menschenrechten zählte und den Nichtgebrauch der Staatssprache unter Strafe stellte, wirkt bis in die Gegenwart fort.
Im 19. Jahrhundert wurde – neben der allgemeinen Wehrpflicht – die Schulgesetzgebung zum wichtigsten Kampfmittel der zentralistischen Nationalisten. 1879 setzte Jules Ferry die antiklerikalen Unterrichtsgesetze durch, die mit der allgemeinen Schulpflicht auch das Verbot des Gebrauchs einer anderen als der französischen Sprache in den Schulen dekretierten. Sehr bald wurde nun auch der Kirche die Verwendung des Bretonischen im Gottesdienst untersagt. Den Bretonen wurde ihre Muttersprache als Patois, als bäuerliches Kauderwelsch, madig gemacht, jeder Schritt des sozialen Aufstiegs war an die Beherrschung des Französischen gebunden. Man schätzt, daß um die Mitte des vorigen Jahrhunderts nur einer von fünfzig Bewohnern der Nieder-Bretagne des Französischen mächtig war. Das sollte nun grundsätzlich anders werden. Um die Kinder ihrer Muttersprache zu entfremden, wurde das „symbole“ erfunden, ein Holzschuh oder ein Hufeisen, das das Schulkind tragen mußte, wenn es beim Bretonisch-Sprechen ertappt wurde. Wenn es seinerseits ein anderes Kind dieses „Verbrechens“ überführte, konnte es das Schandmal weitergeben; wer es am Ende des Schultages trug, wurde bestraft.
Dennoch brachte das 19. Jahrhundert auch das Wiedererwachen eines bretonischen Identitätsbewußtseins. Romantiker sammelten Volkslieder und Märchen, und mit „Barzaz Breiz“ wurde die Wiederbelebung der alten keltischen Bardendichtung versucht. Über die Grenzen Frankreichs hinaus wurde Verständnis für die Bretonen auch dadurch geweckt, daß man sich des großen Kulturerbes erinnerte, das mit der „Matière de Bretagne“, den Sagenzyklen um König Artus und den Gral, im Mittelalter ganz Europa bereichert hatte. Die Kulturbewegung organisierte sich 1898 als „Union régionaliste bretonne“ (URB) mit dem Ziel von „Emsav“, dem „Erwachen“ des Bretonentums. Vor dem Ersten Weltkrieg entstanden zwei politische Bewegungen: die „Fédération Régionaliste de Bretagne“ forderte Autonomie, die aus der URB hervorgegangene Parti National sah die Unabhängigkeit der Bretagne als Fernziel.

Im Ersten Weltkrieg, in dem die Bretonen den höchsten Blutzoll unter allen Regionen Frankreichs entrichteten, stellten die neuen

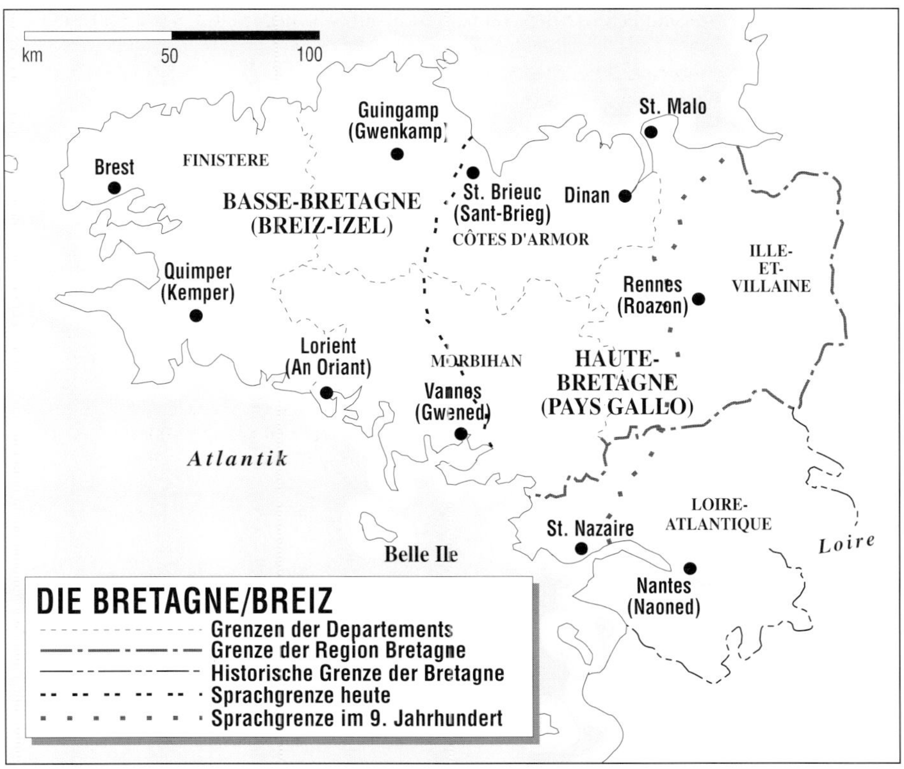

Bewegungen ihre politische Tätigkeit ein. Doch danach, im Zeichen des internationalen Rufs nach Selbstbestimmung, richteten führende bretonische Politiker und die fünf Bischöfe des Landes eine Bittschrift an die Friedenskonferenz in Versailles, die Wahrung der Minderheitenrechte auch für die Bretonen forderte. Sie wurde ignoriert. Die Antwort war die Gründung einer neuen Parti National Breton (PNB), die jedoch bei Wahlen nur geringe Erfolge hatte. Nationalistische Heißsporne inszenierten in der rechtsextremen Geheimorganisation „Gwenn ha Du" (Schwarz und Weiß, nach den Farben der bretonischen Flagge) Sprengstoffanschläge. Als das zur Erinnerung an die 400jährige Union der Bretagne mit Frankreich 1932 errichtete Denkmal in Rennes in die Luft flog, wurden die PNB-Führer Debauvais und Mordrel eingesperrt. Vor Kriegsausbruch gelang ihnen die Flucht nach Deutschland, wo sie versuchten, die deutsche Führung für die Idee eines bretonischen Staates zu gewinnen. Aber nach der Besetzung Frankreichs suchte Hitler Marschall Pétain lieber für eine Zusammenarbeit zu gewinnen. Die Regierung in Vichy erlaubte zwar die Aufnahme von Unterricht in bretonischer Geschichte und Sprache, was aber für die linksgerichtete Widerstandsbewegung nur ein zusätzlicher Grund war, jede separatistische Regung zu bekämpfen. Nach Morden an „Aposteln" des bretonischen „Emzav" wie dem Dichter Yann-Vari Perrot spaltete sich der rechte Flügel von der PNB ab und gründete eine faschistische Partei mit der militärischen Abteilung „Bezenn Perrot", die von den Deutschen gegen den Maquis eingesetzt wurde. Nach der Befreiung 1944 richtete sich die blutige „épuration", die Reinigung, in der Bretagne nicht nur gegen die Kollaborateure, sondern gegen die bretonische Bewegung insgesamt.

Von dieser neuen Ächtung erholte sich das Bretonentum nur langsam; junge idealistische Dichter, die vom Staat keinerlei Unterstützung erwarten durften, waren bemüht, in ihren nur mit geringer Auflage erscheinenden Werken die Muttersprache zu erhalten. Dazu kam eine grundlegende Änderung der ökonomischen und sozialen Verhältnisse durch die Mechanisierung der Landwirtschaft, die Bretonen massenweise in andere Regionen auswandern ließ. Ein drittes „Emsav" legte nun den Akzent auf die Forderung nach Modernisierung und Industrialisierung der Bretagne. Die von de Gaulle eingeleitete und später verwirklichte Regionalisierung, zunächst eine rein wirtschaftliche Angelegenheit, wurde von Abgeordneten der Bretagne mit besonderem Eifer vertreten; allerdings wurde bedauert, daß die

Bei einem Trachtenfest in der Bretagne

historischen Grenzen der Provinz durch die Abtrennung des Départements Loire Atlantique eingeengt wurden.

Allmählich begann sich auch das nationale Bretonentum wieder zu organisieren. „Hep Brezhoneg, Breizh Ebet" (Ohne Bretonisch keine Bretagne) war der Wahlspruch, mit dem es für die Erhaltung der Muttersprache warb. 1964 wurde die Union Democratique Bretonne (UDB) als neue Partei gegründet, gleichzeitig versuchten Bretonenvertreter, ihre Forderungen auch in den traditionellen Parteien unterzubringen. Die 68er-Bewegung erweckte eine ganze Reihe zumeist linksradikaler nationalbretonischer Organisationen zum Leben; Autonomieforderungen wurde mit Sprengstoffanschlägen Nachdruck verliehen, der spektakulärste galt 1978 dem Schloß von Versailles; doch hatten diese Gruppierungen keine lange Lebensdauer. Was blieb, war vor allem die Wiederbelebung und Erneuerung der Folklore durch junge Sänger.

Die UDB, die bei Gemeinderatswahlen Achtungserfolge erzielte, suchte die Zusammenarbeit mit den französischen Sozialisten. Mit der Wahl von François Mitterrand zum Präsidenten schien sich auch für die Bretonen manches zum Besseren zu wenden. Die politischen Gefangenen wurden begnadigt, die Regierungspolitik setzte auf Dezentralisierung, mit der sich auch für die Minderheiten Überlebenschancen zu bieten schienen. Nun wurde ein Bretonisches Kulturinstitut gegründet, und auch im Schulbereich kam es zu einigen Verbesserungen. An die Stelle der wenig großzügigen Loi Deixonne, die 1951 eine (!) Schulstunde in der Woche für das Freifach Bretonisch gewährt hatte, trat die Möglichkeit, in Bretonisch als zweiter oder dritter Fremdsprache zu maturieren. Auch die Lehrbefähigung für die keltische Sprache konnte nun erlangt werden. Dennoch blieb das öffentliche Schulwesen eine Domäne der Staatssprache, so daß die Bretonen zur Gründung von Privatschulen („Diwan", was „Keim" bedeutet) übergingen. Dieser Aufbruch in Richtung Regionalsprachen, die der Devise „La France en pluriel" des Kulturministers Jack Lang entsprach, wurde bereits mit dem innersozialistischen Regierungswechsel von Premier Mauroy zu Fabius gebremst. Die bürgerlichen „Kohabitationsregierungen" zeigten für die Option „regionale Sprachen und Kulturen" nur noch wenig Interesse. Angesichts der Bedeutung, die dem Fernsehen für die Alltagssprache und -kultur zukommt, sind die Sendezeiten in Bretonisch lächerlich gering und wurden 1992 von 1,5 Stunden auf 45 Minuten pro Woche verkürzt. Ein Vergleich mit der Verwendung der Minderheitensprachen in den Nachbarstaaten zeigt, wie benachteiligt das Bretonische in Frankreich wird: Das Fernsehen in Wales bietet den Kymrischsprechenden 25 Wochenstunden, das spanische Baskenland verfügt über zwei Sender mit 75 bzw. 42 Wochenstunden in Euskari.

Bezeichnend ist auch, daß es keine offiziellen Angaben über die Zahl der Bretonischsprechenden in Frankreich gibt: Danach wird bei den Volkszählungen nicht gefragt. Grobe Schätzungen nennen Zahlen zwischen 400.000 und 600.000; zu Beginn unseres Jahrhunderts waren es noch 1,5 Millionen. Insbesondere unter der Jugend gerät die Muttersprache, nachdem in der liberalen Phase der ersten sozialistischen Regierung 70 Prozent ihr Interesse an einem Bretonisch-Unterricht bekundet hatten, zunehmend in Vergessenheit. Europa läuft Gefahr, wieder einmal um ein Stück kultureller Vielfalt ärmer zu werden.

Literatur: Eva Bogataj, Die bretonische Bewegung in den letzten Jahren (Diplomarbeit). Wien 1989. – Meic Stephens, Minderheiten in Westeuropa. Husum 1979.

Nicht das Volk, aber seine Sprache ist im britischen Wales bedroht. Regionalisierung und Autonomie könnten das Kymrische noch vor dem Untergang retten.

Im heutigen Europa stellt sich die Frage, was „bedrohte Völker“ sind, zumeist anders als dort, wo Ureinwohner und Stammesgesellschaften mit „weißen“ Staaten – wie in Amerika und Australien oder in den auf Einheit und Zentralismus bedachten nachkolonialistischen Nationalstaaten – konfrontiert sind. Selbst die mit einer seit dem Zweiten Weltkrieg auf dem europäischen Kontinent nicht mehr gekannten Grausamkeit durchgeführten „ethnischen Säuberungen“ im ehemaligen Jugoslawien lassen, bei aller Tragik der individuellen Schicksale der Vertriebenen, den Begriff der „bedrohten Völker“ nicht zu, wenn man darunter die Gefahr der Auslöschung einer ganzen Ethnie verstehen will. Auch die meisten Minderheitenprobleme fallen dann nicht unter diese Kategorie, wenn ein Staatsvolk existiert, das im guten Fall als Schutzmacht und Mutterboden für die in einem anderen Staat lebende Minorität auftreten und dieser allenfalls noch eine Heimstatt bieten kann. Als das wichtigste Kriterium der Erhaltung der Identität erscheint dabei die Muttersprache, so daß als „bedroht“ in diesem Sinn vor allem jene Volksgruppen ohne eigenen Staat erscheinen müssen, die dieser Sprache zunehmend verlustig gehen.

Unter diesem Blickwinkel ist gerade auch im westlichen Europa, wo spätestens seit der Französischen Revolution die zentralistische Nationalstaatsdoktrin „Ein Staat, eine Sprache“ ganz bewußt die Auslöschung der Sprachen der Minderheiten betrieben hat, ein Umdenken im Gang. Für die Völker Spaniens hat es sich nachgerade als Vorteil erwiesen, daß nicht eine (zentralistische) Demokratie, sondern das faschistische Franco-Regime die anderssprachigen Nationalitäten bekämpft hat, so daß nun die Rückkehr der Demokratie mit einer Regionalisierung einherging, die Katalanisch, Baskisch und Galizisch in den betreffenden Regionen dem Spanischen im offiziellen Gebrauch gleichstellte. Die alten Demokratien Frankreich und Großbritannien sind (noch?) nicht so weit. Als „bedroht“ sind dort insbesondere die keltischen Sprachen, vor allem die der Bretonen und der Waliser, zu betrachten. Die brutale Gewalt früherer Jahrhunderte hat eine Situation geschaffen, in der die „sanfte Gewalt“ der modernen Kommunikation das Aussterben zweier uralter Sprachen vorantreibt.

Ein Bild, das aufgrund seiner Skurrilität durch die Medien geistert und an eine verschwindende Sprache, das Kymrische, erinnert: der längste Ortsname in Wales

Das Fürstentum Wales konnte sich länger als ein halbes Jahrtausend als letzte Bastion des Keltentums im Südteil der Britischen Insel dem Zugriff der Angeln und Sachsen entziehen. Erst deren normannische Könige machten der Selbständigkeit von Cymru, wie die Kelten ihr Land nannten (während in „Wales“ das germanische Wort „Welsch“ steckt, das auf alle romanisch-keltischen Nachbarn angewendet wurde), ein Ende. Nachdem der letzte walisische Fürst, Llywellyn, gefallen war, setzte König Eduard I. seinen Sohn als „Prince of Wales“ über das eroberte Land – ein Titel, den die Kronprinzen bekanntlich bis heute tragen. Dennoch behauptete sich die kymrische Sprachen bis in die Neuzeit hinein nicht nur als Haus- und Literatursprache, sondern auch vor Gericht.

Die Ironie der Geschichte wollte es, daß mit dem aus Wales stammenden Heinrich VII. Tudor, der von einer walisischen Armee am Ende der Rosenkriege auf den englischen Thron gesetzt wurde, die Auflösung der walisischen Autonomie und die Assimilation der Kymrer mächtig vorangetrieben wurden. Heinrich VIII. vollzog mit den „Acts of Union“ die Vereinigung von Wales mit England. Das Gesetz vermerkte in seiner Präambel, „das Volk in diesem Herrschaftsgebiet hat und gebraucht täglich eine Sprache, die in nichts der Muttersprache gleicht, die in diesem Reich natürlicherweise gesprochen wird.“ Nun wurde Englisch als Gerichtssprache eingeführt und angeordnet, „es sollen in Zukunft keine Person oder Personen, die die walisische Sprache sprechen oder schreiben, irgendein Amt oder Einkommen im Reich von England, Wales oder anderen Herrschaftsbereichen des Königs genießen, es sei denn, sie benutzen die englische Sprache.“

Zweisprachigkeit wird respektiert

Zu diesem Zeitpunkt war im wesentlichen nur der walisische Adel anglisiert; man schätzt, daß nur fünf Prozent der Bevölkerung des Englischen mächtig waren. In der Praxis konnte also das Gesetz nicht in seiner vollen Strenge angewendet werden. Dennoch begann mit der Entfremdung des Adels von der Volkssprache, mit der Auflösung der Bardenschulen und mit der Aufhebung der Klöster jener Erosionsprozeß, der das Kymrische immer stärker zu einer verachteten Bauernsprache herabdrückte. Allerdings verlief diese Entwicklung nicht so destruktiv wie der Verfall des Gälischen in Schottland und Irland, weil Bischof William Morgan durch die von Königin Elisabeth I. erlaubte Übersetzung der Bibel ins Kymrische seinen Landsleuten einen fortwirkenden sprachlichen Rückhalt gab. Die Waliser wehrten sich auch dadurch gegen die völlige Vereinnahmung, daß sie die Anglikanische Hochkirche ablehnten und den nonkonformistischen protestantischen Sekten beitraten.

Erst mit der Industriellen Revolution und der Anziehungskraft, die die Fabriksstädte auf die Landbevölkerung ausübten, begannen viele Waliser ihre Muttersprache aufzugeben. Abgesehen davon, daß die Sprache der Geschäftswelt und der Industrie das Englische war, trugen nun neue Erziehungsgesetze ganz wesentlich zum Verfall der keltischen Sprache bei. Eine 1846 nach Wales entsandte Kommission kam zu dem Schluß: „Die walisische Sprache ist ein großes Hindernis für Wales und auf vielen Gebieten eine Barriere gegen den moralischen Fortschritt und die geschäftlichen Fähigkeiten des Volkes." Ein anglo-walisischer Abgeordneter gab den Rat: „Schickt ihnen englische Schulmeister! Eine Horde Schulmeister kostet wesentlich weniger als eine Polizeitruppe oder Soldaten." Die Neuordnung des Elementarschulwesens klammerte 1870 das Kymrische völlig aus dem Unterricht aus. Wer in den Schulen Walisisch sprach, wurde gezüchtigt und mußte zur Schande den „Welsh Not", einen Holzpflock, um den Hals tragen. Die Erkenntnis, daß sozialer Aufstieg offenkundig nur über das Englische möglich war, ließ viele Waliser den mit dem kapitalistischen Fortschrittsglauben verbundenen Einheitswahn akzeptieren.

Aber auch Widerstand regte sich. Daß ein Waliser in Patagonien eine Auswandererkolonie gründete, mit Kymrisch als offizieller Sprache, war ein verzweifelter Fluchtversuch. Doch in der Heimat begann romantische Selbstbesinnung Fuß zu fassen: Das Interesse für die alte Literatur und die Folklore wuchs, und die Eistedfodds, kymrische Sängerwettbewerbe, die heute zu großen Festivals der Laienkunst geworden sind, wurden wiederbelebt. Auch zeigten die Liberalen Verständnis für die „Home-Rule"-Bewegung, die von Irland auf Wales übergriff. Doch der walisische Abgeordnete (und spätere Premier) David Lloyd George drang mit einer Vorlage zur Selbstregierung von Wales nicht durch, und die dieses Ziel verfolgende Bewegung „Cymru Fydd" (Wales der Zukunft) brach zusammen. Nach dem Ersten Weltkrieg wurde schließlich 1925 die nationalistische Partei „Plaid Cymru" gegründet, die aber lange Jahre ein von den Wählern wenig beachtetes Außenseiterdasein führte. Gleichzeitig begann eine Vereinigung der walisischen Gesellschaften, „Undeb y Cymdeithasau Cymraeg" , ihre Tätigkeit. War das Bestreben von Plaid Cymru auf Autonomie gerichtet, so ging es dieser Vereinigung um die Gleichstellung der kymrischen Sprache mit dem Englischen. Eine große Unterschriftenaktion zeitigte auf diesem Gebiet 1941 einen ersten Erfolg: Der „Welsh Courts Act" gestattete die Verwendung des Walisischen vor Gericht, falls der Partei durch deren Nichtgebrauch ein Nachteil drohen sollte. Allmählich, insbesondere nach dem Krieg, kam es auch im Schulwesen wieder zu stärkerer Berücksichtigung der autochthonen Sprache.
Das Walisische war im Lauf des 20. Jahrhunderts in eine ernste Krise geraten. 1901 sprach noch die Hälfte der Bevölkerung von Wales, rund 930.000 Menschen, Kymrisch als Muttersprache. Um die Mitte unseres Jahrhunderts war der Anteil auf knapp 29 Prozent gefallen, und heute bedient sich nur noch ein knappes Fünftel der 2,8 Millionen Einwohner des keltischen Idioms. Die Ursachen dafür sind in der Industrialisierung vor allem des Südostens von Wales, in der Abwanderung walisischer Arbeiter nach der dort eingekehrten Wirtschaftskrise, im Zuzug von Engländern – in den letzten Jahrzehnten auch einer wachsenden Zahl von Pensionisten, die ihre Weekendhäuser zu ständigen Wohnsitzen machen – und insbesondere in den modernen Massenmedien, vor allem im Fernsehen, zu suchen. Demgegenüber waren die Errichtung einer walisischen BBC-Radiostation in den dreißiger und eines vierten, walisischen TV-Kanals in den siebziger Jahren nur ein schwacher Ausgleich, zumal beim letzteren die Zusage nicht eingehalten wurde, die Sendungen ausschließlich in kymrischer Sprache zu gestalten.

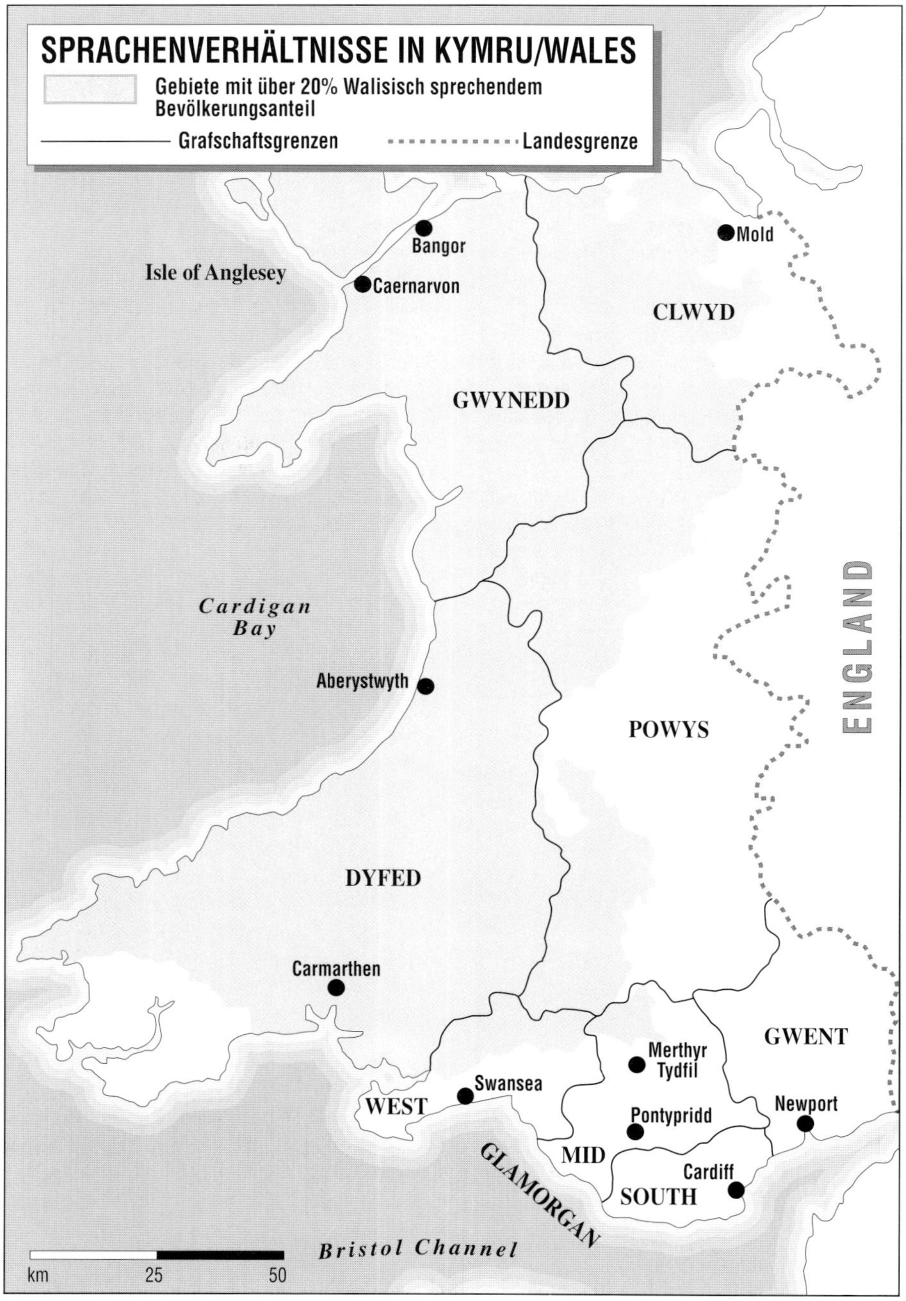

Seit den sechziger Jahren nach dem Zweiten Weltkrieg konnte die Partei Plaid Cymru zunehmend Erfolge verzeichnen. Ihr Führer Saunder Lewis rüttelte seine Landsleute mit der Warnung auf, daß ein Fortschreiben der sich abzeichnenden Entwicklung den Tod des Kymrischen im 21. Jahrhundert vorhersehen lasse. Sein Gegenrezept: „Geht ernsthaft und ohne Schwanken daran, die Ausübung örtlicher und zentraler Regierung ohne die walisische Sprache unmöglich zu machen." Und

der Theoretiker der Partei, J. R. Jones, grenzte die Bewegung von ethnischem Tribalismus ab: die Betonung der Erhaltung der Sprache umreiße ihr Ziel, hingegen sei eine „faschistische Verzerrung", die sich auf Blut und Rasse berufen würde, strikt abzulehnen. In den sechziger Jahren trat Plaid Cymru erstmals – vergeblich – auch in den Umweltkampf ein, als das Tryweryntal von einem Stausee überflutet wurde. Der Aufforderung Saunders folgten da und dort Waliser mit Akten zivilen Ungehorsams, etwa, indem Kommunalsteuern, deren Vorschreibungen nur in Englisch gehalten waren, nicht errichtet wurden. Der Kleinkrieg hatte schließlich insofern Erfolg, als die Behörden in den meisten Fällen zur Zweisprachigkeit der Formulare übergingen.
Radikalere Wege versuchte die 1962 neugegründete Gesellschaft für die walisische Sprache, „Cymdeithas yr Iaith Gymraeg", zu beschreiten. Sie eröffnete einen Kampf um zweisprachige Wegweiser und Ortstafeln. Das Einlenken der Behörden war ihr nicht genug, als diese auf der Erstnennung in englischer und nur darunter in kymrischer Sprache bestand. Noch schärfere Formen nahm – im Gegensatz zu der sich grundsätzlich zur Gewaltlosigkeit bekennenden Plaid Cymru – der Protest der Untergrundgruppe „Meibion Glyndwr" (Söhne Glendowers, des Führers eines Aufstands im 15. Jahrhundert) an, die seit Anfang der achtziger Jahre Anschläge auf englische Ferienhäuser unternahm.
Vordem hatten sich die walisischen Nationalisten Hoffnungen gemacht, als die Labour-Regierung Vorschläge für eine Dezentralisierung Großbritanniens zu überprüfen begann. Neben der Bildung von fünf englischen Regionen hätten Schottland und Wales mit größerer Autonomie ausgestattet werden sollen. Schottland sollte eine Regionalversammlung mit legislativen, Wales bloß mit exekutiven Rechten

Walisische Kinder in der Nationaltracht

bekommen. Aber in Wales waren, sehr zur Enttäuschung von Plaid Cymru, selbst die meisten Labour-Abgeordneten – Wales war seit langem eine Hochburg der Arbeiterpartei – dazu auf Distanz gegangen. Die Konservativen sahen in den Regierungsplänen überhaupt einen ersten Schritt zur Auflösung Großbritanniens, und Premier Wilson zögerte die Entscheidung, als die Auspizien dafür noch günstig standen, hinaus. Als dann sein Nachfolger Callaghan 1979, unmittelbar am Vorabend seines Sturzes, Volksabstimmungen über die Teilautonomie Wales' durchführen ließ, wurde diese in Wales mit beträchtlicher Mehrheit abgelehnt.
Das sich nun abzeichnende Ende der konservativen Regierungszeit könnte auch der Regionalisierung neuen Auftrieb geben. Die Partei Plaid Cymru, die vier von 36 walisischen Sitzen im Londoner Unterhaus hält, erhofft sich davon auch eine Rettung der kymrischen Sprache vor dem Untergang.

Meic Stephens, Minderheiten in Westeuropa. Husum 1979. – Trevor Fishlock, Wales and the Welsh. London 1972.

Die satanische Konsequenz, mit der Hitler seine programmatische Politik der Judenvernichtung realisierte, hat lange Zeit verdeckt, daß es noch eine zweite Bevölkerungsgruppe gab, die in ihrer Gesamtheit ausgelöscht werden sollte: die Zigeuner, die sich heute lieber mit ihren Eigenbenennungen Roma und Sinti bezeichnen lassen.

Mit der Geige vertraut: junger österreichischer Roma

Gerade anhand der Verfolgung der Zigeuner läßt sich die wissenschaftlich völlig haltlose Absurdität der Einteilung der Menschen in „Arier" und „Nichtarier" beweisen. Das der Linguistik entnommene, aus dem Altindischen herrührende Wort Arier trifft auf kein europäisches Volk besser zu als auf die Zigeuner, denn ihr mit dem Sanskrit verwandtes Idiom ist das älteste lebende Beispiel einer indoeuropäischen Sprache. Aber wie auch im Fall der Juden war die rassische Argumentation ja nur ein Vorwand, um uralten Vorurteilen ein wissenschaftliches Mäntelchen überzuwerfen.

Wenn im folgenden die Bezeichnungen Roma und Zigeuner abwechselnd verwendet werden, so deshalb, weil der Autor überzeugt ist, daß sich Diskriminierungen nicht durch sprachliche Reglements beseitigen lassen. Ganz abgesehen davon, gibt es zahlreiche Zeugnisse dafür, daß das Wort Zigeuner keineswegs von vornherein als abfällig verstanden wurde. Sollten etwa Lenaus „Zigeunerlieder" oder Johann Strauß' „Zigeunerbaron" umbenannt werden, würden die edlen Zigeunerinnen der romantischen Dichtung, von Arnims Isabella bis zu Victor Hugos Esmeralda, mit einem neuen Paß nicht eher verfremdet? Deshalb, weil Antisemiten die Bezeichnung „Jude" auf dem gelben Stern quasi zum Schimpfwort gemacht haben, sollte man ihnen nicht zu einem späten Sieg verhelfen, indem man es vermeidet. Mit dem Wort „Zigeuner" verhält es sich ähnlich, auch wenn eingewendet werden kann, daß es eben keine Eigenbezeichnung ist.

Aus welchen Gründen das Volk, eher in kleinen Gruppen denn als Massenaufbruch, seine indische Heimat verlassen hat, ist unbekannt. Wahrscheinlich kam es zwischen dem 5. und 7. Jahrhundert aus dem Pandschab nach Persien, wurde dann, möglicherweise von der Islamisierung, weitergetrieben. Wird „Sinti" von manchen Forschern mit der indischen Region Sindh zusammengebracht, so scheint „Roma" von der griechischen Bezeichnung für manichäistische Häretiker herzurühren; deren Ablehnung durch die Kirche könnte auch das griechische Wort „athinganoi" (Unberührbare) zugrundeliegen, von dem sich Cygan, Gitano, Zigeuner ableitet. Im deutschen Sprachraum nannte man sie übrigens zunächst nach ihrer Herkunft „Ungarn", in Frankreich heißen sie „Bohémiens" (Böhmen), in England „Gypsies", wobei die von der Kirche gepflegte Legende eine Rolle gespielt haben könnte, sie seien zum Wandern verurteilt, weil sie der Heiligen Familie auf ihrer Flucht nach Ägypten keinen Unterschlupf gewährt hatten.

Die Neuankömmlinge wurden überall in Mittel- und Westeuropa angefeindet und verfolgt, durch Landesverweisungen von einem Land zum anderen gejagt, als „Vogelfreie" beliebige Opfer jeder Willkür. Die soziale Ausgegrenztheit traf sie wie andere „Fahrende" auch, aber daß sie die nomadisierenden Lebensweise gar nicht ablegen wollten, fremdartiges Aussehen und Brauchtum und wohl auch die Konkurrenz, die sie durch handwerkliche und händlerische Tätigkeiten ausübten, machten sie nur zu häufig zu Sündenböcken in einer abergläubischen Gesellschaft. Gerade durch ihren Verzicht auf einen festen Wohnsitz konnten sie als Kesselschmiede und Pferdehändler, Scherenschleifer und Rastelbinder und nicht zuletzt als Musikanten, Schausteller und Wahrsagerinnen Bedürfnisse abdecken, für die sonst kaum jemand zuständig war. Dennoch blieben sie als Nicht-Seßhafte außerhalb der berufsständischen Organisationen der Zünfte und Gilden. Und Not und Vertreibung zwangen sie nicht selten auch, den Lebensunterhalt durch Bettelei zu sichern.

Die Aufklärung und der einsetzende Frühkapitalismus hatten, obwohl bemüht, von Tradition und Kirche geförderte Vorurteile abzubauen, für eine Lebensweise wie die der Zigeuner kein Verständnis. Daher setzten nun die Versuche ein, sie seßhaft zu machen und zu assimilieren. In Österreich und Ungarn waren Maria Theresia und Josef II. um eine Ansiedlung der Zigeuner bemüht, und da es nicht gelang, die „Neu-Ungarn", wie die Kaiserin sie nennen ließ, von der Sinnhaftigkeit einer Änderung ihrer Lebensweise zu überzeugen, griff man alsbald zu Zwangsmitteln. Wie die gutgemeinten Aktionen der Herrscher in der Praxis aussahen, schildert ein zeitgenössischer Bericht: „An einem für dieses Volk entsetzlichen Tag, an den es noch mit Schrecken zurückdenkt, erschienen an allen Orten Ungarns, wo sich Zigeuner befanden, von Soldaten begleitete Karren. Die Kinder, vom eben entwöhnten Säugling bis zu den Jungvermählten, die noch ihre Hochzeitskleider trugen, wurden ihnen fortgenommen. Die Verzweiflung dieser unglücklichen Bevölkerung läßt sich nicht beschreiben: die Eltern wälzten sich vor den Soldaten auf dem Boden und klammerten sich an die Karren, die ihre Kinder entführten ... Sie wurden mit Stockschlägen und Kolbenschlägen zurückgetrieben ... Einige begingen auf der Stelle Selbstmord ... Die Anwendung so rücksichtsloser Methoden war nicht geeignet, die Zigeuner von der Moral, die man ihnen predigte, zu überzeugen." Ein Ergebnis der Zwangsansiedlung waren die Roma-Siedlungen in Westungarn, dem heutigen Burgenland; andere, vor allem die Sinti in Österreich, eine zahlenmäßig kleine Gruppe, konnten ihr Wanderleben fortsetzen.

Im 19. Jahrhundert trafen die Verordnungen über Meldepflicht und die einschränkenden Gesetze gegen Landstreicherei natürlich in erster Linie wieder die Zigeuner. So bewirkten in Österreich Schubgesetz, Vagabondagegesetz und Zigeunererlaß, alle aus der zweiten Hälfte des vorigen Jahrhunderts, „eine sukzessive Aushöhlung der Rechtsstaatlichkeit und bedeuteten für die Betroffenen Repression, Willkür, Beschneidung der persönlichen Freiheit und häufig ein Abdrängen in die Kriminalität. Und sie eröffneten gerade auch den lokalen

Behörden einen breiten Ermessensspielraum zur Ausweisung, Abschiebung, vorübergehenden Inhaftierung und Festsetzung von mißliebigen Menschen ... So wurden ab den zwanziger Jahren unseres Jahrhunderts Sinti und Roma durch immer größere Auslegungswillkür dieser Gesetze kreuz und quer durch Österreich getrieben und zunehmend ihrer Existenzgrundlagen beraubt." (Erika Thurner/ Barbara Rieger).

Die nationalsozialistische Verfolgung der Zigeuner mit dem Endziel der Ausrottung kam nicht über Nacht. In Deutschland wie in der Tschechoslowakei gab es schon in der Zwischenkriegszeit Zigeunergesetze, durch die die Angehörigen dieses Volkes registriert wurden; in Wien begann 1936 eine „Internationale Zentralstelle zur Bekämpfung der Zigeunerplage" ihre Tätigkeit. Ohne Widerspruch wurden Vorschläge für eine Lösung geäußert, die die Umsiedlung aller Zigeuner auf eine Insel oder ihre Sterilisierung ins Auge faßten; nur das Umbringen getraute man sich vorderhand noch nicht auszusprechen.

Der NS-Staat verbarg die geplante rassistische Vernichtung der Zigeuner zunächst unter dem Vorwand des Kampfes gegen „Asoziale". Schon lange vor dem Krieg hatte man damit begonnen, die Zigeuner in Konzentrationslagern zu internieren. Nach dem „Anschluß" Österreichs an Hitlerdeutschland wurden solche Zigeuner-Anhaltelager im burgenländischen Lackenbach und in Salzburg-Maxglan eingerichtet. Daß der oberste SS- und Polizeichef Heinrich Himmler ursprünglich Repräsentanten der „Stämme" der Sinti und Roma in einem Reservat unter Denkmalschutz stellen wollte, um sie als lebendes Material seinen Rasseforschern zur Verfügung zu stellen, weil er glaubte, sie hätten „ur-indogermanische" Züge bewahrt, ist nur eine weitere Facette der Menschenverachtung des NS-Regimes.

Mit dem Kriegsbeginn und der Eroberung Polens eröffneten sich für die Nazis neue Möglichkeiten, der Lösung des „Zigeunerproblems" in ihrem Sinn näherzukommen, ohne die Öffentlichkeit, die zwar im allgemeinen für die Zigeuner wenig Sympathie zeigte und wohl für Maßnahmen wie Zwangsarbeit, aber nicht für den brutalen Mord Verständnis aufgebracht hätte, kopfscheu zu machen. Schon am 21. September 1939 ordnete der Chef des Sicherheitsdienstes Heydrich an, daß alle in Deutschland wohnenden Zigeuner zu erfassen und ins „Generalgouvernement" umzusiedeln seien. Im besetzten Polen selbst wurden an die 30.000 Zigeuner sofort in Konzentrationslager gebracht. In Deutschland und Österreich fand die Einweisung „dieses arbeitsunwilligen und landfremden Nomadenvolkes, dieser wandernden Rasse, die das deutsche Volk bestiehlt und begaunert" (Landrat Markt Pongau an den Salzburger Regierungspräsidenten) über die Nazis hinaus bei vielen, insbesondere in der ländlichen Bevölkerung, Zustimmung.

Die arbeitsfähigen Lagerinsassen wurden zunächst zur Zwangsarbeit, zum Beispiel beim Autobahnbau, eingesetzt. Bekannt ist, daß die Regisseurin Leni Riefenstahl für ihre Verfilmung von „Tiefland" Zigeuner aus Maxglan als unbezahlte Komparsen „auslieh".

Vorerst stellten sich bei der Umsiedlung aller Zigeuner – jene von ihnen, die ursprünglich eingezogen worden ware, wurden 1941 aus der Wehrmacht ausgestoßen – in das „Generalgouvernement" offenbar Probleme; sie wurde nach anfänglichen Aktionen abgeblasen. Doch mit dem Auschwitz-Erlaß Himmlers vom 16. Dezember 1942 war der Weg frei auch zur „Endlösung" der Zigeunerfrage. Der Befehl, die Zigeuner in Auschwitz-Birkenau zu internieren, war das Todesurteil für viele Angehörige des Volkes in ganz Europa, soweit sie den Massakern auf dem Balkan und in der besetzten Sowjetunion entkommen waren. Die Gaskammern waren auch für die Roma und Sinti da. Von den 11.000 Zigeunern, die vor dem Krieg in Österreich lebten, kamen die Hälfte bis zwei Drittel durch die nationalsozialistischen Verfolgungen um. Für die Gesamtzahl der durch die „Endlösung" getöteten Roma und Sinti gibt es ebenfalls nur Schätzungen: Sie liegen zwischen 220.000 und 600.000. Die von den Nazibehörden vorgenommene Einstufung ihrer Opfer als Asoziale und Kriminelle hat es für Zigeuner besonders schwierig gemacht, in den Genuß von Entschädigungen zu kommen. Die Anerkennung der Roma als Volksgruppe erfolgte in Österreich erst 1993 nach langem Bemühen des 1989 in Oberwart gegründeten Vereins „Roma und Sinti – Verein zur Förderung von Zigeunern"; seither sind auch andere Organisationen entstanden.

Die Ostöffnung hat bedauerlicherweise für die Akzeptanz der Roma in Österreich eher einen Rückschlag gebracht, weil Zigeuner zu den ersten gehörten, die die geöffneten Grenzen zur Wanderung nach Westen benützten, und damit auch mitunter unliebsame Erfahrungen verbunden waren. Die kommunistischen Regime hatten die alte aufklärerische Haltung, die Roma von ihrer Lebensweise abzubringen und zwangsweise seßhaft zu machen, wieder aufgenommen, letztlich mit dem „Erfolg", daß

Ungarische Roma vor ihrer Hütte

Trauerfeier für die ermordeten Roma in Oberwart (1995)

an den Rändern der Großstädte und dort, wo die Volksdeutschen vertrieben worden waren, Slums entstanden und die Roma meist die unterste soziale Schicht in einer angeblichen Gesellschaft der Gleichen blieben. Von welchem Geist diese Maßnahmen im Detail getragen waren, läßt sich aus einem CSSR-Erlaß aus dem Jahr 1958 ersehen, in dem die Nationalkomitees beauftragt wurden, „alle großen Ansammlungen von Zigeunern in Dörfern, Gassen oder Häusern aufzuteilen, um die Zigeunerfamilien daran zu hindern, sich gegenseitig zu beeinflussen, und um sie zu veranlassen, auf der gleichen kulturellen Stufe wie ihre Nachbarn zu leben."

Offenbar ist diese Zwangsanpassung nicht geglückt, ebensowenig wie der Abbau von Vorurteilen und Haß, wie er sich etwa in Rumänien nach dem Sturz Ceausescus in Pogromen wieder öffentlich artikulieren konnte. Die Tschechische Republik sucht bekanntlich jetzt das Roma-Problem wieder einmal auf drastische Art zu lösen: Wer nicht in Böhmen und Mähren geboren ist, kann nur dann auf Antrag tschechischer Staatsbürger werden, wenn er mindestens fünf Jahre dort gelebt hat und in dieser Zeit keine Straftat begangen hat – ein Gesetz, das sich nach Ansicht der Verbände der Roma eindeutig gegen diese richtet.

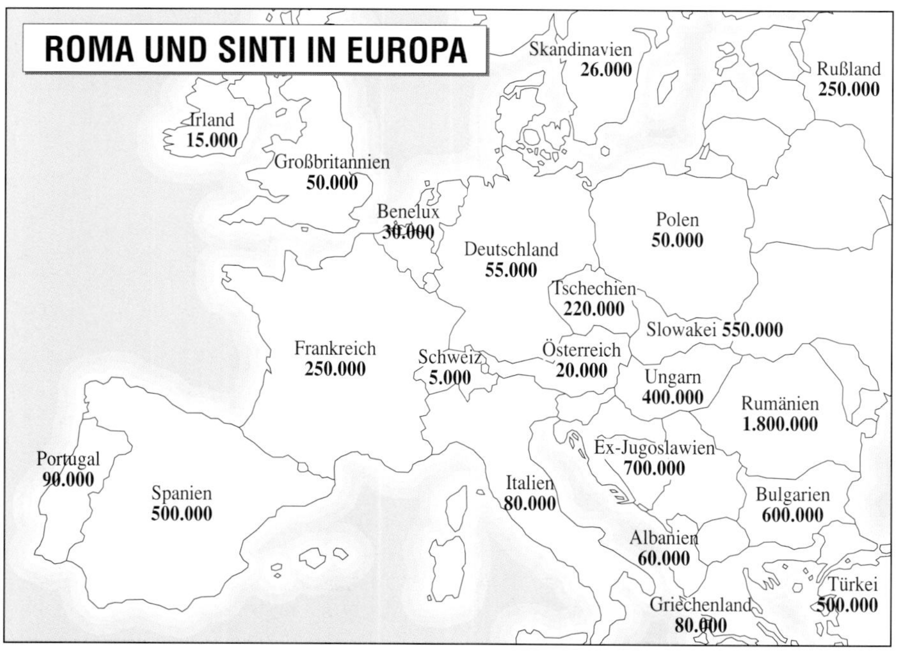

Das Wiederaufleben rechtsextremistischen Gedankenguts und entsprechender illegaler Betätigung hat aber auch in Österreich zu einem hinterhältigen Ausbruch von Zigeunerhaß geführt. Im Februar 1994 fielen einem mit zynischer Gemeinheit ausgeklügelten Attentatsplan vier junge Bewohner der Roma-Siedlung bei Oberwart im Burgenland zum Opfer. Unbekannte hatten am Rand der Siedlung eine Tafel mit dem provokativen Text „Roma – zurück nach Indien!" aufgestellt. In das Gestänge der Tafel war jedoch eine Rohrbombe eingebaut.

Als vier junge Männer – übrigens alle österreichische Staatsbürger – die Tafel entfernen wollten, explodierte der Sprengsatz mit so entsetzlicher Wirkung, daß alle vier zerfetzt wurden. Die Ermittlungen der österreichischen Sicherheitsbehörden verliefen, trotz der Ausschreibung einer Zehn-Millionen-Schilling-Belohnung für Hinweise auf die Täter, vorerst ergebnislos. Vermutlich der- oder dieselben Verbrecher hatten auch eine Bombe im mehrheitlich kroatischen Dorf Stinatz angebracht, durch die ein Mann schwer verletzt wurde, und verschiedene kroatische Familien wurden namentlich aufgefordert, „zurück nach Dalmatien" zu gehen. Ein Bekennerschreiben war von einer ominösen „Bajuwarischen Befreiungsarmee" unterzeichnet, die sich die Rettung Österreichs vor „Überfremdung" zum Ziel setzte und deren Geschichtsvorstellung ebenso wirr wie ihr Haß auf alle Ausländer und Minderheiten konkret war.

Alle österreichischen Parlamentsparteien verurteilten den Anschlag, darüber hinaus kam es zu Solidaritätskundgebungen für die Roma; die größte dieser Veranstaltungen in der Wiener Stadthalle, von den Sozialdemokraten und den Grünen unterstützt, brachte für die Angehörigen der Opfer eine Spende von mehreren Millionen Schilling. Bundeskanzler Vranitzky versprach in einer Trauerfeier in Oberwart, daß den österreichischen Roma – sie waren erst 1993 als Volksgruppe anerkannt worden – in Hinkunft mehr Unterstützung zufließen werde.

Die Integration der Roma und Sinti ohne gleichzeitige Zerstörung ihrer Identität als Volksgruppe – Indien hat sich übrigens 1978 offiziell zu ihrem Mutterland bekannt – ist also nach wie vor, und speziell in Osteuropa, wo noch Millionen von ihnen leben, eine Aufgabe, die ihrer Lösung harrt.

Literatur: Mozes F. Heinschink/Ursula Hemetek (Hg.), Roma, das unbekannte Volk. Böhlau, Wien 1994.

Seit 1985 existiert in Österreich die „Gesellschaft für bedrohte Völker". Mit bescheidenen Mitteln ist sie bemüht, die Situation gefährdeter Minderheiten ins öffentliche Bewußtsein zu rufen.

Am 8. November 1994 war die „Gesellschaft für bedrohte Völker" ausnahmsweise den Nachrichtensendungen ein paar Sätze wert. Es gab dafür einen aktuellen Anlaß: Das UNO-Kriegsverbrechertribunal für das ehemalige Jugoslawien hatte seine Tätigkeit offiziell aufgenommen. Vertreter der deutschen „Gesellschaft für bedrohte Völker" warnten mit einer Mahnwache in Den Haag davor, daß das Tribunal durch die Befassung mit Einzeltätern nicht von der Verantwortlichkeit der „Hauptkriegsverbrecher Milosevic, Karadzic und Mladic" ablenken dürfe. Erst wenn diese Männer vor das internationale Kriegsverbrechertribunal gestellt würden, seien auch Verhandlungen gegen Befehlsempfänger und Einzeltäter sinnvoll, hieß es in der Stellungnahme der Gesellschaft. Gleichzeitig wurden der Widerruf aller Teilungspläne und die Wiederherstellung der multiethnischen und multireligiösen souveränen Republik Bosnien-Herzegowina, wie sie von den Vereinten Nationen anerkannt worden ist, gefordert.

So unerfüllbar solche Forderungen in einer Zeit scheinen mögen, in der auf der einen Seite die Vertreter der serbischen Separatisten in Bosnien nicht einmal den Teilungsplan der Großmächte akzeptieren wollen sowie die Schutzgebiete der UNO gewaltsam besetzen, und auf der anderen Seite der serbische Präsident Milosevic aus durchsichtigen Gründen in das Gewand des Friedensengels schlüpfen konnte – die „Gesellschaft für bedrohte Völker" sieht ihre Aufgabe ja nicht darin, die Kompromisse einer oft fragwürdigen „Realpolitik" nachzuvollziehen, sondern sie versteht sich als Mahnerin für die unbedingte Wahrung der Menschen- und Minderheitsrechte. In einer Welt, in der auf allen Kontinenten ethnische, religiöse oder soziale Gruppen in rechtlosem Zustand gehalten, diskriminiert, verfolgt, vertrieben oder ermordet werden, steht eine solche Mahnung leider nahezu permanent auf der Tagesordnung. „Wir protestieren auch dann gegen schreiendes Unrecht, wenn die Aussichten auf Erfolg gering sind, und klagen Menschenrechtsverletzungen ohne Rücksicht darauf an, wo sie geschehen" – so definiert die Gesellschaft ihre Haltung.

Die Initiative, für Völker einzutreten, die einem Genozid ausgeliefert sind, geht auf den Biafrakrieg zurück. Als Ende der sechziger Jahre die grauenhaften Bilder vom verhungernden Volk der Ibo in Nigeria durch die Welt gingen, bildeten sich in verschiedenen Ländern Europas spontan Gruppen, die den Opfern des nigerianischen Bürgerkriegs in Wort und Tat zu Hilfe kommen wollten; in Hamburg war dies die „Aktion Biafrahilfe". Zunächst deutsche Sektion der britischen Organisation „Survival International", entstand daraus 1970 die „Gesellschaft für bedrohte Völker" in der Bundesrepublik; in der im gleichen Jahr gegründeten Zeitschrift „pogrom" hatte sie ein überzeugendes Organ zur Verbreitung ihrer Anliegen. Ihr Wirken stieß auch im übrigen deutschen Sprachraum allmählich auf Interesse. So bildeten sich eigenständige Sektionen gleichen Namens in der Schweiz, in Österreich, Südtirol und Luxemburg. Die österreichische „Gesellschaft für bedrohte Völker" wurde 1985 gegründet, ihr Präsident war bis zu seinem Tod Professor Robert Jungk. 1993 wurde die deutsche Gesellschaft als „Nichtregierungsorganisation" (NGO) mit beratendem Status beim Wirtschafts- und Sozialrat der Vereinten Nationen zugelassen.

Daß Europa infolge des Balkankrieges und der Nationalitätenkonflikte nach dem Zusammenbruch des Kommunismus wieder so großes Augenmerk seitens der „Gesellschaft für bedrohte Völker" geschenkt werden müßte, war nicht abzusehen. Ihr Wirken galt vor allem den Minderheiten und Stammesvölkern in der Dritten Welt. Allein in den letzten 25 Jahren fielen dort mehr als zehn Millionen Menschen regionalen Kriegen oder staatlich gelenkten Pogromen zum Opfer. Bei vielen dieser Konflikte herrschte und herrscht in den Industriestaaten die Tendenz vor, sie totzuschweigen; wirtschaftliche Interessen, strategische Vorteile und Rüstungshilfe veranlassen die Regierungen der reichen Länder, gegenüber den Vorgängen die Augen zu verschließen. Demgegenüber versucht die „Gesellschaft für bedrohte Völker", Völkermord und Unterdrückung von Minderheiten, wo immer sie geschehen, ins öffentliche Bewußtsein zu rücken. Allein, daß diese Geschehnisse publik werden, bringt den Betroffenen mitunter schon Erleichterung, und die Verbrechen gegen die Menschlichkeit können nicht mehr so bedenkenlos durchgeführt werden, wie wenn der Mantel totalen Schweigens über sie gebreitet wäre.

„Aus diesem Grund", so der Geschäftsführer der österreichischen „Gesellschaft für bedrohte Völker", Hans Bogenreiter, „ist es für uns vordringlich, absolute Unabhängigkeit zu wahren. Wir können unsere Aufgaben nur erfüllen, wenn wir uns von niemandem vereinnahmen lassen. Die politische Unabhängigkeit ist für unsere Arbeit unerläßlich." Daß dies zu finanziellen Engpässen führt, die die Tätigkeit der Gesellschaft erschweren und idealistische Mitarbeiter verlangen, die sich den anstehenden Aufgaben ehrenamtlich widmen, ist die Kehrseite dieses Beharrens auf Freiheit von jeder Einflußnahme. Durch Mitgliedsbeiträge und Spenden läßt sich bestenfalls die Infrastruktur – das Büro in Wien, die Herausgabe

Protest gegen die Rücknahme der Tropenholz-Verordnung durch Österreichs Parlament

von Mitteilungen, gelegentliche Aktionen – aufrechterhalten. Zeitweise haben die Mitarbeiter sogar die Spesen aus eigener Tasche finanziert. Die Zusammenarbeit mit der deutschen Gesellschaft, die über wesentlich mehr Mittel verfügt und sich zwanzig ständige Mitarbeiter leisten kann, ist daher wichtig; dennoch führen die Österreicher durchaus eigenständige Aktionen, angepaßt dem durch die Möglichkeiten vorgegebenen Rahmen, durch.

Relativ groß ist unter den Mitgliedern – „insgesamt noch keine tausend" – die Zahl der Ethnologen. Das hat seine Ursache insbesondere darin, daß die ohnmächtigsten Opfer der zur Zeit zum globalen Credo erhobenen „Entwicklung", die von multinationalen Konzernen und dem Westen verschuldeten Regierungen vorangetrieben wird, die Bewohner der tropischen Regenwälder in Südostasien und Lateinamerika sind. Diese zumeist kleinen Stammesvölker werden vor die Alternative der Aufgabe ihrer Kultur, verbunden mit dem Absinken an den untersten Rand der Gesellschaft, oder der physischen Ausrottung gestellt. In engem Zusammenhang mit diesem drohenden Ethnozid stehen die Gefahren für die Umwelt, ist doch die Erhaltung des tropischen Regenwaldes eine für das Weltklima ganz entscheidende Aufgabe. Die Befassung der Ethnologen mit diesen Völkern birgt freilich auch ein Dilemma: In welcher Weise kann die wissenschaftliche Arbeit mit der menschenrechtlichen Dimension in Einklang gebracht werden? So manche Regierung hat das aus ihrer Sicht verständliche Anliegen, daß das Interesse der Wissenschafter sich auf Brauchtum, Sitte und Traditionen beschränkt und die Bedrängnis, in die viele dieser Stammesvölker durch äußere Einwirkung geraten sind, übersieht; nicht einmal ist es vorgekommen, daß

Die Gesellschaft für bedrohte Völker

Die GfbV vermittelt in Rio Indianerführern ein Gespräch mit Bundeskanzler Franz Vranitzky

Ethnologen große Schwierigkeiten bekamen, wenn sie solche Grenzen nicht beachteten. Aber auch die Betroffenen sind manchmal mit der rein ethnologischen Arbeit unzufrieden, weil sie sich zu sehr als Bewohner von Naturparks betrachtet fühlen, über deren lebenswichtige wirtschaftliche und soziale Anliegen ein bloß konservierendes, fast „museales" Interesse mancher Forscher hinweggeht. Ein Vertreter des Volks der Nenzen im äußersten Norden Rußlands hat das in einem Gespräch mit Reportern der Zeitschrift „Geo" auf den Punkt gebracht: „Wir wollen nicht den Ethnologen zuliebe ewig als Nomaden in der Tundra leben", meinte er sarkastisch.

In die österreichische „Gesellschaft für bedrohte Völker" ist der „Arbeitskreis Indianer Nordamerikas" (AKIN) integriert. Er wurde bereits 1981 ins Leben gerufen und hat in Dr. Peter Schwarzbauer, Dozent an der Universität für Bodenkultur, einen mit verschiedenen Indianervölkern in ständigem Kontakt stehenden Sprecher. Der Arbeitskreis stellt sich zur Aufgabe, durch Öffentlichkeitsarbeit Klischeevorstellungen über die Indianer abzubauen, aber auch die von den Regierungen der USA und Kanadas verbreiteten Informationen zu korrigieren. Direkte Unterstützung von Einzelprojekten der oft unter dem Existenzminimum lebenden indigenen Bevölkerung erfolgt beispielsweise durch Benefizkonzerte und Verkauf von Posters und Postkarten. Das Schwergewicht liegt aber, neben der Aufklärungsarbeit, in politischen Aktivitäten, sei es in Protestaktionen, sei es durch Vermittlung von Gesprächen von Indianervertretern mit österreichischen Politikern. So konnte eine Delegation der Micmac und Innu aus Kanada 1983 sogar mit Bundeskanzler Kreisky zusammentreffen. Während der Weltumweltkonferenz in Rio vermittelte die Gesellschaft Gespräche südamerikanischer Indianervertreter mit Bundeskanzler Vranitzky. Auch eine 1994 gefaßte Resolution des österreichischen Parlaments zur Unterstützung der Forderungen der Lubicon-Cree an die kanadische Regierung ist dem Wirken des AKIN zu verdanken.

Die Unparteilichkeit der „Gesellschaft für bedrohte Völker" und ihr Agieren ausschließlich im Interesse der betroffenen Volksgruppen wird mitunter auf eine harte Probe gestellt. Dies war etwa der Fall, als sich das Verhältnis zwischen der sandinistischen Regierung Nikaraguas und den an der Karibikküste lebenden, rund 120.000 Miskito-Indianern Anfang der achtziger Jahre zunehmend verschlechterte und gewaltsame Umsiedlungen vorgenommen wurden. Sowohl von der sandinistenfreundlichen Linken als auch von deren Gegnern wurde der Gesellschaft Parteilichkeit vorgeworfen, obwohl sie nur bemüht war, das Interesse der Indianer zu wahren. Die Autonomie, die dann noch die Sandinisten den Miskito gewährt haben, scheint zu bestätigen, daß diese Haltung durchaus den Grundsätzen der Gesellschaft entsprach.

Eine wichtige Säule der Tätigkeit der Gesellschaft ist also die oft in mühsamer Kleinarbeit zu bewerkstelligende Information der Öffentlichkeit – sei es durch Pressekonferenzen und Vorträge, sei es durch Verbreitung des österreichischen Mitteilungsblattes „Bedrohte Völker", der deutschen Aktionszeitung „Vierte Welt-Aktuell" und der Zeitschrift „pogrom". Besonders stolz ist man darauf, daß es in den letzten Jahren gelungen ist, mit Unterstützung des Unterrichtsministeriums bereits zwei Bücher (im Verlag Jugend und Volk) herauszugeben, die zu „Rennern" in den an der Gesamtproblematik interessierten Kreisen wurden: der zum Kolumbus-Jahr erschienene Sammelband „Unser Amerika – 500 Jahre indianischer Widerstand" sowie das im Vorjahr herausgebrachte Buch „Land ist Leben – Bedrohte Völker im Kampf gegen die Zerstörung der Umwelt." Alljährlich erscheint auch der mit prachtvollen Bildern ausgestattete, großformatige Wandkalender; 1995 sind seine Monatsblätter unter dem Titel „Lebenszeichen" vor allem alternativen Projekten gewidmet, die von Frauen der indigenen Völker getragen werden.

Die Unterstützung des Emanzipationsstrebens bedrohter Völker erfolgt auch dadurch, daß die Gesellschaft deren Vertretern Gelegenheit verschafft, ihre Anliegen und Rechte selbst zu vertreten. So wurde beispielsweise die erste Internationale Konferenz „Die Zukunft von Mensch und Umwelt im Amazonasgebiet" bereits 1987 in Wien organisiert; sie trug dazu bei, daß die Kayapó-Indianer im Widerstand gegen ein Mammut-Staudammprojekt in ihrem Gebiet vorerst erfolgreich geblieben sind. Internationalen Auftrieb gab den Vereinigungen, die sich diesem menschlichen „Artenschutz" widmen, das von der UNO für 1993 proklamierte „Jahr der indigenen Völker". In der österreichischen Zeitschrift wurde dazu ein „Leit- und Leidfaden" veröffentlicht, der eine umfassende Darstellung der Situation und der Anliegen der Eingeborenenvölker vornahm. Wenn auch dann die Ergebnisse der großen Wiener Menschenrechtskonferenz im Herbst 1993, zumal für die Lage der Stammesvölker, hinter den Erwartungen zurückgeblieben sind, so konnte doch die österreichische Gesellschaft durch Unterstützung der aus allen Kontinenten angereisten NGO-Vertreter und durch Verbreitung ihrer Stellungnahmen zur besseren Information der Öffentlichkeit beitragen.

Die „Gesellschaft für bedrohte Völker" betreibt all diese vielfältigen Aktivitäten mit sehr bescheidenen Mitteln und kann aus den oben dargelegten Gründen auch nicht mit großen Subventionen rechnen. Ihr wäre hingegen sehr geholfen, wenn das von ihr wachgerufene Bewußtsein auch zu einem verstärkten Zugang von Mitgliedern beitragen könnte. Die Adresse lautet: „Gesellschaft für bedrohte Völker", 1030 Wien, Weyrgasse 5/14, Telefon 712 37 62, Fax 712 37 62 25. Über diese Adresse kann auch der Kalender „Lebenszeichen 1995" zum Preis von Schilling 195,–, zuzüglich Versandspesen, bezogen werden.

S. 7, S. 9 Austrian Archives, Wien; S. 12 Contrast/Gamma Liaison Agency/Christian Vioujard, Wien; S. 13 IFA-Bilderteam/Fiedler, Taufkirchen bei München (D); S. 16 o. Moussa Kaka, Niger; S. 16 u., S. 17 Georg Klute, Göttingen (D); S. 18 o., S. 19 Oswald Iten, Unterägeri (CH); S. 20 Reuters/Corinne Dufka, Wien; S. 21 o. APA/EPA/AFP/Alexander Joe, Wien; S. 21 u. Fritz Sitte, Villach; S. 23 u. Verlag Wilhelm Braumüller/Gottfried Polykrates, Wien (aus: Gottfried Polykrates, Menschen von Gestern. Braumüller, Wien 1984, S. 71); S. 24, S. 25 Oromo Relief Association, Delmenhorst (D); S. 26 o. Austrian Archives, Wien; S. 27 Archiv Manfred Scheuch, Wien; S. 28 Verlag Wilhelm Braumüller/Gottfried Polykrates, Wien (aus: Gottfried Polykrates, Menschen von Gestern. Braumüller, Wien 1984, S. 74); S. 29 Archiv Manfred Scheuch, Wien; S. 30 o. Bertelsmann Lexikon Verlag, Gütersloh (D) (aus: Die Völker der Erde. Kulturen und Nationalitäten von A – Z. Bertelsmann Lexikon Verlag, Gütersloh/München 1992, S. 333 re. u.); S. 31 u., S. 32 o., S. 32 u. Archiv Manfred Scheuch, Wien; S. 33 Reuters/Ulli Michel, Wien; S. 34 o., S. 34 u., S. 35 o. Contrast/Sipa Press/Jose Nicolas, Wien; S. 36 René Gardi, Bern (CH); S. 37 Verlag Wilhelm Braumüller/Gottfried Polykrates, Wien (aus: Gottfried Polykrates, Menschen von Gestern. Braumüller, Wien 1984, S. 35); S. 38 o. René Gardi, Bern (CH); S. 40, S. 41 Verena Traeger, Wien; S. 42 u. Contrast/Gamma Liaison Agency/McAllister, Wien; S. 44 o., S. 44 u. Peter Schwarzbauer, Wien; S. 45 Eva Leitolf, München (D); S. 47 o., S. 47 u. Reinhard Mandl, Wien; S. 48, S. 49 Austrian Archives, Wien; S. 50 re. Klaus Frantz, Innsbruck; S. 52 o., S. 52 u., S. 53 Peter Schwarzbauer, Wien; S. 55 AP/MTL/Frank Gunn, Wien; S. 56 AP/MTL/STF/Ryan Remiorz, Wien; S. 57, S. 58 li. o. National Anthropological Archives, Smithsonian Institution, Washington; S. 58 re. o., S. 59 Peter Schwarzbauer, Wien; S. 60 o. E. S. Curtis, The North American Indian, vol. 6, Cambridge 1911; S. 60 u., S. 61 Buenos Dias/David Barnes, Wien; S. 64, S. 65 o. Contrast/Gamma Liaison Agency, Wien; S. 67 o., S. 67 u. AP/TEG/Michael Stravato, Wien; S. 69 o. Martin Thomas, Aachen; S. 69 u. G. D. Moos/Martin Thomas, Aachen; S. 70 Helmut Schindler, München; S. 71 o., S. 72 li., S. 72 re. indime-Verlag/Inge Melzer, Friedrichshafen (D) (aus: Dietmar H. Melzer, Indio Guaraní. Vergessenes Volk am Rio Paraná. indime Verlag, Friedrichshafen 1985, S. 198, 207, 208); S. 73 Verlag Wilhelm Braumüller/Gottfried Polykrates, Wien (aus: Gottfried Polykrates, Menschen von Gestern. Braumüller, Wien 1984, S. 112); S. 74 o. Fritz Trupp, Attnang (A); S. 75 Verlag Wilhelm Braumüller/Gottfried Polykrates, Wien (aus: Gottfried Polykrates, Menschen von Gestern. Braunmüller, Wien 1984, S. 117); S. 77 o., S. 77 u. Anton Lukesch, Böhlau Verlag, Wien (aus: Anton Lukesch, Der Tapir, der an der Himmelsstütze nagt. Böhlau, Wien 1994, Abb. 16 u. 13); S. 79 o., S. 79 u. Borys Malkin, Warschau; S. 80 o. Mauritius/Camera Tres/G. Madeira, Wien; S. 81 o., S. 81 u., S. 82 Ursula und Günther Hartmann, Berlin (aus: Günther Hartmann, Xingu. Unter Indianern in Zentralbrasilien. Dietrich Reimer Verlag, Berlin 1986. S. 238, 150, 221); S. 83, S. 84, S. 85 o. Wally Broennimann, Binningen (CH) (aus: Peter Broennimann, Auca. Indianer im ecuadorischen Regenwald. Birkhäuser 1981 S. 72, 161, 118); S. 86, S. 87 li., S. 87 re. Walter Verlag/Martin Gusinde, Solothurn (CH) (aus: Oskar Eberle, Cenalora. Leben, Glaube, Tanz und Theater der Urvölker, Walter Verlag 1954, Tafel XIV, XXII, XV); S. 90 o., S. 90 u., S. 91, S. 92 o. Bouvier Verlag/Eckhard Supp, Bonn (aus: Eckhard Supp, Australiens Aborigines. Ende der Traumzeit. Bouvier, Bonn 1985, S. 259, 278, 117, 45 o.); S. 94 o. Gerda Schill, Wien; S. 94 u. Pressebilddienst Votava/Tine Harden/Jens Dresling/Polfoto, Wien; S. 95 Bilderberg/Hans-Jürgen Burkard, Hamburg; S. 96 u. Contrast/Stills Press/Ben Glass, Wien; S. 97, S. 98 Südwest Verlag/Hubert Stadler, München (aus: Osterinsel. Begegnung mit dem Horizont. C. J. Bucher, München 1994, S. 51 o., S. 67 re. u.); S. 100 o., S. 100 u. Bilderberg/Hans-Jürgen Burkard, Hamburg; S. 101 Gerda Schill, Wien; S. 103 Doris Byer/Ethnographisches Archiv Bernatzik, Wien; S. 104 li., S. 104 re. Doris Byer, Wien; S. 105 Austrian Archives, Wien; S. 106, S. 107 o. A. M. Begsteiger, Gleisdorf (A); S. 108 R. C. Kiste, The Bikinians. Menlo Park 1974. S. 86; S. 109 Contrast/Transglobe Bildagentur/Hulton-Deutsch, Wien; S. 112 Reuters/Kieran Doherty, Wien; S. 113 o. Fritz Sitte, Villach; S. 113 u. APA/EPA/Mike Persson/APA, Wien; S. 115 o. Göpf Berweger, Kirchenthumen (CH); S. 116 Lyla Metha; S. 117 Bibliographisches Institut und F. A. Brockhaus AG/Christoph von Fürer-Haimendorf, Mannheim (aus: Christoph von Fürer-Haimendorf, Die nackten Nagas. F. A. Brockhaus, Leipzig 1940, Abb. 97); S. 120 o., S. 120 u., S. 121 Heinrich Harrer, Hüttenberg (A); S. 123, S. 124 Claus-Dieter Brauns, Bad Liebenzell (D); S. 125 o., S. 125 u., S. 126 o., S. 127 Fritz Sitte, Villach; S. 128, S. 129, S. 130 o. A. M. Begsteiger, Gleisdorf (A); S. 131 u., S. 132, S. 133 Karin Wolf, Wien; S. 135 Buenos Dias/Sammer/Bav., Wien; S. 136 Mai Verlag/Klaus Thiele, Dreieich (D) (aus: Taiwan. Mai's Weltführer 26. Mai's Reiseführerverlag, Dreieich 1985, S. 27); S. 137 Goldstadt-Verlag, Pforzheim (aus: Japan. Goldstadt-Studienreiseführer Bd. 2. Goldstadtverlag, Pforzheim 1979, S. 287); S. 139 o. Kazuyuki Kitamura, Chardonne (CH); S. 139 u. Ernst Reinhardt Verlag, München (aus: Paul Wirz, Die Ainu. Verlag Friedrich Reinhardt, Basel); S. 140 o. Martin Baier, Albstadt (D); S. 140 u. Heinrich Harrer, Hüttenberg (A); S. 141 Verlag Wilhelm Braumüller/Gottfried Polykrates, Wien (aus: Gottfried Polykrates, Menschen von Gestern. Braumüller, Wien 1984, S. 197); S. 143 o. Agentur Hilleke/Albrecht G. Schaefer, Freiburg (D); S. 144 Archiv Pogrom; S. 145 APA/AFP/Torsten Blackwood, Wien; S. 146 Gustav Kiepenheuer Verlag/Roland Garve, Leipzig (aus: Roland Garve, Irian Jaya. Die verlorene Steinzeit. Kiepenheuer, Leipzig 1991); S. 147 o. edition aragon, Moers (D) (aus: Mathieu Debout, Kinder der Steinzeit? Moers, 1991, S. 75 u.); S. 148 Gustav Kiepenheuer Verlag/Roland Garve, Leipzig (aus: Roland Garve, Irian Jaya. Die verlorene Steinzeit. Kiepenheuer, Leipzig 1991); S. 149 Gottfried Horak, Wien; S. 150 li., S. 150 re. Smithsonian Institution, Washington; S. 151 o., S. 152, S. 153 Sergej Padalko, Irkutsk; S. 155 o., S. 155 u., S. 156 Anatoli Bourykine; S. 157, S. 159 o., S. 159 u. Bilderberg/Hans-Jürgen Burkard, Hamburg; S. 160, S. 161 o., S. 161 u. Anatoli Bourykine, Wien; S. 162 o. Jürgens Ost + Europa Photo, Berlin; S. 164 Austrian Archives, Wien; S. 165 Contrast/Action Press, Wien; S. 166 u. Contrast/Transglobe Agency/Farrell Grehan, Wien; S. 167 Contrast/Visum/Jörg Modrow, Wien; S. 168 Contrast/Transglobe Agency/Marka/L. Fioroni, Wien; S. 169 Archiv Manfred Scheuch, Wien; S. 171 o. APA/EPA/Gleb Garanich, Wien; S. 172 Reuters/Nigel Chandler, Wien; S. 173 APA/EPA/Ivan Shlamov, Wien; S. 175 Merian Okt. 1969, Hamburg; S. 176, S. 177 o. Gerald Große, Halle-Neustadt/Saale (D); S. 178, S. 179, S. 180 o. Bruno Faidutti, Bozen; S. 182 Bilderdienst/Süddeutscher Verlag/Werner Stuhler, München; S. 183 o. Bilderberg/Milan Horacek, Hamburg; S. 183 u. Bilderberg/Frieder Blickle, Hamburg; S. 185 Buenos Dias/Ball, Wien; S. 186 Gerhard Maurer, Klagenfurt; S. 187 Hans Gustav Edöcs, Eisenstadt; S. 188 o. Robert Newald, Wien; S. 189 Dieter Kaltenegger, Wien; S. 190 Elfriede Fritz, Wien.

Bisher in dieser Reihe erschienen

Manfred Scheuch
Historischer Atlas Österreich

Dieser Band stellt die Geschichte Österreichs – zum ersten Mal! – kontinuierlich mit dem Blick auf historische Grenzveränderungen dar und schließt damit eine unverzeihliche Lücke in der Literatur zu unserer Landesgeschichte.

224 Seiten mit ca. 120 Karten, 72 Farb- und 58 Sw.-Abb. in 4-Farb-Offset auf 135 g schwerem Offsetpapier gedruckt.
Format 21 × 29 cm. Ln.
ISBN 3-85447-544-6

Manfred Scheuch
Atlas zur Zeitgeschichte: Europa im 20. Jahrhundert

Geschichte, die uns alle betrifft: Lebendig und anschaulich beschreibt Manfred Scheuch die aktuelle Entwicklung der Staaten Europas im 20. Jahrhundert.

192 Seiten mit ca. 100 Karten, in 2-Farb-Offset auf 135 g schwerem Offsetpapier gedruckt.
Format 21 × 29 cm. Ln.
ISBN 3-85447-434-2

Manfred Scheuch
Atlas zur Zeitgeschichte:
Asien, Afrika und Amerika im 20. Jahrhundert

Das 20. Jahrhundert wird als jenes der Emanzipation der außereuropäischen Völker in die Geschichte eingehen. Ein unentbehrliches Nachschlagewerk für alle zeitgeschichtlich und politisch interessierten Leser.

192 Seiten mit ca. 220 Karten, in 2-Farb-Offset auf 135 g schwerem Offsetpapier gedruckt.
Format 21 × 29 cm. Ln.
ISBN 3-85447-470-9